— natürlich oekom! —

Mit diesem Buch halten Sie ein echtes Stück Nachhaltigkeit in den Händen. Durch Ihren Kauf unterstützen Sie eine Produktion mit hohen ökologischen Ansprüchen:

- 100 % Recyclingpapier
- mineralölfreie Druckfarben
- Verzicht auf Plastikfolie
- Finanzierung von Klima- und Biodiversitätsprojekten
- kurze Transportwege – in Deutschland gedruckt

Weitere Informationen unter www.natürlich-oekom.de und #natürlichoekom

Die automatisierte Analyse des Werkes, um daraus Informationen insbesondere über Muster, Trends und Korrelationen gemäß § 44b UrhG (»Text und Data Mining«) zu gewinnen, ist untersagt.

Bibliografische Information der Deutschen Nationalbibliothek:
Die Deutsche Nationalbibliothek verzeichnet diese Publikation
in der Deutschen Nationalbibliografie; detaillierte bibliografische
Daten sind im Internet über www.dnb.de abrufbar.

© 2025 oekom verlag, München
oekom – Gesellschaft für ökologische Kommunikation mbH
Goethestraße 28, 80336 München
+49 89 544184 – 200
info@oekom.de

Layout und Satz: oekom verlag
Umschlaggestaltung: Sarah Schneider, oekom verlag
Umschlagabbildung: © Adobe Stock: chanoom
Druck: CPI books GmbH, Leck

Alle Rechte vorbehalten
ISBN 978-3-98726-153-4
DOI https://doi.org/10.14512/9783987264320

OLIVER HOFFMANN

Die Grenzen des Wohlstands

Über Luxus, Konsum, Kapitalismus
und die Krise der Moderne

Inhalt

Ein kurzes Vorwort 7

Kapitel Eins
Wohlstand, Konsum, Luxus – das Triumvirat des Kapitalismus 9

Kapitel Zwei
Luxus – der Begriff der Postmoderne 21

Kapitel Drei
Die Religion des Konsumismus 39

Kapitel Vier
Wie Luxus die Ökonomie antreibt 49

Kapitel Fünf
Was Wohlstand heute noch bedeutet 57

Kapitel Sechs
Konsum zwischen Ritual und Ekstase 73

Kapitel Sieben
Die Idee des Betrugs als Grundpfeiler des Kapitalismus 81

Kapitel Acht
Kapitalismus als neofeudales Konstrukt 89

Kapitel Neun
Über die innere Ordnung von Konsum 109

Kapitel Zehn
Der Fluch der Verfeinerung 121

Kapitel Elf
Konsum und Ohnmacht 141

Kapitel Zwölf
Wohlstand als Krankheit 153

Kapitel Dreizehn
Die verlockende Illusion von Nachhaltigkeit durch Konsum 167

Kapitel Vierzehn
Die Metamorphose des Wohlstands 177

Kapitel Fünfzehn
Das Paradox von kapitalistischer Freiheit 191

Ein offenes Nachwort 199

Literatur 201

Anmerkungen 209

Ein kurzes Vorwort

In einer Welt, die sich immer stärker an der Oberfläche der Dinge orientiert (und orientieren muss), an ihrer scheinbaren Bedeutung und dem Versprechen eines erfüllten Lebens durch Konsum, scheint der Begriff des Wohlstands gleichzeitig universell und doch flüchtig geworden zu sein. Wohlstand, Konsum, Luxus – diese Begriffe sind längst zu einer Art Dreieinigkeit moderner Gesellschaften herangewachsen, eine Trias, die sich tief in das kollektive Bewusstsein gefressen hat. Sie prägen unsere Werte, unser individuelles Streben und oft sogar das, was wir nur allzu oft für den Sinn im Leben halten.

Aber wie fest sind diese Werte verankert? Welche Rolle spielt Wohlstand in einer Gesellschaft, in der alles – von Kleidung bis hin zu digitalen Dienstleistungen – zum Objekt von Status und Sehnsucht gemacht wird? Und warum hat der Luxus, einst Symbol für Überfluss und Dekadenz, seine Stellung in der Gesellschaft als ultimatives Streben erhalten? Es scheint, als hätte sich der Kapitalismus des Begriffs »Luxus« bemächtigt und ihn in eine bloße Rechtfertigung für Konsum und Identitätsfindung umgewandelt.

Dieses Buch möchte nicht nur ein Spiegel unserer Zeit sein, sondern einen Schritt tiefer gehen, um die inneren Mechanismen und psychologischen Auswirkungen dieser Dynamik zu erkunden. Luxus und Konsum sind mehr als nur ökonomische Begriffe – sie sind zu Glaubenssätzen geworden, zu einem modernen Ritual, das unser Verständnis von Wohlstand prägt und gleichzeitig die Grenzen zwischen Notwendigkeit und Überfluss verwischt. Der Versuch, diesen Phänomenen auf den Grund zu gehen, führt uns daher nicht nur in die Ökonomie der Dinge, sondern auch in die Psychologie der menschlichen Bedürfnisse und Werte.

In den folgenden fünfzehn Kapiteln lade ich Sie ein, diese Fragen mit mir zu durchleuchten, den Facettenreichtum des kapitalistischen Konsumismus zu verstehen und sich kritisch mit der Rolle auseinanderzusetzen, die Luxus, Wohlstand und Kapitalismus in unserem Leben eingenommen haben. Dies ist eine Einladung, nicht nur den äußeren Schein zu betrachten, sondern auch die dahinterliegenden Strukturen und Motive zu hinterfragen, die unsere Gesellschaft formen – und, vielleicht, einen Weg zu finden, uns von der scheinbaren Allmacht dieser Konzepte zu lösen.

Mit den besten Wünschen
Prof. Dr. Dr. Oliver Hoffmann

Im Januar 2025

Kapitel Eins
Wohlstand, Konsum, Luxus – das Triumvirat des Kapitalismus

»Der heutige, zur Herrschaft im Wirtschaftsleben gelangte Kapitalismus also erzieht und schafft sich im Wege der ökonomischen Auslese die Wirtschaftssubjekte – Unternehmer und Arbeiter – deren er bedarf. Allein gerade hier kann man die Schranken des ›Auslese‹-Begriffes als Mittel der Erklärung historischer Erscheinungen mit Händen greifen. Damit jene der Eigenart des Kapitalismus angepaßte Art der Lebensführung und Berufsauffassung ›ausgelesen‹ werden, d. h.: über andere den Sieg davontragen konnte, mußte sie offenbar zunächst entstanden sein, und zwar nicht in einzelnen isolierten Individuen, sondern als eine Anschauungsweise, die von Menschengruppen getragen wurde.«

Max Weber (1905): [36]

In einer nicht-kapitalistischen Gesellschaft – wie auch immer sie aussehen mag – hätten Wohlstand und seine Folgen möglicherweise eine völlig andere Bedeutung. Anders als im Kapitalismus, der Wohlstand als zentrales Ziel betrachtet und ihn zum Maßstab individuellen und kollektiven Erfolgs macht, könnte in einem alternativen System Wohlstand mehr als Nebeneffekt oder gar Nebenprodukt des sozialen und gemeinschaftlichen Zusammenlebens gesehen werden. Die Prinzipien des Wirtschaftens – Ressourcennutzung, Produktion und Verteilung – blieben erhalten, doch die Art und Weise, wie wir über Wohlstand, Konsum und Luxus denken, könnte sich radikal wandeln. Diese Begriffe wären in einer nicht-kapitalistischen Gesellschaft nicht die dominierenden Werte oder Ziele, sondern könnten ihren Status als Primärwerte verlieren und zu bloßen funktionalen Aspekten werden.

Beispiele für alternative Gesellschaftsmodelle gibt es in der Realität selten. Die meisten bekannten Ansätze scheiterten oder existierten nur kurzzeitig – wie etwa die utopischen Sozialisten des 19. Jahrhunderts (z. B. in Robert Owens »New Lanark« oder Charles Fouriers »Phalanstère«)[1]. Auch indigene Gemeinschaften und andere nicht-industrielle Gesellschaften zeigen Elemente einer alternativen Wertschätzung von Wohlstand, wo Besitz und Reichtum oft geteilt und als kollektives Gut verstanden werden. Hier zeigt sich ein anderes Verständnis: Reichtum und Wohlstand werden nicht als individuelle Errungenschaft betrachtet, sondern als gemeinschaftliches Kapital, das dem Wohl der Gemeinschaft dient.

Diese alternativen Systeme sind jedoch rar, was an mehreren Gründen liegt. Ein Grund ist dabei stets in der Stärke und Widerstandskraft des kapitalistischen Systems zu finden, das es vermag, fast alle ökonomischen und sozialen Prozesse in seine Logik zu integrieren. Der Kapitalismus nutzt einem Schwamm gleich die menschlichen Bedürfnisse nach Verbesserung und Status und bindet diese an materielle Errungenschaften und Luxusgüter. Ein anderer Grund ist die globale Dominanz des Kapitalismus, die alternative Systeme wirtschaftlich und politisch unter Druck setzt. Gesellschaften, die eine andere Wirtschaftsform ausprobieren, werden oft isoliert oder sind nicht wettbewerbsfähig auf dem Weltmarkt, was den Erfolg dieser Experimente von vornherein erschwert.[2]

Die Begriffe Wohlstand, Konsum und Luxus prägen unser soziales und politisches Handeln spätestens seit dem Niedergang der Religion – und genau hier liegt der kritische Punkt. Sie wirken wie ein unsichtbares, quasi-göttliches Netz, das gesellschaftliche Wertvorstellungen und Handlungsweisen bestimmt. Wohlstand bedeutet nicht nur das Vorhandensein von Reichtum, sondern die soziale Anerkennung dessen, was als Wohlstand gilt. Konsum wird in kapitalistischen Gesellschaften zum Selbstzweck und verleiht dem Individuum soziale Identität, während Luxus den Status einer Person unterstreicht und den sozialen Rang festigt. Alle drei Begriffe sind auf den ersten Blick positiv besetzt, aber sie kontrollieren uns in subtiler Weise, indem sie Werte vermitteln, die wir nur selten hinterfragen. Dieses Netz, das sich aus Wohlstand, Konsum und Luxus spinnt, verstrickt unsere Gesellschaft und lenkt sie in eine Richtung, die letztlich den sozialen Zusammenhalt und die individuelle wie kollektive Existenz gefährdet. In einer nicht-kapitalistischen Gesellschaft wäre dieses Netz weniger dicht und weniger bindend, und die Menschen könnten sich stärker auf die intrinsischen Werte des Lebens konzentrieren – Kooperation, soziale Nähe und Nachhaltigkeit. Hier könnten Wohlstand, Konsum und Luxus auf neue Weise definiert werden, ohne die zerstörerischen Effekte, die in kapitalistischen Systemen damit einhergehen.[3]

In einem alternativen Modell ginge es nicht um den Status durch Besitz, sondern um die gemeinsame Nutzung und den Zweck der Dinge im alltäglichen Leben. Ein solches Denken mag heute mehr denn je radikal erscheinen, ist aber angesichts der gesellschaftlichen und ökologischen Krisen unserer Zeit notwendiger denn je. Wir brauchen Alternativen zu dem, was wir haben. Es ist an der Zeit für eine Bestandsaufnahme, um über das nachzudenken, was uns das große Experiment des Kapitalismus gebracht hat und wohin er uns führt. Und welche Entwicklungsmöglichkeiten sich daraus ergeben – im Außen wie im Innen.

Beginnen wir mit drei nackten Definitionen:

- **Wohlstand** beschreibt den Zustand, in dem ein Individuum oder eine Gesellschaft über ausreichend materielle und immaterielle Ressourcen verfügt, um ein gutes, sicheres und erfülltes Leben zu führen. Dabei geht es nicht nur um die Verfügbarkeit von Geld und Besitztümern, sondern auch um den Zugang zu Bildung, Gesundheit, sozialen Beziehungen und kultureller Teilhabe. Wohlstand wird oft anhand von Indikatoren wie Einkommen, Vermögen, Lebensqualität und sozialem Schutz gemessen.[4] In der Wirtschaft wird Wohlstand oft im Zusammenhang mit *Volkswohlstand* betrachtet und bezieht sich auf das Wohlstandsniveau eines Landes oder einer Gesellschaft als Ganzes. Dies schließt Infrastruktur, wirtschaftliche Stabilität und soziale Sicherheit ein. Ein zentrales Merkmal des Wohlstandes ist seine Verteilung innerhalb der Gesellschaft – zumindest in der Theorie führt eine gerechte Verteilung zu sozialem Zusammenhalt, während eine ungleiche Verteilung Konflikte und soziale Spannungen verursachen kann.
- **Konsum** bezeichnet den Verbrauch von Gütern und Dienstleistungen zur Befriedigung von Bedürfnissen und Wünschen. Konsum umfasst alles, was Individuen oder Gesellschaften erwerben und verwenden, um Lebensnotwendigkeiten zu decken, Bequemlichkeit zu steigern oder Vergnügen zu finden.

Konsum ist der grundlegende Bestandteil der kapitalistischen Wirtschaft, da er die Nachfrage nach Gütern und Dienstleistungen antreibt. In kapitalistischen Systemen spielt Konsum eine zentrale Rolle und ist stark mit dem Wirtschaftswachstum verbunden. Konsum kann jedoch auch negative Folgen haben, etwa Umweltverschmutzung, Ressourcen-

verschwendung und soziale Ungleichheiten, wenn die Verteilung der Konsummöglichkeiten ungleich ist.
Der Begriff wird sinnvollerweise in zwei Kategorien unterteilt:
- **Basiskonsum**: Dies umfasst notwendige Ausgaben für grundlegende Bedürfnisse wie Nahrung, Kleidung, Wohnen und Gesundheit.
- **Luxuskonsum**: Dies bezieht sich auf Ausgaben für nicht lebensnotwendige Güter, die oft dem Statussymbol oder der Selbstdarstellung dienen.

- **Luxus** bezieht sich auf den Besitz und die Nutzung von Gütern und Dienstleistungen, die über das Notwendige hinausgehen und oft mit einem hohen finanziellen oder symbolischen Wert verbunden sind. Luxusgüter und -dienstleistungen gelten in der Regel als selten, exklusiv und qualitativ hochwertig und dienen häufig als Statussymbole. Luxus kann sowohl materiell (wie exklusive Mode, Schmuck, teure Autos) als auch immateriell sein (z. B. luxuriöse Erlebnisse wie Reisen, kulinarische Erlebnisse oder Freizeitgestaltung). In einem weiteren Sinne steht Luxus auch für eine Lebensweise, die sich durch freien Zugang zu Ressourcen, Zeit und soziale Gestaltungsmöglichkeiten auszeichnet. Historisch gesehen war Luxus häufig mit gesellschaftlichen Eliten verbunden, während er in modernen Gesellschaften oft als Teil der Konsumkultur erscheint und für eine breitere Schicht zugänglich geworden ist. Luxus spielt eine Rolle in der Selbstdarstellung und signalisiert oft Zugehörigkeit zu einer bestimmten sozialen Schicht oder einen individuellen Lebensstil.[5]

Wieso diese drei Begriffe? Weil sie aufeinander aufbauen und gemeinsam unsere kapitalistische Welt konstituieren – und damit unser gesamtes Leben. Der Mensch ist in der Moderne zuallererst ein ökonomisches Wesen, der Homo oeconomicus.[6] Diese Ausrichtung und Sichtweise bestimmt unser individuelles Denken und hat längst fast alle Bereiche unserer Realität infiltriert und praktisch ohne ernst zu nehmenden Widerstand erobert. Diese ökonomische Logik hat sich schleichend, aber wirkungsvoll in unsere Wahrnehmung, unsere Werte und unsere Entscheidungen eingeschlichen – und das so weitreichend, dass wir kaum noch Alternativen sehen. Die Verführungskraft des Kapitalismus liegt zunächst in seiner Fähigkeit, sich scheinbar als einzig logische Ordnung der Welt zu präsentieren, die auf den (vermeintlichen) Prinzipien von Knappheit und Konkurrenz basiert. Er passt zu unserem Verständnis einer Welt, in der Ressourcen begrenzt sind und daher umkämpft werden müssen. Doch diese Vorstellung, die so natürlich erscheint, ist ein Paradox, das die Wurzeln unseres Daseins ins Wanken bringt.

Kapitalismus macht uns glauben, dass wir in einer feindseligen Welt leben, in der alles knapp und jeder Vorteil hart erkämpft werden muss. Diese Denkweise – dass Ressourcen endlich sind und immer umverteilt oder gesichert werden müssen – lässt uns glauben, dass unablässiges Streben, Besitzen und Verteidigen essenziell sind, um im »Spiel des Lebens« zu bestehen. Aber diese Knappheit ist nicht nur eine physische Realität, sondern ein psychologisches Konstrukt, das der Kapitalismus geschickt genutzt hat, um eine ewige Abhängigkeit zu schaffen.[7]

Unsere psychologische Verfassung wurde dadurch in der Moderne so geformt, dass wir uns in einem permanenten Zustand des Mangels sehen, selbst wenn objektiv genug vorhanden ist. Dieses Paradox zeigt sich besonders in wohlhabenden Gesellschaften: Trotz des Überflusses fühlen sich viele Menschen getrieben, immer mehr anzusammeln und ständig nach »mehr« zu streben – sei es mehr Besitz, mehr Erfolg oder mehr Anerkennung. Der Kapitalismus hat uns eingetrichtert, dass jeder Mangel als ganz persönlicher Makel empfunden werden muss, der durch Konsum und Leistung behoben werden kann. So streben wir unermüdlich nach Wohlstand und Status und bleiben doch immer in einem Mangeldenken gefangen. Die Macht des Kapitalismus liegt auch darin, dass er unser Bedürfnis nach Kontrolle über eine unsichere und unvorhersehbare Welt anspricht. Wir glauben, indem wir Kapital anhäufen und unser Einkommen maximieren, könnten wir Unsicherheiten neutralisieren und unser Schicksal kontrollieren. Doch der Widerspruch ist offensichtlich: Das Streben nach Kapital bringt uns in eine Spirale, die mehr Unsicherheit schafft, als sie löst. Diese Dynamik hält uns im Kreislauf des Konsumierens und Arbeitens gefangen, während wahre Freiheit und Sicherheit immer außerhalb unseres greifbaren Horizonts bleiben.

So ist der Kapitalismus nicht nur eine ökonomische Struktur, sondern eine mentale Falle. Er verkauft uns die Illusion, dass alles – selbst unsere

Identität, unsere Beziehungen und unsere Träume – durch Kapital bemessen und bewertet werden kann. Und weil wir in einem System leben, das uns von Geburt an diese Spielregeln vermittelt, erscheinen sie uns als universell und unverrückbar. Es wird uns eingetrichtert, dass wir ohne diese Logik der Knappheit und des Wettbewerbs nichts erreichen können, dass jede Alternative entweder naiv oder unrealistisch ist.

Doch warum akzeptieren wir diese Knappheit so widerstandslos? Weil wir kaum je hinterfragt haben, ob die Prämisse überhaupt wahr ist. Die Natur zeigt uns unzählige Beispiele von Fülle und Selbstregulation.[8] Doch der Kapitalismus ignoriert diese natürliche Balance und zwingt uns, in einer von uns selbst konstruierten Wüste des Mangels zu leben. Dieses Universum der Knappheit ist ein Konstrukt, das wir selbst geschaffen haben – und das nur besteht, weil wir daran glauben und uns daran binden.

Die Verführungskraft des Kapitalismus liegt darin, dass er unsere tiefsten Ängste und Hoffnungen anspricht, uns jedoch eine Antwort auf Fragen verspricht, die er selbst in uns erzeugt hat. Wir werden in ein Hamsterrad aus Konsum und Wettbewerb gesperrt und überzeugt, dass dies der einzige Weg zu einem »guten Leben« ist. Solange wir diese Regeln nicht infrage stellen, wird der Kapitalismus seine Vorherrschaft behalten – nicht weil er der Natur entspricht, sondern weil wir in uns selbst kollektiv ein Universum aus Knappheit und Wettbewerb geschaffen haben, das sich selbst immer weiter verstärkt.

Alle drei Begriffe – Wohlstand, Konsum und Luxus – sind Konsequenzen aus diesem Denken und den Grundprinzipien des Kapitalismus: Im Kern spiegeln sie die Prinzipien des Kapitalismus wider, der auf unaufhörlicher Akkumulation und dem Streben nach abstraktem Einfluss aufbaut. Wohlstand bedeutet hier nicht nur die Ansammlung von Ressourcen für ein besseres Leben, sondern die abstrakte Kontrolle über die Welt durch die schiere Macht des Eigentums – also nicht einmal mehr die Macht des physischen Besitzes, da heute die Rechte an den Objekten des Wohlstandes weit mehr bedeutend sind als die Objekte selbst (was viel über den Zustand der Gesellschaft schon für sich genommen aussagt).[9] Konsum ist nicht nur die Befriedigung von Bedürfnissen, sondern ein ständiger Zyklus der Erfüllung und des Mangels, der den Markt antreibt und das Individuum in einen ewigen Kreislauf des

Kaufens und Begehrens versetzt. Luxus schließlich ist das Symbol der Überwindung der bloßen Notwendigkeit – das Streben nach dem, was überflüssig und dennoch begehrenswert ist, weil es Status und Einfluss repräsentiert.

Akkumulation, das Anhäufen von Kapital und Besitz, ist im Kapitalismus zu einer Art »anthropomorpher Konstante« geworden – ein scheinbar universelles Streben, das den modernen Menschen definiert und dominiert. Dieses Streben wirkt so fundamental, dass es heute fast die biologischen Grundbedürfnisse wie Fortpflanzung oder Selbsterhaltung in den Hintergrund drängt. Es scheint, als sei das menschliche Bestreben nach Besitz und Einfluss wichtiger geworden als das bloße Überleben. Unsere moderne Gesellschaft ist inzwischen weit weniger auf das Weitergeben von Genen ausgerichtet als auf das Hinterlassen von Besitztümern und Vermögen. Statt sich um die Sicherung des Lebens zu kümmern, richtet sich der Fokus auf das Streben nach immer mehr, auf das Horten, Sammeln und Vermehren – nicht um zu leben, sondern um in den Augen anderer Bedeutung und Macht zu gewinnen.

Dieses Denken schafft eine paradoxe Welt, in der das menschliche Glück und die Erfüllung nicht mehr an das reale Leben gebunden sind, sondern an die Symbolik des Besitzes. Die Werte von Wohlstand, Konsum und Luxus transformieren sich in Abstraktionen, die uns das Gefühl geben, über das Leben hinaus wirken zu können, indem wir Macht in der Form von Kapital und Gütern hinterlassen. Diese Güter sind nicht einfach Dinge – sie sind Signale und Symbole, die anzeigen, wer wir sind oder wer wir sein wollen. Wir kaufen nicht nur, um zu haben, sondern um uns selbst und anderen etwas zu beweisen. So wird das Streben nach Wohlstand zum endlosen Wettlauf um Einfluss und Macht, der das Individuum in eine Spirale der Bedeutungslosigkeit stürzt, da der Markt stets nach mehr verlangt und kein Besitz je endgültig ist. In einer Gesellschaft, die auf Akkumulation ausgerichtet ist, werden alle Aspekte des Lebens von diesem Streben absorbiert. Wohlstand ist nicht mehr das Ziel eines guten Lebens, sondern das Maß, an dem der Wert eines Menschen bemessen wird. Konsum ist kein Mittel mehr zur Bedürfnisbefriedigung, sondern ein Akt der Selbstdarstellung und der sozialen Positionierung. Luxus schließlich ist nicht mehr die Belohnung für harte Arbeit, sondern das ultimative Ziel, das die Einzigartigkeit und Überlegenheit des individuellen Egos demonstrieren soll.

Der Kapitalismus verwandelt den Menschen in einen Akkumulator, dessen Selbstwert sich daran bemisst, wie viel er besitzt und wie viel Einfluss sein Besitz ihm verschafft. In diesem Sinne ist Akkumulation zur neuen Form des Überlebens geworden – ein Überleben, das nicht durch biologische Notwendigkeiten, sondern durch soziale Mechanismen und das Bedürfnis nach Anerkennung definiert ist. Die kapitalistische Gesellschaft verleiht der Akkumulation eine existenzielle Bedeutung und verwandelt sie in eine Art Lebenszweck, der das menschliche Dasein und seine Werte dominiert. Der Kapitalismus hat es geschafft, das Streben nach Wohlstand, Konsum und Luxus als zentrale Triebkräfte des menschlichen Lebens darzustellen. Die Frage ist jedoch, ob der Mensch dabei nicht mehr verliert, als er gewinnt: Eine Gesellschaft, die ihre Grundwerte in Akkumulation und Besitz verankert, könnte am Ende das Leben selbst entwerten. Wohlstand, Konsum und Luxus – einst Mittel zum Zweck – sind zu Zielen geworden, die das Individuum zwingen, in einer Endlosschleife zu existieren, die ihm nie wirkliche Erfüllung bringt.

Wohlstand ist die erste Konsequenz aus diesem menschlichen Streben. Die Umverteilung von Gütern sowie deren Veredelung zu immer komplexeren Produkten führt unweigerlich zu einer ungleichmäßigen Verteilung von Kapital; es sammelt sich in den Ecken und Eckpfeilern der Gesellschaft an.[10] Über Wohlstand wurde viel geschrieben; er ist zum Selbstzweck des Kapitalismus geworden. Im kapitalistischen Narrativ wird Wohlstand zum höchsten Ideal, zum Maßstab aller Dinge, der zugleich eine Art unsichtbares Gefängnis ist. Er macht die Menschen zu Sklaven eines immer entfernteren Ziels, treibt sie in die endlose Jagd nach Besitz und Anerkennung. Wohlstand ist nicht mehr das Ziel eines erfüllten Lebens, sondern eine Fata Morgana, die die Gesellschaft ins Endlose treibt und Menschen als Teilnehmer in einem Wettbewerb instrumentalisiert, der nie ein Ende findet und kaum Gewinner kennt.

Konsum hingegen ist eine Konsequenz der Funktionsweise des Kapitalismus selbst; er ist sehr viel mehr anthropologische Konstante, ja Notwendigkeit als Akkumulation oder Wohlstand. Seit dem frühesten Einsetzen von Spezialisierung und Arbeitsteilung muss der Mensch konsumieren und daher Güter und Produkte erwerben, um sie nutzend zu verbrauchen. Erst in der Neuzeit wurde Konsum zunehmend mit sozialer, ja transzendenter Bedeutung aufgeladen und entkoppelte sich dadurch zunehmend vom Utilitaritätsprinzip vergangener Zeiten.[11] Dadurch driftete Konsum zunehmend in die Richtung des Luxus ab; Luxusgüter erlebten eine enorme Bedeutungsaufwertung seit Mitte des 20. Jahrhunderts.

Luxus – dieser dritte Begriff im Dreiklang von Wohlstand und Konsum – ist mehr als bloßer Überfluss. Er ist, auf eine paradoxe Weise, ein Stück weit menschliche Notwendigkeit. Seit den Anfängen der Zivilisation existieren Luxusgüter; sie sind Ausdrucksmittel und Repräsentation, Spiegel unserer innersten Sehnsüchte und Verlangen. Luxus ist der Stoff, aus dem wir uns Identität und Status weben, und in seinem Glanz erkennt der Mensch sein Bedürfnis, über das Notwendige hinauszugehen, die Grenzen des rein Funktionalen zu überschreiten und sich selbst in einem größeren, außergewöhnlicheren Licht zu sehen. In der Geschichte waren es luxuriöse Gewänder, kunstvoll gefertigte Schmuckstücke, exotische Gewürze und seltene Stoffe, die Reichtum und Macht symbolisierten. Der ägyptische Pharao, der römische Senator, der chinesische Kaiser – alle verstanden sie die Sprache des Luxus. Sie wussten, dass Luxus nicht nur eine Frage von Besitz ist, sondern ein Werkzeug, um etwas Höheres darzustellen: die Fähigkeit, über die Grundbedürfnisse hinauszugehen, das Leben zu feiern und etwas von einem Unsterblichen in das eigene Dasein zu tragen. Luxusgüter sind die »Träger« dieser Zivilisation, sie sind die Objekte, an denen sich Kultur verdichtet, durch die sich Geschichte erzählt und die uns eine Art magischen Zugangs zum Erhabenen und Außergewöhnlichen bieten.

Doch Luxus ist kein Zufall. Er ist das Spiel der Ästhetik und der Sinnlichkeit, die Perfektion der Details, die Kunst des Überflüssigen, die Kunst der Verführung. Er erfüllt ein menschliches Bedürfnis, das tief in unserer Psyche verwurzelt ist: das Verlangen nach Schönheit und transzendentaler Bedeutung, das Gefühl, ein Teil von etwas Außergewöhnlichem zu sein, das eigene Leben aus dem Alltäglichen in das Sagenhafte zu heben. Luxus ist das, was uns innehalten lässt und uns daran erinnert, dass es jenseits des Nutzens, jenseits der simplen Funktion, etwas gibt, das nur um seiner selbst willen existiert – eine Art gelebter Mythos. In unserer modernen Zeit hat sich Luxus in alle Ecken unseres Lebens geschlichen und wurde zu einer Art unentbehrlichem Accessoire. Es ist nicht mehr der Thron des Königs, sondern eben das Designerkleid, der exotische Urlaub, das extravagante Dinner. Der moderne Mensch braucht Luxus, um zu beweisen, dass sein Leben Bedeutung hat – dass er es »geschafft« hat, dass er mehr ist als nur ein Rädchen im Getriebe. Luxus wird zum täglichen Ritual, zum Zeichen dafür, dass das Leben noch das Versprechen von Fülle und Schönheit in sich trägt.

Doch dieser Luxus ist auch verführerisch und betrügerisch. Während er uns das Außergewöhnliche verspricht, zieht er uns immer tiefer in die Logik des Konsums hinein. Der wahre Luxus des Lebens – Zeit, Muße, Sinn – geht dabei verloren. Luxus wird zur Karikatur seiner selbst, eine Art Maskerade, hinter der die tiefe, authentische Sehnsucht nach Erfüllung oft verborgen bleibt. Denn Luxus hat die Fähigkeit, das Beste in uns hervorzubringen, unsere Fantasie zu entzünden und unsere Wertschätzung für das Schöne zu schärfen. Doch in einem System, das ihn zur Ware degradiert, verliert Luxus seine Magie, wird zum bloßen Statussymbol, das uns trennt, anstatt uns zu erheben. Luxus, dieser ewige Begleiter der Menschheit, ist deshalb weit mehr als ein Zeichen von Reichtum. Er ist ein Symbol unserer kulturellen Reise, unserer Fähigkeit, Schönheit zu schaffen und zu genießen. Und in dieser Fähigkeit liegt vielleicht die größte menschliche Notwendigkeit verborgen: das unstillbare Verlangen nach einem Leben, das über das Alltägliche hinausgeht – ein Leben, das dem Überfluss eine tiefere, fast spirituelle Bedeutung verleiht. Der Luxusgedanke hat bis heute ein wenig den Glauben an das Göttliche, Schöne, Transzendente eingefangen und in Symbole von Herrschaft und Wohlergehen verwandelt. Luxus war – vom Ursprung her gedacht – viel mehr religiös-ästhetische Notwendigkeit als ein Gebrauchsgut; erst die moderne Deutung hat ihn in die Niederungen des alltäglichen Konsumerlebens hinabgezwungen.

Wie man also sieht, bedingen die Begriffe sich gegenseitig und bauen ebenso aufeinander auf: Aus der unbegrenzten Akkumulation von Kapital[12] entsteht das moderne Konzept des Wohlstands, welcher Konsum als sozioökonomisches Ventil benötigt; der Konsum wiederum benötigt für sein Wachstum die Adaption des Luxusgedankens, was zu mehr (echten oder unechten) Luxusprodukten führt. Gleichzeitig beeinflusst und verändert die Auffassung und Zuschreibung von Luxus die Gesellschaft und das Individuum gleichermaßen, was das Konsumverhalten und dadurch die Wahrnehmung und Bedeutung von Konsum und Wohlstand in eine Richtung vorantreibt, die den luxusorientierten Konsum immer weiter befeuert. Das, was vor 50 Jahren als absoluter Wohlstand im praktischen Leben gegolten hätte, wird heute vielfach überboten – wenn auch nicht in allen Dimensionen; Luxus ist ein vielköpfiges Phänomen.

In diesem begrifflichen Spannungsfeld werden sich die folgenden 14 Kapitel dieses Buches bewegen – die innere Gegensätzlichkeit dieser zentralen Elemente unserer von Ökonomie dominierten Lebensrealität ist enorm.

Die Konzepte von Wohlstand, Konsum und Luxus beherrschen das Leben und Streben der Moderne wie kaum andere komplexe Geisteskonstrukte – und haben eine mitunter bedrohliche Form und Macht angenommen. In einer Zeit, die mehr hat als jede andere Periode zuvor, ist der Ruf nach mehr zu einem kaum hinterfragten Selbstläufer geworden; ganze Gesellschaften stehen an der Schwelle zum Hyperkonsumismus der westlichen Welt und sind drauf und dran, diesen mehr oder weniger ungefragt zu übernehmen, ja weiter zu intensivieren.[13] So sind die meisten Formen von Konsum längst zu Luxuskonsum geworden, auch wenn dies oft nicht auf den ersten Blick ersichtlich ist.

Dieses Phänomen erschreckt deswegen so sehr, weil es oft als alternativlos begriffen und mit positiven Gedankenkonzepten wie Freiheit oder Gleichheit verknüpft wird; mit Zivilisation und Fortschritt. Unsere aktuelle kollektive Vorstellung von Wohlstand ist nicht nur ein Ziel, das wir verfolgen – sie ist zu einem gefährlichen Selbstläufer geworden, einer Art suizidaler Vision, die auf globalem Level unser eigenes Fundament bedroht. Der blinde Glaube an den Wohlstand, wie er heute verstanden wird, hat sich in eine Spirale des ungezügelten Wachstums und der maßlosen Ausbeutung verwandelt. Dieser Wohlstandsidealismus, der ständig nach »mehr« strebt, egal um welchen Preis, stellt die Welt und ihre Ressourcen auf eine Zerreißprobe. Er bewegt sich an der Schwelle zur Selbstzerstörung, indem er das Leben auf dem Planeten selbst gefährdet und die soziale Balance ins Chaos stürzt. Auch vor diesem recht bedrohlichen Hintergrund sollte die Beschäftigung mit dem Themenkomplex ein wichtiges individuelles Anliegen sein. Es reicht an das Gesellschaftssystem selbst heran – die Frage, wie wir warum leben, drängt sich auf. Und ebenso die Frage nach dem individuellen Wozu.

Diese globalen Phänomene, die wie überdimensionierte Kräfte des Kapitalismus und Konsumismus auf uns wirken, sind in Wahrheit zutiefst persönliche Fragen. Es ist eine radikale Herausforderung unserer Zeit, sich dieser persönlichen Ebene zu nähern und zu erkennen, dass Wohlstand, Konsum und Luxus nicht nur abstrakte Konzepte sind, sondern Symbole, die unser inneres und äußeres Leben formen. In jedem Einzelnen liegt das Potenzial, diesen Konzepten einen neuen Impuls zu verleihen und so eine Metamorphose in Gang zu setzen, die der ungezügelten Akkumulation Einhalt gebietet. Es geht darum, Luxus neu zu erfinden, ihn zu einer Qualität des Seins statt des Habens zu machen – eine Rückkehr zur Essenz, die jenseits von Überfluss und Exzess liegt.

Denn Wohlstand ist viel mehr als die bloße Anhäufung von Dingen. Er ist eine gelebte Philosophie, die unser kollektives Unbewusstes prägt, ein Konstrukt, das sowohl unsere innersten Bedürfnisse als auch unsere größten Illusionen reflektiert. Wohlstand ist eine Idee, die in uns lebt und wächst, ein Spiegel unserer Träume und Ängste. Doch ein »Weiter-wie-bisher« ist nicht mehr möglich, weil die Welt, wie wir sie kennen, an ihre Grenzen stößt. Der Wohlstand – und mit ihm der Kapitalismus und der Konsumismus – wird neu gedacht werden müssen. Es ist Zeit für ein neues Verständnis, das nachhaltige Lebensfreude über temporäre Befriedigung stellt, das die Balance mit der Umwelt und den sozialen Frieden über das unstillbare Verlangen nach mehr stellt. Die Neudefinition von Wohlstand könnte letztlich bedeuten, die äußere Fülle in eine innere Qualität zu transformieren – eine Weisheit des Genug, die das Leben reicher macht als jeder noch so prall gefüllte Besitz.

Diesem sich stets verwandelnden Konzept möchten die folgenden Kapitel eine gedankliche Grundlage bieten – bis hin zu einer zukünftig weiteren Metamorphose.

Kapitel Zwei
Luxus – der Begriff der Postmoderne

> »Der Hang zum Luxus geht in die Tiefe eines Menschen:
> er verrät, daß das Überflüssige und Unmäßige das Wasser ist,
> in dem seine Seele am liebsten schwimmt.«
>
> *Friedrich Nietzsche (1954): [405].*

Die Idee von Luxus hat in den letzten Jahrzehnten einen bemerkenswerten Wandel durchlaufen und sich von einem schamhaft gemiedenen Begriff zu einem erstrebenswerten Symbol für ein gelungenes Leben entwickelt. Einst war Luxus fast wie ein Schimpfwort, ein Synonym für Verschwendung, Exzess und moralische Dekadenz. Der Duden spricht von Luxus als »*nicht notwendigem, nur zum Vergnügen betriebenen Aufwand an Verschwendung und Prunk*« – eine Definition, die durchdrungen ist von einem Hauch moralischer Verwerflichkeit. Diese negative Konnotation hat ihren Ursprung in einer jahrhundertelangen religiös und moralisch geprägten Ablehnung des Luxus, die in der westlichen Gesellschaft tief verwurzelt ist.

Die protestantische Ethik, wie Max Weber sie in *Die protestantische Ethik und der Geist des Kapitalismus* analysiert hat[14], förderte eine Haltung, die Luxus nicht nur als überflüssig, sondern als moralisch verwerflich betrachtete. Reichtum, so die Lehre, sollte in den Dienst Gottes und der Gemeinschaft gestellt werden, nicht in persönliche Exzesse oder gar luxuriöse Verschwendung. Arbeiten, Sparen und die Zurückhaltung weltlicher Genüsse galten als Tugenden, die nicht nur religiöse, sondern auch ökonomische Wurzeln hatten. Das Gefühl, dass Luxus eine Art »Sünde« ist, wurzelt in diesem protestantischen Ethos, das Genuss und Überfluss mit Verdammung verknüpft. Sparsamkeit und Verzicht waren nicht nur persönliche Ideale, sondern gesellschaftliche Normen, die den Lebensstil der westlichen Welt für Jahrhunderte prägten.

Erstaunlich ist, wie lange diese Auffassung vom Luxus Bestand hatte. Noch bis weit ins 20. Jahrhundert hinein war Konsum etwas, das dem

»normalen« Leben nachgeordnet war, eine Art Beigabe, nicht das Herzstück des modernen Lebensstils. Die Mehrheit der Menschen lebte mit dem Anspruch, Genügsamkeit und Bescheidenheit als Ideal zu sehen – nicht nur aus wirtschaftlicher Notwendigkeit, sondern mehr als gesellschaftliche Tugend. Auch das Wirtschaftssystem selbst unterstützte diese Denkweise, indem es auf Produktivität, Sparsamkeit und Stabilität setzte, anstatt auf ständige Kaufanreize und Konsumexzesse. Der Konsum war eine Randerscheinung des Alltags, nicht dessen zentraler Zweck.

Doch mit der zweiten Hälfte des 20. Jahrhunderts begann eine Transformation, die das Bild des Luxus und des Konsums radikal veränderte. Plötzlich wurde Luxus nicht mehr nur geduldet, sondern zelebriert und gefeiert. Ein schleichender Wandel in der kollektiven Wahrnehmung vollzog sich: Luxus wurde zu einem Symbol der Freiheit, der Individualität und des Lebensgenusses. Luxus wurde zu einem Ziel, einem erstrebenswerten Zustand, einem Lebensstil, der die Grenzen des Notwendigen überschritt und das Unmögliche erreichbar erscheinen ließ. Die Werbung, die Medien und schließlich die soziale Marktwirtschaft selbst förderten diese Umdeutung, indem sie Luxus und Konsum zum Herzstück des modernen Kapitalismus machten.

Was früher als Sünde galt, wurde zur Tugend der modernen Gesellschaft, in der Konsum nicht mehr nur ein Mittel zum Zweck ist, sondern ultimative Pforte zur individuellen Identität. Heute ist Luxus ein Ausdruck der Selbstverwirklichung, ein Symbol dafür, dass man es »geschafft« hat. Der Übergang vom Verbotenen zum Begehrten ist vollständig vollzogen: Luxus ist nicht mehr das Stigma der moralischen Verfehlung, sondern der Maßstab des gelungenen Lebens. Die alte protestantische Haltung, die Luxus als eine Bedrohung der Tugend sah, ist zu einer historischen Fußnote geworden. In einer Welt, die durch Konsum und Erreichbarkeit definiert ist, wurde Luxus neu erfunden – und mit ihm die moderne Idee davon, was ein erfülltes Leben ausmacht.[15]

Zu verstehen, dass Kapitalismus und Konsumismus nicht identisch sind, ist essenziell, denn während Kapitalismus als Wirtschaftsform auf dem Prinzip der Kapitalakkumulation beruht, treibt der Konsumismus die ständige Erzeugung von Bedürfnissen und Wünschen an, die durch Konsum erfüllt werden sollen. Der Konsumismus evoziert dabei eine fast dominante Funktion von Luxusgütern, die in der Geschichte beispiellos ist. Noch nie zuvor waren Luxusgüter so zentral für die Selbstwahrnehmung des Einzelnen und das soziale Gefüge der Gesellschaft. Luxus ist im Konsumismus nicht mehr nur ein Nebenprodukt des Wohlstands weniger, sondern ein allgegenwärtiges Versprechen, das für viele zum Lebensziel geworden ist. Der Konsumismus schafft eine Kultur, in der Luxusgüter Status und Identität prägen und den sozialen Aufstieg symbolisieren.

Die industrielle Revolution brachte eine neue Ära der Produktion und des Kapitals hervor, die den Kapitalismus maßgeblich geformt hat. Diese Epoche und der Kapitalismus bedingten sich gegenseitig, da das Kapital plötzlich zu einer dynamischen Größe wurde, die nicht mehr nur gehortet, sondern produktiv eingesetzt werden konnte. Vor dieser Zeit war Kapital eher statisch – es wurde bewahrt und nicht reinvestiert. Wohlstand war für die meisten eine Konstante, die sich kaum veränderte und für die soziale Struktur wenig Bedeutung hatte. Für die Mehrheit der Bevölkerung, die in agrarischen Verhältnissen lebte, spielten Kapital und Vermögen nur eine untergeordnete Rolle, und auch der Wohlstand der Eliten manifestierte sich weniger in dynamischen Investitionen als in statischen Besitztümern wie Ländereien und Burgen. Wie Thomas Piketty in *Das Kapital im 21. Jahrhundert* betont, war Kapital in vormodernen Gesellschaften weitgehend immobil und konzentriert, es erfüllte eine Repräsentations- und Machtfunktion, aber keine produktive Rolle im heutigen Sinne.[16]

In dieser Zeit gab es praktisch keinen Luxus in dem Sinne, wie wir ihn heute verstehen. Es existierten zwar wertvolle, oft kostbare Güter, doch sie erfüllten keine aktive Funktion für die Gesellschaft als Ganzes. Luxusgüter dienten der »Herrschaftsrepräsentation«, einem pseudo-magischen Symbol für Macht und göttliche Legitimation. Solche Güter, wie prächtiger Schmuck und kostbare Kunstwerke, waren primär auf die herrschenden Schichten begrenzt und symbolisierten eine Distanz zum gewöhnlichen Leben. Dies umfasste sakrale Kunst und aufwendige Repräsentationsmöbel, die die Macht und den Status des Adels und der Priesterschaft visualisierten. Diese Güter hatten eine Bedeutung, die weit über ihren materiellen Wert hinausging – sie waren Symbole für eine Ordnung, die als unveränderlich und von göttlicher Gnade gewollt galt.

Doch die industrielle Revolution und der Kapitalismus haben das Fundament dieser statischen sozialen und ökonomischen Strukturen erschüttert.

Kapital wurde nicht länger gehortet, sondern investiert und vermehrt, was eine neue Dynamik des Wachstums ermöglichte und die soziale Hierarchie in Bewegung brachte. Mit der Entstehung des Konsumismus wurden Luxusgüter nicht mehr nur Symbole des Adels, sondern greifbare Versprechen für alle, die an das Märchen des sozialen Aufstiegs glaubten. Luxus wurde ein Teil des Alltags, ein Symbol für persönliche Leistung und individuelle Bedeutung. In einer Kultur, die auf dem endlosen Kreislauf von Konsum und Verlangen basiert, wird Luxus zu einem zentralen Mechanismus, der das Rad des Konsumismus am Laufen hält und die Erzählung vom »guten Leben« ins Unendliche treibt.

In vorkapitalistischen Gesellschaften existierten Luxus und Luxusgüter zwar, doch ihre Bedeutung war auf eine kleine, elitäre Schicht beschränkt. Diese Objekte, die wir heute als »Luxus« bezeichnen, erfüllten keine praktische Funktion für die Gesellschaft als Ganzes, sondern waren vielmehr eine Art symbolischer Schatz, der die Macht und den Status der herrschenden Klasse repräsentierte. Sie besaßen eine pseudo-magische Anziehungskraft und galten als Symbole der Herrschaft, unzugänglich für die breite Bevölkerung und oft mit einer rituellen oder quasi-religiösen Bedeutung behaftet. Luxusgüter wie kunstvolle Schmuckstücke, exquisite Kunstwerke und beeindruckende Möbelstücke waren Manifestationen der Macht, Ausdruck des Übernatürlichen und Göttlichen, die die Position des Adels und der Priesterschaft festigten. Sie waren die Verballhornung religiöser und priesterlicher Symbole, die nicht nur den Prunk, sondern auch die Distanz zu den Massen betonten.[17] Die Möbel und Einrichtungsgegenstände, die wir heute selbstverständlich in jedem Wohnraum finden, dienten damals primär der Machtrepräsentation und weniger dem Komfort. Teppiche, verzierte Lampen und luxuriöse Textilien waren Zeichen von Reichtum und Bedeutung und standen für eine Art symbolischen Überflusses, der keinen Platz in der Alltagswelt der gewöhnlichen Menschen hatte. Diese Güter waren nicht dazu gedacht, das Leben der Masse zu verschönern oder zu erleichtern; sie waren vielmehr Ausdruck eines direkten Herrschaftsanspruchs, fast ein sakrales Arrangement, das an die göttliche Gegebenheit der Eliten erinnerte. Der Gedanke, dass ein gewöhnlicher Bürger einen edlen Teppich oder eine kunstvoll geschnitzte Truhe besitzen könnte, war so unrealistisch wie die Vorstellung, überirdische Kräfte zu erlangen. Für die breite Bevölkerung spielten diese Luxusgüter keine Rolle, da sie außerhalb ihres wirtschaftlichen und sozialen Horizonts lagen.[18] Natürlich weckten sie Neid und Begehrlichkeit, vielleicht sogar eine Art verborgene Sehnsucht – doch diese Begehrlichkeiten waren von vornherein erstickt in der Realität der sozialen Unmöglichkeit. Die soziale Struktur war so gestaltet, dass der Zugang zu diesen Objekten fast eine Parodie war, eine Art Vorführung von etwas Unerreichbarem, das für den normalen Bürger ohne Bedeutung blieb. Nur in Ausnahmefällen, wie in Zeiten des Krieges oder Aufstandes, konnten die Massen diesen Schatz in ihre Hände bekommen – und dann meist als Trophäen, die sofort geplündert und nicht zur langfristigen Nutzung bestimmt waren.

Das Leben des einfachen Menschen in vorkapitalistischen Gesellschaften war von Notwendigkeiten und praktischen Bedürfnissen geprägt. Der Gedanke, Luxusgüter zu erwerben oder auch nur zu konsumieren, lag jenseits der Vorstellungskraft, weil die soziale und wirtschaftliche Realität dies schlicht nicht zuließ. Es gab eine so klare Trennung zwischen dem Besitzenden und dem Nicht-Besitzenden, dass der Begriff »Konsum« im heutigen Sinne bedeutungslos war. Luxus war ein Symbol, ein Mythos, der für die herrschende Elite Bedeutung hatte, aber in der Lebenswelt der breiten Masse keinen Platz fand.

Die industrielle Revolution – dieser Triumphzug der Technik und Mechanisierung – war schließlich in erster Linie eine Umwälzung der Produktion, eine Revolution der Maschinen und der Produktionsmethoden, kein Aufbruch in eine neue Gesellschaftsordnung. Sie führte zu einer tiefgreifenden Veränderung in der Art und Weise, wie Güter hergestellt wurden, und schuf eine neue Arbeitswelt, die das Leben der Menschen in Fabriken und Fertigungslinien verankerte. Doch während die Produktionsprozesse in einem Tempo voranschritten, das die Welt in ihren Grundfesten erschütterte, blieben die gesellschaftlichen Strukturen weitgehend unverändert. Menschen wurden zu Rädchen im Getriebe einer gigantischen Maschinerie, aber sie waren noch immer in den alten Hierarchien und wirtschaftlichen Abhängigkeiten gefangen. Die soziale (und erst recht eine innere) Revolution ließ auf sich warten.

Erst nach der Entfaltung des Innovationspotenzials der industriellen Fertigung, die mit den beiden Weltkriegen einen ungeahnten Höhepunkt erlebte, begann sich das wirtschaftliche und soziale Gefüge zu verschieben. Die Kriege schufen nicht nur ein Arsenal an Produktionstechnologien und einen riesigen industriellen Komplex, sie machten auch deutlich, in welchem Ausmaß die industrielle Maschinerie Menschen, Ressourcen und Märkte mobilisieren konnte. Nach 1945 lagen die industriellen Strukturen bereit, um nicht nur Kriegsgerät, sondern Konsumgüter in Massen zu produzieren und zu verteilen.[19] In den 1950er Jahren erlebte der Kapitalismus eine grundlegende Transformation, die bis heute nachhallt: Er wandte sich vom bloßen Fokus auf die Produktion von Gütern hin zu einer Ideologie, die das Konsumieren an sich als höchste Form des gesellschaftlichen Wertes und des individuellen Glücks betrachtete. Dies war die Geburtsstunde des Konsumismus, der die kapitalistische Logik revolutionierte.

Mit diesem Wandel wurde der Konsum nicht nur in seiner Menge und Frequenz gesteigert, sondern auch in seiner Bedeutung überhöht. Der Konsumismus verlieh dem individuellen und kollektiven Konsum eine Bedeutung, die ihn zur neuen sozialen Währung machte. Besitz und Konsum wurden zum Maßstab für sozialen Status und persönlichen Erfolg, und die industrielle Produktion konzentrierte sich zunehmend darauf, Bedürfnisse zu schaffen und zu bedienen, die das Wirtschaftssystem am Laufen hielten. Der Kapitalismus, der einst auf der Akkumulation von Kapital durch Produktionssteigerung basierte, verlagerte seinen Fokus hin zur Schaffung von Märkten für immer neue Konsumprodukte. Damit veränderte sich die Mechanik des Kapitals fundamental: Es ging nicht mehr allein darum, Güter herzustellen, sondern darum, eine unstillbare Nachfrage zu erzeugen, die den Motor der Wirtschaft am Laufen hält.[20]

Konsumismus wurde zur neuen gesellschaftlichen Grundordnung (wenn auch zunächst hinter den samtenen Vorhängen des Liberalismus verborgen), in der es nicht mehr darum ging, Bedürfnisse zu befriedigen, sondern das Verlangen nach immer neuen Dingen zu wecken – Metabedürfnisse lösten echte Bedürfnisse ab. Die Werbung, das Marketing und die Medien schufen eine Welt, in der Konsum als Weg zum Glück und zur Selbstverwirklichung dargestellt wurde. Dabei wandelte sich der Kapitalismus endgültig in ein System, das nicht nur die Arbeitskraft und die

Rohstoffe der Menschen in sich aufsaugte, sondern auch ihre Sehnsüchte und Wünsche inkorporierte und verwandelte – die Traummaschine der Moderne. In dieser neuen Ordnung wurde das Kapital zur treibenden Kraft des Konsums und der Konsum zur treibenden Kraft des Kapitals – eine perfekte Symbiose, die bis heute das Bild unserer Gesellschaft prägt und die Menschen als Konsumenten formt.

Die Herzkammer des Kapitalismus, die sich um die unendliche Akkumulation dreht, wurde entstaubt und weit geöffnet – weit über die Sphären immateriellen Kapitals hinaus, hinein in die Welt der physischen Dinge. Damit wurde nicht nur das Streben nach Reichtum, sondern auch das nach grenzenlosem Konsum zu einem Fundament des modernen, nahezu pseudoreligiösen Gesellschaftssystems. Der Kapitalismus hat seinen Wirkungsbereich ausgeweitet, und was früher das Feld der Finanzmärkte und Vermögensvermehrung war, ist heute eine allumfassende, durch und durch materialistische Ideologie: die unersättliche Sehnsucht nach immer mehr Besitz.

Mit dem Aufstieg des Kapitalismus nach dem Fall der Sowjetunion und Chinas Hinwendung zum Turbokapitalismus verblassten die einstigen Werte der Zurückhaltung und Skepsis gegenüber Luxus. Der Hyperkonsumismus, der sich im 21. Jahrhundert ausbreitete, hat nicht nur den Luxus an sich entgrenzt, sondern ihn auch entwertet – Luxus ist heute allgegenwärtig, unpersönlich und hohl geworden.[21] Wo früher exklusive Güter einen klaren sozialen Unterschied und damit Status symbolisierten, sind sie heute für viele (oder sogar die meisten) verfügbar. Der einst kostbare Luxus, der Jahrhunderte lang den Adel oder die Elite kennzeichnete, ist heute ein inflationäres Statussymbol, das seine Exklusivität verloren hat.

Diese Entwicklung war unausweichlich. Der rationale, am praktischen, individuellen Nutzen orientierte Konsum kennt Grenzen – er ist gebunden an die realen Bedürfnisse, die sich in der Hauswirtschaft, im »Haushalten« manifestieren. Das Haushalten selbst ist ein Konzept, das tief in der menschlichen Zivilisation verankert ist und die Keimzelle allen Wirtschaftens darstellt. Die Hauswirtschaft diente stets dazu, Ressourcen zu verwalten, Vorräte sinnvoll zu nutzen und das Überleben der Gemeinschaft zu sichern. Konsum und Haushalten waren an die Funktionalität von Gütern gebunden – an Verbrauchsgüter, die den Alltag stützen, und Gebrauchsgüter, die langlebig und universell einsetzbar sein sollten. Hier stand der funktionale Nutzen im Vordergrund, und ökonomische Abwägungen entschieden über die Anschaffung und Verwendung dieser Güter. Das Ziel war es, langlebige, vielseitige und qualitativ hochwertige Dinge zu besitzen, die den Haushalt effektiv unterstützen.[22] Luxusgüter hingegen waren stets eine Ausnahme in dieser pragmatischen Welt des Haushaltens – eine Art »Ökonomie des Überschusses« und Privileg für einige wenige, mit starker sozialer Symbolkraft, die bis ins 20. Jahrhundert hinein ökonomisch kaum ins Gewicht fiel. Luxus erfüllte eine andere Funktion als Gebrauchsgüter: Er sollte beeindrucken, darstellen und symbolisieren, weniger als konsumieren und zu gebrauchen. Diese Güter waren geprägt von einer Ästhetik der Knappheit und des Unverfügbaren.

Mit dem Aufkommen des modernen Konsumismus änderte sich diese Rolle des Luxus grundlegend. Wo die Hauswirtschaft eine Kultur der Begrenzung und der Zweckmäßigkeit repräsentierte, tritt der Konsumismus als eine Kultur der Entgrenzung auf, in der die Begrenztheit der Ressourcen durch den Drang nach immer mehr in den Hintergrund tritt. In den wohlhabenden, modernen Gesellschaften Nordamerikas, Europas und Teilen Asiens sind Gebrauchsgüter in einem Maße verfügbar, das jede Sättigung übersteigt. Die Flut an standardisierten, universellen Gütern hat die Haushalte überschwemmt, und der Konsum folgt einem effizienzgetriebenen Wettbewerb, der Standardgüter für jedermann zugänglich macht. Der Konsumismus hat hier die ursprüngliche Logik der Hauswirtschaft ersetzt und Güter zu einem »notwendigen Überfluss« gemacht.

Um das endlose Wachstum des Konsums zu sichern, musste eine neue Kategorie von Gütern gefunden werden – Güter, die sich wie Kapital endlos anhäufen lassen, ohne einer funktionalen Begrenzung zu unterliegen. Diese entgrenzten Konsumgüter brechen mit der Logik des klassischen Haushalts, weil sie nicht mehr an praktische Bedürfnisse oder langfristigen Nutzen gebunden sind. Der moderne Konsumismus fördert stattdessen eine unstillbare Akkumulation von Dingen, die den Menschen von der Logik des praktischen Bedarfs entfernt. Der Konsum wurde daher eng an den Verbrauch und tatsächlich vorhandene und entstandene Bedürfnisse einer Hausgemeinschaft verknüpft; es war ein Konsum der Verbrauchs- und Gebrauchsgüter.

Die Konsumgesellschaft hat sich auf ein unendliches Streben eingelassen, das Luxusgüter als unendlich verfügbare Objekte präsentiert, die nur durch das Verlangen des Menschen nach mehr definiert werden. Die Notwendigkeit für diese endlose Anhäufung liegt im Wesen des modernen Menschen, des *Homo consumens*, der durch die kulturelle Überladung und die soziale Symbolkraft dieser Güter angetrieben wird.

Um das Wachstum des Konsums potenziell unbegrenzt zu gestalten, war es unerlässlich, eine neue Kategorie von »entgrenzten« Gütern zu erschaffen – eine Art von Ware, die sich wie Kapital endlos anhäufen lässt, ohne dass je ein Sättigungspunkt erreicht wird. Grundsätzlich könnte dies auf fast jedes Gut zutreffen, sofern es platzsparend genug ist, doch allein die physische Akkumulation würde nicht ausreichen, um den modernen Homo oeconomicus zu motivieren. Ihm musste eine Erzählung, ein Anreiz, ein Sinn vermittelt werden. Der Konsumismus brauchte mehr als nur Waren; er brauchte eine Konstitution, ein Konzept, das über die Funktion hinaus Bedeutung stiftet. Und hier fand er den perfekten Kandidaten: den Luxus.

Die Idee des Luxus ist so alt wie die Zivilisation selbst. Schon im alten Ägypten trugen Pharaonen Schmuck aus Gold und Lapislazuli, um sich über das Volk zu erheben und ihre Göttlichkeit zu demonstrieren. In Rom symbolisierten exotische Gewürze, edle Stoffe und feinster Wein die Macht und den Wohlstand der Elite. Luxus war stets ein Instrument der Distinktion, ein Mittel, das Überleben und das Notwendige weit hinter sich zu lassen und sich der Verwirklichung eines scheinbar grenzenlosen Lebensideals hinzugeben. Doch der Konsumismus hat diesen alten, erhabenen Luxusgedanken geschickt neu interpretiert und ihm einen zeitgemäßen Anstrich verpasst.

Luxus wurde in der Moderne zu einem Symbol für das ewige Streben nach dem »Mehr«. Der Konsumismus nutzt diese Idee als treibende Kraft, indem er Luxus nicht nur als exklusives Gut, sondern als erreichbares Ideal für alle darstellt. Aus dem distanzierten Ideal für wenige wurde ein allgegenwärtiges Versprechen an die Massen. Luxus ist nun nicht mehr der exklusive Palast eines Königs, sondern das Auto, das Schmuckstück, das Designerstück, das jedem offensteht – vorausgesetzt, er ist bereit, für den nächsten Schritt in Richtung des »besseren Lebens« zu bezahlen. Luxus hat den Weg von der Notwendigkeit zur Sehnsucht beschritten, und der Konsumismus hat ihm eine Allgegenwärtigkeit verliehen, die aus einer jahrtausendealten Faszination nun ein kollektives Streben gemacht hat.

Luxus ist heute mehr als nur ein Symbol für Reichtum. Er ist die Projektion des unendlichen Konsumtraums, ein Versprechen, das niemals ganz erfüllt werden kann und doch immer wieder neu erweckt wird. Der Konsumismus hat Luxus als grenzenloses Gut inszeniert, das, anders als Lebensmittel oder Gebrauchsgüter, nie vollständig befriedigt werden kann. Luxus ist die Erfüllung und das Verlangen zugleich – ein Paradoxon, das die Akkumulation endlos antreibt. Der Wunsch nach Luxus ist nicht stillbar, denn er baut auf einem permanenten Streben nach Distinktion und Selbstüberhöhung auf. Es ist die ultimative Falle, in die der Konsumismus den modernen Menschen gelockt hat: die Idee, dass durch Konsum von Luxus nicht nur Status, sondern auch Erfüllung erreicht werden kann.

So ist Luxus zur Konstitution des Konsumismus geworden, sein Herzschlag und sein Grund, sich unendlich fortzuschreiben. Er hat der Menschheit einen zeitgemäßen Sinn gegeben, der unstillbar ist und dennoch den tiefen Antrieb zur Akkumulation kultiviert. Luxus ist heute kein Ziel mehr, sondern ein Prozess, ein fortwährender Status, der keine Befriedigung kennt und den modernen *Homo oeconomicus* an die Kette legt, mit der Aussicht, das Unerreichbare doch irgendwie zu besitzen. Der Konsumismus hat Luxus nicht nur neu verpackt – er hat ihn zur ewigen Illusion gemacht, die den modernen Menschen in der Spirale des »Mehr« gefangen hält und ihm stets vorgaukelt, dass der nächste Kauf die endgültige Erfüllung bringen wird. Doch diese bleibt ein Versprechen ohne Ende, denn im Luxus des Konsumismus gibt es kein Ankommen – nur das »Mehr« ist eine Konstante.

Zunächst wurde Luxus entgrenzt. Kein Objekt, keine Produktkategorie war mehr vor dem Luxusgedanken sicher; alles konnte potenziell »luxusfähig« gemacht werden. Die Produktwelt wurde zu einer Leinwand, auf der sich jedes noch so banale Alltagsobjekt in einen Luxusgegenstand verwandeln ließ. Durch das Einflechten technischer Innovationen, ästhetischer Aufwertung und die Anpassung an die Träume und Wünsche einer wohlhabenden Kundschaft erlangte jedes Produkt die Möglichkeit, über seinen ursprünglichen Nutzen hinausgehoben zu werden. Die Produkte wurden ausdifferenziert, in immer spezifischere Formen und Funktionen aufgesplittet –

eine Zahncreme, eine Wasserflasche, eine Matratze: Alles wurde in die Sphäre des Luxus integriert. Die einst »universellen« Dinge, die für jeden zugänglich und brauchbar waren, wurden zu distinktiven Einzelstücken transformiert, deren schiere Existenz nun eine Aussage über Status und Einzigartigkeit vermittelte.

Doch dann geschah eine noch tiefere Entfremdung: Der monetäre Wert eines Luxusguts wurde von seinem realen Nutzen getrennt. Die Idee, Luxusgüter als Investitionen zu betrachten, wurde geboren, eine Perspektive, die eigentlich im Widerspruch zur Produktlogik stand. Dinge, die zuvor als pure Ausdrucksform von Stil und Exklusivität existierten, wurden zu Werten mit spekulativem Potenzial. Eine Handtasche, ein Kunstwerk, ein Oldtimer – all das wurde plötzlich nicht mehr nur gekauft, um den eigenen Lebensstil zu betonen, sondern um Kapital zu sichern, um Gewinne zu realisieren. Der Luxus verlor seine intime, sinnliche Dimension und wurde zum Träger ökonomischer Versprechen. Der Investitionsgedanke infiltrierte die Sphäre des Luxus und erhob sie zu einem Spielplatz des Spätkapitalismus, in dem Statussymbole nicht nur Macht, sondern auch Rendite versprachen.

Als sich der Konsum weiterentwickelte und in die Sphäre des Hyperkonsumismus eintauchte, wurde Luxus ein weiteres Mal entgrenzt. Luxus transzendierte die Welt des Materiellen: Es war nun nicht mehr notwendig, ein physisches Objekt zu besitzen, um den Luxusgedanken zu erleben. Er manifestierte sich auch in Dienstleistungen und digitalen Angeboten, die in alle erdenklichen Richtungen ausgeweitet wurden. Ein einfaches Abendessen konnte zu einer luxuriösen Erfahrung stilisiert werden, die durch Zubereitungstechniken und Zutaten zu einem hochpreisigen Event mutierte. Digitale Güter wie NFTs, virtuelle Kunstwerke und exklusive Abonnementsysteme kamen hinzu und eröffneten eine weitere neue Dimension des Luxus. Der Luxusgedanke wurde von der physischen Welt losgelöst und existierte nun in digitalen Räumen, in temporären Erfahrungen und in immateriellen Transaktionen, die die klassischen Statussymbole der Vergangenheit nahezu irrelevant machten.

Das Resultat war eine radikale Neuinterpretation des Luxus, in der jede Erfahrung, jedes Gefühl, jede noch so kleine Facette des Lebens in eine exklusive, hochpreisige Version ihrer selbst transformiert wurde. Luxus wurde zur Idee ohne Grenzen, zu einer Möglichkeit, sich im immerwährenden

Streben nach Exklusivität und Individualität zu verlieren – bis das Objekt selbst überflüssig wurde und nur der Gedanke, der Status und das Erlebnis verblieben.

Die Konsequenz aus all jenen Entwicklungen ist zum einen eine ganz neue Form des Massenluxus und des Pseudoluxus[23], welche beide zusammen den Konsumismus befeuern, zum anderen eine ungemeine Aufwertung des Luxusbegriffs selbst.

Luxus ist vom »nicht notwendigen Aufwand«, von der »Verschwendung« und dem »den normalen Rahmen übersteigenden« zum Mittelpunkt des Konsumverhaltens, zum Sinn und Zweck des eigenen ökonomischen Lebens und Tuns, zum Stifter von Identität und Spiritualismus geworden; »Ich kaufe, also bin ich« ist in mannigfaltiger Weise zum Credo der Postmoderne aufgestiegen. Luxus ist nicht mehr das Außergewöhnliche, das uns an unsere Werte, an Kunst, an Ästhetik erinnert. Stattdessen ist er zu einem Akt der Selbstbeschwichtigung geworden, eine kleine Beruhigung, ein rascher Trost im Hamsterrad des Alltags. Man »gönnt« sich eben mal ein neues Handy, ein Designerstück in der Farbe des Jahres oder eine angeblich besondere Edition eines Alltagsgegenstands – Accessoires, die in Wirklichkeit kaum Funktion oder Wert besitzen, außer der, den Konsum zu feiern.

Allein wenn man dies aufschreibt, spürt man die Absurdität, die sich dahinter verbirgt. Die digitale Parzelle, die als »Eigentum« in virtuellen Welten verkauft wird, das limitierte Designobjekt, das sofort in Millionenauflage produziert wird, das modische Accessoire in zehn Farben – all das hat nichts mehr mit Luxus zu tun, wie man ihn konzeptionell versteht. Luxus war das Ergebnis bewusster Auswahl, das Eintauchen in etwas Echtes, Seltenes, Kostbares. Doch der heutige »Luxus« ist bloß eine Hülle, eine oberflächliche Spielerei, die nichts Echtes repräsentiert. Er ist zum Pseudobegriff verkommen, ein Abziehbild des Wahren, das dem Konsumismus eine schillernde Rechtfertigung bietet.

So wurde Luxus zum Schlachtruf des Hyperkonsumismus. Er ist ein Begriff, den die Werbung mit glänzenden Bildern auflädt, ein Schlagwort, das suggeriert, man investiere in sich selbst, wenn man sich das »Beste« gönnt. Doch in Wahrheit ist dies eine clevere Maschinerie, die den Konsum bis zur letzten Möglichkeit auszureizen versucht, ohne Rücksicht auf den eigentlichen Nutzen für den Käufer. Luxus ist die Entschuldigung geworden, die jeder für sich selbst akzeptiert, um das System des Konsumrausches weiter zu unterstützen. Denn worin liegt der Wert von zehn teuren Handtaschen, von überteuertem Digitalbesitz oder der hundertsten Sonderedition eines Konsumartikels? Die Antwort ist: Es gibt keinen. Doch indem wir uns selbst vorgaukeln, es handle sich um »Luxus«, entschuldigen wir den inzwischen absurden Drang nach mehr.

In der Moderne ist Luxus damit zum Feigenblatt für eine Art des Konsums geworden, die primär das eigene Leeregefühl kaschiert. Der Konsumismus hat es geschafft, uns glauben zu lassen, dass unser Wert als Menschen in unserer Kaufkraft liegt – dass wir nur dann wertvoll sind, wenn wir konsumieren. Doch worin liegt die Essenz des Menschen, wenn man ihm diese Rolle wegnimmt? Der Konsumismus hat auf diese Frage keine Antwort. Und so verteidigt sich das System durch den Begriff »Luxus«, der uns suggeriert, dass im Konsum das Versprechen auf das »gute Leben« liegt, das wir uns angeblich selbst schulden. Luxus ist damit die letzte Bastion, hinter der sich die Sinnlosigkeit des Konsums versteckt – und die gleichzeitig das ultimative Mittel ist, uns zu immer neuen Käufen zu treiben. Es ist die perfekte Strategie, das sinnlose Spiel des Hyperkonsumismus am Leben zu halten.

Darüber wird zu reden sein, und es wird keine einfache Unterhaltung. Das Thema Hyperkonsumismus, der unaufhörliche Drang nach »mehr« in einer Welt, die längst überfüllt ist, hat etwas von Verfall, von Verwesung. Vielleicht ist der Hyperkonsumismus tatsächlich die letzte, tödliche Ausprägung des Kapitalismus, die ultimative Endstation eines Systems, das ohne Grenzen wuchert und in immer extremeren Formen der Selbsterfüllung nachhallt. Dieser Gedanke ist für den modernen Menschen so beängstigend, dass er fast lieber über das physische Ende der Welt nachdenkt, über apokalyptische Katastrophen und das Verschwinden allen Lebens, als sich einer möglichen »Apokalypse« des Kapitalismus zu stellen. Denn was bleibt, wenn dieses System, das uns Identität, Sinn und Struktur gibt, zerbricht? Den Kapitalismus abzuschaffen, ihn gar enden zu lassen – was könnte absurder, ja geradezu undenkbarer sein? Es wäre, als würde man den Rahmen verlieren, in dem das moderne Leben stattfindet.[24]

Denn was bliebe dann? Was wäre der Sinn des Lebens, wenn das Sammeln, Horten und Akkumulieren an Bedeutung verlöre? Jahrzehnte, ja Jahrhunderte menschlichen Strebens nach immer mehr, das Anhäufen unzähliger Dinge, die uns das Glück versprechen – all das würde plötzlich entwertet und hohl erscheinen. Dieses »Mehr«, das so tief in das moderne Selbst eingebrannt ist, würde sinnlos, und diese Leere scheint so undenkbar, dass wir lieber weiterkonsumieren und den Abgrund ignorieren, als uns der fundamentalen Sinnkrise zu stellen, die jenseits des Kapitalismus auf uns wartet. Auch der Luxus, dieser ehemals elitäre Ausdruck besonderer Erfüllung, ist mittlerweile ein Symbol für den Überfluss und die Übersättigung geworden. Luxus ist kein seltenes Privileg mehr, sondern ein breit verfügbarer Status, ein Zeichen dafür, dass man es »geschafft« hat, dass man zum »glücklichen Konsumenten« geworden ist. Der Bedeutungswandel des Luxusbegriffs zeigt einen tiefgreifenden Wandel, eine soziale Aufladung und ein Überfluten dessen, was einst die Grenze zwischen Notwendigem und Überflüssigem markierte. Luxus ist heute nicht mehr nur ein Zeichen von Status, sondern Ausdruck eines kulturellen Systems, das den Wert des Lebens am Besitz misst.

Dieser Wandel des Luxusbegriffs ist wie ein stummes Signal, ein Fanal für die Umstrukturierung unserer Gesellschaft. Es ist ein Symbol für die Veränderung in der postmodernen Gesellschaft, die sich über die ersten Jahrzehnte des 21. Jahrhunderts ausgebreitet hat. Man kann den Finger nicht direkt auf das legen, was geschehen ist, doch etwas ist anders geworden, in einer Art, die gleichzeitig subtil und zutiefst beunruhigend ist. Vielleicht ist es diese unausgesprochene Leere, die sich durch das ständige Streben nach mehr in unser kollektives Bewusstsein frisst. Vielleicht ist es das Wissen, dass all diese Dinge, die wir anhäufen, nicht die versprochene Erfüllung bringen, sondern eine immer tiefere Entfremdung. Diese subtile Verschiebung ist beunruhigend, weil sie uns an den Rand unserer eigenen Lebensweise führt, an die Grenze des kapitalistischen Paradigmas, in dem wir verhaftet sind. Es ist ein leises, aber durchdringendes Gefühl, dass etwas nicht mehr passt, dass das Streben nach Konsum uns weiter entfremdet und isoliert. Wir alle spüren, dass die Dinge nicht mehr so sind wie früher, dass wir das selbst geschaffene Labyrinth aus Konsum, Status und Überfluss immer weiter befeuern und gleichzeitig erkennen, dass es letztlich nirgendwo hinführt.

Die Aufwertung des Luxusbegriffes, dessen obsessive und obstinate Zurschaustellung im Mittelpunkt des menschlichen Lebens der Moderne hat etwas Nagendes, Zersetzendes; Luxus ist heute nicht mehr bloß ein Ausdruck für Exklusivität oder feinen Geschmack, sondern er ist zum Lebensinhalt geworden, zur Obsession, die uns treibt. Es ist, als wäre Luxus unser eigener Nidhöggr.[25] Nur dass unser Luxus die Fundamente der sozialen und ökologischen Ordnung unterminiert und gleichzeitig den Geist der Menschen erodiert.

Luxus ist nicht länger ein bloßes Wort, sondern ein tiefes Konzept, das sich in den Vorstellungen und Wünschen verankert hat und die Gesellschaft prägt. Konsum ist zum Motor des Wohlstands geworden, und Luxus – der höchste Ausdruck des Konsums – ist der Antrieb dieses Motors, der uns mit wachsender Geschwindigkeit in eine Welt der Oberflächlichkeiten und scheinbaren Erfüllung katapultiert. Es ist die Karotte vor der Nase der modernen Gesellschaft: ein Symbol des Erreichbaren, das nie ganz erreicht werden kann, das immer nur andeutet, dass mehr möglich wäre, dass die nächste Stufe noch strahlender und erfüllender sein könnte. Luxus wird zum Versprechen ohne Substanz, zum endlosen Antrieb, der nie ankommt.

Luxus ist heute das ultimative Ziel, das sich die Gesellschaft selbst gesetzt hat, und seine Anziehungskraft ist so mächtig, dass die Grenzen zwischen Notwendigem und Überflüssigem verschwimmen. Es ist kein gesellschaftlicher Diminutiv mehr, kein Ausdruck des Überflusses, den sich nur die wenigen leisten können, sondern ein Lebensideal, welcher für alle erreichbar scheint, wenn auch oft nur als Illusion. Luxus ist nicht mehr die Diskretion der Aristokraten vergangener Tage, sondern das lautstarke Zurschaustellen von Reichtum und Erfolg – ein Zeichen dafür, dass man dazugehört, dass man »es geschafft« hat. Die einstige Abscheu gegenüber der Dekadenz ist verschwunden; Luxus wird nicht als dekadent, sondern als verdient angesehen. Er ist keine Beleidigung, sondern eine Auszeichnung, ein Stempel der Erhabenheit.

Doch während Luxus ein Ziel ist, das wir unermüdlich verfolgen, erweckt es zugleich den Anschein der Dekadenz im ursprünglichen Sinn: das langsame Zerfallen, das Auflösen von Werten und die Verschiebung hin zum Oberflächlichen. Der Begriff »Dekadenz« selbst, der ursprünglich für den kulturellen Verfall stand, scheint untrennbar mit dieser Form des Luxus verbunden zu sein. Luxus, der nicht mehr der Verfeinerung und dem ästhetischen Genuss dient, sondern als bloßer Ausdruck von Reichtum, weist auf einen inneren Niedergang hin. Wir opfern Tiefe und Bedeutung für den schnellen Glanz, für das Vergängliche. Die Jagd nach Luxus ist zu einer modernen Form des Verfalls geworden – ein Verfall, der uns weniger an die Stabilität des Wohlstands glauben lässt als an den fortschreitenden Zerfall einer Kultur, die den materiellen Überfluss über den geistigen Reichtum stellt.

In dieser fixierten Sehnsucht nach Luxus verfangen, schwebt die moderne Gesellschaft in einem Spannungsfeld aus Gestaltung und Zerstörung. Luxus lockt uns zur Gestaltung eines Lebens voller Schönheit und Genuss, doch er zersetzt uns gleichzeitig, indem er uns immer tiefer in den Sog der Unersättlichkeit zieht. Unser kollektives Denken kreist um ihn, und er ist der unsichtbare Kompass, der den Kurs der Gesellschaft bestimmt – in einer Reise, die uns immer weiter ins Ungewisse treibt, während die Grundfesten unseres Zusammenlebens allmählich zerbröckeln.

Der Konsumismus würde das Phänomen »Luxus für alle« vermutlich als großen demokratischen Fortschritt feiern, als eine verspätete Revolution im Namen der Gleichheit, in der alle sich an der Illusion des Besonderen beteiligen können. Luxus für die Massen ist jedoch ein Widerspruch in sich – denn sobald das Exklusive zum Standard wird, verliert es seine Aura. Dennoch bleibt der moderne Luxus ein Symbol der Macht und des Prestiges, ein Herrschaftsinstrument, das sich in die Massenkultur eingeschlichen hat und seinen Anspruch durch schiere Verfügbarkeit behauptet. Dieser Anspruch ist weniger durch das Objekt selbst begründet als vielmehr durch die Tatsache, dass es für viele erreichbar geworden ist – eine paradoxe Demokratie des Konsums, die sich dem Proletariat der Digitalmoderne als »Emanzipation« verkauft.

Karl Marx und Friedrich Engels würden in den sozialen Medien wie Instagram und TikTok wohl den ultimativen Verbreitungsmechanismus der neuen Konsumideologie sehen. Hier wird der Konsumismus zur Religion erhoben, der Luxus zum digitalisierten Glaubensbekenntnis, das endlos reproduziert und angestrebt wird.[26] Instagram präsentiert die Warenwelt als Spektakel, in dem das Objekt und der Nutzer in einem verschmelzen: Der Konsum wird zur Identität, die durch »Likes« und »Follower« validiert wird. Man könnte sagen, Instagram sei das digitale Manifest des Kapitalismus –

der endlose Strom an Bildern und Produkten ersetzt die Dialektik der Gedanken durch die Dialektik der Oberflächen. Der »Arbeitswert« wandelt sich hier in »Aufmerksamkeitswert« und Konsum wird zur Ware des Selbst, das sich in jedem »Post« neu verwirklicht und verzehrt. In dieser neuen Wirkungsökonomie werden die Proletarier nicht durch harte Arbeit geformt, sondern durch den endlosen Drang, zu konsumieren und darzustellen.

Das Wort »Luxus« selbst ist heute ein Feld voller Spannungen und Widersprüche. Luxus war einst der Inbegriff des Abgehobenen, das allein der Elite vorbehalten war. Heute aber ist es die breite Masse, die sich in dieser Sphäre tummelt und an der Oberfläche kratzt. Und doch hat Luxus nicht an Kraft verloren, sondern eine neue, subtilere Macht gewonnen: Er hat sich zur Verheißung erhoben, zur Illusion eines erreichbaren Traums. Das Spannungsfeld liegt darin, dass Luxus uns eine Sphäre vorgaukelt, die allen offensteht, obwohl sie im Kern exklusiv bleibt. Ein Handy, ein Kleid, eine Uhr – sie alle werden zu Trägern einer vermeintlichen Bedeutung, die den Menschen dazu bringt, nach Dingen zu streben, die nur einen Hauch des wahren »Luxus« vermitteln.

Das Wort »Luxus« ist ein Sieger der Moderne, ein Begriff, ohne den das heutige Leben und Denken kaum noch verständlich wären. Es ist zur Metapher für Freiheit, Identität und den Wert des Einzelnen in einer Welt geworden, die von Besitzdenken und dem Streben nach Individualität geprägt ist. Und ebenso der Wohlstand – die modernste aller Erfindungen, die nicht nur materiellen Überfluss, sondern auch die »Freiheit« durch Konsum verspricht. In Wohlstand und Luxus zeigt sich die Widersprüchlichkeit unserer Welt: das Streben nach Gleichheit und die Lust am Besonderen, die demokratische Illusion und die elitäre Realität. Sie sind die Pole eines Kontinuums, das den Menschen unserer Zeit mehr beschäftigt als alles andere. Hier offenbart sich die Spannung zwischen dem Wunsch nach Zugehörigkeit und dem Drang zur Abgrenzung, zwischen kollektivem Fortschritt und der Individualisierung durch Konsum. In beiden Konzepten verfängt sich die ganze Widersprüchlichkeit unserer Welt – sie spannen zusammen das Kontinuum auf, mit dem sich die Menschen heute am meisten beschäftigen.

Kapitel Drei
Die Religion des Konsumismus

»Die profane Existenz des Irrtums ist kompromittiert, nachdem seine himmlische oratio pro aris et focis widerlegt ist. Der Mensch, der in der phantastischen Wirklichkeit des Himmels, wo er einen Übermenschen suchte, nur den Widerschein seiner selbst gefunden hat, wird nicht mehr geneigt sein, nur den Schein seiner selbst, nur den Unmenschen zu finden, wo er seine wahre Wirklichkeit sucht und suchen muß. Das Fundament der irreligiösen Kritik ist: Der Mensch macht die Religion, die Religion macht nicht den Menschen. Und zwar ist die Religion das Selbstbewußtsein und das Selbstgefühl des Menschen, der sich selbst entweder noch nicht erworben oder schon wieder verloren hat. Aber der Mensch, das ist kein abstraktes, außer der Welt hockendes Wesen. Der Mensch, das ist die Welt des Menschen, Staat, Sozietät. Dieser Staat, diese Sozietät produzieren die Religion, ein verkehrtes Weltbewußtsein, weil sie eine verkehrte Welt sind. Die Religion ist die allgemeine Theorie dieser Welt, ihr enzyklopädisches Kompendium, ihre Logik in populärer Form, ihr spiritualistischer Point-d'honneur, ihr Enthusiasmus, ihre moralische Sanktion, ihre feierliche Ergänzung, ihr allgemeiner Trost- und Rechtfertigungsgrund. Sie ist die phantastische Verwirklichung des menschlichen Wesens, weil das menschliche Wesen keine wahre Wirklichkeit besitzt. Der Kampf gegen die Religion ist also mittelbar der Kampf gegen jene Welt, deren geistiges Aroma die Religion ist. Das religiöse Elend ist in einem der Ausdruck des wirklichen Elendes und in einem die Protestation gegen das wirkliche Elend. Die Religion ist der Seufzer der bedrängten Kreatur, das Gemüt einer herzlosen Welt, wie sie der Geist geistloser Zustände ist. Sie ist das Opium des Volks.«

Karl Marx (1844): [378]

Wenn Religion das Opium des Volkes ist, dann ist Konsum das Heroin der modernen Welt. Konsum ist kein einfaches Bedürfnis mehr; er ist eine Lebensweise, eine Ideologie und ein Ersatz für das Heilige. Bereits Karl Marx erkannte in der Religion ein Mittel zur Beruhigung der Massen, ein Werkzeug, das die harte Realität des Lebens abschwächt und die sozialen Spannungen mildert. Doch der Kapitalismus hat diese Funktion der Religion geschickt übernommen und eine neue »Betäubung« in die Welt gebracht: den Konsum. Was früher der Glaube an das Jenseits war, ist heute der Glaube an das endlose Wachstum und die vermeintlich grenzenlose Erfüllung durch den Erwerb von Gütern. Konsum ist der neue »Götzendienst«, der uns verspricht, dass wir, wenn wir nur genug besitzen, Glück, Identität und Sinn finden werden.

Der Kapitalismus hat dabei die Mechanismen der Religion perfektioniert und sie zu einem Teil seines Systems gemacht. Wie Max Weber in *Die protestantische Ethik und der Geist des Kapitalismus* beschreibt, war es die protestantische Ethik mit ihrem Fokus auf Arbeit und Disziplin, die den Nährboden für den Kapitalismus schuf.[27] Arbeit und Konsum wurden zu Zeichen göttlicher Gnade und irdischen Erfolgs, und Reichtum wurde zum Beweis dafür, dass man »auserwählt« ist. Der Kapitalismus hat diesen religiösen Eifer aufgegriffen und ihn in den Dienst der Akkumulation und des Konsums gestellt. In modernen Shopping-Malls, die kathedralengleich erbaut sind, zelebriert der Konsumismus das neue Heilige, und die endlosen Regale der Waren sind die neuen Altäre, vor denen Menschen andächtig verweilen. Diese Verschmelzung von Religion und Konsum zeigt sich in der Art und Weise, wie Konsum Bedürfnisse kreiert und erfüllt – oder zumindest das Versprechen der Erfüllung gibt. Die alten religiösen Rituale werden ersetzt durch die neuen Riten des Kaufens und Besitzens. Was einst das Sonntagsgebet war, ist heute die wöchentliche Shopping-Tour; was einst die spirituelle Erleuchtung versprach, ist heute das Konzept des »Haben-Wollens«. Der Konsum wird zur existenziellen Erfahrung, eine Flucht aus der Realität, die uns verspricht, dass das nächste Produkt uns etwas Essenzielles geben kann – Bedeutung, Status, vielleicht sogar ein Gefühl von Transzendenz. Diese Art des Konsumierens ist keine Befriedigung unserer Bedürfnisse, sondern eine ewige Jagd nach Sinn und Identität, die stets nur kurz anhält, bevor sie uns zum nächsten Kauf verführt.

Der Konsumismus hat Religion in seiner eigenen Logik absorbiert und deren Versprechen auf Ewigkeit und Transzendenz in den Materialismus übertragen. Sogar spirituelle Werte wie Selbstfindung und Erfüllung werden heute durch Konsumversprechen verkauft. Yoga, Meditation, Wellness – alles ist ein Markt geworden, eine weitere Ebene des Konsums, die uns das Gefühl gibt, über das Materielle hinauszugehen, während wir doch nur tiefer in den Kreislauf der Bedürfnisbefriedigung eintauchen. Religion ist hier nicht mehr das Opium, das beruhigt; sie ist nun das Produkt, das verkauft und konsumiert wird, ein weiterer Teil der Maschinerie des Kapitalismus.

Konsum ist Heroin, weil er eine schnellere, intensivere und vor allem süchtig machendere Wirkung hat, als die Religion je hatte. Während Religion uns in eine Art sanfte Betäubung versetzte, die uns das Leben erträglicher machte, bietet der Konsum eine ständige Flucht nach vorne. Konsum fordert immer mehr, treibt uns zu einem unstillbaren Bedürfnis, das uns nicht beruhigt, sondern uns in eine endlose Spirale des »Haben-Wollens« stürzt. Er verspricht sofortige, kurzfristige Erfüllung und schafft doch nur den nächsten Mangel, den nächsten Anreiz zum Kauf. Die Religion bot das Paradies als Endziel; der Konsum bietet unendliche Wünsche ohne Erfüllung. In einer Welt, die ihre Identität und ihren Sinn im »Mehr« sucht, bleibt nur eine Gesellschaft, die niemals satt wird, die das Heilige in das Profane transformiert und sich in einem nie endenden Rausch des Konsumierens verliert – einem Rausch, der uns gleichzeitig betäubt und entleert.

Im Konsumismus vereinen sich Kapitalismus und die Sinnsuche der Postmoderne auf eine Weise, die den Konsum zu einem fast unantastbaren Lebenszweck erhebt. Der Konsumismus beansprucht die Stelle der einstigen Religionen und bietet uns eine neue Art von »Glauben« – nicht an eine höhere Macht, sondern an uns selbst und die Produkte, die uns definieren. Wie konnte Konsumismus diese zentrale Position erlangen und uns alle in seinen Bann ziehen? Die Antwort liegt in seiner Fähigkeit, psychologisch fest verankerte Mechanismen und Sehnsüchte zu aktivieren, die einst durch Religionen bedient wurden. Der Konsumismus bietet uns eine scheinbar perfekte Lösung für unsere evolutionär geprägten Ängste, Bedürfnisse und Unsicherheiten, und er füllt die Lücken, die in unserer zunehmend säkularen Gesellschaft geblieben sind.[28]

Religiöse Systeme haben traditionell eine zentrale Rolle in der Sinnstiftung und der Schaffung eines Zugehörigkeitsgefühls gespielt. Sie bedienen sich bestimmter Mechanismen, die im Konsumismus eine direkte Entsprechung finden. Ein erster Mechanismus der Religion ist das Versprechen auf Heil und Erfüllung. Religionen schaffen eine Vision des Idealzustands – das Paradies, die Erlösung, das Nirwana – und geben den Menschen eine Richtung, die sie in ihrem Leben verfolgen können. Der Konsumismus nutzt dieses Bedürfnis, indem er ein Bild des »idealen Lebens« präsentiert, das auf Reichtum, Status und materiellem Erfolg basiert. Die Werbeindustrie malt uns ein Ideal, das durch den Besitz bestimmter Produkte zu erreichen scheint: der Traum vom Eigenheim, das Symbol des Luxuswagens, die Statussymbole der Modewelt. Dieser Idealzustand ist jedoch immer nur temporär erreichbar, da die Konsumgüter durch den Zyklus der Trends und Produktentwicklungen stets erneuert werden müssen.

Ein zweiter Mechanismus ist die Schaffung von Ritualen und Symbolen. Religionen schaffen wiederkehrende Rituale, durch die die Gläubigen eine Verbindung zu höheren Werten aufbauen. Der Konsumismus übernimmt dies, indem er eigene Rituale und Symbole etabliert. Die regelmäßigen Shopping-Tage, die sich vom Black Friday bis zu den saisonalen Sales erstrecken, sind moderne Rituale des Konsums, durch die sich Konsumenten als Teil einer größeren Gemeinschaft erleben. Marken und Logos ersetzen religiöse Symbole und schaffen eine neue Art von Zugehörigkeit, in der das Tragen bestimmter Marken wie eine »Initiation« in die jeweilige Konsumkultur wirkt. Diese Symbole und Rituale geben den Konsumenten eine Identität und ein Gefühl von Zugehörigkeit.

Ein dritter Mechanismus ist das Prinzip der Unfehlbarkeit. Religionen vermitteln die Idee, dass die göttlichen Prinzipien unfehlbar und unveränderlich sind. Der Konsumismus hingegen hat ein Gefühl der Unfehlbarkeit in die Entscheidung für den Konsum selbst integriert. Der Markt ist heute nicht nur eine Wirtschaftsordnung, sondern eine Art universeller Wahrheitsinstanz geworden: Das Gesetz der Nachfrage und des Angebots ist zum »Naturgesetz« erhoben, das wie eine objektive Kraft das Leben steuert. Konsum wird nicht mehr hinterfragt; wir konsumieren, weil es Teil der Gesellschaft ist, die wir als »fortschrittlich« und »modern« ansehen. Die Entscheidung für Konsum ist eine Selbstverständlichkeit geworden – das Produkt, das wir heute kaufen, ist die »richtige« Entscheidung, weil es uns die Welt selbst als erstrebenswert und notwendig suggeriert. Der Konsumismus geht jedoch noch einen Schritt weiter und adressiert unsere tiefste Unsicherheit: die Angst vor Sinnlosigkeit. Während Religionen ein ewiges Leben oder eine Verbindung zum Göttlichen versprechen, erfüllt der Konsumismus diese Leere mit Produkten und Erlebnissen, die suggerieren, dass das Leben durch sie erfüllt und wertvoll wird. In einer säkularen, oft individualistischen Gesellschaft, in der es keinen einheitlichen Glauben mehr gibt, übernimmt der Konsumismus die Rolle des Sinnstifters und präsentiert uns eine Welt, in der jeder Konsumakt als Beitrag zu einem besseren Selbst und einer »erfüllteren« Existenz gilt. So wird Konsum zum pseudo-religiösen Erlebnis, das uns ein Gefühl der Bedeutsamkeit in einer unsicheren Welt gibt.

Konsum ist deshalb zu einer quasi-religiösen Erfahrung geworden, die uns die Illusion vermittelt, dass das Leben durch Kaufentscheidungen verbessert und bereichert wird. Dabei zeigt sich die Überzeugung, dass Konsum die einzig logische Entscheidung ist – ein natürlicher Mechanismus in einer Welt, die sich selbst durch die Marktwirtschaft definiert. Diese Überzeugung ist so tief verwurzelt, dass jede Kritik an exzessivem Konsumismus als unmodern oder gar ketzerisch betrachtet wird. Der Konsumismus hat unsere Herzen erobert, indem er unsere evolutionären Bedürfnisse nach Zugehörigkeit, Sinn und Identität ausnutzt und uns die Erfüllung dieser Bedürfnisse durch Produkte verspricht. Es ist eine stille Macht, die uns durch die Verführung und den Trost der Dinge in einen ewigen Kreislauf aus Mangel und Erfüllung zwingt – und genau darin liegt das Kunststück des Konsumismus: Er hat unsere Bedürfnisse in eine endlose Schleife des Begehrens verwandelt.

Die Wahrnehmung des Konsums ist die einer pulsierenden, geradezu heiligen Aktivität – ähnlich wie der Glaube in der Religion, der oft als lebendig und erhaben beschrieben wird. Konsum hat sich in eine Nische des Sakralen eingeschlichen und sich dort festgesetzt, wo früher spirituelle Rituale und der Glaube an das Übersinnliche zu Hause waren. Er hat etwas Organisches und Natürliches angenommen: Konsumieren wird zum Akt des inneren Nährens, des Verdauens, der spirituellen Erweiterung. Wie in einem modernen Sakrament greifen wir nach den Objekten, die wir »haben« wollen, ringen im Markt-Wettkampf um sie, um sie schließlich in unser Reich zu holen – in unsere privaten Tempel und Heiligtümer, wo sie zur Ruhe kommen, zum Teil unseres Lebens werden, wo wir sie verschlingen, ihre Essenz verdauen und in unser Selbst integrieren.

Der Konsumismus ist eine Ritualhandlung, eine zyklische Opfergabe an uns selbst und die Gesellschaft. Dieser Zyklus hat unbestreitbar eine sakrale Qualität, vergleichbar mit dem Empfang der Hostie, die symbolisch aufgenommen wird, um den Geist zu erfüllen. Wir »verehren« die Dinge, die wir erwerben; sie sind keine bloßen Gebrauchsgegenstände mehr, sondern werden zu spirituellen Elementen, die unser Leben auf einer tieferen Ebene ergänzen und erfüllen sollen. Es ist kein Zufall, dass unser Umgang mit Dingen im Konsumismus viel intimer und ritualisierter geworden ist – wir sind in eine Art Glaubensbekenntnis des Besitzens eingetreten, in dem das Objekt eine direkte Verlängerung unserer selbst darstellt.

Diese Objekte, die uns im Alltag umgeben, dringen tiefer in unsere Psyche ein und definieren unsere Identität. Sie sind wie Reliquien des modernen Lebens, die in einer Art symbolischer Selbstergänzung unsere Persönlichkeit formen und erweitern. Der Mechanismus der symbolischen Selbstergänzung, der uns glauben lässt, dass Dinge uns vervollkommnen können, hat eine spirituelle Dimension angenommen. In der Psychologie wird dies als eine Form der Selbstverwirklichung durch Besitz beschrieben, bei der wir Eigenschaften eines Objekts oder einer Marke auf uns übertragen – das Objekt wird zur Erweiterung unserer selbst, zur symbolischen Selbstergänzung.[29] Wir glauben, dass ein bestimmtes Produkt, sei es ein technisches Gerät, ein Kleidungsstück oder ein Auto, uns bestimmte Eigenschaften verleiht, uns stärker, erfolgreicher oder begehrenswerter macht. Die Dinge, die wir besitzen, spiegeln nicht nur wider, wer wir sind; sie sollen zeigen, wer wir sein wollen, und suggerieren der Welt ein Bild von uns, das über das reine Sein hinausgeht. Dieser Mechanismus ist umfassend in der menschlichen Psychologie verankert und lässt sich historisch an Beispielen wie dem Reliquienkult des Mittelalters aufzeigen. Reliquien waren nicht nur spirituelle Symbole, sondern galten auch als Kanäle, die den Gläubigen Glaubenskraft und Schutz verleihen konnten. Die Gläubigen glaubten, dass sie durch den Besitz oder die Nähe zu einer Reliquie an deren Heiligkeit teilhaben konnten – sie ergänzte ihren Glauben und wirkte als Signal an die Gesellschaft.[30] Dieser Gedanke wird heute im Konsumismus wiederbelebt. Die Dinge, die wir kaufen, wirken auf uns abfärbend, fast magisch: Sie sollen uns besser, vollständiger und vor allem in den Augen der Gesellschaft wertvoller machen. Diese Objekte sind gleichzeitig als *social signaling* konzipiert – die Idee, dass das, was wir besitzen, nicht nur uns selbst beeinflusst, sondern auch unsere Umgebung. Unsere Konsumobjekte sind auf eine doppelte Weise funktional: Zum einen sollen sie uns innerlich vervollständigen, zum anderen dienen sie als äußeres Signal für unseren Status und unsere Identität. Sie sind ein Spiegelbild unserer sozialen Position und eine Projektionsfläche unserer Tugenden und Erfolge. Ein luxuriöses Auto, eine besondere Uhr oder Designerkleidung dienen nicht nur uns, sondern kommunizieren auch eine Botschaft nach außen – sie repräsentieren die Werte, die wir nach außen tragen wollen, und fungieren als Statussymbole, die uns von anderen abgrenzen und uns in den sozialen Hierarchien verorten. So sind Konsumgüter heute wie moderne Reliquien, durch die wir uns symbolisch definieren und uns an ein Kollektiv anbinden. Wir leben in einem Zeitalter, in dem das Bild und die Inszenierung über die Substanz gestellt werden – Konsum ist das neue Sakrament, und durch ihn erzählen wir die Geschichte von uns selbst und unserer Rolle in der Gesellschaft.

Der Konsumismus hat es geschafft, die Mechanismen der Religion auf eine Weise zu imitieren, die die spirituelle Ebene vieler Gesellschaften tiefgehend verändert hat. Durch diese Imitation hat er sich die strukturellen und psychologischen Wirkungen religiöser Systeme zunutze gemacht: das Vertrauen auf ein höheres Ziel, das Heilsversprechen und die Ritualisierung des Alltags. Viele Religionen haben sich diesem Phänomen angepasst und selbst Konsumstrategien übernommen. Besonders deutlich zeigt sich dies im Evangelikalismus, der immer stärker auf kapitalistische Werte setzt, wie Wohlstand und materielle Segnungen. In Teilen des modernen Christentums ist das »Wohlstandsevangelium« zu einer weitverbreiteten Glaubenshaltung geworden, die den materiellen Erfolg als Zeichen göttlicher Gnade und als Belohnung für den Glauben preist.[31] Diese Umarmung des Konsumismus hat dem traditionellen Glauben erheblich zugesetzt, da sie das Streben nach innerer Erfüllung und spiritueller Erhebung durch die Suche nach äußerem, sichtbarem Erfolg ersetzt hat.

Im heutigen Kapitalismus ist Konsumismus unverzichtbar – er ist nicht nur ein fester Bestandteil, sondern der Motor der wirtschaftlichen Maschinerie. Er hat die Funktion eines Glaubenssystems übernommen, weil er integraler Bestandteil unserer ökonomischen Realität und unseres täglichen Lebens ist. So bietet der Konsumismus ein Heilsversprechen, das überaus konkret und diesseitig ist: Glück, Zufriedenheit und Erfüllung sind jederzeit durch den Kauf bestimmter Produkte erlebbar. Hier fungiert das Konsumieren selbst als Ritual, als Mittel, um das Belohnungssystem im Gehirn zu aktivieren und sofortige Befriedigung zu erfahren. Die Dopaminausschüttung beim Konsum schafft einen direkt erfahrbaren Tat-Ergehen-Zusammenhang, der eine fast schamanische Kraft entfaltet – ein »Fetisch« im Sinne eines greifbaren, weltlichen Mittels, das dem Menschen die Versprechen von Erfolg, Status oder Glück quasi auf Knopfdruck zugänglich macht.[32]

Diese psychologischen Effekte ermöglichen es dem Konsumismus, seine gesellschaftliche Ordnungs- und Ausrichtungsfunktion zu erfüllen. Er bietet nicht nur individuelle Belohnung, sondern auch Orientierung und Struktur im Kollektiv: Der Konsumismus erfüllt das Bedürfnis nach Zugehörigkeit und Identität und nutzt das postmoderne spirituelle Vakuum, indem er die Sehnsucht nach Bedeutung mit greifbaren Erlebnissen und Statussymbolen füllt. Doch anders als traditionelle Religionen, die oftmals Verzicht, innere Einkehr oder spirituelle Disziplin verlangen, fordert der Konsumismus nichts, was der Mensch nicht ohnehin bereit ist zu geben. Er bietet die Illusion von Transzendenz zum scheinbar niedrigen Preis der »Teilnahme« am kapitalistischen Kreislauf. Dabei bedient sich der Konsumismus nicht nur der Logik einer einzelnen Religion, sondern nutzt die Wirkmechanismen vieler Glaubenssysteme: Er erzeugt wiederkehrende Rituale, wie den Kaufzyklus oder saisonale Konsumereignisse (etwa Weihnachten und der Black Friday), schafft Ikonen und Heilsbringer in Form von Marken und Produkten und bietet Erlösung in der Form eines permanenten Kreislaufs aus Erwerb und kurzfristiger Befriedigung. Er hat es geschafft, spirituelle Dynamiken zu adaptieren und in den modernen ökonomischen Kontext zu transponieren, ohne eine explizit religiöse Identität zu benötigen.

Der Konsumismus ist dabei keine absichtlich geschaffene Religion, sondern vielmehr das Ergebnis kollektiver ökonomischer Bedürfnisse und zahlloser Marketingstrategien, die den Konsum in jede Ecke des Alltags gebracht haben. Er wurde nicht »erfunden«, sondern entstand aus der Logik des Marktes selbst, durch die Anforderungen von Profit und Absatz, die stetig neue Bedürfnisse in den Köpfen der Menschen geschaffen haben. Gerade deshalb spiegelt der Konsumismus das postmoderne Verständnis von Spiritualität wider: Er ist ein Glaube, der nicht durch dogmatische Vorgaben oder äußeren Zwang diktiert wird, sondern sich direkt in das alltägliche Leben integriert und die Selbstbelohnung feiert. Der Konsumismus verlangt keine Opfer oder Einschränkungen, sondern lädt zur aktiven Teilnahme am kapitalistischen Marktgefüge ein, wo jeder Kaufakt Teil eines kollektiven Rituals ist, das Versprechen von Erfüllung und Identität in greifbarer Nähe hält.

Das Konzept der Belohnung als quasi-spirituelle Erfahrung ist im modernen Konsumismus allgegenwärtig und stellt den fundamentalen Antrieb der postmodernen Gesellschaft dar. In einer Welt, die an Transzendenz und das Heilige kaum mehr glaubt, hat der Konsumismus notwendigerweise eine neue Form von »Sinn« erschaffen, die den Einzelnen durch schnelle, greifbare Belohnungen immer wieder in einen Zustand der Zufriedenheit, wenn auch nur für kurze Zeit, versetzt. Dieses Gefühl der Belohnung – der Kauf, der Klick, das »Gefällt mir« – ermöglicht jedem Einzelnen, eine ganz eigene kleine Sub-Religion aufzubauen. Es ist eine Religion des Hier und Jetzt, eine Liturgie des verzerrten Moments, die auf einer banalen psychologischen Ebene das Bedürfnis nach Anerkennung und Bedeutung bedient. Zu bewundern ist diese »Selbst-Religion« auf zahllosen Social-Media-Kanälen, wo jede Kaufentscheidung, jede Luxusmarke und jede Lifestyle-Inszenierung zu einem Ritual des Selbstwerts und der Zugehörigkeit wird. Noch nie in der Geschichte war es möglich, dass so viele Individuen so direkt und unkontrolliert erreicht werden können – und das sogar dort, wo sie sich in ihrer vermeintlich privaten Sphäre aufhalten.

Diese Entwicklung hat weitreichende Folgen, insbesondere im Hinblick auf die spirituelle Leere, die Konsum oft zu füllen verspricht. Konsumismus ist in der Postmoderne zu einer dezentralen Religion geworden – ohne Gottheiten, ohne Oberhäupter und religiöse Autoritäten. Stattdessen übernehmen zunehmend selbst erkorene Influencer diese Rollen, als Priester und Propheten des Konsums, die ihre persönlichen Kanons predigen. Ihre Botschaften richten sich an eine treue Gemeinde, die ihnen folgt und deren Lebensstil kopiert. In diesem Sinn ist der Konsumismus universell und erfolgreich wie kaum ein anderes Glaubenssystem: Er ist allgegenwärtig und benötigt keine formale Struktur, keine Kirche, keine Dogmen. Der Konsum selbst, das Produkt und das Erlebnis werden zum Sakrament, das dem Einzelnen eine Art von Heiligkeit im Profanen verspricht.

Die religiöse Perspektive greift zwar nicht vollständig das Gesamtphänomen des Konsumismus und seine Rolle in der modernen Gesellschaft, doch sie bietet kritische Einblicke in seine Entwicklung und seine Grundmotive. Konsum ist nicht bloß ein Mittel zur Bedürfnisbefriedigung; er ist ein Weg zur Identitätsbildung, zum Ausdruck des Selbst und zur Erfüllung tieferer Bedürfnisse nach Zugehörigkeit und Anerkennung. Ohne diese spirituelle Aufladung, ohne das Versprechen, das Konsum immer wieder aussendet – »dieser Kauf wird dich glücklicher machen, dieses Produkt wird dich verwandeln« – wäre der Konsumismus als weltumspannendes Phänomen kaum denkbar. Der Kapitalismus bedient sich dieser religiösen Mechanismen, indem er jedem Kauf eine Art von Erlösung verheißt, eine kurzfristige Rettung vor der alltäglichen Leere.

In dieser Welt des Konsumismus ist der Kaufakt zur neuen Beichte geworden, die Shoppingtour zum Pilgerweg, das »Unboxing« zum modernen Ritual. Menschen inszenieren und erleben ihre Erfüllung über Waren und Erlebnisse, die sie nicht nur konsumieren, sondern dokumentieren und verbreiten – eine Art Evangelium der Besitztümer, das in sozialen Netzwerken und über digitale Plattformen fortwährend in die Welt getragen wird. Die transzendente Qualität, die früher in Religionen verankert war, ist heute in den Konsum übergegangen, und die ritualisierte Selbstdarstellung im Netz verwandelt das Individuum in einen Missionar des Konsums. So entsteht ein einzigartiger Mechanismus, der Konsum zu etwas Unantastbarem, ja Heiligem macht. Ohne diese Aufladung wäre ein allumfassender Konsum, wie er den Kapitalismus heute trägt, kaum möglich.

Kapitel Vier
Wie Luxus die Ökonomie antreibt

»Er bestand darin, die Kräfte selbst jener, die ihn angriffen, zu seinen Gunsten einzuspannen, aus seinen Widersachern seine Verteidiger zu machen, ihnen andere Maximen einzuflößen und ihnen andere Institutionen zu geben, die für ihn ebenso günstig wären, wie das Naturrecht ihm widrig war. (...) ›Vereinigen wir uns‹, sagt er zu ihm, ›um die Schwachen vor der Unterdrückung zu schützen, die Ehrgeizigen in Schranken zu halten und einem jeden den Besitz dessen zu sichern, was ihm gehört: Laßt uns Vorschriften der Gerechtigkeit und des Friedens aufstellen, denen nachzukommen alle verpflichtet sind, die kein Ansehen der Person gelten lassen und die in gewisser Weise die Launen des Glücks wiedergutmachen, indem sie den Mächtigen und den Schwachen gleichermaßen wechselseitigen Pflichten unterwerfen. Mit einem Wort: lasst uns unsere Kräfte, statt sie gegen uns selbst zu richten, zu einer höchsten Gewalt zusammenfassen, die uns nach weisen Gesetzen regiert, alle Mitglieder der Assoziation beschützt und verteidigt, die gemeinsamen Feinde abwehrt und uns in einer ewigen Eintracht erhält'«

Jean-Jacques Rousseau (1755): [215]

In den letzten 25 Jahren hat der Luxusgütersektor ein beispielloses Wachstum erfahren, das in zweifacher Weise beeindruckt: Einerseits explodierte das Handelsvolumen, und das Angebot an Luxusprodukten vervielfachte sich. Während früher eine kleine Auswahl an hochpreisigen Produkten genügte, um das Bedürfnis nach Exklusivität zu befriedigen, haben sich heute beinahe alle Konsumbereiche geöffnet und bieten in einer Art Demokratisierung des Luxus das Versprechen von Individualität und Selbsterhöhung für jedermann.

Doch der Aufstieg des Luxusmarktes beschränkt sich nicht nur auf beeindruckende Zahlen. Luxus ist inzwischen nicht nur ein Segment des Marktes – er ist eine Triebfeder für den Konsumgedanken selbst geworden. Die Mechaniken des Luxus, von limitierten Serien bis hin zu überzogenen Preisanhebungen, um Exklusivität zu simulieren, prägen zunehmend das Marketing und die Produktgestaltung auch weit jenseits traditioneller Luxusmärkte. Der »Luxusgedanke« ist längst in die breite Masse übergeschwappt: Rund 40 % aller Konsumtransaktionen weltweit lassen sich auf die Psychologie des Luxus zurückführen, Tendenz steigend. Diese hohe Zahl zeigt, dass der Einfluss des Luxusgedankens die klassischen Bezugsgüter (etwa Grundnahrungsmittel oder Basisdienstleistungen) auf einen Bruchteil der Konsumwelt reduziert hat.

Luxus ist heute ein Motor der gesamten Ökonomie und hat sich zur ultimativen Rechtfertigung für Konsum schlechthin entwickelt. Alles, was als Luxus erlebt wird, erhält eine Art transzendentale Bedeutung: Es vermittelt Status, Authentizität und vor allem, dass der Konsum selbst einen Zweck erfüllt. Dieser Mechanismus hat sich fest in den Köpfen verankert – Konsum als Identitätsbildung, als Belohnung, als Lebensziel.

Konsum ist in der Moderne zur zentralen Säule der Wirtschaft geworden: Der Konsum ist heute in vielen entwickelten Ländern der zentrale Motor der Wirtschaftsleistung. In den USA etwa macht der private Konsum etwa 70 % des Bruttoinlandsprodukts (BIP) aus, eine Zahl, die auch in Europa bei ca. 50–60 % liegt. Der Anteil des Luxussektors – einschließlich hochpreisiger Güter wie Mode, Autos, Reisen und »Erlebnisse« wie Wellness-Retreats und Sterne-Restaurants – wächst dabei beständig. Der globale Markt für Luxusgüter erreichte 2023 einen Wert von schätzungsweise 1,4 Billionen US-Dollar und ist damit einer der wachstumsstärksten Sektoren im Konsumfeld. Besonders in Asien und im Nahen Osten wächst dieser weiter, während Luxus in Europa und Nordamerika zum Teil bereits ein integraler Bestandteil des Mainstreams geworden ist.[33]

Luxus ist heute die ultimative Begründung für Konsum, weil er mehr als nur einen materiellen Wert bietet – er verspricht soziale Anerkennung, Selbstoptimierung und sogar ein Gefühl von persönlicher Transzendenz.[34] Diese Psychologie des Luxuskonsums erklärt auch, warum der Konsum hochwertiger Güter – oft verbunden mit dem Gedanken an Exklusivität – heute eine zentrale Rolle im Leben vieler Menschen spielt. Die »symbolische Macht des Luxus« ist sein Dreh- und Angelpunkt, der durch das Streben nach Distinktion das Verhalten prägt und soziale Hierarchien zementiert.[35]

Das Phänomen des »erschwinglichen Luxus« ist zugleich bezeichnend für den modernen Konsumgeist, der die Grenze zwischen echtem Luxus und massenhaft zugänglichem Luxusersatz verwischt. Marken wie Michael

Kors, Tesla oder auch Apple haben es verstanden, den Zauber des Exklusiven in eine Form zu gießen, die für breite Gesellschaftsschichten erreichbar wird, ohne dabei an Prestige zu verlieren. Dieser »demokratisierte Luxus« spielt geschickt mit dem Bedürfnis der Mittelschicht, sich zugehörig zu fühlen und gleichzeitig abzuheben – eine subtile Balance zwischen Dekadenz und dem alltagstauglichen Konsumobjekt. Interessanterweise hat sich dieser erschwingliche Luxus als dynamische Brücke etabliert, die den Massenkonsum mit der Welt der Exklusivität verbindet. Produkte dieser Art sind teuer genug, um als Luxus wahrgenommen zu werden, aber noch erschwinglich genug, um eine breite Klientel zu erreichen. Es ist eine Art Spiel mit der Vorstellung von Reichtum: Der erschwingliche Luxus vermittelt den Käufern das Gefühl von Besonderheit, ohne dass sie sich finanziell ruinieren müssen. So wird eine Marke wie Tesla für viele nicht nur zum Fortbewegungsmittel, sondern zur mobilen Identitätsplattform, zur Aussage über die eigene Persönlichkeit und den eigenen Status.

Laut einer Studie von Bain & Company machten diese erschwinglichen Luxusprodukte 2022 etwa 35 % des Gesamtumsatzes im Luxussektor aus. Diese Zahl verdeutlicht nicht nur, wie erfolgreich das Konzept des erschwinglichen Luxus ist, sondern zeigt auch, dass Luxus zunehmend zu einem ökonomischen Grundpfeiler der Gesellschaft avanciert. Luxus ist längst keine Nische der Oberklasse mehr, sondern wird zu einem »notwendigen« Element des Konsums für alle, die sich mit etwas Besonderem umgeben wollen. So verleiht erschwinglicher Luxus dem alltäglichen Konsum eine neue Bedeutung, eine Art rituelle Überhöhung des Gewöhnlichen. Er schafft das Gefühl, dass Luxus und Exklusivität nicht mehr an elitäre Grenzen gebunden sind, sondern dass jeder – mit einem gewissen finanziellen Einsatz – ein Stück von diesem Traum erwerben kann. Der »erschwingliche Luxus« fungiert so nicht nur als Brücke zwischen sozialen Schichten, sondern auch als Stimulans in einer Gesellschaft, die Luxus als essenzielles Element des Lebens begreift, als Marker des individuellen Erfolgs und der Selbstverwirklichung.

Luxus ist heute nicht nur ein Statussymbol, sondern der geheime Motor, der die Innovationswelt antreibt und neu gestaltet. Die Mehrheit der modernen Innovationen ist stark vom Streben nach Exklusivität und Individualität geprägt, was dem Luxus eine fast mythische Rolle als Schöpfer neuer Technologien verleiht. In einer Welt, die immer schneller neue Produkte und Dienstleistungen hervorbringt, ist es der Luxus, der Schönheit, Seltenheit und Personalität ins Zentrum der Innovationskraft rückt. Luxusgüter und -dienstleistungen setzen Trends, die andere Branchen aufgreifen und für eine breitere Zielgruppe übersetzen – ein fortwährender Kreislauf, in dem der Luxus die Richtung angibt und alle anderen folgen.

Man sieht diesen Einfluss des Luxus besonders in Hightech-Bereichen wie künstlicher Intelligenz und Biotechnologie, wo das Ziel zunehmend darin besteht, personalisierte Erlebnisse und Produkte anzubieten, die den individuellen Wünschen und Bedürfnissen perfekt entsprechen. Die Vorstellung eines Produkts, das nicht nur funktioniert, sondern einzigartig ist und sich den Vorlieben seines Nutzers anpasst, ist der ultimative Luxus – und zugleich ein Innovationsparadigma. In der Welt der künstlichen Intelligenz wird etwa an Algorithmen gearbeitet, die in Echtzeit lernen und sich den Lebensgewohnheiten des Nutzers anpassen, um maßgeschneiderte Erlebnisse zu schaffen. Dieser Drang zur Personalisierung ist ein Luxusideal, das sich auf nahezu jede Branche auswirkt. Auch in der Automobilindustrie ist der Einfluss des Luxus deutlich spürbar. Technologien wie autonomes Fahren, smarte Assistenzsysteme und exklusive Fahrzeugdesigns debütieren meist in den teuersten Modellen der Luxusmarken. Der Gedanke dahinter: Einzigartigkeit und Exklusivität zuerst zu perfektionieren, bevor diese Innovationen, oft mit abgeschwächter Ästhetik, für den Massenmarkt freigegeben werden. Luxusautos sind nicht nur Transportmittel, sondern bewegen sich immer stärker in den Bereich des technologischen Kunstwerks. Die neuesten Entwicklungen in Sensorik und KI, die das autonome Fahren ermöglichen, sind zunächst den Luxusautos vorbehalten, die als Spielfeld für das Testen und Vorführen des technisch Machbaren dienen. Diese luxuriösen Hightech-Modelle zeigen uns heute, wie der Straßenverkehr der Zukunft aussehen könnte.

Der Luxus treibt Innovation jedoch nicht nur im Bereich der Technologie voran, sondern auch in den Design- und Ästhetikbranchen. Die Vorstellung, dass jedes Objekt oder jede Dienstleistung, von der Kleidung bis zur Architektur, eine eigene Seele und Geschichte haben soll, prägt das Innovationsdesign. Ästhetik ist heute nicht nur schmückendes Beiwerk, sondern oft der Kern eines Produkts – und Luxus setzt Maßstäbe für diese ästhetische

Exzellenz. Luxuslabels kreieren Objekte und Erlebnisse, die nicht nur schön, sondern fast unwirklich wirken sollen; sie verzaubern durch Seltenheit, Einzigartigkeit und handwerkliche Perfektion. Diese Ästhetik, die Luxusgüter auszeichnet, färbt auf den gesamten Designbereich ab und dringt durch die Massenmärkte hindurch.

Letztlich zeigt sich, dass der Luxus mehr ist als eine Nische für Wohlhabende – er ist der Geburtsort vieler Innovationen, die irgendwann zur Norm werden. Der Luxus stellt einen Raum für Experimente dar, eine Welt der grenzenlosen Möglichkeiten, in der Ideen verwirklicht werden, die für den durchschnittlichen Konsumenten zunächst unzugänglich sind. Doch die Faszination für das Einzigartige und das Seltene lässt diese Innovationen früher oder später zu Massenprodukten werden. Was heute als Luxus erdacht und erprobt wird, legt den Grundstein für die Zukunft, die irgendwann alle erreichen wird. Denn das Wirtschaftssystem selbst ist heute vollständig auf Konsum ausgerichtet – Produktion existiert nur noch, um Konsum zu erzeugen. Der Prozess des Produzierens hat keinen eigenständigen Sinn mehr; er wird durch Konsum zum Zweck erhoben. Dies gilt gleichermaßen für den staatlich geförderten Konsum und den privaten Verbrauch. Die Wirtschaft »produziert«, um konsumiert zu werden, und jede Innovation oder jedes Produkt, das nicht konsumierbar ist, wird automatisch als irrelevant für den Markt erklärt.

Luxus ist mehr als nur ein Produkt oder ein Marktsegment; er ist ein Gedanke, ein Prinzip, das sich in das Selbstverständnis der modernen Ökonomie und Gesellschaft integriert hat. Luxus verkörpert das Versprechen von Exklusivität, den Zugang zu etwas Außergewöhnlichem, das die alltägliche Welt transzendiert. Doch diese Idealisierung des Luxus führt uns in eine Art ökonomische Fata Morgana: ein Streben nach mehr, das die Wirtschaft antreibt, aber immer weiter von realistischen Grenzen entfernt ist. Ein Wirtschaftssystem, das sich fast ausschließlich um Konsum und die endlose Anhäufung von Gütern dreht, steht auf einem brüchigen Fundament. Es verkennt die Endlichkeit der Ressourcen und die natürlichen Grenzen, die selbst der Konsum nicht ewig ausdehnen kann.

Dieses Streben nach Luxus, das längst nicht mehr nur auf teure Marken und Statussymbole beschränkt ist, durchdringt heute nahezu alle Lebensbereiche – von Reisen über Lebensmittel bis hin zu digitalen Erlebnissen.

Die Wirtschaft wird durch diesen Luxusgedanken immer weiter angetrieben, beflügelt von der Idee, das »nächste Große« zu erschaffen, das noch exklusiver, noch außergewöhnlicher und noch verführerischer ist. In diesem ewigen Wettlauf um die nächste Innovation wird der Konsum zu einem Selbstzweck. Die Jagd nach Luxus treibt die Gesellschaft in eine Spirale der Exklusivität, in der jedes neue Produkt und jede neue Dienstleistung die nächste Stufe der Unersättlichkeit erreichen muss. Diese Dynamik verführt uns dazu, nie innezuhalten und uns zu fragen, wofür dieser Konsum eigentlich steht und ob er uns wirklich bereichert. Doch genau in dieser Jagd nach Neuem geht der Raum für Reflexion verloren. Der Luxus wird nicht mehr hinterfragt; er wird zum heiligen Gral eines Systems, das sich selbst genug ist. Die Frage nach dem »Warum?« – warum wir konsumieren, warum wir uns nach Luxus sehnen – bleibt unbeantwortet. Die Wirtschaft wird so in eine Existenzform getrieben, in der das Streben nach mehr Konsum und nach luxuriöseren Produkten die eigene Realität verkennt: Ressourcen sind endlich, Bedürfnisse nicht grenzenlos dehnbar, und die Natur wird immer weniger bereit sein, uns den Weg für diese Art von Wachstum freizugeben.

Der Luxusgedanke hat so eine paradoxe Form angenommen. Er verspricht uns Erfüllung und Bedeutung, doch sein endloser Kreislauf fordert immer mehr Ressourcen und hinterlässt immer mehr Leere. Was einst ein Ausdruck von Ausnahme und Seltenheit war, ist nun zur allgemeinen Erwartung geworden – das Streben nach der nächsten, immer exklusiveren Erfahrung. Luxus, in seiner tiefsten Essenz, hat damit die Gesellschaft in eine unausgesprochene Vereinbarung verwickelt, eine Art unendliche Bindung an den Konsum, die uns von den realen Grundlagen des Lebens immer weiter entfernt.

Diese Entwicklung zeigt, dass die Wirtschaft im Luxus ihren Antrieb und ihr ultimatives Ziel gefunden hat. Luxus ist längst nicht mehr das besondere Extra oder der seltene Genuss für wenige; er ist zur Alltagsideologie einer Welt geworden, die Konsum als Selbstzweck feiert. Der Kapitalismus hat den Luxus aus dem Bereich des Außergewöhnlichen in die Sphäre des Alltäglichen geholt und ihm eine Daseinsberechtigung gegeben, die alle Grenzen sprengt: endloses Wachstum, ständige Neuheit, das unablässige Verlangen nach mehr. Die Wirtschaft selbst wird zu einer Maschine, die nicht mehr auf das Wohl der Menschen ausgerichtet ist, sondern auf die

Befriedigung eines niemals versiegenden Hungers nach Exklusivität und Einzigartigkeit.

Diese Ideologie treibt die Ökonomie an und dynamisiert sie, keine Frage. Sie hat den Kapitalismus zu einem System gemacht, das sich selbst immer weiter anheizt und ständig neue Wünsche erzeugt. Aber diese Kraft hat ihre Schattenseiten: Sie funktioniert wie ein Feuer, das immer mehr Brennstoff benötigt und unaufhaltsam vorwärtsstürmt, ohne auf das zu achten, was es hinter sich lässt. Dieser unstillbare Konsumwunsch lässt die Wirtschaft auf einem Weg voranschreiten, der unweigerlich in eine Krise führen muss. Ein System, das ohne Unterlass Luxus und Neuheit fordert, wird blind gegenüber den eigentlichen Bedürfnissen und Ressourcen seiner Welt. Die ständige Suche nach dem Neuesten, dem Teuersten, dem Exklusivsten erschöpft nicht nur die Menschen, die versuchen mitzuhalten, sondern auch die Umwelt, die gnadenlos ausgebeutet wird, um diese unersättliche Nachfrage zu bedienen. Die Wirtschaft des Luxus führt in eine Zukunft, die dringend eine Neuausrichtung braucht. Sie erfordert eine Reflexion darüber, was wirklich wertvoll ist und was tatsächlich zum Wohlstand einer Gesellschaft beiträgt. Luxus als Selbstzweck hat die Fähigkeit der Menschheit, echte Bedürfnisse zu erkennen, zugunsten einer endlosen Jagd nach Scheinwerten verdrängt. Es ist, als ob die Wirtschaft einen Tunnelblick entwickelt hätte, der nur das nächste glänzende Objekt im Blick hat, während die grundlegenden Werte auf der Strecke bleiben. Es ist an der Zeit, diesen Tunnelblick zu erweitern und eine Ökonomie zu entwerfen, die sich an nachhaltigem Wohlstand und echtem Wert orientiert, anstatt nur an der Oberflächlichkeit des Luxus.

Kapitel Fünf
Was Wohlstand heute noch bedeutet

»Development can be seen [...] as a process of expanding the real freedoms that people enjoy. Focusing on human freedoms contrasts with narrower views of development, such as identifying development with the growth of gross national product, or with the rise in personal incomes, or with industrialization, or with technological advance, or with social modernization. [...] Devélopment requires the removal of major sources of unfreedom: poverty as well as tyranny, poor economic opportunities as well as systematic social deprivation, neglect of public facilities as well as intolerance or overactivity of repressive states.«

Amartya Sen (1999): [3]

»Der Kapitalismus dient essentiell der Befriedigung derselben Sorgen, Qualen, Unruhen, auf die ehemals die sogenannten Religionen Antwort gaben. Er ist jedoch reiner Kult ohne Transzendenz.«

Walter Benjamin (1991): [100]

Wohlstand ist heute zu einer Schimäre geworden, einem flüchtigen Bild, das vor den Augen schwebt und dabei kaum greifbar bleibt. In einer Gesellschaft, die von ständigem Wettbewerb und dem Versprechen grenzenlosen Wachstums geprägt ist, hat jeder Mensch seine eigene Vorstellung davon, was Wohlstand bedeutet – und doch ist selbst diese individuelle Vorstellung merkwürdig unscharf. Wohlstand scheint stets das zu sein, was die »anderen« besitzen. Die Reichen, die Prominenten, die Influencer – sie alle scheinen diesen Wohlstand zu verkörpern. Doch selbst für diejenigen, die im Überfluss leben, bleibt Wohlstand eine Art Schatten, eine vage Erfüllung, die immer eine Spur zu weit entfernt ist.

Dieses nebulöse Konzept des Wohlstands trägt mittlerweile einen unangenehmen Beiklang mit sich. Wohlstand ist nicht mehr das einfache Leben in Sicherheit und Geborgenheit, das Überwinden von Not und Unsicherheit. Das Wort klingt heute herb und fordernd, als sei es nur eine weitere Last, ein weiterer Leistungsdruck in einer Welt, die bereits von Erwartungen und

Normen überfüllt ist. Wohlstand bedeutet für viele ein ständiges Streben, das sie erschöpft und selten zur Erfüllung führt. Was einst ein Synonym für Lebensqualität und Zufriedenheit war, hat sich in der Postmoderne in einen ruhelosen Zustand verwandelt, in dem das Streben nach mehr Besitz und Anerkennung die eigentliche Zufriedenheit verdrängt.

In den frühen Stadien des Kapitalismus hatte das Konzept des Wohlstands noch eine andere Bedeutung. Wohlstand war nicht nur eine private Angelegenheit; er war ein öffentliches Gut, ein Zeichen des sozialen Zusammenhalts und des gemeinsamen Fortschritts. Es gab das Bild des »ehrbaren Bürgers«, dessen wirtschaftlicher Erfolg nicht nur dem eigenen Wohl, sondern auch dem der Gemeinschaft zugutekam. Wohlstand war ein Ideal des gesellschaftlich eingebetteten ökonomischen Freiheitsprinzips, das individuelle Freiheit und gesellschaftliche Verantwortung vereinte. Der Einzelne konnte seinen eigenen Wohlstand mehren und damit zum kollektiven Wohlstand beitragen, indem er Arbeitsplätze schuf, Innovationen förderte und durch ethisches Verhalten Vertrauen aufbaute.

Im Kern definierte sich Wohlstand durch Stabilität, Sicherheit und die Möglichkeit, frei und selbstbestimmt am gesellschaftlichen Leben teilzunehmen. Diese Definition umfasste mehr als bloßen Reichtum; sie beinhaltete auch das Versprechen, dass Wohlstand das Leben auf eine Weise bereichert, die nicht allein materiell messbar ist. Wohlstand bedeutete die Fähigkeit, frei von wirtschaftlicher Not das eigene Leben gestalten zu können, und das im Einklang mit der Gemeinschaft und den moralischen Vorstellungen jener Zeit.[36] Doch mit der Entwicklung des Kapitalismus veränderte sich dieses Konzept grundlegend. Wohlstand wandelte sich vom Ideal der eingebetteten ökonomischen Freiheit zur Jagd nach unendlicher Akkumulation, zur Ansammlung von Besitz um des Besitzes willen. Das, was einst als Ziel und Erfüllung gedacht war, wurde nun zum Mittel für mehr – mehr Macht, mehr Einfluss, mehr Distanz zur eigenen Endlichkeit. In der Postmoderne hat Wohlstand seinen ursprünglichen Charakter verloren. Heute bedeutet Wohlstand nicht mehr das Leben in Sicherheit und Zufriedenheit, sondern ist eine Schimäre, ein unstillbares Bedürfnis, das uns immer weiter antreibt, ohne uns jemals ankommen zu lassen. Wohlstand ist heute ein Symptom der kapitalistischen Dynamik, ein Zeichen für den Verlust des einfachen Lebensideals, das einst seine wahre Essenz ausmachte.

Wohlstand diente in früheren Gesellschaften vor allem als Mittel zum Zweck – eine Ressource, die genutzt wurde, um Lebensstandards zu sichern und gewisse Freiheiten zu ermöglichen, doch selten war er ein Statussymbol an sich. Dies lässt sich besonders gut im historischen Umgang mit Wohlstand im Vereinigten Königreich erkennen, das lange Zeit das reichste Land der Erde war und dessen Adel eine einzigartige Rolle im Verständnis und in der Nutzung von Wohlstand spielte. Für den englischen Adel bedeutete Wohlstand weniger die Anhäufung materieller Reichtümer zur Schau, sondern vielmehr die Sicherung von Einfluss, Würde und Unabhängigkeit. Wohlstand schuf hier eine Form von individueller Freiheit, die eng mit dem Besitz von Land und Titeln verbunden war und die sich weniger auf Konsum als auf Kontrolle und Verantwortung konzentrierte. Der englische Adel sah Wohlstand traditionell als eine Grundlage, um sein Erbe zu sichern und Pflichten zu erfüllen. Der Besitz von Ländereien ermöglichte eine Form von wirtschaftlicher Unabhängigkeit, die als wesentlicher Bestandteil des gesellschaftlichen Status angesehen wurde. Der Adel nutzte seinen Wohlstand auf privater Ebene und förderte Infrastrukturprojekte, Bildungsinitiativen und Kunstförderung, jedoch weniger zur eigenen Bereicherung als zur Stärkung seines Einflusses und zur Pflege einer gewissen Standesehre.[37] Wohlstand war somit fest in das System der gesellschaftlichen Ordnung eingebettet und weniger ein Instrument des persönlichen Ruhms. Es ging um die Bewahrung und Erweiterung des Familienerbes, nicht um exzessiven Luxus oder die Zurschaustellung von Reichtum, wie es heute oft der Fall ist.

Die ökonomische Definition von Wohlstand war in diesem Kontext eng mit Grundbesitz und Kapitalbesitz verknüpft. Diejenigen, die Wohlstand besaßen, nutzten ihn hauptsächlich zur Pflege und Verwaltung ihrer Ländereien und zur Förderung von Unternehmungen, die langfristige Erträge garantierten. Wohlstand war also kein kurzfristiges Ziel, sondern ein anhaltender Zustand, der sorgfältig und generationenübergreifend gepflegt werden musste. Ein gutes Beispiel dafür sind die großen Landgüter, die nicht nur Orte des Reichtums, sondern auch Zentren der Verwaltung und Organisation waren, auf denen die aristokratischen Familien ihren Einfluss geltend machten und ökonomische Selbstständigkeit erlangten. In dieser Struktur war Wohlstand keineswegs ein Ideal, das die gesamte Gesellschaft durchdrang. Tatsächlich waren die gesellschaftlichen Schranken so fest gefügt, dass Wohlstand für die breite Bevölkerung oft kaum mehr als eine ferne Vorstellung blieb. Da die sozialen und ökonomischen Strukturen des Kapitalismus nur einer kleinen Elite Zugang zu echtem Kapitalbesitz und den damit verbundenen Freiheiten gewährten, hatte der Begriff Wohlstand auch weit weniger Anziehungskraft als in der modernen Konsumgesellschaft. Wohlstand war auf eine kleine Klasse beschränkt, und seine Funktion war ebenso begrenzt: Er verlieh einigen wenigen Kapitalbesitzern Macht und Einfluss, während der Großteil der Bevölkerung wenig bis gar nichts davon hatte.

Der Kapitalismus selbst war ursprünglich kein Mechanismus, der darauf abzielte, Wohlstand unter Individuen zu verteilen, sondern vielmehr ein gesellschaftliches Phänomen, das Wohlstand auf eine kleine Gruppe konzentrierte, die das Kapital kontrollierte. Diese Kapitalbesitzer – die Unternehmer, Bankiers und Landbesitzer – investierten in Industrie und Handel und vermehrten so ihre Macht und ihren Einfluss, ohne dass sich die Idee von Wohlstand für die Allgemeinheit in Reichweite befand. Wohlstand war damit fast wie ein diesseitiges Himmelreich: ein erreichbares Ziel für einige wenige Auserwählte, jedoch für die breite Bevölkerung kaum mehr als ein utopischer Traum. Ökonomisch individualistische Freiheit konnte sich im Kapitalismus also (wie so vieles) erkauft werden, aber deren Grenzen waren relativ eng gezogen. So war Wohlstand als ökonomisches Phänomen weit weniger zukunftsorientiert und meistens an eine Kombination aus Grundbesitz und Kapitalbesitz geknüpft. Gleichzeitig war Wohlstand kein die gesamte Gesellschaft durchdringendes Ideal. Gerade aufgrund seines recht ambitionierten Rahmens und den Anforderungen der Ökonomie stand Wohlstand für die breite Bevölkerung nicht zur Diskussion, daher hatte er auch weit weniger Anziehungskraft als heutzutage. Letztendlich kann man sagen, dass dessen soziale Funktion recht limitiert war; der Kapitalismus war kein Mechanismus, um einem Individuum Wohlstand zu bringen, er war vielmehr ein gesellschaftliches Phänomen, der nur einigen wenigen individuellen Kapitalbesitzern durch Investitionen in Industrie (und später auch Handel) zufiel. Wohlstand war klar umrissen und weit entfernt – fast schon so wie das diesseitige Himmelreich.

In der Moderne, und noch mehr in der Postmoderne, wurde das Konzept des Wohlstands grundlegend verändert. Die Idee des Wohlstands, die früher nur den wenigen Privilegierten vorbehalten war, wurde durch die Mechanismen des Kapitalismus und der Demokratie »verschmiert« und scheinbar »demokratisiert«. Wohlstand wurde von einem exklusiven Statusmerkmal zu einem allgemeinen Versprechen für die Massen – ein Symbol für das Ideal einer Gesellschaft, in der jeder die Möglichkeit haben soll, ein Leben im materiellen Überfluss zu führen. Die Vorstellung von Wohlstand für alle wurde zum Leitmotiv einer kapitalistischen Ordnung, die sich als die einzige Option darstellt, die dem Menschen wahrhaftige Freiheit und Erfüllung bringen kann.

Diese Demokratisierung des Wohlstandsversprechens hat jedoch viele Konsequenzen. Um den Wohlstand für die Massen zugänglich zu machen, wurde das Konzept selbst »verwässert« und seine ökonomischen Grenzen weit ausgedehnt. Wohlstand, der früher eine echte materielle Absicherung, Bildung, Gesundheit und soziale Stabilität bedeutete, ist heute vielfach zu einem oberflächlichen Bild reduziert worden. Wohlstand wurde, um ihn für alle zugänglich erscheinen zu lassen, »billiger« gemacht, im Sinne von leichter zu erreichen – zumindest scheinbar. Er wurde zu einem kosmetischen Aufputz, einer goldenen Fassade, die jedoch oft nichts anderes verhüllt als prekäre Lebensverhältnisse und die Angst vor sozialem Abstieg. Das Versprechen auf Wohlstand, das in modernen Demokratien die Funktion hat, soziale Unruhe zu bändigen und Hoffnung zu wecken, wurde zum Traum eines Massenkonsums, der die Realität des sozialen Gefälles nur schwerlich überdecken kann.

Wohlstand für alle ist heute ein Kernversprechen des Kapitalismus – und vielleicht einer der entscheidenden Gründe, warum sich das kapitalistische System als das dominierende Ordnungsprinzip so konkurrenzlos behaupten kann. In einer Welt, in der es keine wirkliche Alternative zum Kapitalismus mehr gibt, wiegt das Versprechen, Wohlstand für jeden zu schaffen, schwerer als je zuvor. Der Kapitalismus projiziert das Bild einer Welt, in der jede Person, unabhängig von Herkunft oder sozialem Stand, die Chance hat, sich durch Leistung und Konsum den Wohlstand zu erarbeiten, der früher den Eliten vorbehalten war. Doch die Realität zeigt, dass dieser Traum für viele unerreichbar bleibt, dass die Verheißung eines Lebens im Überfluss für die Mehrheit nur ein Motivationsversprechen bleibt – ein endloses Streben nach einem Ideal, das nie erreicht wird, aber stets in Sichtweite bleibt.

Aus diesem Versprechen konnte der Konsumismus seinen Siegeszug antreten, denn er vermittelt die Illusion, dass Wohlstand tatsächlich für jeden erreichbar ist – wenn nur genug konsumiert wird. Der Konsumismus schafft einen Raum, in welchem die Oberfläche des Wohlstands massenhaft reproduziert werden kann, indem der Akt des Kaufens selbst zu einem Teil des »wohlhabenden Lebensstils« wird. Anstatt Wohlstand im ursprünglichen Sinn – als gesichertes Leben, Stabilität und Freiheit – zu bieten, simuliert der Konsumismus Wohlstand als eine endlose Abfolge von Kaufentscheidungen, die das Gefühl von Status und Wert vermittelt. Konsum ersetzt das tatsächliche Haben; das Erwerben wird zur neuen Form des Seins, bei dem die Menschen durch die Dinge, die sie besitzen oder konsumieren, ihre Identität formen.

Diese Demokratisierung des Wohlstands führt dazu, dass das Versprechen des Kapitalismus in eine Art Massenreligion verwandelt wird, in der Konsum zur Erfüllung wird und Wohlstand zur Glaubensfrage. Das Kapitalismusversprechen von Wohlstand für alle wird durch den Konsumismus quasi eingelöst, aber auf eine Art, die das Ziel selbst nie erreichen kann. Konsum wird zum Ersatz für Wohlstand, der in der Tiefe oft unerreichbar bleibt. Das Versprechen des Kapitalismus hat so seinen größten Triumph darin, die Illusion zu schaffen, dass der Wohlstand für alle real ist, dass er nur eine Frage des nächsten Kaufs, des nächsten Produkts, der nächsten Investition ist. So bleibt das System stabil, da die Menschen fortwährend nach dem Ideal eines Wohlstands streben, der immer nur einen Kauf entfernt scheint, aber in seiner Substanz schwer zu fassen bleibt.

Und genau dadurch wurde Wohlstand als Konzept auch vollkommen »verschmiert«: In unserer modernen Gesellschaft sind nahezu alle Dinge, die einst klare Zeichen oder Symbole von Wohlstand waren, in verschiedensten Ausformungen zum ubiquitären Allgemeingut degradiert worden. Luxusgüter, die früher nur einer kleinen Elite vorbehalten waren, sind heute massenhaft verfügbar und für breite Bevölkerungsschichten erschwinglich geworden. Smartphones, Automobile, exotische Lebensmittel – all diese Objekte haben ihren exklusiven Status verloren und sind Teil des alltäglichen Konsums geworden.[38] Das ist letztendlich der Preis für die Demokratisierung des Wohlstandsgedankens; man muss ihn zum einen entwerten, zum anderen vielfach, ja massenhaft verfügbar machen, was nur mit Abstrichen funktioniert. Durch die Inflation ehemals prestigeträchtiger Güter verliert Wohlstand seine klare Kontur und wird zu einem diffusen Begriff, der kaum noch die ursprüngliche Bedeutung transportiert. Die Folge ist eine Entwertung des Wohlstands als gesellschaftliches Ideal und als persönliches Ziel.

Leider hat dabei kaum jemand beachtet, dass es bei dem Konzept des Wohlstands gar nicht so sehr um physische Güter (oder sogar um immaterielle Werte) geht, sondern um ein individualisiertes Freiheitsprinzip. Wohlstand sollte nicht lediglich als Anhäufung von Besitz verstanden werden, sondern als die Möglichkeit, ein selbstbestimmtes Leben zu führen, frei von existenziellen Sorgen und Einschränkungen. Dieses Freiheitsprinzip hat stark unter der Demokratisierung und der zunehmenden Unschärfe des Wohlstandsbegriffs gelitten. Das ursprüngliche Freiheitsprinzip des Wohlstands richtete sich oft nach außen. Es ging dabei nicht nur um innere Freiheit, sondern eher um die Freiheit des Handelns – die Fähigkeit, Entscheidungen zu treffen, Einfluss auf die eigene Umwelt zu nehmen und persönliche Ziele zu verfolgen. Die Freiheit des Denkens ist dabei ein integraler Bestandteil: Sie ermöglicht es dem Individuum, unabhängig von gesellschaftlichen Konventionen und Erwartungen eigene Ideen zu entwickeln und neue Wege zu beschreiten.

Doch durch die Verlagerung des Wohlstandsbegriffs auf rein materielle Aspekte gerät dieses Freiheitsprinzip in den Hintergrund. Anstatt die individuelle Freiheit zu fördern, führt die massenhafte Verfügbarkeit von Gütern zu einer Homogenisierung der Bedürfnisse und Wünsche. Der Fokus auf Konsum erstickt die Kreativität und das Streben nach persönlicher Entfaltung. Die Menschen werden zu passiven Empfängern vorgefertigter Lebensentwürfe, anstatt aktive Gestalter ihres eigenen Daseins zu sein. Die Demokratisierung des Wohlstands hat somit paradoxerweise zu einer Einschränkung der echten Freiheit geführt. Wenn alle dieselben Symbole des Wohlstands anstreben und erwerben, verliert das Individuum seine Einzigartigkeit. Die Freiheit des Denkens und Handelns wird durch Konformität ersetzt, und der gesellschaftliche Druck, bestimmten Konsummustern zu folgen, nimmt zu.

Um diesem Trend entgegenzuwirken, ist ein radikales Umdenken erforderlich. Wir müssen den Wohlstand wieder als das begreifen, was er ursprünglich war: ein Mittel zur Ermöglichung individueller Freiheit und

Selbstverwirklichung. Dies bedeutet, materielle Güter nicht als Selbstzweck zu betrachten, sondern als Werkzeuge, die uns dabei unterstützen, ein erfülltes und eigenständiges Leben zu führen. Es gilt, die Freiheit des Denkens zu fördern, indem wir Bildung und kritisches Bewusstsein in den Vordergrund stellen. Kreativität, Innovation und persönliches Wachstum sollten die neuen Symbole des Wohlstands sein. Anstatt uns in der Anhäufung von Besitz zu verlieren, sollten wir Wert auf Erfahrungen, Beziehungen und geistige Entwicklung legen. Nur durch die Rückbesinnung auf das individualisierte Freiheitsprinzip kann Wohlstand seine wahre Bedeutung zurückerlangen. Dies erfordert Mut zur Veränderung und die Bereitschaft, gesellschaftliche Normen zu hinterfragen. Wenn wir es schaffen, Wohlstand nicht mehr über materielle Güter zu definieren, sondern über die Qualität unserer Freiheit und unseres Denkens, können wir eine Gesellschaft schaffen, in der echtes Wohlbefinden und persönliche Entfaltung für alle möglich sind.

Wohlstand war einmal ein Freiraum, ein Raum, der sich nicht nur durch die Fülle von Besitztümern, sondern durch eine Positionierung abseits der gesellschaftlichen Notwendigkeiten definierte. In einer Zeit, in der materielle Sicherheit selten war, bot Wohlstand nicht nur Komfort, sondern auch die Macht, soziale Regeln und Strukturen zu beeinflussen. Wer Wohlstand hatte, stand in gewisser Weise außerhalb der allgemeinen Normen – er konnte gestalten, entscheiden, wie sich das Leben um ihn herum ordnete. Wohlstand war eine Art stilles Mandat, das eine Freiheit nach außen hin, eine Unabhängigkeit von den gegebenen gesellschaftlichen Strukturen, ermöglichte. Wohlhabende hatten nicht nur die Mittel, sondern auch den Einfluss, ihre Vorstellungen in die Gesellschaft zu tragen und diese zu formen.

Doch in der Moderne ist dieser Aspekt nahezu verschwunden oder verkümmert. Heute ist Wohlstand oft kein Mittel der äußeren Gestaltungsfreiheit mehr, sondern hat sich in eine Form innerer Konsumfreiheit verwandelt. Wohlstand verleiht zwar die Freiheit, bestimmte Produkte zu kaufen, Reisen zu unternehmen und sich Lifestyle-Optionen zu erschließen, doch das echte Mandat, die Gesellschaft umzugestalten, geht damit nicht mehr einher. Die Freiheit ist nach innen diffundiert, zu einem individuellen, oft nur konsumorientierten Ausdruck verkommen, der innerhalb des gesellschaftlichen Systems stattfindet und es nicht hinterfragt oder verändert.

Wohlstand bedeutet heute primär die Freiheit, Konsumentscheidungen zu treffen – eine Freiheit, die nur innerhalb der festgelegten Spielregeln des Kapitalismus und Konsumismus funktioniert.

Die moderne Gesellschaft zeigt dabei eine fast paradoxe Furcht vor echter, individueller Freiheit des Handelns nach außen. Eine solche Freiheit – die die Normen und Regeln des Systems infrage stellen könnte – gilt als bedrohlich, weil sie systemextern ist, also außerhalb der kapitalistischen Logik und Strukturen steht. Daher wird Freiheit meist nur innerhalb der Grenzen des Gesellschaftssystems geduldet. Diese »innere Freiheit« des Konsums und der Individualität ist kein Systemfehler, sondern eine systematische Steuerung, die den Kapitalismus stützt. Tatsächlich begünstigen diese »Freiheiten nach innen« die Stabilität des kapitalistischen Systems, denn eine Gesellschaft, die auf Individualismus und atomisierte Konsummuster setzt, ist anfälliger für die Botschaften des Konsums und akzeptiert die Regeln des Kapitalismus viel bereitwilliger als Gesellschaften mit stärker kollektivistischen Ordnungssystemen.[39]

Die atomisierte, individualistische Gesellschaft neigt dazu, sich stärker den Angeboten des Konsums zu widmen, weil es ein einfacher und greifbarer Ausdruck der »persönlichen Freiheit« ist. Dies stärkt die Konsumkultur, die auf isolierte Einheiten – Einzelpersonen und kleine Haushalte – ausgelegt ist, und macht eine echte soziale Gestaltung unnötig, ja sogar unattraktiv. Gesellschaftliche Verantwortung und kollektives Handeln werden zunehmend durch die Macht des Konsums ersetzt, was im Sinne des Kapitalismus die perfekte Strategie ist, das System stabil und unverändert zu halten. Die Rolle des Wohlstands hat sich also radikal verändert: Wo früher Wohlstand ein Mittel zur Gestaltung und zur Kritik am System war, ist er heute zu einem isolierten, stillen Raum des Konsums und der Selbstverwirklichung verkommen, der das System stärkt, anstatt es zu hinterfragen.

Die Zersplitterung der Gesellschaft in die vielfältigen Facetten des postmodernen Konsumverhaltens führt tatsächlich zu einem Mehr an Wohlstand – zumindest in einem diffusen, relativierten Sinne. In der heutigen Zeit kann Wohlstand von breiteren Schichten der Gesellschaft beansprucht werden, da sich das Konzept von Wohlstand von exklusivem Reichtum zu einer allgemeinen Form von »Kaufkraft« transformiert hat. Ein Blick auf die Entwicklungen der Konsumgüter zeigt, wie sich der Markt diversifiziert hat: In Deutschland besitzen heute etwa 90 % der Haushalte mindestens einen Fernseher, 97 % haben ein Mobiltelefon und knapp 45 % der Menschen zwischen 18 und 65 Jahren haben ein eigenes Auto. Solche Zahlen verdeutlichen, dass Konsumgüter, die früher als Luxus galten, heute allgemein erschwinglich und damit zu Bestandteilen eines »demokratisierten« Wohlstands geworden sind. Allerdings ist dieser Wohlstand keineswegs frei von Zwängen. Vielmehr wurde ihm ein enges soziales Korsett angelegt, das ihn durch Konventionen und Erwartungen stark reguliert. Der moderne Wohlstand ist die Freiheit, sich innerhalb der eigenen Kaufkraft zu bewegen, wobei das Angebot an Produkten und Dienstleistungen in einer Weise explodiert ist, wie es historisch einmalig ist. Es gibt unzählige Möglichkeiten, Geld auszugeben und Konsumvorlieben zu entwickeln, die von einer beinahe grenzenlosen Auswahl an Produkten bedient werden. Luxusmarken wie Gucci und Louis Vuitton, die einst ausschließlich der Elite vorbehalten waren, bieten heute »Einstiegsprodukte« an – Parfums, Accessoires und kleine Lederwaren, die auch von der Mittelschicht erworben werden können und in der Aufteilung der Konsumgesellschaft eine eigene Kategorie des sogenannten »Massenluxus« bilden. So sind etwa 10 % der Umsätze solcher Marken auf diese Art erschwinglicher Luxusprodukte zurückzuführen, die breite Schichten der Gesellschaft bedienen und ein »Gefühl« von Wohlstand vermitteln.

Wohlstand hat sich in unserer Zeit zu einem sozialen, distinguierenden Phänomen entwickelt. Die persönliche Bedeutung von Wohlstand erschöpft sich oft in der Frage, was man sich leisten kann, um seine Zugehörigkeit oder Distinktion zu demonstrieren. Studien zeigen, dass die Konsumausgaben für »symbolische« Güter wie Designerkleidung, teure elektronische Geräte oder exklusive Freizeitaktivitäten stetig steigen. Die Gesellschaftsschichten pflegen heute ihre eigenen »Wohlstandsnischen« – von der Hipster-Kultur, die bewusst auf »edle Einfachheit« und kuratierte Konsumgüter setzt, bis zur Business-Elite, die exklusive Dienstleistungen und High-End-Produkte als Statussymbole nutzt. Diese Diversifikation des Wohlstands und die Vielzahl an Spielarten haben zu einer Durchlässigkeit zwischen den Schichten geführt: Fast jeder hat die Möglichkeit, Wohlstand in einer bestimmten Form darzustellen, und die Grenzen sind fließend. Die Produktdifferenzierung und Güterdiffusion, die den Massenluxus für die breite Bevölkerung erschwinglich gemacht haben, führen dazu, dass sich zahlreiche Wohlstandskonstrukte etablieren konnten. In den USA beispielsweise lag das durchschnittliche Einkommen im Jahr 2020 bei etwa 68.700 USD, doch die Produktpalette, die Menschen als »wohltuend« oder »distinktiv« wahrnehmen, reicht von exklusiven Restaurants und Boutique-Hotels bis hin zu für dieses Einkommensniveau nicht erschwinglichen Luxusmodellen bei Kleidung und Fahrzeugen. Wohlstand in der Postmoderne ist kein fest umrissenes Konzept mehr, sondern ein Kaleidoskop aus Marken, Erlebnissen und Identitäten, die man je nach Schichtzugehörigkeit oder persönlichen Vorlieben als seine eigenen »Statusgüter« wählt – selbst Status wurde zu einem mehrheitlich privaten Konzept; es ist der Status der Selbstwahrnehmung.

Dieses neue Verständnis von Wohlstand schafft eine eigentümliche Dynamik: Die scheinbare Freiheit, nahezu alles konsumieren zu dürfen, was man sich leisten kann, und das Überangebot an Gütern, das diese Freiheit bedient, sind zugleich treibende Kräfte des Konsumismus. Jeder kann seinen Wohlstand heute in einer individuell zugeschnittenen Nische leben, und das in einem Tempo, das dem Kapitalismus und seiner immer höheren Taktung ideal entspricht. Wohlstand ist ein wandelbares, durchlässiges und durch Konsum definiertes System geworden – und je mehr Menschen in diesen Wohlstand eintreten, desto mehr stabilisiert sich das System, indem es den Drang nach Abgrenzung und Distinktion bedient, während es zugleich breite Teile der Gesellschaft in den Konsumstrudel zieht. Wohlstand für sich reklamieren können – auch wegen der enormen Produktdifferenzierung und Güterdiffusion, welche Massenluxus zu allgemein erschwinglichen, »demokratischen« Preisen erst ermöglicht hat[40] – haben sich viele Nischen und Spielarten von Wohlstand etabliert. Jede Gesellschaftsschicht bekommt ihr eigenes Wohlstandskonstrukt; die Grenzen sind fließend, durchlässig und nach oben offen, genau wie es ein schwungvoller Konsumismus für sich erfordert.

Im modernen Zeitalter äußert sich Wohlstand weniger in echter, individueller Zufriedenheit und Lebensqualität als vielmehr in der Anhäufung von Konsumgütern und in einer öffentlichen Inszenierung, die die Grenzen zwischen Realität und Schein verwischt. Wohlstand hat sich in eine Bühne verwandelt, auf der nicht die Bedürfnisse des Einzelnen im Vordergrund stehen, sondern die Demonstration eines Lebensstils, der von äußeren Zeichen des Erfolgs und der sozialen Anerkennung geprägt ist. Investitionsgüter wie Kunstwerke, Oldtimer, Sammleruhren und sogar seltene Weine sind längst nicht mehr nur Wertanlagen oder persönliche Schätze. Sie haben den Charakter eines sozialen Codes angenommen, der anderen signalisiert: »Ich gehöre zu den Wohlhabenden, zu denen, die sich das leisten können.«

Diese Akkumulation von Besitz und die Selbstdarstellung als »Wohlhabender« haben Wohlstand zu einem öffentlichen Gut gemacht, dessen Wirkung vor allem sozial ist. Der materielle Besitz und die damit verbundene Lebensqualität bleiben hinter den Symbolen zurück, die vermittelt werden. Es geht längst nicht mehr darum, was Wohlstand dem Einzelnen bringt, sondern wie er von anderen wahrgenommen wird. Wohlstand ist zum sozialen Theater geworden, in dem Luxusgüter, Urlaube, kulinarische Erlebnisse und der gesamte Lebensstil ein Bild zeichnen, das mit individueller Zufriedenheit oft nur wenig zu tun hat. Der »Wohlstand« besteht in der Reflexion der eigenen Position durch die Augen anderer und ist somit nur ein Mittel zur sozialen Positionierung, zur Abgrenzung und zur Bestätigung der eigenen Wichtigkeit.

In dieser Inszenierung hat das Konzept von Wohlstand selbst seine ursprüngliche Bedeutung verloren. Ursprünglich war Wohlstand mit Lebensqualität, Sicherheit und Freiheit verknüpft, doch heute bindet das moderne Wohlstandsverständnis die Menschen vielmehr an ein immerwährendes Konsumspiel. Das Ziel ist nicht mehr die Befriedigung grundlegender Bedürfnisse oder das Erreichen eines gewissen Lebensstandards, sondern der unaufhörliche Wettlauf nach »mehr« – mehr Status, mehr Einfluss, mehr Symbole des Wohlstands. Das »Mehr« ist ungreifbar und nie wirklich erreicht; es ist ein Konzept, das ständig neu definiert und immer weiter gesteigert werden muss. So zementiert sich das Streben nach Wohlstand in einem kollektiven Traum, der den Kapitalismus stützt und die Position des Konsums als soziales Ordnungssystem festigt. Denn Wohlstand ist aktuell primär ein öffentliches, ein soziales Gut. Seine Wirkung ist sozial, nicht individuell; er verbessert die individuelle Lebensqualität nicht anhand nicht- kultureller Kriterien.[41]

Diese Entgrenzung des Wohlstands hat auch die Wahrnehmung seiner Funktion völlig verändert. Während Wohlstand einst Freiheit bedeutete, führt er heute zur Bindung an den Konsumismus und die Werte des Marktes. Menschen sind nicht mehr nur »wohlhabend«, um ein freieres und erfüllteres Leben zu führen; sie sind es, um diese Rolle nach außen darzustellen. So hat sich das Prinzip von Wohlstand zu einem Narrativ entwickelt, das die Menschen in eine Konsumfalle lockt, in der wahre individuelle Freiheit und Lebensqualität hinter dem Schein von Überfluss verborgen bleiben. Der kollektive Traum vom Wohlstand wird so zum Instrument, das die kapitalistische Ordnung aufrechterhält, das Verlangen nach »mehr« immer wieder schürt und das Individuum in die Abhängigkeit vom Konsum treibt. Diese Dynamik wird durch die Unschärfe des Wohlstandsbegriffs selbst verstärkt. Was Wohlstand ist, bleibt eine flexible, wandelbare Idee, die stets neu definiert und angepasst werden kann. In dieser Unschärfe liegt die Kraft des modernen Wohlstandsbegriffs, der so subjektiv und unbestimmt ist, dass er jedem erlaubt, sich nach »mehr« zu sehnen, ohne je wirklich an einem Ziel anzukommen. Wohlstand ist zu einer Art kollektiver Fata Morgana geworden, ein Trugbild, das in der Ferne lockt und die Menschen antreibt, ohne dass das Versprechen jemals vollständig eingelöst wird.[42]

Die Idee des Wohlstands hat sich in der Postmoderne zu einem kollektiven Streben entwickelt, das tiefer und umfassender in das gesellschaftliche Bewusstsein vorgedrungen ist als je zuvor. Das Konzept von Wohlstand ist längst keine objektive Größe mehr, sondern eine individuelle Schimäre, die jeder für sich persönlich als Symbol für Glück und Erfüllung versteht. Doch gerade diese Individualisierung des Wohlstands, die Überzeugung, dass jeder Mensch – unabhängig von nach wie vor existenten sozialen Schranken – sich selbst in ein Leben voller Komfort und Überfluss erheben könnte, hat die Wirkung auf die Gesellschaft als Ganzes potenziert.[43] Die sogenannte Wohlstandsgesellschaft ist in Wahrheit weniger das Ergebnis vieler Menschen, die Wohlstand erreicht haben, sondern vielmehr die Tatsache, dass alle ihn erreichen und ausbauen wollen. Die Vorstellung von Wohlstand wurde zu einer universalen Erzählung, die für jeden Einzelnen zugänglich erscheint, auch wenn sie für die Mehrheit im Endeffekt immer außerhalb der Reichweite bleibt.

Dieses allgegenwärtige Streben nach Wohlstand hat in der modernen Gesellschaft das Streben nach Freiheit abgelöst, insbesondere nach individueller ökonomischer Freiheit. Freiheit, die einst als höchstes Gut im Kapitalismus galt, wurde im Konsumismus schrittweise durch das Versprechen von Wohlstand ersetzt, das eine fast hypnotische Wirkung entfaltet. Es ist ein Versprechen, das den Menschen in ein Labyrinth von Anstrengung und Konsum verstrickt, in dem Freiheit zwar nominal weiterhin existiert, jedoch zunehmend durch die Illusion eines allumfassenden Wohlstands überdeckt wird. In der Postmoderne wird Freiheit eher als eine Idee hochgehalten, ein komfortabler Ersatz für das, was man als wirkliche Autonomie verstehen könnte. Diese »Freiheit« wird auf das Reduzierte beschränkt, sich innerhalb des Systems frei zu bewegen und die Versprechen des Wohlstands zu verfolgen, ohne jedoch die strukturellen Fesseln zu hinterfragen, die einen festhalten.

Noch nie war die Gesellschaft derart »eingezäunt« durch Regularien und Gesetze, die das wirtschaftliche Handeln und die individuelle ökonomische Freiheit einschränken, während sie gleichzeitig das Wohlstandsstreben befeuern. Der moderne Arbeitsmarkt ist durch unzählige Gesetze reguliert, die die Flexibilität der Arbeitnehmer in engen Grenzen halten, während steuerliche Regularien und Sozialgesetze den Konsum und die Akkumulation von Wohlstand in geordnete Bahnen lenken sollen. Der Zugang zu Immobilien, zu Kapital und zu unternehmerischer Freiheit ist durch ein Dickicht von Vorschriften kontrolliert, das die Menschen in einer Art Käfig hält, aus dem der »Wohlstand« als Karotte herausblitzt. Dies zeigt sich beispielsweise in der Immobilienpolitik, wo der Erwerb von Wohneigentum durch Preise und Regularien erschwert wird, oder in den Zugangsbeschränkungen zu Kapital durch strenge Kreditvergaberichtlinien. Trotz dieser Fülle an Hindernissen bleibt das Bild des Wohlstands als erreichbares Ziel aufrechterhalten und stärkt so die kollektive Illusion, dass Freiheit in der postmodernen Gesellschaft noch besteht, obwohl sie zunehmend in wirtschaftliche Fesseln gelegt wird.

In diesem Sinne hat die Bedeutung von Wohlstand in der Postmoderne auf paradoxe Weise sowohl zugenommen als auch abgenommen. Der Begriff ist präsenter und wichtiger denn je, er beherrscht den Diskurs und diktiert den Lebensstil einer ganzen Gesellschaft. Doch gleichzeitig ist wahrer Wohlstand, verstanden als ein Zustand des materiellen Überflusses, der Sicherheit und der inneren Zufriedenheit, seltener geworden. Viele Menschen stehen unter dem Eindruck, Wohlstand anzustreben und auf einem Weg zu sein, der sie dorthin führt, doch tatsächlich bewegen sie sich in einem endlosen

Kreislauf aus Arbeit, Konsum und kurzfristiger Befriedigung. Wohlstand ist zu einem Symbol für ein Lebensziel geworden, das niemals ganz erreicht werden kann – und damit auch eine Leere hinterlässt. So bleibt die Mehrheit in einer unaufhörlichen Bewegung gefangen, auf ein Ziel zuzurennen, das nur in Fragmenten erreichbar ist, und erkennt dabei kaum, dass die wahre Freiheit, die sie einst suchten, längst von dieser Illusion zunichtegemacht worden ist. Und wahrer Wohlstand ist heute seltener denn je.

Kapitel Sechs
Konsum zwischen Ritual und Ekstase

»Der Konsum hat sich zu einem leeren Ritual entwickelt, das dem Individuum eine flüchtige Form von Ekstase bietet. Diese Ekstase ist jedoch oberflächlich und führt nicht zu einer tieferen Erfüllung, sondern verstärkt vielmehr das Gefühl der Leere und des ständigen Begehrens nach mehr.«

Gilles Lipovetsky (1995): [41]

Ekstase und Exzess – beides sind Begriffe, die in unserer hyperregulierten, rationalen Welt der Postmoderne fremd anmuten.[44] Wo der Exzess einst das Maß überschritt und damit die Grenzen der Ordnung herausforderte, wo die Ekstase den Menschen aus sich selbst heraushebt und ihn in eine andere Dimension der Erfahrung führt, wirken diese Konzepte heute wie Relikte aus einer längst vergangenen Zeit, verbannt und verdrängt. Die Postmoderne ist geprägt von Selbstkontrolle, Rationalität und dem allgegenwärtigen Mantra der Effizienz. Alles, was uns an die ekstatischen Zustände des Mittelalters oder die maßlosen Feste des antiken Dionysos erinnert, hat keinen Platz mehr in einer Welt, die sich ihrer eigenen Fortschrittlichkeit so sicher ist.

Doch der eigentliche Grund für diese gesellschaftliche Ächtung der Ekstase liegt in ihrer beängstigenden Unkontrollierbarkeit. Ekstase befreit den Menschen von den Fesseln des Alltagsbewusstseins und bringt ihn in Kontakt mit einem Zustand, der jenseits des Rationalen und des Berechenbaren liegt. Sie hat eine religiöse Konnotation, die an Verzückung und Entrückung erinnert, an eine Sphäre, die nicht von Menschenhand zu fassen ist und die sich der modernen Kontrolle entzieht. Dieser Zustand des »Außer-sich-Seins«, der einen Raum des Heiligen und Unergründlichen eröffnet, wurde in der Moderne konsequent unterdrückt. Der Mensch der Postmoderne soll sich nicht in ekstatischer Hingabe verlieren, sondern ein kontrolliertes, autonomes Subjekt bleiben, das rational handelt und sein Leben nach klaren Regeln und Effizienzprinzipien strukturiert. Ekstase passt nicht in dieses

Bild des modernen Menschen, der sich selbst beherrscht und in dieser Selbstkontrolle sein höchstes Ideal sieht.

So verbannt die Gesellschaft die Ekstase und kanalisiert sie in die einzige Form, die heute als akzeptabel gilt: die Ekstase des Konsums. Der moderne Staat, der über die Rauschmittel wacht und den Zugang zu bewusstseinsverändernden Substanzen reglementiert, tritt als Garant dieser neuen Ordnung auf. Während Ekstase einst in religiösen Ritualen, im spirituellen Aufstieg oder im kollektiven Fest erlebt wurde, wird sie heute auf die Akte des Kaufens und Besitzens reduziert. Der Rausch des Konsums ist die moderne Form der Ekstase – ein Rausch, der kontrolliert, reguliert und jederzeit reproduzierbar ist. Der Moment, in dem wir das neue Produkt erwerben, die Freude über den Besitz, das kurze Auflodern des Glücksgefühls, das mit der Kaufentscheidung einhergeht – das ist die Art von Ekstase, die der moderne Mensch sich gestattet. Diese Konsumekstase ist jedoch ein blasser Abklatsch der ursprünglichen Ekstase, eine Domestizierung und Entmystifizierung des ekstatischen Moments. Sie führt den Menschen nicht aus sich heraus, sondern hält ihn in einer endlosen Schleife aus Erwerb und Verlangen gefangen. Statt sich in der Hingabe zu verlieren, wird der Konsument in eine flüchtige Freude getrieben, die immer wieder neuen Anreizen Platz macht und sich in einem systematischen Zyklus des Konsums wiederholt. Der Staat als kollektiver Akteur sorgt dafür, dass die Ekstase kontrollierbar bleibt, denn der Rausch, den der Konsum erzeugt, ist jederzeit abbrechbar, jederzeit wiederherstellbar – eine simulierte Ekstase, die keine tiefgreifende Transformation erlaubt.

In dieser kanalisierbaren Form wird die Ekstase zur Ware, die Menschen sicher und gezielt in den Dienst des Marktes gestellt wird. Der Exzess ist ebenfalls transformiert: Statt in maßlosen Feiern und herausfordernden Grenzerfahrungen findet er heute seinen Ausdruck in Überfluss, Anhäufung und Besitz. Der moderne Exzess ist die Maßlosigkeit des Konsums, der Anhäufung von Dingen, die zur Identität werden. Und so steht das Individuum inmitten einer Warenwelt, berauscht von Dingen, die ihm versprechen, ihn für einen Augenblick über sich hinauszuheben – doch der Moment der Befreiung bleibt aus. Diese moderne Konsumekstase hat uns das Heilige genommen und durch das Profane ersetzt. Der Rausch, den der Besitz erzeugt, bleibt flach und unbefriedigend, ein Placebo für die wahre

Ekstase, die einst als Tor zu einer anderen Welt diente. Der Konsumismus der Postmoderne hat die Ekstase nicht nur verdrängt, sondern domestiziert und kommerzialisiert – ein ekstatischer Zustand, der weder Risiko noch Transzendenz in sich trägt. Es ist der Rausch, den wir uns selbst auferlegt haben, ein Zustand, der uns fesselt, anstatt uns zu befreien. Nur im Konsum findet der moderne Mensch das letzte unberührte Feld, um seine tiefsten Urbedürfnisse nach Ausschweifung und Maßlosigkeit auszuleben. Hier darf er sich dem Exzess hingeben, in einer rauschhaften Verzückung, die weder von der Gesellschaft noch von moralischen Normen begrenzt wird. Der Konsumismus bietet ihm das Versprechen eines ekstatischen Erlebens, das ihn aus der Banalität des Alltags erhebt und ihn kurzzeitig in einen Zustand versetzt, der früher den religiösen Sphären vorbehalten war. Keine Kritik, keine Korrektur, keine Restriktionen – im Gegenteil, Exzess und Ausschweifung werden hier positiv konnotiert, ja sogar beworben und gefeiert.

Diese Konsumekstase vereinnahmt Elemente der religiösen Verzückung und entfaltet sich auf eine Art und Weise, die früheren Kulturen und Religionen tief verankert war. In archaischen und religiösen Ritualen, von orgiastischen Festen bis hin zur Meditation und transzendentalen Trance, galt Ekstase als Mittel zur Überwindung des Ichs, als ein Weg zur Verbindung mit dem Göttlichen oder der Natur. Der Konsumismus jedoch hat diese Ekstase entheiligt und in den Dienst des Profits gestellt. Er hat das ekstatische Erlebnis privatisiert und zur Ware gemacht, die jederzeit und ohne innere oder äußere Prüfung verfügbar ist.

Konsum ist nun der Ritus des Exzesses, und er hat die Fähigkeit, das Individuum in einem Moment der Seligkeit, des Rausches, zu »erlösen« – ein Konzept, das in religiösen Traditionen als heilig und transformativ galt. Doch während die religiöse Ekstase oft mit Regeln und Entsagung verbunden war, um den Moment des Erlebens einzigartig und bedeutsam zu machen, ist die Konsumekstase entkoppelt von jeder Form der Selbstdisziplin und spirituellen Tiefe. Hier geht es nicht um Verwandlung oder spirituelle Reinigung, sondern um den flüchtigen Moment des Genusses, der zum Selbstzweck wird. Der Konsument betritt eine Art profanes »Tempelreich«, in dem jeder Kauf, jedes Luxusgut eine »Beichte« ist, eine Bestätigung seines Status und seiner Identität. Diese Ästhetik des Konsumexzesses dient als mächtige Grundlage für den Konsumismus als »Religion des Kapitalismus« (wie zuvor ausführlich beschrieben). Ekstase ist eine uralte Komponente jeder Religion, eine machtvolle Kraft, die es den Menschen erlaubt, über die Alltäglichkeit hinauszugehen und etwas Größeres, Transzendentes zu erfahren. Keine Religion – ob archaische Kulte, das Christentum oder der Sufismus – kommt ohne Elemente der ritualisierten Ekstase aus.[45] In der Konsumgesellschaft wird dieser spirituelle Drang nicht ausgelöscht, sondern umgelenkt: Er wird vom religiösen oder spirituellen Bereich in die Arena des Konsums verlagert, wo das materielle Objekt das Heilige ersetzt.

Der Konsumismus verwandelt so den Moment des Kaufens in eine Art »sakrales« Erlebnis, eine Selbstoffenbarung. Hier verbindet sich das Individuum mit einer höheren Macht – nicht mit einem göttlichen Wesen, sondern mit der Macht des Marktes und der Marke. Diese Ersatzreligion des Konsums liefert die Illusion einer spirituellen Erfahrung, die jedoch nicht nach innen geht, sondern nur die Oberfläche des Selbst berührt. Jeder Kauf ist ein kleines Sakrament, ein »Ritual« der Zugehörigkeit, das den Konsumenten kurzzeitig aus der Profanität des Lebens reißt, um ihn in eine inszenierte Ekstase zu versetzen, die in sozialen Medien dokumentiert und gefeiert wird. Durch diese Verschmelzung hat der Konsumismus zwei grundlegende Ziele erreicht: Erstens erhebt er sich selbst in den Status einer Religion, indem er die uralten menschlichen Bedürfnisse nach Ekstase und Überschreitung anspricht und befriedigt. Zweitens entzieht er dem Einzelnen die tieferen, reflektierten Formen von Ekstase, die mit spiritueller Disziplin und Selbsttranszendenz verbunden waren. Die Konsumekstase verlangt keine innere Vorbereitung, keine Opfer oder Hingabe, sondern nur die Bereitschaft, zu kaufen und zu genießen. So wurde aus einer einst transformierenden Kraft der Religion eine oberflächliche »Rauschware« des Kapitalismus, die den Exzess als endlos reproduzierbare Erfahrung vermarktet und den Menschen in einem System der endlosen Begierde gefangen hält.

In einem nachgelagerten Schritt erlangt Konsum etwas Ritualhaftes und Strukturiertes, das ihm den Charakter einer streng organisierten Aktivität verleiht. In gewisser Weise wird Konsum so zu einem funktionalen Ersatz für die Ekstase, wie sie in religiösen Riten vorkommt. Religionen transformieren die rohe Ekstase, dieses intensive Erleben jenseits des Alltäglichen, durch Rituale und Gebote in eine Form, die für den Glauben nutzbar gemacht wird. Der Konsumismus hat sich diese Dynamik zu eigen gemacht, indem er aus dem Kaufakt und dem Erwerben von Waren eine ähnliche, fast sakrale Erfahrung erschafft, die von Ritualen und strikten sozialen Konventionen begleitet wird.

Der moderne Konsum folgt einer Reihe von sozialen Konventionen, die durch Gruppendynamiken und ritualisierte Handlungen strukturiert werden. Er beginnt mit dem Bedürfnis nach dem Neuen – dem unaufhörlichen Streben nach dem »Nächsten« und »Besseren«, das die konsumorientierte Gesellschaft durch Werbung, Medien und soziale Netzwerke befeuert. Der Konsument wird hierbei durch konforme Handlungsabläufe geführt, die festlegen, wie und wann etwas gekauft wird, und dabei einen fast liturgischen Rhythmus folgen: erstens, die Erkennung des Wunsches oder Bedürfnisses, zweitens, die Suche und das Informieren über das begehrte Objekt, drittens, der eigentliche Kaufakt, und viertens, die Zurschaustellung oder das Erleben des erworbenen Gegenstandes. Dieser Zyklus wiederholt sich unaufhörlich und führt zu einem ständigen Ritual des Kaufens und Präsentierens.

Die Gruppendynamik im Konsum ist ein zentraler Aspekt dieses Prozesses. Konsum ist selten eine isolierte Handlung; er lebt und entfaltet sich durch die Interaktion und das Zusammenspiel mit anderen. In sozialen Medien wie Instagram und TikTok präsentieren Menschen ihre Errungenschaften und erschaffen dadurch eine Dynamik, in der andere inspiriert oder gar gezwungen werden, ähnlichen Mustern zu folgen. Der sogenannte »Peer Pressure« im Konsumumfeld führt dazu, dass Konsumenten das Verhalten ihrer sozialen Gruppe imitieren, um sich anzupassen oder hervorzuheben. Dies zeigt sich besonders deutlich in Trends und Hypes, bei denen ganze Gruppen an Konsumenten kollektiv bestimmte Produkte feiern, kaufen und in Szene setzen. Gruppendynamik wird hier zum Katalysator der Konsumekstase, da das Gefühl, Teil einer Gemeinschaft zu sein und dieselben Dinge zu begehren und zu besitzen, ein ekstatisches Gefühl der Zugehörigkeit und der kollektiven Bedeutung erzeugt.

Diese ritualisierte Gruppendynamik führt den Konsumismus auf eine fast religiös anmutende Ebene, da er eine Vielzahl religiös inspirierter Aspekte vereint. Die Ekstase des Konsums wird zum Höhepunkt einer Reise, die wie ein Pilgerweg aufgebaut ist und auf die »Erlösung« im Kaufakt selbst zielt. Die ekstatische Erfahrung liegt jedoch nicht im eigentlichen Nutzen des Produkts, sondern in der Spannung und im Ritus, die den Kauf begleiten. Der Akt des Kaufens wird zu einem Pseudo-Erlebnis, das eine tiefe innere Leere kurzfristig füllt, ohne sie jedoch wirklich zu beseitigen – ganz ähnlich wie religiöse Riten temporären Trost und Transzendenz bieten, ohne die spirituelle Suche endgültig zu beenden. So wird Konsum in der modernen Gesellschaft zu einem Ersatzritus für spirituelle Ekstase, einer Art profaner Religion ohne Gottheiten, aber mit denselben Mechanismen von Ritual, Gemeinschaft und ekstatischem Erleben.

Der Anteil von sozial konstituiertem, gruppendynamisch beeinflusstem Konsum hat inzwischen einen erheblichen Umfang erreicht und umfasst nahezu alle Lebensbereiche, von Kleidung und Elektronik bis hin zu Freizeitgestaltung und Lebensstilentscheidungen. Konsum ist heute nicht mehr bloß ein individuelles Verhalten, sondern ein komplexes Geflecht aus kulturellen und sozialen Mechanismen, das stark durch die Erwartungen und Werte der jeweiligen sozialen Gruppe geprägt ist. Rituale des Konsums haben eine intrapersonelle und eine transpersonelle Dimension. Intrapersonell wird der Konsum zu einem festen Bestandteil des eigenen Handelns und Entscheidens – er spiegelt sich in Kaufgewohnheiten, in der Struktur der wahrgenommenen Bedürfnisse und in individuellen Routinen wider. Jeder Kauf wird dabei zu einem Akt der Selbstdefinition, der persönliche Vorlieben und Werte widerspiegelt und sich zu einem Muster verdichtet.

Die transpersonelle Komponente des Konsums entsteht hingegen durch die kollektive Zustimmung und das Gruppenerlebnis, das bestimmte Konsumobjekte und -praktiken mit Bedeutung auflädt. Wenn sich Trends und Moden durchsetzen, gewinnen diese Objekte an symbolischer Kraft, die weit über ihre materielle Funktion hinausgeht. Sie werden zum Symbol einer sozialen Zugehörigkeit und signalisieren die Anpassung an kollektive Erwartungen. In diesem Sinne ist der Konsum ein gesellschaftlich verankerter Ritus, der das Individuum auffordert, sich in den kollektiven Strom einzufügen. Das Individuum löst sich im Ritual des Konsums ein Stück weit auf, verliert dabei einen Teil seiner Eigenheit und übernimmt die Bedürfnisse und Normen der Gruppe. Dieser Prozess ist für die Metaorganisation des Konsums von entscheidender Bedeutung, denn durch diese ritualisierte

Konformität erlangt der Konsum eine tiefe Verankerung in der Gesellschaft und kann als Ventil für das menschliche Bedürfnis nach Einfügung und Zugehörigkeit dienen.

Dieses Bedürfnis nach Einfügung ist eng verbunden mit der Erfahrung von Ekstase, die im Konsumismus eine besondere Rolle spielt. Der ekstatische Konsum, wie er etwa bei Verkaufsveranstaltungen, Festivals oder dem Hype um neue Produkte sichtbar wird, stellt einen Moment der Auflösung des Ichs in der Masse dar. Die Ekstase des Konsums wird zum Höhepunkt des kollektiven Erlebens und bietet dem Individuum die Illusion, Teil von etwas Größerem und Bedeutenderem zu sein.[46] In diesen Momenten wird Konsum zu einer Form von kollektivem Rausch, bei dem die sozialen Schranken für kurze Zeit aufgehoben scheinen und das Individuum in eine Gemeinschaft eingebettet ist. Doch genau hier liegt das Grundproblem des Konsumismus: Die Verknüpfung von Konsum und Ekstase hebt ihn auf eine Bedeutungsebene, die ihm von Natur aus nicht innewohnt. Durch diese künstliche Erhöhung wird der Konsum als etwas Sinnstiftendes und Transzendentes erlebt – als eine moderne Form von spirituellem Erleben, das jedoch nicht wirklich zur inneren Erfüllung führt.

Dieses ritualisierte, fast spirituelle Konsumerleben gibt der Intention des Konsums eine Handlung und verleiht ihr eine scheinbare Bedeutung. Jeder Kauf wird nicht nur als ökonomischer Akt, sondern als ein persönliches Ritual betrachtet, das die Zugehörigkeit stärkt und die Identität formt. In dieser Konstellation wird Konsum zur Illusion von Sinn, der jedoch nur kurzfristig trägt. Die ursprüngliche Absicht des Konsums, also die Befriedigung von Bedürfnissen, weicht dabei einem tieferen, oft unausgesprochenen Streben nach sozialer Zugehörigkeit und persönlicher Bestätigung. Das Ritual des Konsums, das unser tägliches Leben durchdringt und uns suggeriert, dass wir durch den Erwerb von Produkten und die Teilnahme an Hypes Erfüllung und Bedeutung erlangen, bestärkt den Einzelnen in der Ausrichtung auf kollektive Konsumerfahrungen. Es vermittelt das Gefühl, dass das Leben im Rausch des Konsums an Wert und Tiefe gewinnt – dass jeder Kaufakt eine kleine Erlösung bringt, einen Schritt in Richtung persönlicher Ganzheit. Konsum verspricht, Bedürfnisse zu befriedigen und Lücken zu füllen, die uns unvollständig fühlen lassen. Doch bei genauer Betrachtung bleibt dieses Gefühl nur von kurzer Dauer und zeigt ein Fundament, das hohl ist.

Der Konsum wird als Mittel der Selbstverwirklichung stilisiert, und die mit ihm verbundenen Rituale sind darauf ausgerichtet, in uns den Eindruck einer stetigen Erneuerung und Bedeutung zu erzeugen. Doch diese Erfüllung ist flüchtig und abhängig von der nächsten Anschaffung, vom nächsten Trend. Indem wir uns in den Kreislauf des Konsums einfügen und uns von ihm definieren lassen, verleihen wir Dingen eine Macht, die sie von sich aus nicht besitzen. Wir erwarten von Konsumgütern, dass sie uns tiefe Befriedigung und ein Gefühl von Zugehörigkeit schenken – doch können Produkte, die letztlich austauschbar sind und beständig neu auf den Markt gebracht werden, nicht die Basis für ein dauerhaft erfülltes Leben bilden. Die ritualisierte Wiederholung des Konsums führt zwar zu einem Gefühl von Kontinuität und Teilnahme an einer größeren Erzählung, doch diese Erzählung ist nicht tragfähig, weil ihr Kern Materialismus und Oberflächlichkeit sind. Anders als bei traditionellen Ritualen, die spirituelle oder kulturelle Wurzeln besitzen, bleibt der Konsum leer von innerer Transzendenz. Er verspricht uns Momente des Glücks, ein schnelles Hochgefühl – doch am Ende bleibt der Mensch allein mit einem neuen Besitz, der bald wieder zur Selbstverständlichkeit wird und den Drang nach »mehr« befeuert.

In diesem Zyklus wird deutlich, dass der Konsum keine wahre Quelle der Erfüllung ist. Es fehlt ihm die Tiefe, die menschliche Bedürfnisse wirklich anspricht, die Sehnsucht nach Sinn, Beständigkeit und innerem Frieden stillt. Konsum schafft keine bleibenden Werte, keine Antworten auf die existenziellen Fragen des Lebens. Vielmehr verstärkt er die Leere, die er zu füllen verspricht, und hinterlässt den Einzelnen mit dem Gefühl, dass wahre Erfüllung immer gerade außerhalb der Reichweite liegt, immer noch einen Kaufakt entfernt. So entwickelt sich das Ritual des Konsums zu einer Art nie endendem Kreislauf, der die innere Leere vergrößert und den Einzelnen in der ständigen Suche nach dem nächsten Rausch gefangen hält.

Kapitel Sieben
Die Idee des Betrugs als Grundpfeiler des Kapitalismus

»Marken sind keine bloßen Produkte, sondern Schöpfungen, die durch ein Netzwerk von Täuschungen und psychologischen Manipulationen aufgebaut werden. Sie versprechen Identität, Zugehörigkeit und soziale Anerkennung, doch diese Werte sind eine Illusion, die nur geschaffen wurde, um Konsumenten zu binden und Gewinne zu maximieren. Im Kapitalismus ist die Täuschung der Markenwelt nicht das Nebenprodukt, sondern das Fundament der gesamten Struktur.«

Naomi Klein (1999): [13]

»Die moderne Konsumgesellschaft beruht auf der Schaffung künstlicher Bedürfnisse, die durch Werbung und Marketing gezielt geweckt werden. Die Täuschung liegt in der Annahme, dass diese Produkte Glück und Erfüllung bringen könnten. Der Kapitalismus baut seine Existenz auf dieser ständigen Täuschung auf und führt die Gesellschaft in eine Abhängigkeit von Konsum, die das eigentliche Ziel, das Wohl des Menschen, völlig aus den Augen verloren hat.«

John Kenneth Galbraith (1958): [8]

Der Kapitalismus baut auf dem Konzept der Knappheit auf – einem Fundament, das Menschen dazu bewegt, Ressourcen zu handeln, weil sie begrenzt und begehrt sind. In dieser Logik der Knappheit ist das Ziel, den individuellen Nutzen zu maximieren, also den größtmöglichen persönlichen Vorteil aus der begrenzten Verfügbarkeit von Gütern zu ziehen. Doch das System bringt ein grundlegendes Problem mit sich: Die seltensten und kostbarsten Güter sind die begehrtesten und am stärksten nachgefragten. Um diesen Wettbewerb zu umgehen und auch weniger kostbare oder künstlich wertvolle Güter zu vermarkten, ist eine subtile Form des Betrugs erforderlich.[47] Hierbei geht es nicht nur um Täuschung im offensichtlichen Sinne, sondern um eine systemimmanente Manipulation, die in jedem kapitalistischen Austausch mitschwingt.

Kapitalismus stützt sich auf ein Grundprinzip des Vorteilsstrebens, das automatisch Elemente des Betrugs mit sich bringt. Dabei geht es nicht nur um Einzelfälle oder Ausnahmeerscheinungen: Der Kapitalismus selbst erzeugt künstliche Knappheit und psychologisch manipulative Begehrlichkeit, um den Wert seiner Güter zu erhöhen und den Konsum zu steigern. Fast alle Güter, die wir konsumieren, besitzen kaum noch intrinsischen Wert; sie sind nicht aus sich heraus wertvoll, sondern durch den Schein und die Symbolik, die ihnen durch Werbung und gesellschaftliche Anerkennung zugeschrieben werden. Diese künstliche Wertschöpfung hat einen doppelten Effekt: Sie verschafft den Produzenten höhere Profite und hält die Konsumenten in einem endlosen Zyklus des Begehrens und Kaufens gefangen, ohne dass sie dabei einen echten, bleibenden Nutzen erfahren.

Güter sind in diesem System letztlich nicht mehr als Symbole, die soziale und psychologische Bedürfnisse bedienen. Der materielle Wert eines Produkts spielt eine untergeordnete Rolle gegenüber dem, was es verspricht: Status, Identität, soziale Anerkennung. Dieses »entkernte Tauschsystem« ist letztlich nicht mehr auf den realen Nutzen oder die tatsächlichen Eigenschaften der Güter aufgebaut, sondern auf deren psychologisch konstruierte Bedeutung.[48] Der monetäre Wert wird zum Selbstzweck, der keine Entsprechung mehr in der realen Welt hat. Durch gezielten Einsatz von Werbung, Design und Markenidentität wird ein Nutzen »erschaffen«, der auf rein psychologischen, oft illusorischen Vorstellungen beruht. Tatsächlich handelt es sich um eine Manipulation der Wahrnehmung und eine Beeinflussung, die den Konsumenten dazu bringt, scheinbar knappe Ressourcen zu kaufen, ohne dass ihnen ein echter, notwendiger Wert zukommt.

Betrug stellt im Kapitalismus ein moralisches Dilemma dar, weil das System selbst Bedingungen schafft, die ihn fördern, während es gleichzeitig auf das Vertrauen seiner Teilnehmer angewiesen ist. Einerseits ist der Kapitalismus auf Wettbewerb und Profitmaximierung ausgerichtet, was starke Anreize zur Täuschung und Manipulation setzt – seien es irreführende Marketingstrategien, spekulative Finanzprodukte oder bewusst intransparente Preisstrukturen. Die Strukturen des Kapitalismus fördern diese Tendenzen zur Täuschung, indem sie diejenigen belohnen, die es verstehen, die Regeln des Marktes zu ihrem Vorteil zu biegen. Andererseits benötigt das System das Vertrauen der Konsumenten, Investoren und der Gesellschaft insgesamt, um stabil zu bleiben. Ein System, das allzu offensichtlich auf Täuschung und Profitstreben basiert, riskiert, dass dieses Vertrauen erodiert und die Legitimation des Systems infrage gestellt wird.

Der Kapitalismus schafft die Illusion von Transparenz und Fairness, indem er auf marktwirtschaftliche Grundsätze wie Wettbewerb, Angebot und Nachfrage verweist, die für Außenstehende eine klare und nachvollziehbare Struktur suggerieren. In Wahrheit sind jedoch viele Mechanismen des Kapitalismus hochkomplex und intransparent, was eine genaue Überprüfung durch die Konsumenten oft unmöglich macht. Firmen und Akteure nutzen dies, um unfaire Praktiken hinter einer Fassade von Offenheit zu verstecken. Diese Dynamik wird bewusst in Kauf genommen und teilweise durch das System selbst gestützt, das den Wert des Vertrauens zur Sicherung seiner Funktionsweise erkannt hat. Damit Betrug nicht allzu offenkundig wird und die Glaubwürdigkeit des Marktes erschüttert, finden regulatorische Eingriffe statt, die jedoch oft nur symbolischer Natur sind oder im Interesse der kapitalstärkeren Marktteilnehmer gestaltet werden. Betrug ist daher nicht (nur) eine moralische Verfehlung einzelner Akteure, sondern eine Widerspiegelung systemischer Widersprüche. Der Kapitalismus erfordert ständig wachsendes Kapital und Wettbewerbsvorteile, doch in diesem Prozess entstehen unweigerlich Praktiken, die man moralisch als Betrug bezeichnen kann. Diese moralische Verurteilung steht in einem Konflikt mit dem System selbst, das seine Regeln oft so formuliert, dass diejenigen profitieren, die Schlupflöcher und intransparente Methoden nutzen. Das moralische Dilemma entsteht also aus der Tatsache, dass das System Betrug als eine »notwendige« Nebenerscheinung zur Erzielung von Wettbewerbsvorteilen ermöglicht und ihn gleichzeitig verurteilen muss, um seine eigene Legitimation aufrechtzuerhalten.

Dieses Dilemma spiegelt sich auch in der Art und Weise wider, wie Kapitalismus moralisch verteidigt wird: Oft wird argumentiert, dass jeder selbst verantwortlich sei, für sich selbst zu sorgen und die nötigen Informationen zu beschaffen. Doch die enorme Informationsasymmetrie – zwischen großen Unternehmen mit Ressourcen zur Manipulation von Konsumverhalten und Konsumenten, die kaum Möglichkeiten zur Überprüfung haben – macht diese Verantwortung ungleich verteilt. So entsteht ein System, in dem der Schein von Fairness bewahrt werden muss, obwohl die Strukturen des

Kapitalismus selbst die Grundlage für Betrug und Täuschung bilden. Diese Widersprüchlichkeit führt zu einer Spannung, die das Vertrauen in das System auf Dauer untergraben könnte, wenn sie allzu offensichtlich wird. Letztlich ist das moralische Dilemma des Betrugs im Kapitalismus der Versuch, das Unvereinbare zu vereinen: ein System, das auf Eigeninteresse und Wettbewerb gründet, mit dem Anspruch von Transparenz und Fairness.

Das System schafft eine kollektive Illusion der Sicherheit, in der Betrug nicht als inhärente Eigenschaft des Wirtschaftens erkannt wird, sondern als Ausnahme oder moralisches Vergehen. Gerade die Konsumgesellschaft hat diese Illusion perfektioniert: durch Werbekampagnen, die das »Mehr« an Wohlstand und Glück versprechen, durch die Ästhetik von Luxusgütern, die eine Aura des Einzigartigen und Unverzichtbaren umgibt, und durch die Verheißung, dass der Konsum die persönliche Identität formen und erfüllen kann.

Werbung ist dabei die institutionalisierte Form des Betrugs. Sie beruht darauf, durch gezielte Manipulationen Bedürfnisse zu erschaffen und das Begehren nach bestimmten Produkten zu steigern.[49] Die Werbung verspricht Schönheit, Status, Erfolg und Identität, ohne dass das Produkt diese Eigenschaften tatsächlich erfüllen könnte. Durch visuelle und sprachliche Strategien wird ein Bild erzeugt, das psychologisch tiefgreifende Motive anspricht, wie das Streben nach Anerkennung, die Angst vor sozialem Abstieg oder die Sehnsucht nach Einzigartigkeit. Werbung ist eine Form der Täuschung, die den Konsumenten auf unbewusster Ebene beeinflusst und ihn dazu bringt, in eine symbolische Welt zu investieren, die ihn nie wirklich zufriedenstellt.

Moderne industrielle Fertigungsverfahren vergrößern den Abstand zwischen Produktversprechen und tatsächlicher Qualität. Die Globalisierung und Massenproduktion haben die Herstellung von Gütern zu einem Prozess gemacht, der auf Geschwindigkeit, Kostenreduktion und äußerem Anschein basiert. Qualität und Langlebigkeit, die ehemals wesentliche Kriterien für Wert waren, sind heute oft nebensächlich. Stattdessen werden Produkte so gestaltet, dass sie ihre Mängel verbergen und die Illusion von Beständigkeit oder Einzigartigkeit vermitteln. Oft verstecken sie Schwächen, die dazu führen, dass der Konsument sie bald ersetzen muss – eine geplante Obsoleszenz, die der Kapitalismus erfolgreich als Teil seines Gewinnmodells etabliert hat.

Die Psychologie des Betrugs lässt sich im Kapitalismus als eine strategische Verzerrung der Wahrheit verstehen, die unmittelbar in den Motiven des Wirtschaftens verwurzelt ist. Betrug erfüllt oft ähnliche Motive wie das Wirtschaften selbst: Es geht um die Maximierung von Nutzen, die Sicherung von Vorteilen und die Erzielung von Profit – jedoch abseits des offenen, akzeptierten Rahmens. Während das Wirtschaften offiziell im Rahmen von Regeln und Transparenz stattfindet, bedient sich der Betrug versteckter, manipulativer Taktiken, um die gleichen Ziele zu erreichen. Der zentrale Unterschied liegt nicht in den Motiven, sondern in der Art der Umsetzung und dem Maß an Verschleierung, das eingesetzt wird, um den betrügerischen Akt vor den Augen der Gesellschaft zu verbergen. Betrug hat in der Gesellschaft einen schlechten Ruf, doch dieser Ruf ist weniger eine absolute moralische Bewertung als vielmehr eine Konstruktion, die zum Selbsterhalt des wirtschaftlichen Systems beiträgt. Die kapitalistische Ordnung basiert auf der Illusion von Fairness und Transparenz; sie braucht das Vertrauen der Konsumenten und Produzenten, um stabil zu bleiben. Dieses Vertrauen wiederum ist eng mit der Idee verbunden, dass der Markt ein verlässliches und gerechtes Spielfeld bietet, auf dem alle dieselben Chancen haben. Betrug untergräbt diese Illusion, da er die Realität offenlegt: Der Markt ist kein neutraler Raum, sondern eine Arena, in der die Macht der Täuschung und Manipulation regiert. Wenn Betrug allzu offensichtlich wird, gerät das System in Gefahr, da seine grundlegende Struktur auf Misstrauen aufbauen würde. Das System selbst verschleiert daher seine Mechanismen und diffamiert Betrug als moralische Verfehlung, um die Illusion einer gerechten Dynamik aufrechtzuerhalten.

Ein weiteres Motiv hinter dem schlechten Ruf des Betrugs ist die Notwendigkeit, die wirtschaftliche Dynamik des Kapitalismus abzumildern und zu regulieren. Der Kapitalismus schafft durch seine ständige Orientierung auf Wettbewerb und Gewinnstreben einen Druck, der die Akteure ständig dazu bringt, ihre Interessen durchzusetzen – auch durch unlautere Mittel, wenn sie die Möglichkeit dazu haben. Doch diese Dynamik muss gezähmt werden, um ein gewisses Maß an sozialem Zusammenhalt und Stabilität zu wahren. Das moralische Tabu des Betrugs fungiert als gesellschaftliches Instrument, das die aggressive Dynamik des Wirtschaftssystems in ein gewisses Maß an Akzeptanz und Ruhe kleidet. Indem der Betrug stigmatisiert wird, soll die entfesselte Macht der kapitalistischen Profitmaximierung auf eine sozial akzeptable Weise kanalisiert werden.

Schließlich wird Betrug als moralisch verwerflich angesehen, weil die Gesellschaft eine Illusion von Sicherheit und Stabilität auf individueller Ebene für wünschenswert hält. Diese Illusion erlaubt es dem Einzelnen, sich im System als autonom und geschützt zu erleben, auch wenn die Realität oft eine andere ist. Die Vorstellung, dass man in einem fairen Markt agiert und dass Transaktionen und Geschäfte auf Offenheit und Ehrlichkeit beruhen, ist beruhigend. Sie ermöglicht es den Menschen, zu glauben, dass ihre wirtschaftlichen Entscheidungen nicht nur rational, sondern auch sicher sind. Betrug wird zu einer Bedrohung dieser Illusion und damit zu einem gefährlichen Tabu, das an den Grundfesten des kollektiven Vertrauens rüttelt. Die Psychologie des Betrugs zeigt somit einen Spiegel des Systems selbst: Die verurteilte Handlung offenbart die sonst verborgenen Mechanismen, die das System antreiben. Letztlich basiert das schlechte Ansehen des Betrugs weniger auf einer klaren moralischen Grundlage als auf der Notwendigkeit, die eigene strukturelle Ungerechtigkeit zu kaschieren und das System in einem sozialen Rahmen stabil und akzeptabel zu halten.

Dabei basiert jede Transaktion im kapitalistischen System auf den gleichen Voraussetzungen wie der Betrug selbst: der Täuschung über den wahren Wert, die künstliche Erzeugung von Knappheit und die Manipulation psychologischer Bedürfnisse. Der Kapitalismus erzeugt ein komplexes Geflecht von Verheißungen und Illusionen, das den Konsumenten nicht nur materiell, sondern auch emotional und psychologisch abhängig macht. In dieser Logik ist Betrug nicht nur eine gelegentliche Verfehlung, sondern das Fundament, auf dem der Kapitalismus steht. Er ist kein Unfall im System, sondern ein notwendiges Prinzip, das das System selbst stabilisiert und am Laufen hält. Der Kapitalismus, der von unendlichem Wachstum, Profit und Expansion lebt, kann es sich nicht leisten, seine wahren Mechanismen offenzulegen. Täuschung und Manipulation sind daher nicht bloß Mittel zum Zweck, sondern das Rückgrat des Systems, das seine Existenz aufrechterhält. Die Konsumenten werden ständig durch Werbung und subtile psychologische Anreize in eine Welt der Bedürfnisse und Wünsche gezogen, die niemals vollständig befriedigt werden können. Jedes Produkt verspricht ein Stück Erfüllung, das jedoch niemals eintritt, und so schürt das System das Begehren endlos weiter.

Diese Dynamik ist darauf ausgelegt, eine permanente Unzufriedenheit zu kultivieren – das Gefühl, dass es immer etwas Besseres, Neueres, Begehrenswerteres gibt, das den Mangel ausfüllen könnte, den die letzte Anschaffung nicht zu stillen vermochte. Die Werbung fungiert als das Sprachrohr dieser Dynamik und ist das Instrument, das das Verlangen nach immer neuen Objekten schürt, indem sie Bilder eines idealen Lebens entwirft, das immer gerade außerhalb der Reichweite liegt. Die kapitalistische Logik hat es meisterhaft verstanden, das Begehren in eine Selbsttäuschung zu verwandeln, in der die Menschen überzeugt werden, dass Konsum sie dem Ideal näherbringt – obwohl das System bewusst darauf angelegt ist, dieses Ziel immer ein Stück weiter zu verschieben. Dadurch entsteht eine endlose Spirale des Konsums, die durch Täuschung und Manipulation weitergetrieben wird, während wahre Erfüllung systematisch verhindert wird, um den Konsumdruck aufrechtzuerhalten. Die Tragweite dieser Mechanismen zeigt sich darin, dass das System nicht nur die Bedürfnisse manipuliert, sondern das Verständnis von Wert und Bedeutung an sich. Konsum wird zur einzigen sinnstiftenden Handlung, und das Streben nach materiellem Besitz wird zur modernen Religion, die den Platz von echter Transzendenz einnimmt.

Die wahre Täuschung des Kapitalismus liegt also nicht nur in der Manipulation der Konsumgewohnheiten, sondern in der Manipulation des Lebenssinns selbst. Was als Versprechen eines besseren Lebens verkauft wird, ist in Wirklichkeit ein Labyrinth aus trügerischen Bedürfnissen und künstlicher Knappheit, das den Menschen in einem Zustand der ständigen Erfüllungslosigkeit hält. Betrug ist daher kein Randphänomen, sondern der Herzschlag des Systems – das Fundament, das die Maschinerie des Konsumismus und der Kapitalakkumulation antreibt, und die Menschen in der Hoffnung hält, dass das nächste Produkt, die nächste Erfahrung, sie endlich zu dem führen wird, was ihnen fehlt.

Kapitel Acht
Kapitalismus als neofeudales Konstrukt

»Gegenwärtig führt der Kapitalismus die Weltgesellschaft zurück in längst vergangene Zeiten: Während auf der einen Seite die Zahl derjenigen beständig wächst, die unter Bedingungen arbeiten, die eher an Leibeigenschaft und Sklaverei erinnern als an bürgerlich-kapitalistische Vertragsverhältnisse, werden in der Beletage die Privilegien nach ebenso vormodernen Methoden verteilt: Reichtum wird vor allem vererbt, eine ständisch organisierte Managerklasse schanzt sich exorbitante Gehälter zu.«

Sighard Neckel (1991): [32]

»Neoliberalism has, in practice, primarily worked as a system for redistributing wealth upwards, but its ideological appeal has rested on the promise of individual freedom, choice, and empowerment. By emphasizing these values, neoliberal regimes have been able to conceal the reality of growing inequality, economic instability, and concentrated power. The illusion of freedom is a powerful tool, as it makes the individual feel autonomous while they are increasingly integrated into a system of control dictated by market forces and capital accumulation.«

David Harvey (2005): [11]

Der Kapitalismus, so modern und dynamisch er erscheinen mag, trägt heute eine tiefe Prägung universaler Feudalität in sich. Diese Prägung reicht über die offensichtlichen ökonomischen Strukturen hinaus und beeinflusst das soziale Gefüge auf eine Weise, die an längst vergangene feudale Ordnungen erinnert. Die Prinzipien des historischen Feudalismus scheinen in abgewandelter Form wieder in der modernen Gesellschaft auf, durchdringen unser Leben subtil, aber fundamental und formen ein System, das weniger auf individueller Freiheit als auf vorstrukturierten Macht- und Eigentumsverhältnissen basiert.

Feudalität verweist dabei auf eine herrschaftliche Lebensform, die durch eine klare, hierarchische Gesellschaftsstruktur und eine ungleiche Verteilung von Reichtum und Ressourcen geprägt ist.[50] Im historischen Feudalismus waren die sozialen Positionen nahezu festgeschrieben und stark an das Eigentum von Land und Gut gebunden. Landbesitz war der primäre Vermögenswert, und die Beziehung zwischen den Herrschenden und den Untergebenen war eine auf Abhängigkeit basierende Ordnung: Die Lehnsherren verliehen Land an ihre Vasallen und in gewisser Weise auch Schutz, während diese wiederum Dienste und Abgaben leisteten, um ihren Platz in der Gesellschaft zu sichern. So entstand ein System, das auf gegenseitigen Verpflichtungen beruhte, aber zugleich eine starre soziale Ordnung und dauerhafte Abhängigkeiten schuf.

Wenn man den heutigen Kapitalismus durch diese Linse betrachtet, erscheinen die Parallelen bemerkenswert. Eigentum ist zwar nicht mehr ausschließlich an Land gebunden, doch auch in der heutigen Gesellschaft bestimmt Besitz – ob an Kapital, Unternehmen, Patenten oder digitalen Plattformen – die Stellung des Einzelnen in der Hierarchie. Der Kapitalismus hat dabei eine neue Art von Feudalherrschaft hervorgebracht, in der das Eigentum an Produktionsmitteln und Kapital den Zugang zu Macht und Einfluss garantiert. Die Vermögensverhältnisse in unserer Gesellschaft sind erstaunlich stabil und nur schwer zu durchbrechen.[51] Menschen, die in Wohlstand hineingeboren werden, bleiben oft wohlhabend, während jene, die ohne Ressourcen aufwachsen, es schwer haben, sozialen Aufstieg zu erreichen. Die symbolische Feudalität des Kapitalismus wird sichtbar, wenn man die Strukturen der Großunternehmen und Konzerne betrachtet: Wie die feudalen Lehnsherren kontrollieren wenige Mächtige große Teile der Wirtschaft und haben enorme Macht über das Leben anderer, sei es durch Arbeitsbedingungen, Produktpreise oder das Ausmaß an Umweltverschmutzung, das sie tolerieren.

Der moderne Kapitalismus basiert zwar auf dem Ideal der freien Märkte, doch diese Märkte sind oft gar nicht so frei, wie es scheint. In Wahrheit sind sie stark monopolisiert oder oligopolisiert, und die Macht liegt in den Händen weniger großer Konzerne. Diese Konzerne fungieren wie moderne Lehnsherren, die nicht nur über die wirtschaftlichen Ressourcen, sondern auch über politische Einflussmöglichkeiten verfügen. Die moderne »Lehnstreue« zeigt sich in den loyalen Kunden oder den Angestellten, die, abhängig von diesen wenigen Konzernen, bereit sind, ihre Arbeitskraft und Zeit im Tausch gegen Sicherheit und Wohlstand zur Verfügung zu stellen. Es entsteht eine Abhängigkeit, die der Vasallentreue des Feudalismus ähnelt, nur dass sie sich heute nicht mehr auf das Versprechen des Schutzes, sondern auf das Versprechen von Konsum und sozialer Anerkennung stützt. Zudem zeigt sich diese neofeudale Ordnung in den Privilegien, die sich über Generationen verfestigen. Der Besitz von Vermögen, sei es in Form von Kapital oder Unternehmensanteilen, ermöglicht es den Reichen, ihre Position zu bewahren und weiter zu festigen. Die wirtschaftliche Elite besitzt nicht nur die Ressourcen, sondern auch die Werkzeuge, um ihren Reichtum zu vermehren und ihre Privilegien zu schützen – durch steuerliche Vorteile, politische Lobbys oder Einfluss auf Medien und Bildungsinstitutionen. Dies schafft ein System, das weniger auf der Idee der Chancengleichheit, sondern auf struktureller Ungleichheit und einer beinahe ständischen Ordnung basiert, die ihre Privilegien durch eine unsichtbare, aber mächtige Loyalitätsstruktur aufrechterhält. Ein weiteres Merkmal des modernen Feudalismus ist die Kontrolle über digitale Räume und Daten. Heute sind es nicht mehr physische Ländereien, sondern die virtuellen und digitalen Territorien, die Macht und Reichtum garantieren. Unternehmen, die große Mengen an Daten kontrollieren, sind in einer Position, die mit der des feudalen Grundherrn vergleichbar ist: Sie entscheiden, wie Informationen fließen, wie Menschen interagieren und wie sie Zugang zu Wissen und Bildung erhalten. Die Nutzerdaten sind die neuen »Lehen«, und die »Vasallen« sind die Benutzer, die im Tausch gegen den Zugang zu diesen digitalen Räumen ihre Daten und oft auch ihre Privatsphäre opfern.

Der Kapitalismus trägt somit in sich die Prinzipien einer modernen Feudalität: Besitz und Macht werden von einer kleinen Elite kontrolliert, die ihre Position in der Hierarchie kaum je verliert, während die große Mehrheit der Menschen in einer ständigen Abhängigkeit von denjenigen lebt, die die Ressourcen besitzen und verwalten.[52] So ist der Kapitalismus weniger das versprochene Land der individuellen Freiheit als vielmehr eine Neuauflage der alten feudalen Ordnung – ein System, das die Hierarchien der Vergangenheit in abgewandelter Form reproduziert und die Freiheit des Einzelnen nur in einem sehr engen Rahmen zulässt.

Zunächst wurde die alte Gesellschaftsordnung des Feudalismus, die auf Besitz und Herrschaft über Land basierte, durch den Merkantilismus abgelöst. Merkantilismus, das System der kolonialen und staatlich geförderten

Handelskontrolle, richtete sich primär auf die Anhäufung von Reichtum durch die Kontrolle von Märkten und Handelswegen. Der Besitz von Gütern und insbesondere die Beherrschung der internationalen Handelsströme wurden zu entscheidenden Machtfaktoren. Der Staat war aktiv an der wirtschaftlichen Steuerung beteiligt, und der Erwerb von Wohlstand wurde durch Handelsüberschüsse gefördert. In dieser Phase war es noch das staatliche oder koloniale Unternehmen, das den Markt kontrollierte und durch Zölle, Monopole und Kolonien Wachstum und Macht sicherte. Der Merkantilismus legte den Grundstein für die nächsten Entwicklungen, indem er das Verständnis schuf, dass Reichtum über die reine Landverwertung hinaus durch Märkte und Handel akkumuliert werden kann.

Mit dem Übergang zum Kapitalismus jedoch verlagerte sich der Fokus erneut – die Logik des reinen Besitzes von Land und der Kontrolle über Märkte wich allmählich einem System, in dem die Produktion und die Verwertung von Kapital zentrale Elemente wurden. Doch auch im kapitalistischen Prinzip blieb der Besitz von Gut und Boden zunächst die dominierende Form des Kapitalerwerbs, eine These, die besonders von den Physiokraten, wie François Quesnay, gestützt wurde. Für die Physiokraten war Boden die einzige wahre Quelle des Reichtums. Sie glaubten, dass alle wirtschaftliche Produktivität letztlich auf die Natur, insbesondere die Landwirtschaft, zurückzuführen sei. Die »produktive Klasse« bestand aus den Bauern, während alle anderen, selbst die Kaufleute und Handwerker, als unproduktiv galten, weil sie nicht direkt zur Erzeugung von landwirtschaftlichen Gütern beitrugen. Auch wenn der Kapitalismus später weit über dieses landzentrierte Verständnis hinausging, ist die Prägung des Bodens als stabiler und sicherer Kapitalwert bis heute ungebrochen.

Selbst in der modernen kapitalistischen Gesellschaft des 21. Jahrhunderts spielt Gut und Boden eine immense Rolle – vielleicht nicht mehr primär als Quelle des Kapitalerwerbs, aber als Fundament der gesellschaftlichen Ordnung und des sozialen Status. Land ist heute das ultimativ limitierte Gut, das, im Gegensatz zu industriellen oder digitalen Gütern, nicht einfach vermehrt oder substituiert werden kann. Die wachsende Nachfrage nach exklusiven Wohnorten und unberührten Naturräumen hat dazu geführt, dass Landbesitz in den gefragtesten Regionen zu einem der begehrtesten Statussymbole und einer zentralen Machtressource geworden ist. Gerade in urbanen Zentren und naturnahen Gebieten, die höchste Lebensqualität versprechen, ist Boden ein exklusives Gut, dessen Knappheit die Preise in immer neue Höhen treibt und dessen Besitz ein stabilisierendes Element des sozialen Ranges darstellt. Diese Exklusivität führt zu einem radikalen Spannungsverhältnis im modernen Kapitalismus. Während der Kapitalismus durch eine Logik des ewigen Wachstums und der Vermehrung des Kapitals getrieben wird, stellt Land eine physische und ökologische Grenze dar, die diesen Wachstumsimperativ infrage stellt. Der Besitz von Boden hat dabei eine doppelte Rolle: Er begrenzt das Wachstum, weil er nicht vermehrbar ist, und treibt gleichzeitig die Preise für Kapitalinvestitionen in die Höhe, weil er eine stabile und sichere Wertanlage darstellt. Bodenbesitz wird so zu einem Bereich, in dem der Kapitalismus an seine Grenzen stößt und paradoxerweise von seiner eigenen Dynamik eingeschränkt wird. Hier zeigt sich eine beinahe »feudale« Struktur: Wer den Zugang zu exklusivem Grundbesitz kontrolliert, kontrolliert nicht nur Kapitalwerte, sondern auch sozialen Einfluss und Macht.

Mit der zunehmenden Digitalisierung und dem Wachstum der Digitalökonomie könnte man annehmen, dass Land an Bedeutung verliert – schließlich spielt sich vieles heute virtuell ab, und die Ressourcen des Internets und der digitalen Märkte sind theoretisch grenzenlos. Doch das Gegenteil ist der Fall: Gerade weil digitale Arbeit von überall ausgeführt werden kann, wird die Frage, von wo aus man arbeitet und lebt, immer wichtiger. Die Nachfrage nach Land in Gebieten mit hoher Lebensqualität, wie Küstenregionen, Großstädten und ländlichen Naturgebieten, wächst weiter. Digitale Nomaden und Remote Worker erhöhen den Druck auf die Nachfrage nach hochwertigem Wohnraum, und die Exklusivität dieser Standorte wird zu einem immer stärkeren Faktor in der sozialen Differenzierung. Die Preise für Land und Immobilien steigen weiter, und in einem kapitalistischen System, das auf Angebot und Nachfrage basiert, wird dieser Trend durch das Prinzip der Knappheit noch verstärkt.

Darüber hinaus führt die Ausschließlichkeit der Nutzung zu einem weiteren Phänomen: Alternativnutzungen von Boden, wie z. B. für Landwirtschaft, Freizeit, Industrie oder Naturschutz, konkurrieren zunehmend miteinander. Während früher Landbesitz vor allem landwirtschaftlich genutzt wurde, ist heute eine Diversifizierung der Landnutzung zu beobachten, die von Wohnraum und Erholungsflächen bis hin zu großen landwirtschaftlichen und industriellen Projekten reicht. Dieser Konkurrenzdruck führt zu einer steigenden Rentabilität des Bodens und zeigt, dass Land mehr denn je ein limitierender Faktor für wirtschaftliche und gesellschaftliche Entwicklung ist.

Die Bedeutung von Gut und Boden im Kapitalismus des 21. Jahrhunderts zeigt, dass die alten Prinzipien des Besitzes und der Kontrolle über physische Ressourcen immer noch eine dominierende Rolle spielen.[53] Boden ist die Grenze und zugleich das Fundament, auf dem die moderne Gesellschaft aufgebaut ist – eine Grenze, die uns an die physischen Realitäten unseres Wirtschaftssystems erinnert und zugleich die Mechanismen der Exklusivität und der sozialen Differenzierung verstärkt.

Die Gesellschaftsordnung selbst hat sich im Laufe der Jahrhunderte tiefgreifend verändert. Der Merkantilismus, der den Feudalismus ablöste, brachte eine neue ökonomische Logik, die auf staatlich gelenktem Handel und der Ansammlung von Gold und Silber als Wohlstandsmessung beruhte. Im Zentrum des Merkantilismus stand die Vorstellung, dass Reichtum nicht unbegrenzt sei und daher durch protektionistische Maßnahmen und Handelsmonopole gesichert werden müsse. Kolonien wurden ausgebeutet, um Rohstoffe zu liefern, und die heimische Produktion wurde durch staatliche Eingriffe geschützt, um Importe zu minimieren. Diese Phase legte den Grundstein für den modernen Kapitalismus, der den Merkantilismus schließlich ablöste und eine marktorientierte, auf Wettbewerb und Innovation basierende Ordnung schuf.

Im frühen Kapitalismus war, wie die Physiokraten[54] betonten, Gut und Boden die primäre Quelle des Reichtums. François Quesnay, einer der bekanntesten Vertreter der Physiokratie, betrachtete die Landwirtschaft als die einzige wirklich produktive Wirtschaftsform, da sie natürliche Ressourcen in Werte verwandle. Boden und dessen Nutzung galten als Fundament des wirtschaftlichen Lebens und als Ursprung allen Kapitals. Diese Denkweise prägte nicht nur die frühe kapitalistische Theorie, sondern auch die Praxis, in der Großgrundbesitzer die treibende Kraft der Ökonomie waren. Heute hat sich das Bild gewandelt, aber die fundamentale Bedeutung von Gut und Boden ist geblieben, wenn auch in anderer Form. Boden ist im 21. Jahrhundert mehr denn je ein ultimativ limitiertes Gut, dessen Wert durch seine Knappheit und die Unmöglichkeit seiner Substitution bestimmt wird. Anders als viele andere Ressourcen kann Boden nicht in unbegrenztem Maße »produziert« oder »repliziert« werden. Technologische Fortschritte wie vertikale Landwirtschaft oder künstliche Inseln mögen den Nutzen von Boden erweitern, doch sie können die grundlegende physische Begrenzung nicht aufheben. Besonders Boden in Gebieten mit hoher Lebensqualität – seien es urbane Zentren, Küstenregionen oder fruchtbare landwirtschaftliche Flächen – wird immer begehrter, da diese Gebiete eine Kombination aus wirtschaftlichem Potenzial, sozialem Prestige und individuellem Komfort bieten.

Die Ausschließlichkeit der Nutzung von Boden verstärkt seine Bedeutung als dominierender Faktor im Kapitalismus. Während andere Kapitalformen – etwa Produktionsmittel oder Finanzkapital – in gewissem Maße geteilt oder multipliziert werden können, ist Boden grundsätzlich exklusiv. Wenn ein Stück Land genutzt wird, sei es für Wohnraum, Landwirtschaft oder Industrie, ist diese Nutzung anderen Alternativen entzogen. Diese Ausschließlichkeit macht Boden besonders wertvoll und treibt die Preise in die Höhe, insbesondere in einer globalisierten Welt, in der die Urbanisierung rasant voranschreitet und der Wettbewerb um knappe Ressourcen immer intensiver wird. Die Alternativnutzungen von Boden, insbesondere in einer digitalisierten Wirtschaft, erweitern die Dimension seiner Bedeutung. Wohnraum, der früher primär als Lebensgrundlage diente, wird zunehmend auch als Investitionsgut betrachtet, das Renditen generiert. Landwirtschaftliche Flächen konkurrieren mit industriellen oder urbanen Nutzungen, während Naturräume unter Druck geraten, da ihre wirtschaftliche »Nicht-Nutzung« in einer wachstumsorientierten Gesellschaft oft als Verschwendung betrachtet wird. Boden ist somit nicht nur ein physischer Raum, sondern ein zentraler Bestandteil des kapitalistischen Systems, dessen Nutzung über ökonomische und gesellschaftliche Macht entscheidet.[55] Die zunehmende Digitalisierung verschärft diesen Trend weiter, indem sie neue Möglichkeiten eröffnet, Boden als alternative Plattform für Wirtschaftstätigkeit zu nutzen. Rechenzentren, Logistikzentren für den Onlinehandel oder Infrastruktur für erneuerbare Energien (wie Solar- und Windparks) benötigen große Flächen, deren Verfügbarkeit und Standortentscheidungen erheblichen Einfluss auf ihre Rentabilität haben. Gleichzeitig verschiebt die Digitalisierung den Fokus von physischem Kapital hin zu immateriellem Kapital – aber die Grundlage bleibt dieselbe: ohne Boden keine Infrastruktur, ohne Infrastruktur keine digitale Ökonomie.

Die Preise für Boden werden deshalb in absehbarer Zeit weiter steigen, und mit ihnen die sozialen Spannungen. Wohnraum in Ballungszentren wird zunehmend unerschwinglich, was die soziale Ungleichheit verschärft. Landwirtschaftliche Flächen werden zu Spekulationsobjekten, während indigene Gemeinschaften und marginalisierte Gruppen oft ihre Rechte und ihre Lebensgrundlagen verlieren. Boden ist somit nicht nur ein ökonomisches Gut, sondern ein Machtinstrument, welches die Hierarchien und Dynamiken des Kapitalismus definiert und verstärkt.

In der feudal anmutenden Logik des Kapitalismus wird jedem Menschen die Illusion geboten, ein »Herrscher« über sein eigenes Leben und seine Ressourcen zu sein. Diese moderne Form der Feudalität basiert nicht mehr auf ererbtem Land oder Titeln, sondern auf der universellen Verfügbarkeit von Konsum und Kapital, die auf eine individualisierte Weise dargeboten wird. Der Kapitalismus verspricht nicht weniger als eine Neuinterpretation der herrschaftlichen Lebensform: ein »Miniatur-Feudalismus«, zugeschnitten auf die finanziellen und sozialen Möglichkeiten jedes Einzelnen. Dabei steht nicht nur das Vermögen im Zentrum – bestehend aus Einkommen, Besitz und Kapital –, sondern auch die Art und Weise, wie dieses Vermögen genutzt und dargestellt wird.

Diese kapitalistische Feudalität ist eine Meisterleistung des Systems, das es geschafft hat, Macht und Status nicht mehr ausschließlich an reale Ressourcen zu binden, sondern an Symbole und Konsumgüter, die diese Macht imitieren – eine Illusion von Universalität.[56] Während in der klassischen Feudalgesellschaft Machtstrukturen eindeutig und unüberwindbar waren – geprägt durch Landbesitz und Abstammung –, bietet der Kapitalismus scheinbar allen Marktteilnehmern die Möglichkeit, an einer modernen Form dieser Macht teilzuhaben. Die Herrschaft über Konsumentscheidungen, die Auswahl zwischen unzähligen Produkten und Dienstleistungen, wird zum Ausdruck der vermeintlichen Selbstbestimmung und Kontrolle. Doch diese Kontrolle ist eine Illusion: Statt echte Macht zu besitzen, werden Individuen durch Konsumgüter und Dienstleistungen zu bloßen Teilnehmern eines Spiels, dessen Regeln sie nicht bestimmen können. Der

Konsumismus fungiert hierbei als austarierter Mechanismus, der diese neue Feudalität universell zugänglich macht. Selbst wenn reales Kapital fehlt, bietet der Markt Ersatz in Form von Pseudo-Privilegien: Luxusgüter auf Kredit, Streaming-Dienste, die den Eindruck grenzenloser Auswahl vermitteln, oder die Inszenierung eines exklusiven Lebensstils auf Social-Media-Plattformen. Diese Substitute schaffen die Illusion, dass jeder Mensch in seiner Konsumsphäre eine Art Herrscher ist, ein Individuum mit Kontrolle und Bedeutung. Der Markt sorgt dafür, dass die hierarchischen Strukturen des Feudalismus auf einer mikrosozialen Ebene reproduziert werden, indem er »Herrschaft« als performatives Element verkauft, das über den tatsächlichen Besitz von Ressourcen hinausgeht.

Die universelle Feudalität des Kapitalismus stabilisiert das System in doppelter Hinsicht. Zum einen suggeriert sie allen Marktteilnehmern, dass sie Teil eines Statusspiels sind, das sie gewinnen können, wenn sie nur genügend konsumieren oder investieren. Zum anderen erzeugt sie eine Art kollektiven Traums von Kontrolle und Selbstverwirklichung, der die eigentlichen Machtstrukturen verschleiert. Wie ein »freudsches Damoklesschwert« hängt das Versprechen von Herrschaft und Aufstieg über jedem Konsumenten. Es erzeugt nicht nur Antrieb und Begeisterung, sondern auch Abhängigkeit und Anpassung: Die Menschen identifizieren sich mit dem System, das ihnen diese Illusion bietet, und hinterfragen es kaum, da sie sich selbst als Profiteure betrachten. Diese Neuinterpretation des Feudalismus verleiht dem Kapitalismus eine außergewöhnliche Stabilität, da sie Machtstrukturen in die Tiefe der Gesellschaft verlagert. Wo früher wenige Adelige über viele Leibeigene herrschten, gibt der Kapitalismus jedem die Illusion, selbst ein kleiner Fürst zu sein, der über sein Konsumreich regiert. Diese Fragmentierung von Macht schafft eine Pseudodemokratisierung, in der alle scheinbar gleichberechtigt am System teilnehmen können, während die tatsächlichen Ressourcen und die strukturelle Kontrolle in den Händen weniger konzentriert bleiben.

Der wahre Triumph des Kapitalismus liegt allerdings darin, dass er durch diese Feudalität eine Ordnung geschaffen hat, die zugleich inklusiv als auch exklusiv ist: inklusiv, weil sie alle einlädt, an der Konsumgesellschaft teilzunehmen, und exklusiv, weil die realen Macht- und Ressourcenverhältnisse durch die Illusion individueller Herrschaft unberührt bleiben. So wird die moderne Feudalität zum Dreh- und Angelpunkt der kapitalistischen Gesellschaft, indem sie den Anschein von Freiheit und Kontrolle erzeugt und gleichzeitig die Strukturen der Ungleichheit unangefochten lässt. Diese universelle (da letztendlich alle Gesellschaftsschichten umfassende) Feudalität, diese Neuinterpretation des Feudalismus stabilisiert den Kapitalismus als Ordnungssystem von Wirtschaft und Gesellschaft. Dadurch, dass jeder Marktteilnehmer vermeintlich in die Position eines Herrschers versetzt wird – oder zumindest als Versprechen wie ein freundliches Damoklesschwert über ihnen hängt – bekommt das Gesamtsystem etwas von den Machtstrukturen des Feudalismus auf der Mikroebene des Individuums ab.

Die Dynamik des postmodernen Kapitalismus offenbart einen bemerkenswerten Wandel, bei dem Kapital häufig die Rolle des Gutsbesitzes aus vorindustriellen Gesellschaften übernommen hat. Dieses Prinzip wurzelt in der Fähigkeit von Kapital, sich in nahezu jeder Dimension zu manifestieren und somit ein Herrschaftsinstrument zu bleiben, das auf den Mechanismen von Akkumulation und Kontrolle beruht. Der Kapitalismus der Postmoderne hat damit dafür gesorgt, dass Kapital sich als dominantes Prinzip etablieren konnte, das in seiner Struktur und Funktionsweise erstaunlich archaisch wirkt. Es erinnert an das Feudalsystem, in dem Landbesitz nicht nur wirtschaftliche Macht bedeutete, sondern auch soziale und politische Hierarchien festigte.

Ein zentraler Mechanismus, der diesen Vergleich untermauert, ist die Begrenztheit von »Gut und Boden«, einem Gut, welches seiner Natur nach nicht beliebig vermehrbar ist. Diese Knappheit führt dazu, dass Landbesitz mit steigender Nachfrage automatisch an Wert gewinnt, unabhängig davon, ob dieses Land tatsächlich produktiv genutzt wird. Land wird so zu einem sicheren Hafen für Kapital und stellt eine unerschütterliche Basis für individuelles Vermögen dar. Dieser Mechanismus, der bereits in den Anfangszeiten des Kapitalismus eine entscheidende Rolle spielte, hat nichts von seiner Wirkung eingebüßt. Im Gegenteil: In einer Welt, die durch Bevölkerungswachstum, fortschreitende Urbanisierung und die Digitalisierung der Wirtschaft geprägt ist, gewinnt der Besitz von physischem Land zusätzlich an strategischer Bedeutung. Gleichzeitig wird Kapital durch die Abkopplung von der physischen Welt in Form von Finanzinstrumenten, virtuellen Werten und digitalen Assets weiter gestärkt. Doch gerade in dieser Entkörperlichung zeigt sich die Ironie: Während Kapital in virtuelle Welten ausweicht und sich von materiellen Grenzen löst, bleibt der Besitz von Land – einer der ältesten Formen von Reichtum – eine unverzichtbare Konstante. Landbesitz wird zu einem stabilisierenden Faktor, der langfristige Wertsteigerung garantiert und damit die Basis für generationsübergreifenden Reichtum bildet. Dies erinnert frappierend an die feudalen Strukturen des Mittelalters, in denen Grund und Boden die Quelle aller Macht waren und die sozialen Schichten strikt voneinander trennten.

Die Parallelen zwischen dem postmodernen Kapitalismus und dem Feudalismus des Mittelalters sind nicht zu übersehen. Beide Systeme basieren auf der Kontrolle knapper Ressourcen: Im Feudalismus war es das Land, im Kapitalismus ist es Kapital – wobei Landbesitz immer noch eine zentrale Rolle spielt. In beiden Systemen bildet sich eine Klasse heraus, die über die Ressourcen herrscht und ihre Macht durch Exklusivität und Akkumulation sichert. Im Feudalismus waren es die Adligen, die durch Geburtsrecht und militärische Macht ihre Herrschaft festigten; im Kapitalismus sind es die Kapitalbesitzer, die durch Finanzkraft und technologische Kontrolle ihre Dominanz ausbauen. Beide Systeme neigen dazu, soziale Mobilität zu begrenzen und bestehende Machtstrukturen zu zementieren. Interessant ist auch, dass der postmoderne Kapitalismus, ähnlich wie der Feudalismus, über automatische Mechanismen der Selbststabilisierung verfügt. Während der Feudalismus auf einem Netz von Loyalitäten und Verpflichtungen basierte, die die Hierarchie aufrechterhielten, stützt sich der Kapitalismus auf die Illusion der individuellen Freiheit und des unbegrenzten Wachstums. Diese Illusion schafft ein System, das sich durch die Teilnahme aller stabilisiert, selbst wenn es nur wenigen zugutekommt. Die Digitalisierung und die Globalisierung verstärken diesen Effekt, indem sie Kapital noch flüchtiger und schwerer greifbar machen, während die wenigen festen Ressourcen wie Land an Bedeutung gewinnen.

Die Parallelen enden jedoch nicht bei der Struktur. Auch die gesellschaftlichen Folgen sind ähnlich: soziale Ungleichheit, eine starke Konzentration von Macht und Ressourcen sowie die Marginalisierung großer Teile der Bevölkerung. In beiden Systemen wird die Mehrheit der Menschen zu abhängigen Akteuren degradiert, die wenig Einfluss auf die Gestaltung der Gesellschaft haben. Doch während der Feudalismus als überholt gilt, zeigt der postmoderne Kapitalismus, wie erstaunlich anpassungsfähig und resilient diese Grundprinzipien von Macht und Kontrolle tatsächlich sind.

Die Lehren aus dieser Entwicklung sind unübersichtlich. Sie zeigen zum einen, wie stark unsere heutigen Strukturen in historischen Mustern verwurzelt sind und wie wenig sich die grundlegenden Mechanismen von Macht und Reichtum tatsächlich geändert haben. Sie verdeutlichen aber auch, dass echte soziale und wirtschaftliche Gerechtigkeit nur durch das Hinterfragen dieser tief verankerten Mechanismen möglich ist. Der Kapitalismus der Postmoderne trägt das Erbe des Feudalismus weiter – nicht in Form von Burgen und Vasallen, sondern in Datenzentren, virtuellen Assets und unerschwinglichem Wohnraum.

Dies alles hinterlässt tiefe Spuren in der kollektiven Psyche der kapitalistischen Gesellschaft. Es prägt nicht nur das individuelle Verhalten, sondern formt auch die grundlegenden Denkmuster und Werte, die das gesellschaftliche Gefüge zusammenhalten und antreiben. In dieser Logik des Kapitalismus wird die Psyche zu einem neufeudalistischen Schlachtfeld, auf dem Bedürfnisse, Wünsche und Statusängste gegeneinander antreten, während sich das Individuum in einem permanenten Zustand des Vergleichens und Strebens befindet. Die kapitalistische Psyche ist dadurch von einem ständigen Gefühl des Mangels durchdrungen, obwohl die materielle Welt mehr als je zuvor zu bieten scheint. Diese paradoxe Erfahrung entsteht, weil der Kapitalismus nicht auf Erfüllung ausgelegt ist, sondern auf das Versprechen einer Erfüllung, die immer einen Schritt weiter entfernt liegt.[57] Luxusgüter spielen in diesem Mechanismus eine zentrale Rolle. Sie symbolisieren nicht nur den Erfolg, sondern auch die Distanz zu einem Ideal, das niemals vollständig erreichbar ist. Die kollektive Psyche wird so in einen Zustand permanenter Unruhe und Unzufriedenheit versetzt. Zufriedenheit ist im Kapitalismus nicht das Ziel, sondern der Feind, denn ein zufriedener Konsument kauft nicht weiter, strebt nicht weiter, bleibt stehen.

Durch diese Dynamik wird der Mensch zu einem Wesen, das nicht nur durch äußeren Konsum, sondern durch einen inneren Mangel definiert ist. Der Luxus, der ursprünglich als Symbol für Fülle und Erhabenheit gedacht war, wird zur Quelle von Druck und sozialer Abgrenzung. Wer ihn besitzt, fürchtet, ihn zu verlieren oder von neuen Maßstäben überholt zu werden. Wer ihn nicht besitzt, kämpft darum, Teil dieser exklusiven Sphäre zu werden. Das Ergebnis ist eine kollektive Psychose der Überbietung, in der der Wert des Selbst untrennbar mit dem Besitz von Symbolen verknüpft wird. Diese kapitalistische Psychologie führt auch zu einer tiefen Entfremdung. Individuen sehen sich nicht mehr als Gestalter ihrer Identität, sondern als Teilnehmer eines Spiels, dessen Regeln von außen diktiert werden. Der Vergleich mit anderen, genährt durch die allgegenwärtigen Bilder von Luxus und Erfolg – sei es auf Social Media oder in der Werbung –, verstärkt ein Gefühl der Unzulänglichkeit. Die kollektive Psyche wird von einer Art religiösem Eifer angetrieben, bei dem Luxusgüter wie heilige Reliquien verehrt werden. Der Akt des Kaufens wird zum Ritual, das eine spirituelle Leere füllen soll, die der Kapitalismus selbst geschaffen hat.

Gleichzeitig ist diese kollektive Psyche extrem verletzlich. Das Streben nach Distinktion schafft nicht nur Hierarchien, sondern auch Ängste. Die Angst vor Statusverlust, die Angst, nicht genug zu besitzen, die Angst, nicht »mithalten« zu können, treibt die Menschen in einen Zustand dauerhafter Unsicherheit. Diese Ängste werden gezielt verstärkt, denn sie sind der Treibstoff des Kapitalismus. Sie sorgen dafür, dass die Spirale des Konsums niemals abbricht, dass die Suche nach dem nächsten »besseren« Produkt, dem nächsten Zeichen von Erfolg, unaufhörlich weitergeht.

Doch diese kollektive Psyche hat auch eine feudalistische Kehrseite: Sie lässt wenig Raum für echte Gemeinschaft und Solidarität. In einer Gesellschaft, die auf Distinktion basiert, wird das Gemeinsame zum Hindernis. Der Erfolg des einen wird zur Niederlage des anderen. Luxus, statt eine universelle Erfahrung von Schönheit und Erhabenheit zu bieten, wird zur Waffe, die Unterschiede zementiert und die Gräben zwischen den Klassen vertieft. Die kapitalistische Psyche ist daher sowohl ein Meisterwerk der Anpassung als auch eine Quelle großer Spannungen. Sie schafft eine Welt, die auf ständigem Wachstum und unaufhörlicher Bewegung basiert, und formt Individuen, die rastlos, unzufrieden und oft innerlich leer sind. In diesem Zustand wird das gesamte soziale Gefüge von einer paradoxen Energie angetrieben – einer Energie, die sich aus Mangel nährt und dennoch unermüdlich nach Fülle strebt. So bleibt die kollektive Psyche der kapitalistischen Gesellschaft ein unfertiges Projekt, ein nie endender Kreislauf von Versprechen und Enttäuschung, von Streben und Verlust. Und genau in dieser Dynamik liegt ihre größte Stärke und zugleich ihr zerstörerischster Fluch.

Beiden Ordnungssystemen – Feudalismus und Kapitalismus – ist gemein, dass die Kluft zwischen den Vermögen enorm ist und oft unüberbrückbar scheint. Im Feudalismus war diese Kluft explizit: Eine kleine Elite aus Adel und Klerus kontrollierte den Großteil des Bodens und der Ressourcen, während die überwältigende Mehrheit der Bevölkerung in Abhängigkeit und Armut lebte. Schätzungen zufolge besaßen im feudalen Europa des 13. Jahrhunderts etwa 5 % der Bevölkerung fast 90 % des Landes. Diese extreme Ungleichheit führte immer wieder zu sozialen Spannungen und Aufständen, wie etwa den Bauernkriegen in Deutschland im 16. Jahrhundert, und trug letztlich zur schrittweisen Überwindung des Feudalismus bei.[58]

Im Kapitalismus bleibt die Vermögenskonzentration ähnlich extrem, wird jedoch durch die universelle Feudalität des Systems geschickt verschleiert. Aktuelle Zahlen verdeutlichen die Dimension dieser Ungleichheit: Die reichsten 1 % der Weltbevölkerung besitzen fast 46 % des globalen Vermögens, während die ärmere Hälfte weniger als 1 % hält.[59] Diese Vermögenskluft zeigt, dass der Kapitalismus, ähnlich wie der Feudalismus, eine hierarchische Struktur aufrechterhält, die den Zugang zu Ressourcen und Einflussmöglichkeiten massiv ungleich verteilt.

Was den Kapitalismus jedoch von seinem feudalen Vorgänger unterscheidet, ist die Illusion der sozialen Durchlässigkeit und Transparenz. Während im Feudalismus der soziale Status nahezu vollständig vererbt wurde, suggeriert der Kapitalismus, dass Erfolg und Wohlstand durch Leistung und Unternehmergeist erreicht werden können. Dieses meritokratische Leistungsprinzip ist ein zentraler Pfeiler des kapitalistischen Narrativs. Es vermittelt das Bild, dass jeder – unabhängig von seiner Herkunft – durch harte Arbeit und Talent die Spitze erreichen kann. Dieses Prinzip hat jedoch klare Grenzen: Studien zeigen, dass der soziale Aufstieg in kapitalistischen Gesellschaften oft stark von Faktoren wie Bildung, Herkunft und sozialem Umfeld abhängt. So wird die Illusion von Chancengleichheit und Mobilität zwar aufrechterhalten, ist jedoch in vielen Fällen kaum realisierbar. Eng verknüpft mit dieser Illusion ist der Konsumismus, der in kapitalistischen Gesellschaften eine zentrale Rolle spielt. Der Zugang zu Konsumgütern ermöglicht es breiten Bevölkerungsschichten, ein Gefühl von Wohlstand und Individualität zu entwickeln, auch wenn dieser Wohlstand oft nur ein oberflächliches Substitut für echte ökonomische Sicherheit darstellt. Ein

Beispiel hierfür ist der massive Anstieg des Konsumkredits: In den USA erreichte die Gesamtschuld der privaten Haushalte 2022 eine Rekordhöhe von über 16 Billionen US-Dollar. Diese Verschuldung verdeutlicht, wie Konsum als Mittel zur Kompensation sozialer Ungleichheit instrumentalisiert wird, während die zugrunde liegende Vermögensungleichheit unangetastet bleibt. Ein weiterer Aspekt, der die Wahrnehmung des Kapitalismus als »gerechter« erscheinen lässt, ist der gestiegene Lebensstandard in den letzten 300 Jahren. Verglichen mit den oft prekären Lebensbedingungen im Feudalismus – etwa einer durchschnittlichen Lebenserwartung von nur 30–40 Jahren im Mittelalter – hat der Kapitalismus signifikante Fortschritte gebracht: Die globale Lebenserwartung liegt heute bei etwa 73 Jahren, und die Armutsquote ist laut Weltbank von 42 % im Jahr 1981 auf 9 % im Jahr 2021 gesunken. Diese Errungenschaften verschleiern jedoch die Tatsache, dass der relative Wohlstand der unteren Schichten häufig auf der Ausbeutung von Arbeitskraft und natürlichen Ressourcen basiert, während die Konzentration von Kapital an der Spitze unverändert bleibt.[60]

Die sozialkonstitutive Wahrnehmung von Wohlstand, die durch Konsum, technologischen Fortschritt und verbesserte Lebensbedingungen geprägt ist, hat dazu beigetragen, dass das kapitalistische System weitgehend akzeptiert wird. Der Kapitalismus wird als ein dynamisches, gerechtes und inklusives Ordnungssystem wahrgenommen, obwohl er in seiner Grundstruktur ebenso hierarchisch und ausgrenzend ist wie der Feudalismus. Die Illusion von sozialer Mobilität und die vermeintliche Möglichkeit, Wohlstand durch individuelle Leistung zu erreichen, tragen dazu bei, diese tief verwurzelte Ungleichheit zu legitimieren und zu stabilisieren. So wird das kapitalistische System nicht als Hindernis, sondern als Möglichkeit verstanden, auch wenn die Realität der Vermögensverteilung eine ganz andere Geschichte erzählt.

Die unbegrenzte Akkumulation von Immobilien, wie sie im Kapitalismus grundsätzlich für Güter angestrebt wird, ist in der Praxis eine Illusion. Dies wird besonders deutlich, wenn man sich auf die Vermögensstruktur des 21. Jahrhunderts konzentriert. Denn selbst in einer Zeit der scheinbar grenzenlosen Kapitalakkumulation bestehen hier gewisse physische und soziale Grenzen. Dies betrifft insbesondere die sogenannten »attraktiven« Immobilien – zum Beispiel Grundstücke in begehrter Lage, wie Seegutstücke oder exklusive Immobilien in städtischen Prestigevierteln. Diese Luxusbesitztümer sind nicht nur limitiert durch ihre physische Verfügbarkeit, sondern auch durch die Tatsache, dass ihre Attraktivität von sozialen und kulturellen Faktoren abhängt, die nicht beliebig vermehrt werden können.

Attraktive Immobilien verkörpern in der Postmoderne weit mehr als nur materiellen Reichtum. Diese Güter tragen einen inhärenten sozialen und utilitaristischen Wert: Sie bieten nicht nur Wohnraum oder Erholungsmöglichkeiten, sondern fungieren auch als Statussymbole, die den gesellschaftlichen Rang ihrer Besitzer sichtbar machen und festigen. Ein Grundstück mit Seeblick oder ein Stadthaus in zentraler Lage repräsentiert Exklusivität und Zugang zu knappen Ressourcen, die weit über den finanziellen Wert hinausgehen. Solcher Grundbesitz wird zum Träger von Macht und Einfluss, da er in einer kapitalistischen Gesellschaft, die auf Knappheit und Wettbewerb basiert, ein Zeichen des Sieges im ökonomischen und sozialen Wettstreit darstellt. Trotz der physischen Grenzen der Landakkumulation bleibt der feudalistische Anspruch des Kapitalismus auf Vermögen und Herrschaft durch Besitz bestehen. Grundbesitz, insbesondere in Form von Immobilien, hat sich zwar im Verlauf der Geschichte gewandelt – von landwirtschaftlichen Gütern im Feudalismus zu urbanen und suburbanen Luxusimmobilien der Gegenwart –, doch seine grundlegende Bedeutung als stabile Quelle von Vermögen ist unverändert. So bleibt der Besitz von Immobilien eine der langfristig stabilsten und sichersten Kapitalformen.[61] Er dient nicht nur als Wertaufbewahrungsmittel, sondern auch als Instrument der sozialen Differenzierung und des Machterhalts. Der moderne Kapitalismus hat den feudalistischen Gutsanspruch nicht überwunden, sondern ihn in eine neue, subtilere Form überführt, in der Gutsbesitz weiterhin als Privileg der reichsten Gesellschaftsschichten gilt.

Diese Schichten nutzen den Besitz von Gutsstücken gezielt, um ihren Herrschaftsanspruch zu legitimieren und zur Schau zu stellen. Ob durch exklusive Residenzen, Ferienhäuser oder luxuriöse Appartements in begehrten Städten – Gutsbesitz bleibt eine zentrale Achse des sozialen und wirtschaftlichen Kapitals. Seine begrenzte Verfügbarkeit erhöht seinen Wert und verstärkt die symbolische Macht, die er ausstrahlt. Dabei bleibt die Akkumulation auf eine kleine Elite beschränkt, was den feudalistisch geprägten Charakter des modernen Kapitalismus unterstreicht.

Interessant ist in diesem Kontext, dass der Kapitalismus zwar eine Theorie der grenzenlosen Akkumulation propagiert, in der Praxis jedoch auf strukturelle Grenzen stößt, die seine Ideologie ad absurdum führen. Attraktiver Grundbesitz zeigt, wie Knappheit und Exklusivität nicht nur wirtschaftliche, sondern auch soziale Mechanismen verstärken. Anstatt die Gesellschaft zu öffnen und Wohlstand zu verbreiten, zementiert der Kapitalismus durch die Fokussierung auf knappe Ressourcen wie Grundbesitz bestehende Hierarchien. Diese Dynamik verdeutlicht, dass die Logik des Kapitalismus, selbst in seiner fortschrittlichsten und globalisierten Form, tief in feudalistischen Strukturen verwurzelt bleibt. Die symbolische und ökonomische Macht des Grundbesitzes bleibt damit eine tragende Säule des modernen Kapitalismus, dessen Versprechen von Gleichheit und Fortschritt in der Realität immer wieder an den unüberwindbaren Grenzen der physischen Welt und der sozialen Ungleichheit scheitert. Pikettys Analyse zeigt eindrucksvoll, wie der Besitz von Land und Immobilien nach wie vor die Grundlage für die langfristige Akkumulation von Vermögen bildet und zugleich als sichtbares Symbol von Macht und Privileg dient. In einer Gesellschaft, die von der Idee der unbegrenzten Akkumulation lebt, enthüllt gerade der begrenzte Grundbesitz die fundamentalen Paradoxien und Grenzen des Kapitalismus.

Kapitalvermögen hat in der modernen kapitalistischen Gesellschaft eine zentrale Rolle übernommen, die weit über seine ursprüngliche Funktion als Mittel zur Wertschöpfung hinausgeht. Es ist zum Fundament einer neuen Form von Herrschaft geworden, die zwar subtiler erscheint, aber in ihrer Struktur bemerkenswerte Parallelen zum Feudalismus aufweist. Im Feudalismus war der Gutsbesitz das zentrale Herrschaftsinstrument: Ein begrenztes physisches Gut – Land – wurde an Vasallen verliehen, die in einem Abhängigkeitsverhältnis standen und dem Lehnsherrn Dienste leisteten. Der Kapitalismus hat dieses Prinzip radikal transformiert und abstrahiert. Statt der physischen Herrschaft über Land tritt nun die Herrschaft über Kapital in all seinen Formen – von Geld und Vermögenswerten bis hin zu abstrakten Finanzprodukten. Kapital ist der universelle Rohstoff der Macht in einer Wirtschaft, die immer weniger auf physische Ressourcen angewiesen ist.

Ein entscheidender Unterschied liegt jedoch in der Natur des Herrschaftsinstruments. Während Grund und Boden endlich sind – sie können nicht vermehrt werden –, ist Kapital potenziell unendlich. Es kann durch Zinsen, Spekulation und Investitionen akkumuliert werden, ohne dass es einer physischen Entsprechung bedarf. Diese Fähigkeit des Kapitals zur Selbstvermehrung, unabhängig von realen Gütern oder Dienstleistungen, macht es zu einem Herrschaftsinstrument, das nicht mehr an die Grenzen der physischen Welt gebunden ist. Kapital wird so zur universellen Substanz, die in alle Arbeits- und Güterformen transformiert werden kann. Es ist potenziell alle Güter zugleich – ein abstrakter Wert, der jede materielle Basis überwinden kann.

Dieses System schafft eine neue Abhängigkeitsstruktur, die zwar weniger offensichtlich, aber nicht weniger durchdringend ist. Im Feudalismus war die Abhängigkeit direkt und konkret: Der Vasall war an das Land des Lehnsherrn gebunden, von dem sein Überleben abhing. Im Kapitalismus ist die Abhängigkeit subtiler, aber ebenso wirksam. Arbeiter und Unternehmer sind an das Kapital gebunden, das die Produktionsmittel kontrolliert, die Finanzmärkte steuert und den Zugang zu Ressourcen und Chancen reguliert. Die Besitzverhältnisse sind dabei ähnlich konzentriert wie im Feudalismus: Eine kleine Elite kontrolliert den Großteil des Kapitals, während der Großteil der Bevölkerung in Abhängigkeit von Löhnen und Schulden gehalten wird. Kapital als Basis der Herrschaft ist nicht nur ein technisches, sondern ein zutiefst ideologisches Prinzip. Es trägt die Grundidee des Kapitalismus in sich: die unbegrenzte Akkumulation von Wert und Macht. Diese Akkumulation ist nicht an natürliche oder moralische Grenzen gebunden, sondern folgt einer Logik des Wachstums um jeden Preis. Wo der Feudalismus noch durch Traditionen, soziale Pflichten und religiöse Normen eingeschränkt war, ist der Kapitalismus radikaler und universeller: Die Logik des Kapitals erfasst alle Bereiche des Lebens, von der Arbeit über den Konsum bis hin zur Freizeit und den sozialen Beziehungen. In dieser universellen Ausdehnung zeigt sich die wahre Macht des Kapitals: Es ist nicht nur ein Mittel zur Herrschaft, sondern ein Instrument zur Formung der gesamten gesellschaftlichen Realität. Kapital hat Gutsbesitz nicht nur substituiert, sondern dessen Grenzen aufgehoben. Es hat die Welt in eine Landschaft von Märkten verwandelt, in der alles – von materiellen Gütern bis zu immateriellen Ideen – zur Ware werden kann. In dieser Transformation zeigt sich das »Urprinzip« des Kapitalismus, das auf der Abstraktion von Wert und der unbegrenzten

Vermehrung basiert. Kapital wird so zur neuen Form der Lehnsherrschaft, die nicht mehr an Land, sondern an die universelle Verfügbarkeit von Ressourcen gebunden ist.[62]

Die Frage, ob diese Form der Herrschaft nachhaltig ist, bleibt offen. Wie der Feudalismus, der schließlich an seinen inneren Widersprüchen und der zunehmenden Macht der städtischen Bourgeoisie scheiterte, könnte auch der Kapitalismus an der unendlichen Ausdehnung seiner eigenen Logik zerbrechen. Denn während Grund und Boden endlich sind, ist auch die menschliche Fähigkeit, in einem System der totalen Abhängigkeit und Konkurrenz zu existieren, nicht unbegrenzt. Das Kapital mag keine physischen Grenzen kennen, doch es könnte an die sozialen und ökologischen Grenzen der Welt stoßen.

Kapitel Neun
Über die innere Ordnung von Konsum

»Der Konsumgesellschaft gelingt es durch eine endlose Abfolge von Versprechen und Verheißungen das Begehren stets aufrechtzuerhalten, während das versprochene Glück niemals wirklich eingelöst wird. Der Konsum wird so zu einer Art perpetuum mobile, das die Leere des Versprechens in endlosen Kreisläufen reproduziert.«

Jean Baudrillard (1970): [124]

»In allen Bereichen haben wir zunehmend das Ding ohne sein Wesen. Wir haben Bier ohne Alkohol, Fleisch ohne Fett, Kaffee ohne Koffein – und sogar virtuellen Sex ohne Sex.«

Slavoj Žižek (2001): [55/56]

Das Herzstück des Konsumismus ist zweifellos die Konsumhierarchie, eine faszinierende und gleichzeitig beunruhigende Konstruktion, die das soziale Gefüge der modernen Gesellschaft neu definiert. Diese Hierarchie ist keineswegs eine natürliche Gegebenheit, sondern eine künstlich geschaffene Ordnung, die aus den wirtschaftlichen und kulturellen Mechanismen des Kapitalismus hervorgegangen ist. Sie stellt eine Weiterentwicklung jener hierarchischen Strukturen dar, die in vormodernen Gesellschaften auf Besitz, Vermögen und Einkommen basierten und die Gesellschaft über lange Zeiträume hinweg stabilisierten. Doch während die traditionellen sozialen Hierarchien relativ starr waren, zeigt sich die Konsumhierarchie als dynamisches, sich ständig wandelndes System, das den Puls der modernen Gesellschaft widerspiegelt.

In der Ära des Konsumismus verlaufen die gesellschaftlichen Grenzen nicht mehr primär entlang von Vermögensklassen, sondern entlang der Konsumgewohnheiten.[63] Es ist nicht mehr allein das Einkommen, das den sozialen Status definiert, sondern die Art und Weise, wie es ausgegeben wird. Die Wahl der Güter, die Marken, die man bevorzugt, und der Lebensstil, den man zur Schau stellt, sind zu den entscheidenden Kriterien geworden, die über Zugehörigkeit und Abgrenzung entscheiden. Konsumgewohnheiten sind heute soziale Marker, die Zugehörigkeit zu einer Klasse signalisieren – eine Art nonverbale Sprache, die durch Produkte und Dienstleistungen gesprochen wird. Dies spiegelt sich beispielsweise in der Wahl zwischen einem günstigen Massenprodukt und einer exklusiven Luxusmarke wider, die nicht nur den Zweck erfüllt, sondern auch eine Botschaft über den Konsumenten vermittelt.

Doch die Konsumhierarchie ist nicht nur ein Spiegel gesellschaftlicher Ordnung, sondern hat sich selbst zu einem eigenständigen System entwickelt, das die Logik des Konsums organisiert und antreibt. Innerhalb des Konsums hat sich eine innere Hierarchie herausgebildet, die die Güter und Dienstleistungen in Klassen einteilt. Diese Einteilung folgt nicht zwingend objektiven Kriterien wie Qualität oder Funktionalität, sondern orientiert sich vielmehr an einer symbolischen Werteskala, die das Streben nach sozialem Aufstieg über den Konsum kanalisiert. Ein Beispiel dafür sind Produkte, die bewusst in verschiedene Preisklassen unterteilt werden, obwohl sie in ihrer Funktion oder Qualität kaum Unterschiede aufweisen. So wird der Konsument motiviert, sich innerhalb dieser Hierarchie »hochzuarbeiten«, vom Basisprodukt zum Premium- und schließlich zum Luxusgut. Diese Struktur der Konsumhierarchie umfasst nicht nur materielle Güter, sondern auch Dienstleistungen und hybride Strukturen, bei denen sich Konsum und Nutzung vermischen.[64] Die Konsumhierarchie treibt nicht nur den individuellen Konsum an, sondern zementiert auch die gesellschaftlichen Strukturen, indem sie eine neue Form sozialer Mobilität simuliert. Während traditionelle Hierarchien auf fixierten Vermögensverhältnissen basierten, suggeriert die Konsumhierarchie, dass sozialer Aufstieg durch die richtigen Konsumentscheidungen möglich ist. Dies ist jedoch eine Illusion, denn der Zugang zu den höheren Stufen der Konsumhierarchie bleibt oft denjenigen vorbehalten, die über die nötigen finanziellen Mittel verfügen. Eine jede Konzentration von Kapital in den oberen Schichten führt stets dazu, dass die Verteilung von Ressourcen und Chancen immer ungleicher wird.[65] Die Konsumhierarchie verstärkt diese Ungleichheit, indem sie die Illusion einer offenen, dynamischen Gesellschaft aufrechterhält, während sie gleichzeitig die bestehenden Machtverhältnisse stabilisiert und zu einer Konvergenz des Konsumverhaltens auf globalen Level führt.

Konsumketten sind dabei das zentrale Nervensystem moderner Gesellschaften und formen eine Ordnung, die weit über den simplen Austausch von Waren hinausgeht. Sie transformieren den objektiv nutzenorientierten Konsum vergangener Zeiten in ein System, das sich um Status, Identität und soziale Zugehörigkeit dreht. Der Konsum hat eine eigene innere Logik entwickelt, eine Struktur, die auf Hierarchie, Verknappung und Inszenierung basiert. In dieser Ordnung wird nicht mehr primär das Bedürfnis nach Nützlichkeit adressiert, sondern das Streben nach Anerkennung und Zugehörigkeit. Produkte und Dienstleistungen stehen dabei nicht mehr isoliert, sondern sind in Konsumketten eingebettet, die von der Produktion über den Kauf bis zur Präsentation und Rezeption reichen – eine dynamische Kaskade von Bedeutung, Symbolik und sozialer Interaktion. Diese Konsumketten sind sorgfältig organisiert und hochgradig strukturiert.[66] Sie beginnen mit der gezielten Erzeugung von Bedürfnissen durch Marketing und Werbung, die bestimmte Produkte als Symbole für Erfolg, Individualität oder gesellschaftliche Zugehörigkeit inszenieren. Die Produktion dieser Güter erfolgt oft unter der Prämisse von Knappheit, Exklusivität und Markenbildung, wodurch sie ihren Statuscharakter erhalten. Der eigentliche Konsumakt – der Kauf – ist dabei nur ein Teil der Kette. Er wird durch die Inszenierung des Konsums verlängert: Das Präsentieren eines neuen Smartphones, das Teilen eines luxuriösen Urlaubs oder das »Unboxing« von Produkten in sozialen Netzwerken sind allesamt Teil des modernen Konsumerlebnisses. In dieser Struktur werden Produkte zu sozialen Knotenpunkten, die Menschen miteinander verbinden, aber auch trennen. Konsum ist damit nicht nur eine individuelle, sondern auch eine soziale Handlung. Er ist ein Mapping, das soziale Ordnung sichtbar macht und reproduziert. Durch Konsum wird die Zugehörigkeit zu bestimmten sozialen Gruppen ausgedrückt, während gleichzeitig andere ausgeschlossen werden. Die Wahl eines Produkts ist dabei weniger eine Frage des persönlichen Geschmacks, sondern eine bewusste Entscheidung, sich in einer bestimmten sozialen Schicht zu positionieren. Luxusgüter stehen an der Spitze dieser Konsumkaskade und markieren die höchsten Stufen sozialer Hierarchien. Sie strahlen nach unten aus und schaffen so eine Dynamik, in der niedrigere Schichten versuchen, diese Güter zu imitieren oder ihre eigene Version von Status zu finden. Diese Kaskade ist eine endlose Spirale, in der Konsum nicht nur Wünsche befriedigt, sondern auch ständig neue erzeugt.

Doch diese Dynamik hat ihren Preis: Konsum vergiftet menschliche Beziehungen. Was früher durch direkte soziale Interaktion entstand – Vertrauen, Respekt, Verbundenheit –, wird heute oft durch materielle Symbole ersetzt. Geschenke, Statussymbole und Luxusgüter stehen stellvertretend für emotionale Bindungen, ersetzen sie jedoch nicht. In einer Welt, in der die soziale Entsprechung durch den Konsum von Gütern ausgedrückt wird, werden Beziehungen oft oberflächlich und transaktional. Freundschaften und Partnerschaften können sich in einen Wettbewerb verwandeln, bei dem es darum geht, wer die exklusiveren Erlebnisse oder die luxuriöseren Besitztümer vorweisen kann. Die Wurzel dieses Problems liegt im Konzept des Kapitals selbst, das die Konsumketten antreibt und gleichzeitig eine hochhierarchische Gesellschaftsstruktur evoziert. Kapital ist nicht neutral; es ist ein Werkzeug, das Macht und Status ungleich verteilt. Der Kapitalismus, der dieses Konzept zur Grundlage seines Systems gemacht hat, bringt eine Dynamik hervor, in der sich Wohlstand und Macht in den Händen weniger konzentrieren, während der Rest der Gesellschaft in einem ständigen Kampf um Teilhabe gefangen ist. Diese Hierarchien werden durch den Konsum sichtbar gemacht und verstärkt. In einer kapitalistischen Logik ist die Position in der sozialen Hierarchie untrennbar mit dem Zugang zu Kapital und den daraus resultierenden Konsummöglichkeiten verbunden.

Die neue Dynamik des Kapitalismus macht Konsum zu einem Prozess, der niemals endet. Die Kaskade der Konsumketten sorgt dafür, dass der Wunsch nach mehr, nach Neuem, nach Besserem nie zur Ruhe kommt. Konsum wird zur treibenden Kraft, die nicht nur die Wirtschaft, sondern auch die sozialen Beziehungen und die kulturellen Werte einer Gesellschaft prägt. In dieser Dynamik liegt eine fundamentale Transformation des Menschen: vom Nutzer hin zum Symbolträger, vom Individuum hin zum Akteur in einem Spiel, dessen Regeln vom Kapital und dessen Verwertung diktiert werden. Konsum ist nicht mehr nur eine Handlung; er ist ein System, das uns formt und gleichzeitig in ein Netz aus Hierarchie, Status und Bedeutung einbindet.

Bereits seit den frühesten Stadien der menschlichen Sesshaftwerdung war die Verteilung von Vermögen ungleich, geprägt durch den Besitz von Land, Ressourcen und später Produktionsmitteln. Dieses Ungleichgewicht hat sich nicht nur erhalten, sondern durch das Prinzip der Akkumulation weiter verstärkt. Kapitalvermögen wächst tendenziell schneller als Einkommensvermögen, was zu einer langfristigen Konzentration von Reichtum bei wenigen und einer fortwährenden Abhängigkeit der Mehrheit führt. Doch der Kapitalismus hat eine erstaunliche Fähigkeit entwickelt, diese strukturelle Ungleichheit nicht nur zu erhalten, sondern sie durch den Konsumismus als scheinbar positives gesellschaftliches Prinzip zu tarnen.[67] Die Verteilung von Kapital und die daraus resultierenden Konsummöglichkeiten definieren heute nicht nur den sozialen Status, sondern auch die grundlegende Struktur der Gesellschaft.

Kapital bildet das hierarchische Rückgrat des Konsumismus und bestimmt, wie und in welchem Umfang Individuen am wirtschaftlichen und sozialen Leben teilhaben können. Dabei hat der Konsumismus eine bemerkenswerte Doppelrolle: Er ist sowohl Mittel zur Differenzierung als auch Instrument der Integration. In einer Welt, die auf Konsum ausgerichtet ist, wird jede Vermögensklasse durch maßgeschneiderte Konsumwelten eingebunden. Die Oberschicht demonstriert ihre Exklusivität durch Luxusgüter und Statussymbole, die Mittelklasse orientiert sich an ihrem Ideal von Komfort und Sicherheit, und selbst die finanziell schwächeren Schichten finden ihren Platz in einer Konsumwelt, die auf ihre Bedürfnisse und Einschränkungen abgestimmt ist – sei es durch erschwingliche Massenware oder durch Kredite, die kurzfristig Zugang zu höheren Konsumstandards ermöglichen. Diese auf den ersten Blick integrative Logik verschleiert jedoch das zugrunde liegende Ungleichgewicht und zementiert die Hierarchien, indem sie jede Klasse in ihre eigene Konsumblase einsperrt.

Der Konsumismus funktioniert daher nicht nur als wirtschaftliches, sondern auch als psychologisches System. Er vermittelt das Gefühl von Teilhabe und Zugehörigkeit, während er gleichzeitig die Unterschiede im Konsumpotenzial deutlich macht. Konsum ist ein vereinheitlichendes Element, das die Illusion einer demokratischen Gleichheit schafft. Schließlich konsumieren alle – ob reich oder arm – und dieser Akt wird zur universellen Praxis der Moderne. Doch diese Gleichheit ist lediglich formal, keine tatsächliche. Der

Unterschied liegt im Potenzial: Während die einen Zugang zu unermesslichem Reichtum und exzessivem Konsum haben, müssen sich andere mit einer minimalen Teilhabe begnügen, die oft auf Verschuldung basiert. Dennoch wird dieser Akt des Konsums als transformativ erlebt. Der Kauf eines neuen Smartphones oder eines Markenartikels vermittelt auch denen, die am unteren Ende der Hierarchie stehen, einen kurzen Moment des Aufstiegs und der Selbstverwirklichung. Konsum wird dadurch nicht nur zum Ausdruck von Identität, sondern auch zum Mechanismus, der die Akzeptanz sozialer Ungleichheiten fördert. Das vielleicht radikalste Merkmal des Konsumismus ist seine Fähigkeit, den Menschen zu verändern. Er wartet die Gesellschaft auf, macht sie scheinbar einheitlicher, während er die individuellen Unterschiede im Konsumverhalten verstärkt. Konsum ist ein Spiegel, der die Wünsche und Sehnsüchte der Menschen reflektiert, während er sie subtil lenkt und formt. Der Kapitalismus hat gelernt, diese Dynamik zu nutzen: Indem er den Konsum zum zentralen Lebensinhalt erklärt, verschiebt er die Wahrnehmung von Gerechtigkeit. Nicht der Besitz von Kapital wird als Maßstab für Erfolg betrachtet, sondern die Fähigkeit, am Konsum teilzunehmen. Diese Verschiebung maskiert die tatsächlichen Machtverhältnisse und sorgt dafür, dass das bestehende Ungleichgewicht nicht nur hingenommen, sondern sogar als natürliche Ordnung empfunden wird.

Am Ende ist der Konsumismus nicht nur ein Instrument der ökonomischen Ordnung, sondern auch ein mächtiges kulturelles Werkzeug, das die soziale Hierarchie aufrechterhält. Er hat die Fähigkeit, die Ungleichheit zu normalisieren und die Menschen in einem Kreislauf von Wunsch, Kauf und kurzfristiger Befriedigung gefangen zu halten. In einer solchen Gesellschaft ist Konsum nicht mehr bloß ein Mittel zum Zweck, sondern ein Lebensstil, eine Ideologie und ein Mechanismus, der das Fundament des Kapitalismus stützt, indem er die Illusion von Gleichheit und Teilhabe nährt, während die strukturelle Ungleichheit weiter wächst. Die Rolle von Konsumgütern, insbesondere von Pseudo-, Massen- und echten Luxusgütern, ist in der modernen Gesellschaft weit mehr als nur eine Frage des materiellen Besitzes – sie spiegelt eine tiefgreifende Veränderung der sozialen und ökonomischen Strukturen wider. Der Besitz von langlebigen Gütern und Wertgegenständen, die oft als Symbole von Status und Erfolg dienen, macht heute einen bedeutenden Teil des Vermögens der meisten Menschen aus. Besonders echte Luxusgüter haben eine erstaunliche Eigenschaft: Sie sind unter bestimmten Bedingungen nicht nur wertstabil, sondern können auch als Investitionen dienen. Klassiker wie hochwertige Uhren, seltene Autos oder limitierte Kunstwerke erleben oft sogar eine Wertsteigerung. Doch diese Stabilität gilt nicht für den gesamten Konsumbereich, sondern bleibt auf eine kleine, exklusive Nische beschränkt, die durch begrenzte Verfügbarkeit und hohe Nachfrage definiert wird.

Konsum selbst ist zu einem Mechanismus geworden, der das Individuum aufwertet, zumindest in der Wahrnehmung seiner selbst und anderer. Der Kauf und Besitz von bestimmten Gütern signalisiert nicht nur ökonomischen Erfolg, sondern auch Geschmack, kulturelle Zugehörigkeit und Lebensstil. Konsumgüter dienen als eine Art persönliches Aushängeschild, durch das Menschen ihre Identität konstruieren und kommunizieren können. Der Konsum hochwertiger oder trendiger Produkte wird so zur sozialen Visitenkarte, die Zugehörigkeit und Status markiert. Dies verändert zwangsläufig das soziale Gefüge: Während Konsum früher hauptsächlich der Deckung grundlegender Bedürfnisse diente, ist er heute eine Art sozialer Währung, die Positionen innerhalb von Gruppen und Gesellschaften definiert und verhandelt.

Positiv betrachtet hat Konsum auch transformative Effekte auf die Gesellschaft. Die Konsumkultur hat dazu beigetragen, Innovation und Fortschritt voranzutreiben. Der Wettbewerb um die Gunst der Konsumenten führt zur Entwicklung besserer Produkte, die nicht nur ästhetisch ansprechender, sondern auch funktionaler und nachhaltiger gestaltet sind. Darüber hinaus ermöglicht der Zugang zu einer breiten Palette von Konsumgütern auch eine Demokratisierung von Komfort und Lebensqualität. Dinge, die einst als Luxus galten, wie etwa elektronische Geräte, schnelle Verkehrsmittel oder modische Kleidung, sind heute für große Teile der Bevölkerung erschwinglich geworden und haben deren Lebensstandard erheblich verbessert. Konsum kann auch unerwartete positive Effekte in der Konfliktlösung haben: Gemeinsame Konsumerfahrungen, wie Festivals, Konzerte oder sogar der Besuch von Einkaufszentren, fördern soziale Interaktion und schaffen Räume der Begegnung. Durch die universelle Ausrichtung auf Konsum wird eine relativ uniforme gesellschaftliche Struktur geschaffen, die auf gemeinsamen Konsumvorstellungen basiert. Obwohl die konkreten Konsumpräferenzen variieren, besteht ein breiter Konsens darüber, dass Konsum ein zentraler Bestandteil des modernen Lebens ist. Diese Uniformität erlaubt es, Konsum als verbindendes Element zu nutzen, das trotz individueller Unterschiede eine gemeinsame Basis schafft. [68]

Konsum ist heute mehr als ein ökonomisches Phänomen – er ist eine zentrale Dimension des Lebensstils und der sozialen Interaktion geworden. Er prägt nicht nur die Art und Weise, wie Menschen sich selbst und andere wahrnehmen, sondern strukturiert auch die Gesellschaft auf fundamentaler Ebene neu. Diese Entwicklung birgt sowohl Risiken als auch Chancen, die es kritisch zu reflektieren gilt.

Auch das unterscheidet den Konsumismus fundamental von früheren Formen des Konsums: Einst galt der Konsum ausschließlich als Notwendigkeit, eine Aufgabe, die den Anforderungen des Überlebens diente und als rein funktionale Aktivität delegiert wurde. In der vormodernen Gesellschaft war der Konsum ein Teil der Hauswirtschaft, eingebettet in die alltäglichen Abläufe des Haushalts, ohne größere Bedeutung für die individuelle Identität oder die soziale Stellung. Er war das Mittel zum Zweck, und seine Ausführung – vom Einkaufen bis zur Zubereitung von Nahrung – wurde oft gar nicht als eigenständige Aktivität wahrgenommen, sondern als eine Arbeit im Dienste der Familie oder Gemeinschaft. Es ging um Versorgung, nicht um Selbstverwirklichung, um Notwendigkeit, nicht um Genuss oder Distinktion.[69]

Heute zeigt sich, wie radikal sich diese Rolle verändert hat: Der Kapitalismus hat den Konsum nicht nur in die Mitte des wirtschaftlichen Handelns gerückt, sondern ihn zu einem zentralen Element des menschlichen Denkens und Lebens gemacht. Konsum ist nicht mehr nur eine Aktivität unter vielen, sondern ein bestimmender Faktor für Identität, Wert und Selbstwirksamkeit. Menschen definieren sich zunehmend über das, was sie konsumieren, und der Akt des Konsums wird zu einem Ritual, das nicht nur Bedürfnisse befriedigt, sondern auch soziale Zugehörigkeit und individuelle Erfüllung verspricht. Die Konsumentscheidung ist dabei längst nicht mehr eine bloße Handlung, sondern ein Ausdruck von Persönlichkeit, Geschmack und Status. Untersuchungen zeigen, dass ein erheblicher Teil der kognitiven und emotionalen Energie moderner Individuen in Konsumentscheidungen fließt – ob es um die Wahl der Kleidung, der Technik oder sogar der Ernährung geht. Konsum hat das Leben erobert und strukturiert es in einer Weise, die früher Religionen oder kulturellen Traditionen vorbehalten war.

In diesem Zusammenhang nimmt der Kapitalismus eine fast religiöse Rolle ein, wie in Kapitel Drei bereits ausgeführt wurde: Er hat die Funktionen von Religion in der Postmoderne assimiliert. Der Begriff des Konsumtempels ist ein treffendes Sinnbild dafür. Einkaufszentren, die sogenannten »Malls«, sind nicht nur Orte des Handels, sondern auch soziale und kulturelle Räume, die das moderne Leben spiegeln. Sie fungieren als Zentren der Gesellschaft, um die sich Leben und Aktivitäten ausrichten und strukturieren. Eine Mall ist weit mehr als ein Ort des Konsums – sie ist ein Mikrokosmos menschlicher Aktivitäten: Hier treffen sich Familien, Jugendliche und Einzelne; hier wird gearbeitet, flaniert, gefeiert und konsumiert. Der Konsumtempel bietet eine Bühne, auf der die moderne Gesellschaft ihre Rituale zelebriert und auf der die Sehnsüchte nach Zugehörigkeit, Anerkennung und Selbstverwirklichung in greifbare Produkte und Dienstleistungen übersetzt werden. Die Virtualisierung des Konsums im digitalen Raum hat diese Dynamik noch verstärkt. Konsum ist heute entgrenzt und nahezu ubiquitär geworden, mit Plattformen, die 24 Stunden am Tag und an jedem Ort verfügbar sind. Die digitale Sphäre hat die Trennung zwischen Konsum und anderen Lebensbereichen weitgehend aufgehoben. Von sozialen Medien, die Produkte und Lebensstile bewerben, bis hin zu Algorithmen, die personalisierte Kaufempfehlungen geben – der digitale Konsum ist nicht mehr nur ein Teil unseres Lebens, sondern eine unsichtbare Struktur, die unsere Entscheidungen, Wünsche und sogar Werte prägt. Diese Virtualisierung hat den Konsum zu einem bindenden Element über alle Gesellschaftsschichten hinweg gemacht: Ob reich oder arm, digital versiert oder technikfern, jeder ist Teil dieses Systems, das sich nicht mehr auf physische Räume beschränkt, sondern in die intimen Bereiche des menschlichen Denkens und Handelns vorgedrungen ist. Die Entwicklung der Mall als sozialer Ort und die digitale Konsumwelt zeigen zusammen die tiefgreifende Transformation, die der Kapitalismus bewirkt hat. Er ist nicht mehr nur eine ökonomische Ordnung, sondern eine Kultur, ein Glaubenssystem, ein Lebensstil. Konsum hat eine Bedeutung erlangt, die über das Materielle hinausgeht, und ist zu einem zentralen Prinzip geworden, das unser Selbstverständnis und unsere soziale Ordnung prägt. Es ist die Religion der Gegenwart, deren Tempel und Rituale ubiquitär geworden sind.

Digitaler Konsum hat sich in den heutigen Wirtschaftskreislauf so tief eingebettet, dass er nicht mehr nur ein Element des Handels ist, sondern zu einem zentralen Treiber von Wertschöpfung und Wachstum geworden ist. Mit einem globalen E-Commerce-Volumen von über 5,7 Billionen USD im Jahr 2022, das laut Prognosen bis 2025 auf über 8 Billionen USD steigen könnte, ist der digitale Konsum nicht nur ein wachsendes Segment, sondern ein wirtschaftlicher Grundpfeiler. Diese beeindruckenden Zahlen spiegeln nicht nur die wirtschaftliche Bedeutung wider, sondern zeigen auch die zunehmende Verschmelzung von Konsum mit dem alltäglichen Leben. In der digitalen Sphäre ist Konsum kein diskreter Akt mehr, sondern ein ständiger, subtiler Prozess. Der Konsument wird nicht länger nur in Einkaufszentren und Geschäften angesprochen, sondern rund um die Uhr, auf jedem Bildschirm, bei jedem Klick, in jedem sozialen Netzwerk.

Durch die Digitalisierung hat sich der Hyperkonsumismus, das übersteigerte und nahezu zwanghafte Streben nach Konsum, nicht nur weiterentwickelt, sondern eine neue Dimension erreicht. Die Hemmschwellen des Konsums wurden durch digitale Plattformen radikal gesenkt. Algorithmen verstehen unsere Wünsche manchmal besser als wir selbst, personalisierte Werbung begleitet uns überall, und durch One-Click-Buying oder Abonnementmodelle wird Konsum fast zu einem Reflex. Gleichzeitig haben sich durch den digitalen Zugang zu globalen Märkten die Strukturen des Konsums grundlegend verändert. Die geografischen Barrieren, die früher den Zugang zu Produkten und Märkten begrenzten, sind nahezu verschwunden. Was in einem Teil der Welt hergestellt wird, kann innerhalb von Tagen oder Stunden auf der anderen Seite des Globus konsumiert werden.

Dieser globale Effekt hat auch die Konsumbereiche selbst verändert. Märkte haben sich verflacht und verbreitert, indem sie ihre Reichweite erhöht haben, aber gleichzeitig an Tiefe verloren. Einzelmärkte konvergieren zunehmend, und globale Preis- und Produktionsgefälle werden durch die digitale Transparenz für jeden Konsumenten sichtbar. Dies hat dazu geführt, dass sowohl Verbrauchsgüter als auch Luxusprodukte für eine breitere Masse zugänglich geworden sind. Doch diese Demokratisierung des Zugangs geschieht oft auf Kosten der Qualität oder des sozialen Nutzens. Viele Produkte, die früher als exklusiv galten, sind durch Effizienzsteigerungen und Massenproduktion zu erschwinglichen Konsumgütern geworden –

mit der Kehrseite, dass die sozialen und ökologischen Kosten oft unsichtbar bleiben.

Ein besonders bemerkenswerter Effekt des digitalen Konsums ist seine Fähigkeit, das wahrgenommene Wohlstandsniveau spürbar anzuheben. Der Anteil langlebiger Güter und Wertgegenstände, die durch digitale Plattformen leichter verfügbar sind, spielt hierbei eine zentrale Rolle. Die digitale Verfügbarkeit von Gütern und Dienstleistungen suggeriert nicht nur einen höheren Wohlstand, sondern erhöht auch die Wahrnehmung von Gleichheit und Teilhabe, selbst in Gesellschaften mit großer materieller Ungleichheit.[70] Diese paradoxe Wirkung des digitalen Konsums zeigt, wie er soziale Spannungen mildern und gleichzeitig verschärfen kann: Während viele Menschen Zugang zu Produkten haben, die früher unerschwinglich waren, verdeutlichen dieselben digitalen Plattformen die Grenzen und Unzulänglichkeiten dieses Systems, indem sie die Unterschiede zwischen sozialen Schichten gnadenlos offenlegen. Ein besonders faszinierender Aspekt dieses Phänomens ist, wie der Konsumismus als Puffer zwischen der ökonomischen Realität des Kapitalismus und den ideologischen Werten der Moderne fungiert. Der Kapitalismus hat durch den Wandel des Konsums in Qualität und Quantität nicht die absolute Ungleichheit reduziert, wie Piketty betont, aber ihre subjektive Wirkung verändert. Konsum bietet den Menschen die Illusion von Wahlfreiheit und Gleichheit innerhalb eines Systems, das in seiner Essenz von Kapitalkonzentration geprägt ist. Diese Illusion erfüllt eine zentrale Rolle in der demokratischen Moderne: Sie vermittelt den Glauben, dass Ungleichheit auf Verdiensten basiert und nicht auf strukturellen Barrieren.

Konsum wird damit zu einer intersozialen, wertstiftenden Tätigkeit, die weit über die reine Bedürfnisbefriedigung hinausgeht. Er ist eine Art Schutzschild für die Versprechen der Moderne – die Idee, dass individuelle Arbeit zählt, dass Fortschritt möglich ist und dass Gesellschaften durchlässig sein können. In einer Welt, in der reale soziale und ökonomische Mobilität oft begrenzt ist, bietet der Konsumismus zumindest die Möglichkeit, symbolisch an diesem Fortschritt teilzuhaben. Produktdifferenzierungen in Preisklassen und Qualitätsstufen schaffen eine scheinbare Gleichheit: Jeder kann konsumieren, jeder kann an den Märkten teilnehmen, wenn er die richtigen Produkte wählt. Diese Demokratisierung des Konsums ist jedoch oberflächlich, da sie die strukturellen Probleme des Systems nicht löst, sondern lediglich verschleiert. Dennoch bleibt der Konsumismus ein mächtiges Werkzeug, das die soziale Ordnung stabilisiert, während er gleichzeitig Versprechungen von Teilhabe und Fortschritt suggeriert – heute effizienter und umfassender denn je.

Kapitel Zehn
Der Fluch der Verfeinerung

»O sancta simplicitas!
In welcher seltsamen Vereinfachung und Fälschung lebt der Mensch!
Man kann sich nicht zu Ende wundern, wenn man sich erst einmal die Augen
für dies Wunder eingesetzt hat! Wie haben wir alles um uns hell und frei
und leicht und einfach gemacht! Wie wußten wir unsern Sinnen einen Freipaß
für alles Oberflächliche, unserm Denken eine göttliche Begierde nach
mutwilligen Sprüngen und Fehlschlüssen zu geben! – wie haben wir es von
Anfang an verstanden, uns unsre Unwissenheit zu erhalten, um eine
kaum begreifliche Freiheit, Unbedenklichkeit, Unvorsichtigkeit,
Herzhaftigkeit, Heiterkeit des Lebens, um das Leben zu genießen!
Und erst auf diesem nunmehr festen und granitnen Grunde von Unwissenheit
durfte sich bisher die Wissenschaft erheben, der Wille zum Wissen auf dem
Grunde eines viel gewaltigeren Willens, des Willens zum Nicht-Wissen, zum
Ungewissen, zum Unwahren! Nicht als sein Gegensatz, sondern –
als seine Verfeinerung! Mag nämlich auch die Sprache, hier wie anderwärts,
nicht über ihre Plumpheit hinauskönnen und fortfahren, von Gegensätzen
zu reden, wo es nur Grade und mancherlei Feinheit der Stufen gibt; mag
ebenfalls die eingefleischte Tartüfferie der Moral, welche jetzt zu unserm
unüberwindlichen ›Fleisch und Blut‹ gehört, uns Wissenden selbst die
Worte im Munde umdrehen: hier und da begreifen wir es und lachen darüber,
wie gerade noch die beste Wissenschaft uns am besten in dieser vereinfachten,
durch und durch künstlichen, zurechtgedichteten, zurechtgefälschten Welt
festhalten will, wie sie unfreiwillig-willig den Irrtum liebt, weil sie,
die Lebendige – das Leben liebt!«

Friedrich Nietzsche (1954): [589]

Unsere gesamte Ökonomie ist im Kern eine gigantische Maschine der permanenten Verfeinerung, ein sich selbst antreibendes System, das darauf ausgelegt ist, Dinge besser, effizienter, schöner oder exklusiver zu machen. Es ist eine zivilisatorische Konstante, ein unausweichliches Nebenprodukt des Menschseins, das im Begriff »zivilisieren« selbst verankert ist. Zivilisieren bedeutet nichts anderes, als die Welt in eine Ordnung zu bringen, sie zu gestalten und dabei immer wieder auf das Bestehende aufzubauen, um neue, oft komplexere Formen zu schaffen. Die Geschichte der Menschheit ist letztlich die Geschichte dieser Verfeinerung – von der groben Steinbearbeitung in der Altsteinzeit über die präzise Uhrmacherkunst der Renaissance bis hin zu den algorithmischen Optimierungen unserer digitalen Gegenwart.

Die Ökonomie ist dabei nicht nur Beobachter, sondern der treibende Motor dieser Entwicklungen. Sie setzt Anreize, bündelt Ressourcen und belohnt Innovationen, die Fortschritt bringen – oder zumindest Fortschritt suggerieren. Der Prozess der Verfeinerung ist jedoch kein linearer, kein reibungsloser Weg von einer primitiven Ursprünglichkeit hin zu einem idealisierten Endzustand. Vielmehr ist er geprägt von Rückschlägen, Sackgassen und Fehlentwicklungen. Jede neue Errungenschaft baut auf einem Vorzustand auf, doch oft müssen alte Wege verlassen und tradierte Annahmen hinterfragt werden, um überhaupt neue Stufen der Veredelung zu erreichen.

Dieser Prozess zeigt sich am eindrücklichsten in der Herstellung von Gütern. Was ursprünglich allein funktional war, wird mit der Zeit nicht nur effizienter, sondern auch ästhetisch anspruchsvoller und technisch komplexer gestaltet. Ein einfaches Werkzeug aus der Steinzeit wurde zunächst aus Metall gefertigt, später mit ergonomischen Griffen versehen und heute durch digitale Präzision ersetzt. Dabei werden nicht nur die Produkte selbst, sondern auch die Prozesse ihrer Gewinnung und Herstellung ständig optimiert und weiterentwickelt.[71] Rohstoffe werden nicht einfach mehr »gesammelt«, sondern durch hoch spezialisierte Technologien aus der Erde geholt, veredelt und in immer kleinere Einheiten zerlegt, die wiederum für hochdifferenzierte Anwendungen genutzt werden können. In diesem Sinne ist die Verfeinerung nicht nur ein Ziel, sondern auch eine Methode, die sich durch die gesamte wirtschaftliche Praxis zieht. Sowohl Verfeinerung als auch Veredelung sind nie abgeschlossen, beides ist kein linearer Vorgang, sondern wird immer wieder von Rückschritten oder Fehlentwicklungen gekennzeichnet. Dennoch baut Zivilisation stets auf Vorzuständen auf, ist eine erkenntnistheoretische, technische und fähigkeitsbasierte Fortentwicklung zu höher strukturierten und definierten Stadien hin.

Innovation ist der Begriff, den die moderne Ökonomie für diesen Prozess geprägt hat.[72] Doch Innovation ist mehr als nur technischer Fortschritt oder die Einführung neuer Produkte auf dem Markt. Sie ist eine kulturelle Praxis, ein Ausdruck der menschlichen Fähigkeit, sich immer wieder neu zu erfinden und die Grenzen des Machbaren zu verschieben. Ökonomisch betrachtet wird Innovation oft gleichgesetzt mit Erfolg – mit der Fähigkeit, einen Markt zu erschließen, Bedürfnisse zu befriedigen, die die Konsumenten vielleicht noch gar nicht kannten, und dabei Gewinne zu erzielen. Doch auf einer übergeordneten Ebene ist Innovation ein Spiegel der zivilisatorischen Verfeinerung selbst: das Streben nach dem Neuen, das das Alte nicht abstößt, sondern integriert und transformiert.

Dieser Drang zur Verfeinerung ist jedoch nicht frei von Ambivalenzen. Während er einerseits Fortschritt und Wohlstand ermöglicht, kann er auch zu einer Überkomplexität führen, die uns überfordert und entfremdet. Produkte, die immer weiter verfeinert werden, verlieren oft ihren ursprünglichen Zweck und werden zu Statussymbolen, zu Manifestationen von Überfluss und Exklusivität. Der Preis der Verfeinerung ist häufig eine immer größere Kluft zwischen denjenigen, die diese Produkte konsumieren können, und denen, die ausgeschlossen bleiben – oder sie produzieren müssen. Und doch bleibt der Prozess der Verfeinerung ein fester Bestandteil unserer Zivilisation, ein Antrieb, der unaufhaltsam wirkt, selbst wenn er uns manchmal in Sackgassen führt.

Am Ende ist die Verfeinerung ein Kreislauf, kein Ziel. Sie treibt die Menschheit voran, zwingt uns, das Bestehende immer wieder neu zu hinterfragen und zu verbessern, und verleiht unserer Ökonomie eine Dynamik, die sie zu einem der kraftvollsten Systeme macht, das die Welt je gesehen hat. Doch dieser Kreislauf fordert auch Achtsamkeit: die Fähigkeit, zu erkennen, wann Verfeinerung tatsächlich Fortschritt ist – und wann sie nur eine weitere Schleife im endlosen Streben nach dem »immer Besseren« darstellt.

Innovation ist in letzter Konsequenz eine Begleiterscheinung von Zivilisation. Sie ist der untrennbare Ausdruck des menschlichen Strebens nach Verbesserung, Anpassung und Fortschritt. Jede bekannte Zivilisation der Menschheitsgeschichte hat Innovation nicht nur hervorgebracht, sondern sie als integralen Bestandteil ihrer Existenz betrachtet.[73] Dabei ist Innovation kein Selbstzweck, sondern entsteht aus dem Zusammenspiel von Notwendigkeit, Neugier und Wettbewerb. Das Fundament jeder Innovation ist die Organisation des Lebens – und hier liegt der Schlüssel: Ökonomie, in ihrer einfachsten Form, ist die Grundlage jeder Zivilisation. Sie ist die Struktur, die Ressourcen, Arbeit und Bedürfnisse miteinander verbindet und einen Rahmen schafft, in dem Innovation gedeihen kann. Ohne ökonomische Strukturen, die Arbeitsteilung und Ressourcennutzung ermöglichen, wäre Innovation ein Flickwerk individueller Bemühungen ohne größere Wirkung.

Diese Verbindung von Zivilisation, Ökonomie und Innovation ist jedoch keine rein menschliche Errungenschaft. Selbst höher entwickelte Tierarten zeigen Ansätze von »ökonomischem Verhalten«, das die Organisation ihrer Gemeinschaften und die Nutzung von Ressourcen betrifft. Ameisenkolonien etwa arbeiten mit beeindruckender Effizienz: Sie teilen Arbeit klar auf, organisieren den Transport von Nahrung und bauen komplexe Strukturen wie Ameisenhügel, die die Funktion eines zentralen »Wirtschaftszentrums« übernehmen. Diese kollektiven Anstrengungen maximieren den Nutzen begrenzter Ressourcen und stellen sicher, dass die Kolonie überlebt – ein Prinzip, das auch in menschlichen Gesellschaften zu den Grundlagen wirtschaftlicher Organisation gehört. Ein weiteres Beispiel bietet der Lebensraum der Honigbiene: In einem Bienenstock wird Arbeit präzise verteilt, von der Suche nach Nahrung bis zur Verteidigung der Kolonie. Die Bienen zeigen eine Form von »Ressourcenmanagement«, indem sie den Nektar sammeln, verarbeiten und lagern, um das Überleben der Gemeinschaft zu sichern. Diese Verhaltensmuster, so rudimentär sie erscheinen mögen, sind die Vorboten einer ökonomischen Logik, die in menschlichen Gesellschaften zu hochgradig differenzierten Systemen geführt hat.

In menschlichen Zivilisationen zeigt sich diese Verbindung noch deutlicher. Jede Gesellschaft, von den frühen Stadtstaaten Mesopotamiens bis zu den Hochkulturen der Maya, hat wirtschaftliche Strukturen entwickelt, die die Grundlage für ihren Fortschritt bildeten. Das Konzept der Innovation ist dabei untrennbar mit der Fähigkeit verknüpft, Ressourcen effizient zu nutzen, Arbeit zu organisieren und komplexe Herausforderungen zu lösen. Die Erfindung der Landwirtschaft, eine der ersten großen Innovationen der Menschheitsgeschichte, war nicht nur ein technologischer Fortschritt, sondern auch eine ökonomische Revolution. Sie schuf Überschüsse, die den Aufbau von Städten und den Beginn von Handel ermöglichten. Dieser Überschuss machte es möglich, dass einige Menschen sich von der unmittelbaren Nahrungsmittelproduktion lösen konnten und neue Aufgaben übernahmen – von der Kunst bis zur Wissenschaft.

Mit der Weiterentwicklung der Zivilisation wuchs auch die Innovationsfähigkeit, da komplexere ökonomische Strukturen geschaffen wurden. Die Erfindung des Rades, des Buchdrucks oder der Dampfmaschine ist nicht nur das Ergebnis technischer Kreativität, sondern immer auch ein Produkt der zugrunde liegenden ökonomischen Systeme, die diese Erfindungen förderten und nutzten. Der Kapitalismus, wie wir ihn heute kennen, ist vielleicht die reinste Verkörperung dieser Dynamik: ein System, das Innovation fördert, weil sie Wettbewerbsvorteile schafft, Effizienz steigert und Wachstum ermöglicht. Aber diese Verbindung ist ambivalent, denn während Innovation oft mit Fortschritt gleichgesetzt wird, stellt sich die Frage, ob jede Innovation tatsächlich zum Wohle der Zivilisation beiträgt. In einem System, das auf unbegrenztes Wachstum abzielt, können Innovationen auch destruktive Nebenwirkungen haben, von Umweltzerstörung bis zur sozialen Ungleichheit.

Die Symbiose zwischen Zivilisation, Ökonomie und Innovation ist jedoch nicht statisch. Sie entwickelt sich ständig weiter und reflektiert die Bedürfnisse und Herausforderungen ihrer Zeit. In der heutigen Welt hat sich die Geschwindigkeit der Innovation durch die Digitalisierung exponentiell gesteigert. Der technische Fortschritt ermöglicht es, globale Probleme wie Klimawandel oder Ressourcenknappheit anzugehen, bringt aber gleichzeitig neue ethische und soziale Fragen mit sich. Die Rolle der Innovation als Begleiterscheinung der Zivilisation bleibt dabei unverändert: Sie ist ein Spiegel der Gesellschaft, ein Ausdruck ihrer Fähigkeiten, aber auch ihrer Schwächen. Innovation zeigt, wie Zivilisationen wachsen und sich anpassen, wie sie mit Ressourcen umgehen und welche Werte sie priorisieren. Doch sie wirft auch die Frage auf, ob wir ihre Richtung bewusst steuern können – oder ob sie, wie ein unkontrollierbares Feuer, sowohl Schöpfer als auch Zerstörer ist. In diesem Spannungsfeld entfaltet sich die Geschichte der Menschheit, stets angetrieben von der Kraft der Innovation und der ökonomischen Organisation, die sie erst möglich macht.

Das Aufkommen und die intersoziale Bedeutung von Luxus und Luxusgütern markiert die Spitze einer kulturellen und ökonomischen Entwicklung, die tief mit dem Fortschritt von Zivilisation und Innovation verwoben ist. Luxus ist nicht einfach ein Überfluss an Ressourcen, sondern ein kulturelles

Phänomen, das die menschliche Fähigkeit zur Verfeinerung, Differenzierung und Sinnstiftung widerspiegelt. Er ist Ausdruck und zugleich Motor einer Gesellschaft, die stets nach mehr strebt – nicht nur nach mehr Besitz, sondern auch nach mehr Bedeutung und Tiefe. Diese Doppelrolle macht Luxus sowohl zu einer ökonomischen Notwendigkeit als auch zu einer zivilisatorischen Kraft.

Auf der ökonomischen Ebene fungiert Luxus als »Überlaufventil« für Akkumulationsprozesse. In kapitalistischen Systemen, die auf ständiges Wachstum und die Konzentration von Kapital ausgerichtet sind, bietet Luxus eine Möglichkeit, Überschüsse in Güter und Dienstleistungen umzuwandeln, die über das Notwendige hinausgehen. Luxusgüter schaffen Märkte, fördern Innovationen und treiben die Spezialisierung in Produktion und Design voran. Die Nachfrage nach luxuriösen Objekten zwingt die Wirtschaft, neue Technologien zu entwickeln und immer höhere Standards zu setzen – ein Mechanismus, der die Dynamik des Kapitalismus verstärkt. Aber dieser ökonomische Aspekt ist nur ein Teil des Bildes. Die wahre Faszination des Luxus liegt in seiner zivilisatorischen Funktion, die weit über den materiellen Wert hinausgeht.

Luxus erfüllt eine zivilisatorische Notwendigkeit, indem er soziale Verfeinerung und kulturelle Ausdrucksformen ermöglicht.[74] In einer Welt, die zunehmend von Standardisierung und Gleichförmigkeit geprägt ist, bietet Luxus Raum für Differenzierung und Individualität. Er ist der Träger von Ästhetik und Innovation, ein Medium, durch das Gesellschaften ihre höchsten kulturellen und künstlerischen Ansprüche artikulieren können. Luxusobjekte wie kunstvoll gestaltete Schmuckstücke, maßgeschneiderte Mode oder architektonische Meisterwerke sind nicht nur Waren, sondern Symbole für das Streben nach Vollkommenheit und Erhabenheit. Sie verkörpern das, was eine Gesellschaft als »das Beste« definiert, und tragen so zur kulturellen Identität bei.

Mit der fortschreitenden Verfeinerung von Technologien, Materialien und Designs treibt Luxus völlig neue Blüten. Die Postmoderne hat den Luxus entmystifiziert und ihn in alle Lebensbereiche integriert – vom exklusiven Zugang zu Dienstleistungen bis hin zu personalisierten, digitalen Erlebnissen. Luxus ist nicht mehr nur das Besondere der Elite; er wird demokratisiert, ohne dabei seine Aura zu verlieren. Dennoch bleibt seine Bedeutung tief verwurzelt in seiner Fähigkeit, als Alternative zu Exzess und Ekstase zu fungieren. In früheren Gesellschaften war Exzess oft eng mit rituellen oder sozialen Funktionen verknüpft: Große Feste, extravagante Opfergaben oder rauschhafte Feiern boten der Gemeinschaft eine Möglichkeit, Überfluss zu inszenieren und soziale Bindungen zu stärken. Mit dem Fortschreiten der Zivilisation und der zunehmenden Rationalisierung des Lebens sind viele dieser exzessiven Praktiken jedoch verschwunden. An ihre Stelle tritt der Luxus, der in einer subtileren, aber nicht weniger wirkungsvollen Weise diese Funktion übernimmt.

Luxus in der Moderne ist keine bloße Demonstration von Reichtum oder Macht mehr, sondern eine ausgeklügelte Form, Verfeinerung und Veredelung sozial auszuleben. Er ist die Bühne, auf der gesellschaftliche Prozesse der Differenzierung und Hierarchisierung ästhetisch inszeniert werden, ohne die brutale Direktheit früherer Herrschaftszeichen. Einzigartige Luxusobjekte, die früher als direkte Symbole von Macht dienten, wie prunkvolle Kronen oder monumentale Paläste, haben heute ihre politische Herrschaftsfunktion verloren. An ihre Stelle treten subtilere, oft individualisierte Formen des Luxus, die eine persönliche Verbindung zur Idee von Perfektion und Exklusivität schaffen. Diese Entwicklung spiegelt eine Verschiebung wider: Luxus ist weniger ein Zeichen von Herrschaft, sondern mehr eine Sprache, durch die die Gesellschaft ihre feinsten Nuancen und Wertvorstellungen ausdrückt.

Die Beziehung zwischen Luxus, Exzess und Ekstase bleibt jedoch bedeutsam. Wo früher Exzess und Ekstase in gemeinschaftlichen oder spirituellen Kontexten als Ventile für soziale Spannungen dienten, ermöglicht Luxus heute eine individualisierte Form von Transzendenz.[75] Der Kauf eines exklusiven Objekts oder das Erleben eines luxuriösen Moments bietet eine Art von kontrollierter Ekstase – eine Möglichkeit, dem Alltäglichen zu entfliehen und sich selbst in einem erhabenen Kontext zu erleben. Gleichzeitig fördert diese Erfahrung die Verfeinerung, indem sie den Fokus auf Details, Qualität und Einzigartigkeit legt. Luxus wird so zu einer Art sozialen und ästhetischen Kompasses, der die Gesellschaft in ihrer Entwicklung leitet und inspiriert.

In einer Zeit, in der Exzess und Ekstase in ihrer traditionellen Form immer weniger Raum finden, bleibt Luxus eine zentrale Ausdrucksform für menschliche Sehnsüchte und kulturelle Höchstleistungen. Er ist das Prisma, durch das Zivilisation und Fortschritt sichtbar werden, und seine Fähigkeit, sich an die Bedürfnisse und Träume der Menschen anzupassen, sichert ihm eine unvergleichliche Beständigkeit und Relevanz. Luxus ist damit nicht nur das Ornament der Zivilisation, sondern einer ihrer Motoren.

Was genau ist nun mit Verfeinerung und Veredelung gemeint? Diese beiden Begriffe mögen ähnlich klingen, doch sie greifen verschiedene Dimensionen einer tiefgehenden Transformation und Optimierung von Dingen, Ideen und Prozessen auf. Verfeinerung umfasst einen breiteren, umfassenderen Ansatz und lässt sich sowohl auf materielle Produkte als auch auf immaterielle Konstrukte wie kulturelle Praktiken, soziale Rituale oder Ideen anwenden. Sie beschreibt eine stufenweise Annäherung an eine idealisierte Form, ein Streben nach Perfektion durch kontinuierliche Verbesserung. Veredelung hingegen trägt eine handwerkliche, technologische Konnotation in sich und verweist stärker auf die physische Veränderung von Materialien, die durch gezielte Bearbeitung oder innovative Technologien aufgewertet werden. Hier ist die Handwerkskunst der zentrale Akteur, der das Material in etwas Wertvolleres, Schöneres und Einzigartigeres verwandelt.

Ein Beispiel für Verfeinerung in der materiellen Welt ist die Entwicklung von Luxusprodukten wie Uhren. Die Geschichte der Uhrmacherkunst zeigt, wie Verfeinerung als inkrementaler Prozess wirkt. Vom einfachen mechanischen Uhrwerk bis hin zu den hochpräzisen, mit Komplikationen ausgestatteten Zeitmessern der modernen Uhrmacherei war es ein langer Weg. Jedes Detail – ob die Ganggenauigkeit, die Materialwahl oder das Design – wurde über Jahrhunderte hinweg verfeinert. Verfeinerung ist hier ein kontinuierlicher, schrittweiser Prozess, der in kleinen, oft unscheinbaren, aber dennoch entscheidenden Schritten das Endprodukt zu einem Ausdruck von technischer Perfektion und kultureller Bedeutung macht.

Veredelung hingegen wird besonders greifbar in der Welt der Materialien. Das Beispiel der Diamanten zeigt dies eindrucksvoll: Ein unscheinbarer Rohdiamant wird durch das Schleifen, Polieren und Formen zu einem begehrten Juwel. Dieser Prozess der Veredelung erfordert nicht nur technische Präzision, sondern auch ein tiefes Verständnis für die Natur des Materials. Die Veredelung hebt das physische Objekt in einen Bereich, in dem es mehr als ein bloßer Gegenstand ist – es wird zum Symbol von Exklusivität, Status und Schönheit.

Doch Verfeinerung geht über das Materielle hinaus. Sie hat auch eine intersoziale Dimension, die oft unterschätzt wird. In sozialen und kulturellen Kontexten bedeutet Verfeinerung die Entwicklung komplexer und subtiler Interaktionen, Rituale und Traditionen. Der Begriff des »zivilisierten Lebens« ist eng mit dieser Idee der Verfeinerung verbunden. Gesellschaften integrieren und entwickeln Formen des Zusammenlebens, die immer stärker ritualisiert und ausdifferenziert werden. Ein Beispiel hierfür ist die Etikette in höfischen Gesellschaften des 18. und 19. Jahrhunderts. Diese entwickelte sich aus pragmatischen Kommunikationsregeln zu einem hochkomplexen System von Gesten, Sprache und Verhalten, das soziale Hierarchien sichtbar machte und festigte. Die Verfeinerung sozialer Interaktionen diente nicht nur der Funktion, sondern wurde selbst zu einem Zeichen von Kultur und Zivilisation.

Verfeinerung und Veredelung treffen sich dort, wo materielle und immaterielle Prozesse zusammenwirken, um etwas *Weiterschreitendes* zu schaffen. Sie sind die unsichtbaren Architekten der Zivilisation, die sowohl Produkte als auch Ideologien und soziale Strukturen in ein höheres Stadium der Wahrnehmung heben. Doch diese Prozesse haben eine umfangreiche Schattenseite: Die fortwährende Verfeinerung und Veredelung kann zur Überkomplexität führen, zur Erschöpfung von Ressourcen und zur Abkopplung von den ursprünglichen Bedürfnissen, die sie eigentlich erfüllen sollten. In der heutigen Welt, in der sowohl materielle als auch immaterielle Verfeinerung allgegenwärtig ist, stellt sich die Frage, ob wir durch die ständige Suche nach Perfektion die Einfachheit und Authentizität verlieren, die am Anfang jedes kreativen Prozesses stehen. Verfeinerung und Veredelung sind damit nicht nur technische oder kulturelle Prozesse, sondern Spiegelbilder des menschlichen Strebens – nach Vollkommenheit, aber auch nach Bedeutung in einer zunehmend komplexen Welt.

Die Selbstvervielfältigung von Luxusgütern ist ein Phänomen der Postmoderne, das nicht nur die Dynamik von Innovation und Verfeinerung widerspiegelt, sondern inzwischen auch eine weitgreifende kulturelle und ökonomische Bedeutung hat. Luxusgüter, die der zivilisatorischen Verfeinerung unterworfen sind, durchlaufen oft Prozesse der Differenzierung und Spezialisierung, die eine Vielzahl von verwandten Produkten hervorbringen. Diese neuen Varianten setzen entweder die Verfeinerung des Originals fort oder zeigen einen bewussten Regress, eine Rückkehr zu früheren Formen oder Konzepten, die mit nostalgischem Charme oder einem Fokus auf Authentizität überzeugen. Beide Entwicklungen – Verfeinerung und Regress – stellen eine Expansion der symbolischen und ökonomischen Reichweite von Luxusgütern dar und prägen die Art und Weise, wie sie konsumiert und wahrgenommen werden.

Produkte wie Armbanduhren illustrieren dieses Prinzip eindrucksvoll. In der Verfeinerung entstehen hochkomplexe Modelle, die mit technologischen Innovationen wie Smart-Funktionen oder extrem widerstandsfähigen Materialien aufwarten. Gleichzeitig gibt es jedoch einen parallelen Trend hin zum Regress, etwa durch die Wiederauflage klassischer Modelle aus den 1950er oder 1960er Jahren, die bewusst auf moderne Elemente verzichten und stattdessen nostalgische Einfachheit und historische Authentizität betonen. Diese »vintage-inspired« Designs werden häufig als Symbol für Beständigkeit und kulturelle Wurzeln positioniert, was sie besonders für Konsumenten attraktiv macht, die sich in einer zunehmend technologisierten Welt nach einer greifbaren Verbindung zur Vergangenheit sehnen. Ökonomisch betrachtet ist dieser Regress besonders interessant, da die Herstellungskosten oft sinken – entweder durch reduzierte technologische Anforderungen oder durch den Einsatz bewährter Produktionsmethoden – während die Preise für solche Produkte oft stabil bleiben oder sogar steigen, weil sie von ihrer exklusiven Positionierung im Luxussegment profitieren. Ein weiteres Beispiel sind Automobile. Während Luxusmarken wie Tesla und Mercedes-Benz mit innovativen Elektroantrieben und fortschrittlichen Fahrerassistenzsystemen die Verfeinerung technologischer Exzellenz vorantreiben, erleben wir gleichzeitig eine Renaissance klassischer Modelle wie dem VW-Bulli oder dem Porsche 911 in historischen Editionen. Diese Neuauflagen sind oft technologische »Regresse«, die weniger auf Innovation als auf emotionalen Mehrwert setzen. Der Fokus auf das Handwerkliche, das »Echte«, verschafft diesen Produkten eine spezifische Nische innerhalb des Luxuskonsums, die durch ihren scheinbaren Rückgriff auf das Authentische neue Käufergruppen anspricht und bestehende Bindungen verstärkt.

Diese Prozesse der Verfeinerung und des Regresses bringen nicht nur neue Produkte hervor, sondern strukturieren auch die Hierarchie der Luxusgüter neu. Eine Produkthierarchie entsteht, die sowohl den äußeren soziokulturellen Kontext als auch eine innere Ordnung innerhalb des Luxussegments widerspiegelt. Die äußere Wirkung zeigt sich darin, dass die Differenzierung von Luxusgütern verschiedene gesellschaftliche Gruppen anspricht und neue Möglichkeiten der Distinktion schafft. Die innere Konsumhierarchie hingegen zeigt sich in der Abstufung zwischen den Varianten eines Produkts: ein Basis-Luxusgut, eine verfeinerte Version mit technologischen Innovationen und eine »regressive« Variante, die auf Authentizität setzt. Diese Abstufungen ermöglichen es Marken, ihre Produkte einer breiteren Zielgruppe zugänglich zu machen, ohne die Exklusivität zu verlieren, die Luxus auszeichnet. Gleichzeitig verstärkt diese Hierarchie die symbolische Bedeutung von Luxus, da sie nicht nur den Besitz eines Produkts, sondern auch dessen Platz in der Hierarchie zum Ausdruck bringt. Luxus wird so zu einem dynamischen Feld, in dem Verfeinerung, Regress und Hierarchisierung ineinandergreifen. Diese Prozesse erzeugen nicht nur wirtschaftlichen Wert, sondern auch kulturelle Bedeutung und soziale Ordnung. In einer Welt, in der Konsum zunehmend individualisiert und symbolisch aufgeladen ist, wird diese Selbstvervielfältigung von Luxusgütern zum zentralen Treiber eines Systems, das nicht nur materielle Bedürfnisse befriedigt, sondern auch Identität, Zugehörigkeit und Differenzierung definiert.

Die Verfeinerung, einst Ausdruck von Handwerkskunst und kultureller Exzellenz, hat in der modernen Konsumgesellschaft eine ambivalente Rolle eingenommen. Auf der einen Seite bleibt sie an der Spitze der Konsumpyramide der Inbegriff von Innovation und ästhetischer Perfektion. Auf der anderen Seite wird sie in einer ökonomischen Logik verwässert, die darauf abzielt, ihre Eigenschaften für den Massenmarkt zu adaptieren.[76] Genau hierin liegt das Kernproblem der Verfeinerung: Die notwendige Ausdifferenzierung »nach unten« führt unweigerlich zu einer Verflachung, die echte Handwerkskunst und Qualität opfert, um Masse und Skalierbarkeit zu ermöglichen. Die ursprüngliche Verfeinerung bleibt der Spitze vorbehalten – der kleinen Elite, die bereit ist, exorbitante Preise für höchste Qualität, Seltenheit und Exklusivität zu zahlen. Das, was von dieser Verfeinerung ausstrahlt, ist nichts weiter als eine verwässerte Adaption, die massenhaft produziert und kosteneffizient vermarktet wird, um den breiten Markt zu bedienen.

Die Spitze der Konsumpyramide ist der Ort, an dem echte Verfeinerung entsteht. Dort arbeiten Spitzenhandwerker, Designer und Ingenieure daran, Produkte zu schaffen, die als Meisterwerke gelten. Diese Produkte zeichnen sich durch Präzision, erstklassige Materialien und unübertroffene Qualität aus. Doch diese Verfeinerung bleibt nicht isoliert: Sie strahlt nach unten aus und inspiriert den Massenmarkt, der versucht, diese Exzellenz zu kopieren. Dabei entstehen Produkte, die nur oberflächlich den Eindruck von Luxus und Qualität vermitteln. Eine edel anmutende Oberfläche, ein ansprechendes Design, das bewusst an die Ästhetik der Oberklasse erinnert – doch dahinter steht eine Produktion, die auf Kompromissen basiert. Diese Kompromisse betreffen sowohl die verwendeten Materialien als auch die Verarbeitungsstandards. Die Handwerkskunst, die für echte Verfeinerung unerlässlich ist, wird durch industrielle Fertigung ersetzt, die auf Kostenoptimierung und Effizienz ausgerichtet ist. Was bleibt, ist eine Illusion von Luxus, die sich jedoch in der alltäglichen Nutzung schnell entlarvt.

Ökonomisch ist diese Ausdifferenzierung ein entscheidender Treiber des Wachstums. Die Massenproduktion adaptierter Luxusmerkmale schafft neue Produktkategorien, neue Märkte und neue Zielgruppen. Jeder kann sich ein Stück des Luxus leisten – oder zumindest das Gefühl, ein Stück davon zu besitzen. Dies ist der Schlüssel zu einer konsumgetriebenen Wirtschaft: Die Begehrlichkeit, die ursprünglich von der Spitze ausgeht, wird in einer breiteren Gesellschaft verankert. Es entstehen unzählige Varianten eines Produkts, die alle darauf abzielen, die Illusion von Exklusivität und Verfeinerung zu verkaufen. Die wirtschaftlichen Zahlen spiegeln dies wider: Der globale Markt für Premium- und Luxusgüter wird laut Statista bis 2025 voraussichtlich ein Volumen von über 1,4 Billionen US-Dollar erreichen, während gleichzeitig Massenmarken mit adaptierten Premiummerkmalen zweistellige Wachstumsraten verzeichnen.

Doch diese ökonomische Dynamik hat ihren Preis. Ökologisch betrachtet ist die Zunahme an Produkten, Produktkategorien und Fertigungsverfahren eine enorme Belastung. Die Produktion von scheinbar »verfeinerten« Massengütern erfordert Ressourcen in nie dagewesenem Umfang. Studien zufolge sind etwa 20 % der globalen industriellen Emissionen direkt oder indirekt mit der Herstellung von Konsum- und Luxusgütern verbunden, wobei diese Zahl aufgrund der wachsenden Nachfrage weiter ansteigt. Die schnelle Obsoleszenz vieler Produkte und die ständige Schaffung neuer Modelle und Varianten verstärken diese Problematik. Während die ursprüngliche Verfeinerung oft auf Langlebigkeit und Nachhaltigkeit ausgelegt ist, führt die Adaption für den Massenmarkt häufig zu kurzlebigen, minderwertigen Produkten, die schnell ersetzt werden müssen. Der ökologische Fußabdruck dieser Entwicklung ist enorm: Ressourcenverschwendung, Umweltverschmutzung und der Verlust traditioneller Handwerkskunst sind die unvermeidlichen Begleiterscheinungen dieser ökonomischen Logik.

Die Verfeinerung, die einst Ausdruck kulturellen Fortschritts war, wird in der modernen Wirtschaft zur Ware degradiert, die ihren ursprünglichen Kern verliert. Sie bleibt an der Spitze rein und ideal, während sie in der Breite zu einem Werkzeug der Verführung wird, das mehr schadet als nützt. Der Preis für diese Illusion ist hoch – sowohl für die Umwelt als auch für den Wert echter Exzellenz.

Psychologisch gesehen sind die Auswirkungen des Luxus und seines Konsums nicht weniger als paradigmatisch für die Dynamiken moderner Zivilisationen. Der Luxus – ursprünglich als Essenz der Verfeinerung und kultivierten Lebensführung verstanden – wird zunehmend trivialisiert, seine einstige Strahlkraft verwässert sich in der Allgegenwärtigkeit vermeintlich luxuriöser Güter. Der zivilisationstragende Anspruch des Luxus, der einst kulturelle Fortschritte und soziale Hierarchien untermauerte, gerät in eine Spirale der Überproduktion, Verschwendung und Sinnentleerung. Diese Dynamik erzeugt eine paradoxe Wirkung: Während Luxus weiterhin als Inbegriff von Exklusivität und Raffinesse inszeniert wird, verlieren viele seiner Bestandteile durch die fortschreitende Verfügbarkeit und die Inflation von Verfeinerung ihren symbolischen Wert.

Die Ubiquität der Verfeinerung – also die zunehmende Optimierung und ästhetische Überladung von Konsumgütern – führt zu einer relativen Abwertung des Luxus.[77] Mit jedem Schritt, den der Luxus vom exklusiven zum massenverfügbaren Produkt macht, verliert er einen Teil seiner Funktion als Distinktionsmerkmal. Dies hat nicht nur wirtschaftliche, sondern auch tiefgreifende psychologische Folgen. Was einst knappe, begehrte Güter waren, die soziale Zugehörigkeit und individuellen Status symbolisierten, wird durch die massenhafte Produktion entzaubert und in ein Spektrum zahlloser Abstufungen eingebettet. Der Luxus wird durch diese »Pseudorisierung« nicht nur zugänglicher, sondern auch beliebiger. Hierdurch entsteht eine kognitive Dissonanz: Luxus bleibt in der Wahrnehmung mit dem Versprechen von Exklusivität verknüpft, gleichzeitig aber verfälscht seine zunehmende Verfügbarkeit die individuelle Bewertung. Der Konsument befindet sich in einem ständigen Spannungsfeld zwischen dem Wunsch nach Einzigartigkeit und der Erkenntnis, dass das begehrte Objekt längst keine Seltenheit mehr darstellt.

Die psychologische Wirkung dieses Phänomens zeigt sich besonders deutlich in der Verschiebung von intrinsischen zu extrinsischen Motiven im Umgang mit Luxus. Ursprünglich war Luxus eine persönliche Erfahrung, die tief mit immateriellen Werten wie Ästhetik, Genuss und kulturellem Anspruch verbunden war. Intrinsisch motivierte Konsumenten strebten nach dem, was ihnen emotionalen oder intellektuellen Mehrwert bot – sei es die Freude an Handwerkskunst, die Wertschätzung für Ästhetik oder die individuelle Verbindung zu einem bestimmten Objekt. Doch in der modernen Konsumkultur dominieren zunehmend extrinsische Motive. Luxus wird zum Instrument des sozialen Prestiges und zur Demonstration von Distinktion. Der Konsum wird nicht mehr durch persönliche Werte bestimmt, sondern durch die Wahrnehmung anderer. Es geht darum, gesehen zu werden, soziale Anerkennung zu gewinnen und sich von der Masse abzuheben – selbst wenn der Luxus, der diese Abgrenzung symbolisieren soll, längst Teil der Masse geworden ist.

Dieser Übergang von intrinsischen zu extrinsischen Motiven hat tiefgreifende psychologische Konsequenzen. Das Streben nach sozialem Prestige und Distinktion erzeugt eine permanente Vergleichsdynamik, die den Konsumenten in einen endlosen Kreislauf der Selbstdarstellung und Konkurrenz zwingt. Der Konsum wird zum Mittel, um soziale Zugehörigkeit und Erfolg zu signalisieren, während die persönliche Bedeutung und der individuelle Genuss des Luxus zunehmend in den Hintergrund treten. Die Verfügbarkeit und massenhafte Verfeinerung des Luxus verstärken diesen Effekt, da sie die Distinktionskraft des Einzelnen untergraben und die Konkurrenz um neue, exklusivere Symbole anheizen.

So wird der Luxus, der einst ein Medium der Verfeinerung und kulturellen Weiterentwicklung war, in seiner massenhaften Verfügbarkeit zur Quelle von Sinnentleerung und Überflutung. Die Pseudorisierung des Luxus täuscht Exklusivität vor, wo keine mehr existiert, und verstärkt gleichzeitig die Abhängigkeit von äußeren Bewertungsmechanismen. Die psychologische Dimension dieses Phänomens zeigt uns, wie tief der Luxus in das moderne Selbstverständnis eingebettet ist – als Triebfeder eines Systems, das durch soziale Konkurrenz und symbolische Machtstrukturen bestimmt wird. Luxuskonsum ist heute weniger eine persönliche Erfahrung als ein Spiel der Spiegelungen, ein Versuch, in einer zunehmend vernetzten und sichtbaren Welt nicht unsichtbar zu werden.

In der Postmoderne hat Luxus eine Transformation durchlaufen, die seine ursprüngliche Bedeutung in einen widersprüchlichen Zustand versetzt. Die Betonung der symbolischen Dimension des Luxus auf Kosten seiner utilitaristischen Eigenschaften ist eine dieser Veränderungen. Während Luxus früher durch Seltenheit, Handwerkskunst und eine gewisse Funktionalität definiert war, wird er heute zunehmend durch seine Fähigkeit, Distinktion und symbolischen Status zu vermitteln, charakterisiert. Diese Verschiebung ist eng mit der Verfeinerung und Perfektionierung von Produktionsprozessen verbunden, die erst durch den technologischen Fortschritt der Moderne möglich wurde. In der Vergangenheit war Luxus das Privileg weniger – nicht nur aufgrund seiner symbolischen Bedeutung, sondern auch wegen seiner physischen Seltenheit, die durch begrenzte Produktionstechnologien bedingt war. Heute jedoch hat die Verfeinerung durch Massenproduktion und technologischen Fortschritt eine paradoxe Wirkung: Sie destabilisiert den ursprünglichen Luxusgedanken, während sie den Konsumismus als universelle Kulturform festigt. Die zivilisatorische Verfeinerung, die einst dazu diente, Luxusgüter zu etwas Einzigartigem und Begehrenswertem zu machen, hat durch ihre breite Verfügbarkeit ihren exklusiven Charakter untergraben. Technologische Entwicklungen wie die Automatisierung und die Perfektionierung von Design- und Fertigungsprozessen haben es ermöglicht, Produkte herzustellen, die ästhetisch und qualitativ den Luxusgütern früherer Zeiten ähneln, jedoch massenhaft verfügbar sind. Diese Demokratisierung des Luxus, die auf den ersten Blick wie eine egalitäre Bewegung erscheinen mag, führt letztlich zu einer Verschiebung der Bedeutung von Luxus: Von einem exklusiven Privileg wird er zu einem massentauglichen Symbol der Zugehörigkeit zu einer konsumorientierten Kultur. Die utilitaristische Dimension, die ursprüngliche Handwerkskunst oder die außergewöhnliche Funktion eines Luxusgutes, wird dabei oft irrelevant – Luxus wird zu einer Frage der Inszenierung, nicht der Substanz.

Dieser Prozess der Verfeinerung hat jedoch nicht nur die Bedeutung des Luxus verändert, sondern auch eine entscheidende Rolle bei der Festigung des Konsumismus gespielt. Durch die massenhafte Verfügbarkeit von Gütern, die die Ästhetik des Luxus nachahmen, wird die Konsumkultur universeller als je zuvor. Die Destabilisierung des ursprünglichen Luxusgedankens – die Idee, dass Luxus selten, bedeutungsvoll und an gewisse soziale und wirtschaftliche Bedingungen geknüpft ist – hat den Weg geebnet für eine Form des Konsums, die keine Grenzen kennt. Diese massenhafte Verfügbarkeit von verfeinerten Gütern hat eine Kultur hervorgebracht, in der die Distinktion nicht mehr durch Besitz allein erreicht wird, sondern durch die ständige Aktualisierung und Neudefinition des Konsumverhaltens. Luxus wird dadurch zu einem beweglichen Ziel, einem immer wieder neu definierten Ideal, das die Dynamik des Konsumismus antreibt.

In der Postmoderne ist zivilisatorische Verfeinerung also ein zutiefst widersprüchliches Konstrukt. Sie hat einerseits dazu beigetragen, den Zugang zu ästhetischen und funktionalen Produkten zu demokratisieren, andererseits jedoch die Exklusivität und damit die ursprüngliche Idee des Luxus untergraben. Vor der Verfügbarkeit moderner Produktionstechnologien war dieser Effekt nicht relevant, da Luxusgüter in ihrer Herstellung und Verfügbarkeit naturgemäß begrenzt waren. Es war ihre Seltenheit, die sie begehrenswert machte, und ihre Handwerkskunst, die ihnen Wert verlieh. Die Verfeinerung im Zeitalter der Massenproduktion hingegen hat diese Attribute entmystifiziert und den Luxus in eine neue Dimension geführt, in der die symbolische Aufladung über alles andere triumphiert. Diese Entwicklung hat nicht nur den Luxus verändert, sondern auch das Fundament des Konsumismus gelegt, der heute als universelle Ideologie die Welt prägt. Indem Verfeinerung eine scheinbare Zugänglichkeit geschaffen hat, hat sie den Luxus zugleich in eine flüchtige, oberflächliche und ständig reproduzierbare Idee verwandelt, die weit entfernt ist von ihrer ursprünglichen Bedeutung und Wertigkeit.

Das Prinzip der zivilisatorischen Verfeinerung ist kein neues Phänomen. Bereits im 16. Jahrhundert wurde es von Philosophen und Denkern diskutiert, als Europa sich in einer Phase des kulturellen und gesellschaftlichen Umbruchs befand. Diese Verfeinerung, die sich sowohl in den materiellen Gütern als auch in den sozialen Normen und künstlerischen Ausdrucksformen manifestierte, war ein Ausdruck des Fortschritts – oder zumindest dessen, was man damals als Fortschritt verstand. Doch wie jede Medaille hat auch die Verfeinerung zwei Seiten: Sie bringt zweifellos Konzepte wie Eleganz und Raffinesse hervor, doch sie birgt auch die Keime für eine problematische Entwicklung, die sich in unserer Zeit verstärkt fortsetzt. Die Postmoderne, die selbst ein Zeitalter des Übergangs ist, zeigt, dass sich diese Verästelungen von Stilen und kulturellen Gewohnheiten immer weiter fortsetzen, bis sie fast ins Unüberschaubare ausufern. Die Grundlagen, die in früheren Epochen gelegt wurden, gelten heute wieder, aber in einer extremisierten Form, die zunehmend Fragen aufwirft.

Soziokulturell betrachtet ist Verfeinerung der Ausdruck von Zivilisation par excellence. Sie symbolisiert die Fähigkeit einer Gesellschaft, über die bloße Bedürfnisbefriedigung hinauszugehen und das Leben mit Kunst, Schönheit und Komplexität zu bereichern. Doch ökonomisch gesehen ist diese Entwicklung bestenfalls kritisch. Die Verfeinerung bringt nicht nur eine Ausweitung des Angebots mit sich, sondern auch eine Steigerung der Ansprüche, die an Produkte, Dienstleistungen und Lebensstile gestellt werden. Das führt zu einer wirtschaftlichen Dynamik, die auf Exklusivität, Differenzierung und einer immer intensiveren Fragmentierung des Marktes beruht. Luxusgüter sind heute nicht mehr nur Ausdruck von Reichtum, sondern von Geschmack, Bildung und sozialer Zugehörigkeit – Kategorien, die immer kleinteiliger und elitärer werden. Diese Dynamik hat jedoch ihre Schattenseiten: Die wachsende Produktvielfalt, die zunehmende Individualisierung und die damit einhergehende Ressourcenverschwendung sind ökologisch und gesellschaftlich problematisch.

Die negative Seite der Verfeinerung zeigt sich besonders in ihrer ökonomischen Bedeutung und ihren Auswirkungen. Verfeinerung treibt die Produktionskosten in die Höhe, zwingt Unternehmen zu immer neuen Innovationen und erschwert es kleinen Akteuren, in einem Markt zu bestehen, der von Spezialanfertigungen und Luxussegmenten dominiert wird. Gleichzeitig werden Konsumenten durch die schiere Vielfalt der Angebote in einen Zustand der Überforderung und des nie endenden Vergleichens versetzt. Es ist nicht mehr nur der Besitz eines bestimmten Gutes, der zählt, sondern die Fähigkeit, das »Richtige« auszuwählen und dies als Teil der eigenen Identität zu präsentieren. Diese Entwicklung, die vom Konsumismus unserer Zeit angetrieben wird, führt zu einer Spirale, in der der Wert von Gütern zunehmend durch Symbolik und weniger durch ihre Funktionalität bestimmt wird.

In gewisser Weise ist diese zunehmende und ausufernde Verfeinerung ein erstes Anzeichen für den Niedergang des Konsumismus – oder zumindest für den Beginn einer Negativspirale mit ungewissem Ausgang. Verfeinerung hat ein ungesundes Ausmaß erreicht, das an die Dekadenz vergangener Epochen erinnert. Was einst als Fortschritt galt, wird zu einer Belastung: Die enorme Produktvielfalt, besonders im Bereich der Luxusgüter, führt zu einer Inflation von Bedeutung und Wert. Wo früher ein einzelnes Kunstwerk oder ein besonderes Möbelstück als Ausdruck von Raffinesse diente, sind es heute ganze Produktlinien und Massen von Optionen, die denselben Effekt erzielen sollen. Doch diese Überfülle trägt nicht zu mehr Zufriedenheit oder Stabilität bei – sie verstärkt vielmehr das Gefühl von Leere und Belanglosigkeit.

Die Verfeinerung entwickelt sich so zu einer Dekadenz der Massen, einer Art zivilisatorischem Luxus, der gleichzeitig Fortschritt und Vorbote des Niedergangs ist. Besonders im Hinblick auf ihre Verbindung zum Konsumismus unserer Zeit, der als dominierende kulturelle Strömung wirkt, zeigt sich eine ernst zu nehmende erste Welle von Dekadenz. Diese Dekadenz erinnert in ihrer Qualität an den Verfall großer Imperien wie das Römische Reich, jedoch ohne die strukturellen Schranken, die frühere Zivilisationen kannten. Heute kann die Dekadenz durch die Globalisierung und die grenzenlose Expansion der Märkte nahezu unkontrolliert wirken. Sie durchdringt jede Schicht der Gesellschaft, von der globalen Elite bis zur breiten Masse, und hinterlässt eine Spur von Überfluss, der mehr zerstört, als er bereichert. Es ist die Ironie der Verfeinerung: Was einst als Gipfel der

Zivilisation galt, wird in seiner ausufernden Form zu ihrem potenziellen Fallstrick.

Eine immer leistungsfähigere Technologie in Kombination mit einer unüberschaubaren Flut von Pseudokonsumgütern, die oft ohne echten Zweck oder langfristigen Nutzen daherkommen, könnte tatsächlich eine Mischung sein, die den Kapitalismus ins Wanken bringt. Während die Technologie unaufhörlich darauf abzielt, Effizienz und Produktion zu maximieren, und dabei das Konsumieren schneller, einfacher und beinahe zwanghaft macht, scheint der eigentliche Zweck des Konsums verloren gegangen zu sein. Was einst der Befriedigung grundlegender Bedürfnisse und der Verbesserung der Lebensqualität diente, hat sich zu einer Art zeremoniellem Akt gewandelt, der mehr Pathos als Pragmatismus in sich trägt. Zivilisation im Spiegel des Hyperkonsumismus erinnert an eine Bühne, auf der das Konsumieren nicht nur eine Funktion erfüllt, sondern ein kunstvolles Schauspiel ist – orchestriert von den unsichtbaren Händen einer Gesellschaft, die sich selbst inszeniert und berauscht.

Konsum hat längst eine Dekadenz erreicht, die keine Maßstäbe mehr kennt. Die Warenwelt ist kein reiner Gebrauchsraum mehr, sondern ein Symbolraum, in dem jeder Gegenstand, ob Designerhandtasche oder verpackte Nachhaltigkeit, eine Botschaft trägt. Dieses Spektakel des Konsums ist nichts weniger als eine Art sozialer Liturgie, die das Individuum dazu zwingt, Teil eines kollektiven Rituals zu sein, in dem Besitz und Kauf die zentralen Elemente sind. Jeder Kaufakt wird zum performativen Ereignis, eine Inszenierung der eigenen Identität, die sowohl Bestätigung im Außen als auch eine illusionäre Erfüllung im Inneren sucht. Doch hinter dieser glänzenden Fassade liegt eine tiefe Leere, die durch immer neue Käufe überdeckt werden muss. Es ist eine Spirale ohne Ende, die das Individuum und die Gesellschaft gleichermaßen verschlingt.

Gier, diese menschliche Eigenschaft, die in vielen Kulturen und Religionen als eine der schwersten Sünden angesehen wird, ist im Kapitalismus zu einer stillen Tugend mutiert. Sie wird nicht mehr geächtet, sondern subtil gefördert und glorifiziert. Der Kapitalismus hat es geschafft, ein Wertesystem zu etablieren, in dem die Grenzen zwischen Gier und Tugendhaftigkeit verschwimmen. Erfolg wird nicht daran gemessen, wie viel jemand teilt oder wie er der Gemeinschaft dient, sondern daran, wie viel er anhäuft, wie viele Statussymbole er besitzt und wie effektiv er die Illusion des Wohlstands aufrechterhält. Der Begriff der Tugend wurde neu definiert: Wo früher Mäßigung und Bescheidenheit hochgehalten wurden, gelten heute Exzess und Verschwendung als Zeichen von Stärke und Überlegenheit.

Diese Umkehrung der Werte hat nicht nur soziale, sondern auch ökologische Konsequenzen. Die Natur, einst ein Ort der Balance und Regeneration, wird nun als unerschöpfliches Lager von Rohstoffen betrachtet, das der Befriedigung dieser entfesselten Gier dient. Doch das ökologische Gleichgewicht, auf dem alles Leben basiert, ist längst ins Wanken geraten. Der Hyperkonsumismus hat eine Spur der Zerstörung hinterlassen: entwaldete Flächen, überfischte Ozeane, verschmutzte Luft und eine globale Erwärmung, die die Grundlagen des Lebens infrage stellt. Während die Technologien, die diese Zerstörung beschleunigen, immer raffinierter werden, bleibt die Frage, ob wir als Zivilisation in der Lage sein werden, die systemischen Schäden zu reparieren, bevor sie unumkehrbar werden.

Es bleibt zu hoffen, dass dieses Gleichgewicht nicht endgültig zerstört wird, doch die Zeichen stehen auf Sturm. Der Kapitalismus, in seiner jetzigen Form, läuft Gefahr, sich selbst zu überholen, eine Maschine, die nicht mehr aufhören kann, zu produzieren und zu konsumieren, ohne Rücksicht auf die Konsequenzen. Es mag paradox erscheinen, doch die größte Bedrohung für den Kapitalismus könnte genau das sein, was ihn bisher stark gemacht hat: seine Fähigkeit, unbegrenztes Wachstum zu generieren, unabhängig von den physischen und moralischen Kosten. Vielleicht ist es an der Zeit, das zeremonielle Schauspiel des Konsums zu beenden und eine neue Erzählung zu schreiben – eine, die weniger von Gier und mehr von Respekt und Balance geprägt ist.

Kapitel Elf

Konsum und Ohnmacht

»»Die Macht, der viel Böses angetan und angedacht wird,
ist mehr wert als die Ohnmacht, der nur Gutes widerfährt«, -
so empfanden die Griechen.
Das heißt: das Gefühl der Macht wurde von ihnen
höher geschätzt als irgendein Nutzen oder guter Ruf.«

Friedrich Nietzsche (1954): [360].

So wie Konsum heute praktiziert wird, ist er nicht nur ein zentrales Element des kapitalistischen Systems, sondern auch ein Mechanismus, der die Ohnmacht des Einzelnen gegenüber dieser globalen Ordnung verdeutlicht. Der Konsum erscheint dabei als ein unausweichlicher Akt, fast wie ein natürlicher Reflex in einer Welt, die darauf ausgelegt ist, Bedürfnisse zu schaffen, die oft künstlicher Natur sind. Der Kapitalismus hat den Konsum nicht nur institutionalisiert, sondern ihn so unmittelbar in die alltägliche Existenz integriert, dass er zum einzigen sichtbaren Weg wird, um Teilhabe, Zugehörigkeit und Erfüllung zu erleben. Doch genau hier liegt die Ohnmacht verborgen: Konsum ist kein wirklicher Ausdruck von Freiheit, sondern eine vorgegebene Handlung innerhalb eines Systems, das keine Alternativen zulässt.

Die scheinbare Alternativlosigkeit des Konsums ist fest in die Struktur der kapitalistischen Produktionswirtschaft eingebettet. Das System benötigt ständige Nachfrage, um Wachstum zu generieren, und der Konsum fungiert dabei als Motor, der diesen Kreislauf aufrechterhält. Gleichzeitig wird das Angebot durch eine Dynamik geprägt, die auf Innovation, geplanten Verschleiß und die ständige Verfügbarkeit neuer Produkte abzielt. Dadurch entsteht ein Zyklus, der Konsumenten in eine Rolle zwingt, in der sie nicht nur Bedürfnisse befriedigen, sondern auch kontinuierlich neue schaffen – ein Prozess, der sowohl ökonomische als auch psychologische Abhängigkeiten erzeugt. Die Konsumlogik wird so allgegenwärtig, dass sie nicht nur als wirtschaftliches, sondern auch als kulturelles und soziales System erscheint, dem sich der Einzelne schwer entziehen kann.

Die Frage nach Alternativen ist dabei entscheidend, denn sie berührt nicht nur das individuelle Verhalten, sondern die Grundstrukturen unserer gesellschaftlichen und wirtschaftlichen Ordnung. Doch wo könnten diese Alternativen liegen, wenn der Kapitalismus und sein Kreislauf von Produktion, Konsum und Wachstum die gesamte Infrastruktur und den kulturellen Rahmen unserer Welt bestimmen? Alternative Ordnungssysteme müssten sich fundamental von der Logik des Kapitalismus lösen, der auf Akkumulation, Wettbewerb und Wachstum basiert. Stattdessen könnten sie auf Prinzipien wie Kooperation, Suffizienz und regenerativen Kreisläufen beruhen. Doch solche Konzepte bleiben oft im theoretischen Bereich oder in Nischenprojekten gefangen, ohne jemals die kritische Masse zu erreichen, die nötig wäre, um das bestehende System ernsthaft herauszufordern.

Ein möglicher Ansatz könnte in der radikalen Reduktion und Umgestaltung von Konsum liegen. Dies bedeutet nicht nur weniger konsumieren, sondern den Konsum selbst zu dezentralisieren und ihn auf lokale, gemeinschaftsbasierte Strukturen zu verlagern. Gemeinschaftsgärten, Tauschsysteme und Reparaturinitiativen könnten Ansätze sein, um Konsum von der Logik des globalen Marktes zu entkoppeln. Eine solche Bewegung würde die Menschen dazu ermutigen, den Wert von Gütern nicht nur in ihrer Funktion oder ihrem Prestige zu sehen, sondern in ihrer Langlebigkeit, ihrer Reparaturfähigkeit und ihrem Beitrag zur Gemeinschaft. Der Konsum würde dadurch nicht verschwinden, aber er könnte in eine neue, ökologisch und sozial nachhaltige Form überführt werden.

Noch radikaler wäre die Vorstellung eines Systems, das die Logik des Eigentums infrage stellt. Was, wenn die Dinge nicht mehr als privater Besitz, sondern als gemeinschaftliche Ressourcen betrachtet würden? Das Konzept des »Post-Ownership« – einer Welt, in der Güter geteilt, geliehen und kollektiv genutzt werden – könnte ein solcher Schritt sein.[78] Es würde nicht nur die Menge an produzierten Gütern drastisch reduzieren, sondern auch die soziale Dynamik verändern, da der Wettbewerb um Besitz und Status an Bedeutung verliert.

Ein anderes Alternativmodell könnte in einer Wirtschaft liegen, die nicht auf Wachstum, sondern auf Stabilität ausgelegt ist. Die sogenannte »Donut-Ökonomie« schlägt vor, die Wirtschaft innerhalb von planetaren und sozialen Grenzen zu gestalten.[79] Sie zielt darauf ab, die Bedürfnisse aller

Menschen zu erfüllen, ohne die ökologischen Grundlagen unseres Planeten zu zerstören. In einer solchen Ordnung wäre Konsum nicht der Motor der Wirtschaft, sondern ein begrenzter, bewusster Akt, der auf die Grundbedürfnisse ausgerichtet ist und das Gemeinwohl stärkt.

Doch die Transformation hin zu solchen Alternativen ist keine einfache Aufgabe, da der Kapitalismus nicht nur ein ökonomisches, sondern auch ein kulturelles und psychologisches System ist. Er hat die Art und Weise, wie Menschen über ihre Bedürfnisse, ihre Identität und ihre Freiheit denken, tief geprägt. Der Konsum ist nicht nur eine wirtschaftliche Handlung, sondern eine soziale und kulturelle Praxis, die Identität stiftet, Zugehörigkeit signalisiert und soziale Unterschiede markiert. Um Alternativen zu schaffen, müsste nicht nur das Wirtschaftssystem verändert werden, sondern auch die kulturellen und individuellen Vorstellungen von Wert und Bedeutung.

Letztlich bleibt die Frage: Können solche Alternativen überhaupt entstehen, solange der Kapitalismus die dominierende Ordnung ist? Oder müssten sie zunächst in kleinen, autonomen Zellen erprobt werden, in Nischenprojekten und lokalen Gemeinschaften, bevor sie zu einer breiteren Bewegung wachsen könnten? Die größte Herausforderung ist vielleicht, dass die Menschen nicht nur Alternativen brauchen, sondern auch die Vorstellungskraft, sich eine Welt jenseits des Konsums und des Kapitalismus vorzustellen. Solange diese Vorstellungskraft fehlt, bleibt der Konsum die greifbarste Form von Sinnstiftung und Freiheit – und der Kapitalismus das System, das diese Illusion aufrechterhält.

Alle Ansätze, die vermeintlich Alternativen zum Konsumismus und Kapitalismus bieten, offenbaren bei genauerer Betrachtung eine paradoxe Schwäche: Sie sind nicht echte Alternativen im Sinne einer grundlegenden, strukturellen Umgestaltung, sondern vielmehr Formen der Verweigerung – Reaktionen, die oft mehr von Ohnmacht als von tatsächlicher Gestaltungsfreiheit geprägt sind. Diese Ohnmacht zeigt sich in verschiedenen Aspekten, die sich durch alle »Alternativmodelle« ziehen und die die Dominanz des kapitalistischen Konsumdenkens letztlich bestätigen, statt es zu hinterfragen oder zu überwinden.[80]

Einer der zentralen Aspekte dieser Ohnmacht liegt in der schieren Allgegenwärtigkeit des Konsums als Lebensform. Selbst die vermeintlich radikalsten Ansätze – etwa Minimalismus, freiwillige Einfachheit oder Konsumverweigerung – bewegen sich weiterhin innerhalb der kapitalistischen Logik. Minimalismus wird beispielsweise oft als bewusste Entscheidung für ein reduziertes Leben dargestellt, aber in der Realität bleibt er häufig ein Lifestyle-Trend, der von der Konsumkultur absorbiert und in marktfähige Produkte verwandelt wird. Der Verkauf von »minimalistischen« Produkten wie nachhaltigen Möbeln, Kleidung oder Gadgets zeigt, wie der Kapitalismus selbst die Verweigerung des Konsums kommerzialisiert. Diese Form der Ohnmacht ist subtil, aber wirkungsvoll: Selbst die Flucht vor dem Konsum wird zum Konsumakt.

Ein umfassender Ausdruck dieser Ohnmacht ist die scheinbare Alternativlosigkeit des Kapitalismus als wirtschaftliche und gesellschaftliche Struktur. In einer Welt, die die Freiheit der Wahl preist – ja regelrecht vergöttert – sind die Optionen zur Veränderung des Systems bemerkenswert begrenzt. Bewegungen wie die Sharing Economy, die ursprünglich als Gegenvorschläge zur traditionellen Konsumwirtschaft gedacht waren, sind heute weitgehend in den kapitalistischen Mainstream integriert. Plattformen wie Airbnb oder Uber, die einst den Gedanken der Gemeinschaftsnutzung betonten, haben sich zu profitorientierten Unternehmen entwickelt, die dieselben Mechanismen der Ausbeutung und Ressourcenverteilung nutzen wie die traditionellen kapitalistischen Modelle. Die Freiheit der Wahl, die hier propagiert wird, ist oft nur eine Illusion: Es sind Variationen desselben Systems, keine tatsächlichen Alternativen.

Auch die Idee der Konsumverweigerung als politischer oder ökologischer Akt stößt auf ihre Grenzen. Boykottaufrufe, lokale Wirtschaftskonzepte oder das Fördern von »Ethical Consumption« – all diese Ansätze scheinen auf den ersten Blick eine echte Veränderung zu ermöglichen. Doch in einer globalisierten Welt, in der Kapitalströme und Produktionsketten fast unüberschaubar geworden sind, bleibt das individuelle Handeln oft bedeutungslos im großen Gefüge des Kapitalismus. Der Konsument mag sich moralisch gerechtfertigt fühlen, ein bestimmtes Produkt nicht zu kaufen oder nachhaltig zu konsumieren, aber die strukturellen Probleme – Umweltzerstörung, soziale Ungleichheit und Ausbeutung – bleiben bestehen. Hier zeigt sich die Ohnmacht des Einzelnen gegenüber einem System, das sich jeder einzelnen Entscheidung entzieht und in seiner Gesamtheit unangreifbar bleibt.

Hinzu kommt die kulturelle Durchdringung des Konsumismus. In einer Gesellschaft, in der individuelle Freiheit oft nur noch über Konsum definiert wird, wird die Ablehnung des Konsums schnell als Verweigerung der Teilhabe wahrgenommen. Die Entscheidung, weniger oder gar nicht zu konsumieren, wird nicht als emanzipatorischer Akt gesehen, sondern als ein Zeichen von Außenseitertum oder sogar Scheitern. Diese kulturelle Stigmatisierung zeigt, wie tief der Konsumismus als Wertsystem in unsere sozialen Strukturen eingebettet ist und wie schwer es ist, ihm zu entkommen, ohne gleichzeitig den sozialen Anschluss zu verlieren.

Die Alternativlosigkeit von Konsum und Kapitalismus wird besonders deutlich, wenn man die wenigen Versuche betrachtet, vollständig neue Modelle zu entwickeln. Utopische Gesellschaften wie die Phalanstères von Charles Fourier oder die New Lanark-Kolonie von Robert Owen sind gescheitert, weil sie entweder in ihrer Zeit keine breite Unterstützung fanden oder weil sie letztlich in die Logik des Marktes zurückgeführt wurden. Auch moderne Ansätze wie Grundeinkommen oder Postwachstumsökonomie bewegen sich oft nur am Rand des kapitalistischen Systems und kämpfen darum, ernsthaft als Alternativen wahrgenommen zu werden. Das kapitalistische Narrativ der Effizienz, des Wachstums und der Individualität ist so tief in unser Denken eingewoben, dass alle Versuche, es zu durchbrechen, als naiv, ineffektiv oder utopisch abgetan werden.

Die tiefe Verwurzelung des Kapitalismus und Konsumismus in unserer Gesellschaft macht die Alternativlosigkeit umso überraschender, wenn man sich näher mit dem Themenkomplex auseinandersetzt. In einer Zeit, die sich der Freiheit und Vielfalt rühmt, erscheint der Kapitalismus als das einzig mögliche System. Die wenigen Alternativen, die existieren, sind weniger Modelle der Transformation als vielmehr Formen des Widerstands, die oft ihre eigenen Grenzen und Paradoxien offenbaren. Dies zeigt, wie mächtig das System ist, aber auch, wie dringend eine tiefgreifende Reflexion und Umgestaltung erforderlich wären, um tatsächlich Alternativen zu schaffen.

Praktisch zu jeder Zeit in der Geschichte gab es konkurrierende Entwürfe, wie das ökonomische Leben gestaltet und organisiert werden könnte. Von den frühen Utopien der Antike bis zu den großen ideologischen Konfrontationen des 20. Jahrhunderts war die Idee der Alternativen stets lebendig – nicht nur als abstrakter Gedanke, sondern als greifbare Kritik an den bestehenden Strukturen. Der Kapitalismus, der seit der industriellen Revolution zur dominierenden Form des Wirtschaftens wurde, war nie frei von konstruktiver Kritik. Sozialismus, Anarchismus oder genossenschaftliche Modelle boten alternative Visionen, die zwar oft unvollkommen waren, aber zumindest den Raum eröffneten, über andere Wege des Handelns und Lebens nachzudenken. Doch heute scheint dieser Raum fast vollständig verschwunden zu sein. Die Kraft, Alternativen nicht nur zu denken, sondern sie auch ernsthaft zu verfolgen, ist in einem Maß erlahmt, das selbst die Kritiker des Systems sprachlos macht.

Das ist nicht nur eine intellektuelle, sondern vor allem eine gesellschaftliche Ohnmacht. Es scheint, als ob sich der Kapitalismus so tief in unsere Lebensweise eingegraben hat, dass wir ihn nicht mehr als System erkennen, sondern als Naturzustand. Der Konsumismus, der eng mit ihm verflochten ist, hat sich als kultureller Imperativ durchgesetzt – nicht nur als ökonomische Praxis, sondern als Daseinsform. Die ständige Verfügbarkeit von Gütern, das immer neue Versprechen von Glück und Erfüllung durch Konsum, hat die Vorstellungskraft vieler Menschen in eine Art Abhängigkeit versetzt. Es ist, als hätten wir uns in einem Netz verfangen, das wir selbst mitgesponnen haben, dessen Dimensionen wir jedoch nicht mehr zu durchschauen vermögen. Die Kritik, die einst lebendig und radikal war, hat sich in resignative Akzeptanz verwandelt. Alternativen werden nicht nur für unrealistisch, sondern für undenkbar gehalten.

Diese Ohnmacht drückt sich in vielen Aspekten unseres Lebens aus. Wir fühlen uns dem Konsum stärker ausgeliefert, als wir es uns eingestehen möchten. In der Werbung wird uns das Bild eines erfüllten Lebens präsentiert, das wir nur durch den Erwerb bestimmter Güter erreichen können, während soziale Medien uns unaufhörlich daran erinnern, wie weit wir noch von diesem Ideal entfernt sind. Der Konsum wird zur Brücke, die uns mit diesem imaginären Ideal verbindet – aber die Brücke führt ins Leere, denn jede neue Anschaffung erzeugt nur den Wunsch nach mehr. Selbst diejenigen, die sich kritisch mit dem System auseinandersetzen, sind oft gezwungen, in diesem Spiel mitzuspielen, sei es aus wirtschaftlichem Zwang oder schlicht, weil es keinen sichtbaren Weg gibt, sich ihm zu entziehen.

In diesem Zustand der Alternativlosigkeit offenbart sich die wahre Macht des Kapitalismus und des Konsumismus: ihre Fähigkeit, sich als unvermeidbar darzustellen. Die Vorstellung, dass es ein Leben jenseits des Konsums geben könnte, erscheint nicht nur radikal, sondern fast schon lächerlich. Wo sind die Räume geblieben, in denen solche Ideen gedeihen könnten? Wo sind die Utopien, die Visionen einer Welt, die anders ist, die sich vom unaufhörlichen Zwang zur Akkumulation und zum Verbrauchen löst? Sie scheinen verdrängt worden zu sein von einer globalisierten Konsumkultur, die jede Idee von Widerstand oder Alternativen in sich aufnimmt und neutralisiert. Selbst die Kritik am Kapitalismus wird oft zu einem Produkt, das konsumiert werden kann – in Büchern, Filmen, oder in Form von Lifestyle-Trends, die letztlich die bestehenden Strukturen nur bestätigen. Doch die Abwesenheit von Alternativen ist nicht nur ein Zeichen von Resignation, sondern auch von Angst. Denn eine echte Alternative würde bedeuten, das Vertraute aufzugeben, das Sicherheitsgefühl, das der Kapitalismus trotz seiner Ungerechtigkeiten vermittelt. Diese Angst wird von der kapitalistischen Ideologie geschickt genutzt, um das System zu stabilisieren. Die Botschaft lautet: Es gibt keine Alternative, und jede Veränderung würde nur Chaos bringen. Diese Angst lähmt die Vorstellungskraft und verankert den Status quo noch tiefer. Die Frage, die sich stellt, ist, ob es möglich ist, diese Ohnmacht zu überwinden. Kann es gelingen, die Idee des Konsumismus als alles beherrschende Lebensform zu hinterfragen und Räume für Alternativen zu schaffen? Dazu braucht es mehr als nur intellektuelle Kritik; es bedarf einer Rückbesinnung auf die Fähigkeit, sich radikal andere Formen des Lebens und Wirtschaftens vorzustellen. Diese Vorstellungskraft ist nicht verschwunden, sie ist nur vergraben unter den Trümmern eines Systems, das uns eingeredet hat, dass es die einzige Möglichkeit ist. Sie wiederzufinden, wäre ein Akt der Befreiung – ein erster Schritt, um die Ohnmacht in Handlung zu verwandeln. Denn der Kapitalismus mag übermächtig erscheinen, aber seine wahre Stärke liegt nicht in seiner Unveränderbarkeit, sondern in der Tatsache, dass wir aufgehört haben, ihn zu hinterfragen. Der Kapitalismus ist also so sehr Teil unserer Lebensweise (und unserer Natur), dass er nicht nur unser Handeln, sondern auch unser Denken, unsere Werte und unsere Vorstellungskraft prägt.[81] Er ist nicht mehr bloß ein wirtschaftliches System, sondern eine totalisierende Weltanschauung, ein unsichtbares Fundament, das die Art und Weise bestimmt, wie wir die Welt wahrnehmen und wie wir uns selbst in ihr verorten. Die Idee, sich von diesem System zu trennen, erscheint fast undenkbar – nicht nur, weil wir abhängig von ihm sind, sondern weil er unser gesamtes Denken in seine eigene Logik eingebettet hat. Jedes Konzept von Veränderung oder Reform wird meist im Rahmen des kapitalistischen Systems formuliert, bleibt innerhalb der Grenzen, die dieses System setzt, und reproduziert dadurch letztlich nur die Bedingungen, die es aufrechterhalten.

Diese »Schachtellösungen«, die scheinbare Alternativen bieten, sind in Wirklichkeit keine radikalen Brüche, sondern Variationen derselben grundlegenden Logik. Man denke an Begriffe wie »nachhaltigen Konsum« oder »grünes Wachstum«, die suggerieren, dass der Kapitalismus durch kleine Anpassungen ökologisch und sozial verträglicher gestaltet werden könnte, ohne seine grundlegende Dynamik – die Akkumulation von Kapital und den Zwang zu unendlichem Wachstum – infrage zu stellen. Solche Ansätze sind weniger echte Alternativen als vielmehr kosmetische Eingriffe, die die Probleme verschieben, anstatt sie zu lösen. Selbst die viel gepriesene »Sharing Economy«, die ursprünglich als eine Möglichkeit gedacht war, Ressourcen zu teilen und effizienter zu nutzen, wurde schnell von kapitalistischen Unternehmen wie Uber oder Airbnb vereinnahmt, die den Fokus von Gemeinschaft und Nachhaltigkeit auf Gewinnmaximierung verlagerten. Echte Alternativen hingegen bleiben selten und werden oft als utopisch oder dystopisch abgetan. Utopien, wie sie etwa in sozialistischen oder anarchistischen Theorien beschrieben werden, skizzieren eine Welt jenseits des Kapitalismus, in der Gemeinschaft, Gleichheit und Bedürfnisbefriedigung im Vordergrund stehen. Diese Visionen scheitern jedoch oft an der praktischen Umsetzung, da sie nicht nur eine wirtschaftliche, sondern auch eine kulturelle Revolution erfordern würden – eine Transformation, die die tief verwurzelten Denk- und Verhaltensmuster, die der Kapitalismus über Jahrhunderte etabliert hat, durchbrechen müsste. Sie werden daher leicht als unrealistisch oder naiv abgetan und verbleiben im Bereich des Wünschbaren, aber scheinbar Unerreichbaren.

Auf der anderen Seite stehen Dystopien, die die negativen Konsequenzen des Kapitalismus bis an ihre extremen Grenzen weiterdenken: Eine Welt, in der soziale Ungleichheit und ökologische Zerstörung das Leben unerträglich machen, in der technologische Überwachung und totale Kontrolle die letzten Reste menschlicher Freiheit erdrücken. Solche Szenarien werden oft als Warnung genutzt, doch sie bieten selten konstruktive Alternativen. Stattdessen verstärken sie das Gefühl, dass der Kapitalismus, so fehlerhaft er auch sein mag, immer noch die beste aller schlechten Optionen ist.

Dieses Dilemma – das Fehlen echter Alternativen – zeigt, wie erfolgreich der Kapitalismus darin ist, sich selbst als alternativlos darzustellen. Seine größte Stärke liegt nicht in seiner ökonomischen Effizienz oder seiner Fähigkeit, Wohlstand zu schaffen, sondern in seiner Fähigkeit, die Vorstellungskraft zu kolonisieren. Er definiert, was denkbar und machbar ist, und unterdrückt alles, was außerhalb seiner Logik liegt. Selbst die Kritik am Kapitalismus wird oft von den Begriffen und Kategorien bestimmt, die er selbst geschaffen hat. So wird der Kapitalismus nicht nur als wirtschaftliche Struktur, sondern als epistemologischer Rahmen unangreifbar.

In gewisser Weise erinnert diese Situation an ein Gefängnis, dessen Mauern nicht aus Beton, sondern aus Ideen bestehen. Die Insassen haben die Regeln so verinnerlicht, dass sie nicht einmal mehr daran denken, auszubrechen. Dieses Gefängnis ist jedoch nicht unumstößlich. Es gab historische Momente, in denen radikale Alternativen realisiert oder zumindest angestrebt wurden – von der Pariser Kommune bis zu indigenen Gesellschaften, die nach völlig anderen Prinzipien lebten. Doch solche Versuche wurden entweder gewaltsam unterdrückt oder in die Geschichtsbücher verbannt, wo sie oft als gescheiterte Experimente dargestellt werden.

Die Frage ist also: Wie können wir uns eine Welt jenseits des Kapitalismus überhaupt vorstellen? Wie können wir aus den Schachteln unseres Denkens ausbrechen und Alternativen formulieren, die nicht nur Anpassungen, sondern echte Transformationen sind? Diese Aufgabe erfordert mehr als ökonomische Theorien oder politische Programme. Sie erfordert eine radikale Veränderung der Art und Weise, wie wir die Welt sehen und unsere Rolle in ihr verstehen. Es ist eine Herausforderung an unsere kollektive Vorstellungskraft, an unsere Fähigkeit, das Undenkbare zu denken – und das ist vielleicht die größte Herausforderung unserer Zeit. Denn solange wir den Kapitalismus nicht nur als System, sondern als Denkweise akzeptieren, wird jede Alternative eine weitere Schachtel innerhalb desselben Gedankengebäudes bleiben.

Konsum ist mehr als nur das Streben nach Besitz – er ist eine stille, oft verzweifelte Antwort auf die Ohnmacht, die der Mensch in der modernen Welt empfindet. In einer Zeit, die von abstrakten, unpersönlichen Kräften wie Märkten, Algorithmen und globalisierten Systemen bestimmt wird, fühlt sich der Einzelne oft klein, bedeutungslos und ausgeliefert. Die Komplexität der Welt und die Unkontrollierbarkeit der Systeme, die unser Leben prägen, lösen ein Gefühl der Machtlosigkeit aus, das tief in die menschliche Psyche eindringt. Konsum wird zu einer scheinbar greifbaren Lösung, einem Weg, diese Ohnmacht zumindest für einen Moment zu überwinden. Jeder Kauf, jede Transaktion ist ein Akt der Selbstermächtigung, der das Individuum aus der Passivität herausreißt und ihm das Gefühl gibt, Kontrolle über etwas zu haben – auch wenn es nur das nächste Paar Schuhe oder das neueste Smartphone ist.

Ohnmacht in der Moderne äußert sich vor allem in einer diffusen Orientierungslosigkeit. Der Mensch sieht sich einer Welt gegenüber, die ihn mit Daten, Informationen und Optionen überflutet, während gleichzeitig die grundlegenden Strukturen seines Lebens – Arbeit, Gemeinschaft, Sinn – immer mehr infrage gestellt werden. Diese Ohnmacht ist nicht unbedingt laut oder dramatisch, sondern oft leise und schleichend. Sie zeigt sich in der Überforderung, der ständigen Suche nach Bestätigung und dem Gefühl, nie genug zu sein oder zu haben. Markt und Konsum verstärken diese Empfindung, indem sie permanent neue Bedürfnisse schaffen, die das Individuum in einen Kreislauf aus Wünschen und kurzfristiger Befriedigung ziehen. Der Mensch reagiert darauf, indem er sich in den Konsum stürzt, nicht nur um Produkte zu erwerben, sondern um symbolisch ein Stück Kontrolle, Identität und Zugehörigkeit zurückzugewinnen.

Konsum ist die Antwort auf diese subjektive Ohnmacht, weil er eine Illusion von Gleichheit und Bedeutung schafft. Im Akt des Kaufens verschwindet, wenn auch nur für einen Augenblick, die soziale, wirtschaftliche oder kulturelle Ungleichheit, die der moderne Mensch so stark empfindet. Ob arm oder reich, in der Konsumwelt hat jeder Zugang zu Symbolen von Status, Erfolg und Schönheit – oder zumindest zu einer Nachahmung davon. Ein Designerstück, eine Luxusmarke oder auch nur der neueste Trendartikel suggerieren, dass man Teil einer globalen Gemeinschaft ist, die die gleichen Werte und Wünsche teilt. Diese scheinbare Gleichheit ist eine mächtige Illusion, die das System nährt und das Individuum gleichzeitig in einer Spirale aus Streben und Enttäuschung hält. Doch der Konsum ist auch eine Reaktion auf die Unpersönlichkeit der Kräfte, die die moderne Welt regieren.

Märkte, Konzerne und Technologien sind unmenschliche Konstrukte, die sich kaum mit moralischen oder emotionalen Kategorien begreifen lassen. Der Mensch versucht, diesen Kräften durch Konsum einen Sinn zu geben, indem er sich selbst in den Mittelpunkt der Transaktion stellt. Der Kauf wird zu einem Moment, in dem der Einzelne das Gefühl hat, das Universum drehe sich um ihn – der Kunde, der König, der Gestalter seines Lebens. Doch diese Macht ist trügerisch, denn sie basiert auf den Regeln eines Systems, das gerade diese Ohnmacht perpetuiert, indem es immer neue Bedürfnisse und Unsicherheiten schafft, die nur durch weiteres Konsumieren gestillt werden können.

Konsum als Reaktion auf Ohnmacht ist eine Verzweiflungstat, eine Flucht vor den Unwägbarkeiten der Welt. Er ist der Versuch, die Unkontrollierbarkeit des Lebens in einer globalisierten, hypermodernen Gesellschaft zu zähmen, indem man sich an das greifbare Versprechen von Produkten und Marken klammert. Doch genau darin liegt die Tragik: Der Konsum mag ein Ventil für individuelle Ohnmacht sein, doch er ist zugleich ein Katalysator für die Kräfte, die diese Ohnmacht erzeugen. Die subjektive Gleichheit, die er suggeriert, und die Kontrolle, die er verspricht, sind Illusionen, die den Einzelnen immer weiter in die Abhängigkeit von einem System treiben, das nicht für den Menschen, sondern für den Markt selbst geschaffen wurde. Konsum ist keine Antwort, sondern ein Symptom – ein Ausdruck der tiefen Verzweiflung einer Welt, die den Menschen immer mehr entgleitet.

Kapitel Zwölf
Wohlstand als Krankheit

»The use of culture is that it helps us, by means of its spiritual standard of perfection, to regard wealth as but machinery, and not only to say as a matter of words that we regard wealth as but machinery, but really to perceive and feel that it is so. If it were not for this purging effect wrought upon our minds by culture, the whole world, the future as well as the present, would inevitably belong to the Philistines. The people who believe most that our greatness and welfare are proved by our being very rich, and who most give their lives and thoughts to becoming rich, are just the very people whom we call the Philistines. Culture says: ›Consider these people, then, their way of life, their habits, their manners, the very tones of their voice; look at them attentively; observe the literature they read, the things which give them pleasure, the words which come forth out of their mouths, the thoughts which make the furniture of their minds; would any amount of wealth be worth having with the condition that one was to become just like these people by having it?‹«

Matthew Arnold (1869): [I]

Es ist eine einfache Tatsache: Die Bedingungen für die kapitalistische Definition von Wohlstand sind suizidal. Diese Aussage ist keine Übertreibung, sondern ein nüchterner Befund. Man könnte einwenden, dass diese Bedingungen erst geworden seien, dass sie sich erst durch die extreme Zuspitzung im globalisierten Spätkapitalismus entwickelt hätten. Doch die Vermutung liegt nahe, dass die destruktiven Anlagen des Kapitalismus von Anfang an inhärent waren und nur erst im postmodernen 21. Jahrhundert ihr volles Ausmaß entfaltet haben. Was wir heute erleben, ist weniger ein Unfall als eine logische Konsequenz eines Systems, das auf der Maximierung von Profit basiert, koste es, was es wolle – und dabei der Existenzgrundlage seiner eigenen Protagonisten den Boden entzieht.[82]

Der Kapitalismus, wie wir ihn kennen, ist nicht nur eine Wirtschaftsform, sondern eine kulturelle und gesellschaftliche Totalität, die sämtliche Lebensbereiche durchdringt. Wohlstand, wie ihn dieses System definiert, ist durch Wachstum gekennzeichnet, das als Selbstzweck propagiert wird. Doch dieses Wachstum ist nicht unendlich skalierbar, denn es steht im Widerspruch zu den endlichen Ressourcen des Planeten und der Belastbarkeit sozialer Systeme. Der Versuch, unendlichen Wohlstand in einem endlichen System zu generieren, ist nicht nur suizidal, sondern auch ein zutiefst pathologischer Gedanke. Er widerspricht grundlegenden Prinzipien von Balance und Nachhaltigkeit, die jede funktionierende Ökologie, sei sie biologisch oder gesellschaftlich, auszeichnen.

Die Suizidalität dieses Wohlstandsbegriffs zeigt sich auf mehreren Ebenen. Ökologisch führt der Kapitalismus zu einem immer rasanteren Verbrauch natürlicher Ressourcen. Wälder werden abgeholzt, Meere leer gefischt, fossile Brennstoffe bis zum letzten Tropfen verbrannt. Und warum? Um Produkte herzustellen, die oft nur eine kurze Lebensdauer haben oder deren Nutzen fragwürdig ist. Dieser Zwang zur ständigen Neuerfindung und Maximierung hat die Umweltkatastrophe, die wir heute erleben, nicht nur beschleunigt, sondern ermöglicht. Der Klimawandel, der Verlust der Artenvielfalt, die Verschmutzung der Ozeane – all das sind Symptome eines Systems, das auf Kosten seiner eigenen Lebensgrundlage agiert. Doch nicht nur ökologisch, auch sozial ist der kapitalistische Wohlstand krankhaft. Er beruht auf Ungleichheit, die nicht zufällig, sondern strukturell notwendig ist. Der Wohlstand der wenigen setzt die Armut der vielen voraus. Globale Lieferketten, die Ausbeutung von Arbeitern in Entwicklungsländern, die Externalisierung sozialer und ökologischer Kosten – all das sind keine Fehlentwicklungen, sondern systemimmanente Mechanismen. Der Kapitalismus schafft Wohlstand für einige, aber immer auf Kosten anderer. Er produziert Gewinner und Verlierer, und die Kluft zwischen ihnen wird immer größer.

Ein weiteres Problemfeld ist die psychologische Dimension des kapitalistischen Wohlstands. Wohlstand wird oft gleichgesetzt mit Konsum, mit Besitz, mit dem immerwährenden Streben nach »mehr«. Doch dieses »Mehr« ist niemals genug. Der Kapitalismus hat eine Kultur der Unzufriedenheit geschaffen, in der das Glück immer im nächsten Kauf, im nächsten Produkt, in der nächsten Gehaltserhöhung liegt. Doch dieses Glück ist flüchtig, es entzieht sich, sobald es erreicht wird. Die Folge ist eine permanente Frustration, eine existenzielle Leere, die wiederum durch Konsum kompensiert werden soll – ein Kreislauf, der niemals endet. Man könnte sagen, der Kapitalismus hat eine Krankheit normalisiert, hat sie zum Lebensstandard erhoben. Eine Gesellschaft, die sich selbst ausbeutet, die ihre Mitglieder in einen permanenten Zustand von Stress, Wettbewerb und Unsicherheit versetzt, kann nur als krankhaft bezeichnet werden. Und doch ist diese Krankheit so tief in unsere Kultur eingebettet, dass sie kaum noch als solche erkannt wird. Wir sehen ihre Symptome – Burnout, Depression, Umweltkatastrophen, soziale Ungleichheit – doch wir behandeln sie nicht an der Wurzel. Stattdessen versuchen wir, die Symptome zu managen, sie irgendwie erträglich zu machen, während das System, das sie verursacht, unangetastet bleibt.

Die Dialektik von Wohlstand und Kapitalismus, die in diesem Zusammenhang sichtbar wird, ist komplex und widersprüchlich. Sie zeigt, dass Wohlstand, so wie er heute definiert ist, nicht das Ziel sein kann. Stattdessen brauchen wir eine radikale Umdeutung dessen, was Wohlstand bedeutet. Ein Wohlstand, der nicht auf Wachstum, sondern auf Balance beruht. Ein Wohlstand, der nicht die Ressourcen des Planeten zerstört, sondern sie regeneriert. Ein Wohlstand, der nicht wenige bereichert und viele ausbeutet, sondern alle einschließt. Dies ist kein utopischer Traum, sondern eine notwendige Bedingung für das Überleben unserer Spezies.

Die kapitalistische Definition von Wohlstand ist suizidal, ja, aber das muss nicht unser Schicksal sein. Wir können neue Definitionen, neue Systeme, neue Wege finden. Doch dafür müssen wir zuerst die Krankheit erkennen und benennen. Nur dann können wir beginnen, sie zu heilen. Die zunehmend suizidalen Züge des Kapitalismus lassen sich als Konsequenz seiner inhärenten Struktur betrachten, die unweigerlich auf Konsum angewiesen ist. Der Kapitalismus ist ohne Konsum schlicht nicht vorstellbar, denn Konsum, verstanden als Verbrauch – sei es privater oder institutioneller Natur –, ist sein existenzieller Treiber. Es ist nebensächlich, ob dieser Verbrauch in Form von Gütern, Dienstleistungen oder Ressourcen geschieht; er bleibt das Fundament, auf dem das gesamte kapitalistische System aufbaut. Der Kapitalismus ist eine zyklische Konstruktion, ein Perpetuum mobile des Transaktionszwangs, das nur durch ständigen Fluss – durch Produktion und Konsum – am Leben erhalten wird. Ohne diesen Fluss wird das System inert, es stagniert und kollabiert.

Im Kern des Kapitalismus steht die Dichotomie von Angebot und Nachfrage, die nicht zwei Seiten einer Medaille sind, sondern nur eine: die aktive Seite des Marktes. Die Kehrseite dieser Medaille ist Nicht-Angebot und Nicht-Nachfrage, eine Dimension, die das System nicht integrieren kann, weil sie das Ende des Transaktionszyklus bedeutet. Verzicht, die bewusste Entscheidung, etwas nicht zu konsumieren, ist in dieser Logik ein Fremdkörper. Er hat keine Funktion und keinen Wert im kapitalistischen Prozess, da er keine Bewegung, keinen Austausch, keine ökonomische Dynamik erzeugt – er ist also ökonomisch inert. Verzicht ist in der kapitalistischen Maschine nicht vorgesehen; er wird ignoriert, verdrängt oder maximal umgedeutet, beispielsweise als Tugend innerhalb eines moralischen Narrativs, das letztlich doch wieder den Konsum rechtfertigt. Selbst Investitionen, die oft als Gegenentwurf zum unmittelbaren Konsum betrachtet werden, sind in dieser Logik keine Ausnahme, sondern eine Verschiebung. Jede Investition ist letztlich nur eine vorübergehende Verlagerung des Verbrauchs in die Zukunft, gekoppelt mit der Hoffnung oder dem Versprechen, dass der künftige Konsum größer und befriedigender sein wird als der heutige. Der Verzicht zugunsten der Investition ist also nicht wirklich Verzicht, sondern lediglich die Erwartung auf ein »Mehr« in der Zukunft. Dieses Mehr jedoch erfordert zwangsläufig eine Expansion des Systems, da jede Investition nur dann Sinn ergibt, wenn sie in einem zukünftigen Kontext höheren Konsum generiert.

Hier zeigt sich der strukturelle Widerspruch: Der Kapitalismus ist ein System, das unablässig wachsen muss, um seine Konsumlogik zu erfüllen. Aber Wachstum hat physische, ökologische und soziale Grenzen. Die endlichen Ressourcen unseres Planeten, die Belastbarkeit von Gesellschaften, die psychische Kapazität der Menschen, sich dem immer schneller drehenden Rad des Konsums anzupassen – all das steht in einem unlösbaren Konflikt mit der Logik des unbegrenzten Wachstums. Der Kapitalismus ist blind gegenüber diesen Grenzen, denn seine zyklische Konstruktion kennt nur Bewegung, nicht Innehalten. Sobald der Konsumfluss stockt, gerät das gesamte System ins Wanken, und mit ihm die institutionellen und individuellen Strukturen, die darauf aufbauen. Diese Blindheit gegenüber den eigenen Begrenzungen macht den Kapitalismus letztlich zu einem suizidalen System. Er zerstört die Grundlagen, auf denen er ruht, in seinem unablässigen Streben nach mehr: mehr Produktion, mehr Konsum, mehr Wachstum. Die endlichen Ressourcen werden ausgeschöpft, die sozialen Strukturen destabilisiert, die individuellen Bedürfnisse manipuliert und überfordert. Der Kapitalismus kennt keine Mäßigung, kein Genug, keine Pause. Diese innere Zwanghaftigkeit treibt ihn an, aber auch an den Rand der Selbstzerstörung.

Ohne eine radikale Transformation der zugrunde liegenden Logik bleibt der Kapitalismus ein System, das seinen eigenen Untergang programmiert; ein System, das nicht nur seinen Konsumzwang, sondern auch seine Unfähigkeit, Grenzen zu akzeptieren, in eine Spirale des Wachstums um jeden Preis treibt – ein Preis, den die Menschen, die Gesellschaften und der Planet letztlich zahlen müssen.

Konsum ist weit mehr als die bloße Aneignung von Gütern und Dienstleistungen; er fungiert als ein subtiler Mechanismus, der tief in das Gewebe des Kapitalismus eingewoben ist und dessen Stabilität maßgeblich aufrechterhält. Während die wirtschaftliche Struktur des Kapitalismus auf fundamentalen Ungleichheiten basiert – seien es Einkommen, Vermögen oder die Verteilung von Produktionsmitteln –, schafft der Konsumismus eine paradoxe Art von Gleichheit: eine Gleichheit im Erleben, im Begehren, in der temporären Befriedigung. Er agiert als ein psychosoziales Ventil, das Spannungen abbaut, die sich aus der Ungleichheit ergeben, ohne die zugrunde liegenden strukturellen Probleme zu lösen oder gar infrage zu stellen. Damit wird der Konsumismus zu einem zentralen psychologischen Werkzeug, das weniger das Funktionieren des Kapitalismus selbst ermöglicht, als vielmehr dessen Existenz und Akzeptanz sichert.

In diesem System wird das »Recht auf Konsum« zu einer Art implizitem Sozialvertrag, ein ungeschriebenes Versprechen, das allen – unabhängig von ihrer tatsächlichen wirtschaftlichen Macht – eine gewisse Teilnahme am globalen Spielfeld des Konsumierens zusichert. Es ist kein Zufall, dass der Konsumismus Emotionen wie Glück, Zufriedenheit oder Zugehörigkeit hervorruft, denn diese Gefühle sind das Fundament, auf dem das System seine Legitimation aufbaut. Egal ob jemand über ein begrenztes Einkommen oder ein milliardenschweres Vermögen verfügt, das psychologische Erleben des Konsums schafft eine subjektive Gleichwertigkeit. Der Kauf eines Smartphones, einer Designertasche oder eines Streaming-Abonnements mag auf materieller Ebene ungleich sein – die eine Person gibt mehr aus, die andere weniger –, doch die zugrunde liegenden Emotionen ähneln sich: ein Gefühl der Belohnung, der Zugehörigkeit, des Status.

Der Konsumismus ist dabei nicht nur ein Reflex auf bestehende Bedürfnisse, sondern ein Produzent von Bedürfnissen, die ohne ihn gar nicht existierten. Er erschafft permanent neue Begehrenswelten, neue Standards, neue Identitätsmodelle, die die Menschen verfolgen und internalisieren. Diese künstlich geschaffenen Wünsche und die dazugehörigen Konsumgüter wirken wie eine Art »universelle Sprache«, die kulturelle, ökonomische und soziale Grenzen scheinbar überwindet. Doch dies ist eine Täuschung, eine Art Verblendung, die die brutale Realität der wirtschaftlichen Ungleichheit verschleiert. Während etwa 95 % des Eigentums und Kapitals in den Händen der oberen 50 % der Gesellschaft konzentriert sind, gelingt es dem Konsumismus dennoch, die Unterschiede zwischen den übrigen 50 % und der Elite auf einer emotionalen Ebene unsichtbar zu machen.[83] Das psychologische Fundament des Konsumismus liegt in seiner Fähigkeit, Individualität zu simulieren und gleichzeitig Konformität zu schaffen. Jeder findet seinen Platz in diesem System, weil Konsum flexibel genug ist, um sich den individuellen Bedingungen und Vorlieben anzupassen. Er ist wie ein Fieber, das den gesamten Organismus erfasst, jeden auf seine Weise berührt und die Illusion eines gemeinsamen Erlebens kreiert. Dieses Fieber ist jedoch weder heilend noch nachhaltig; es dient lediglich der Symptombekämpfung. Es verhindert, dass die inneren Widersprüche des Kapitalismus – seine strukturelle Ungleichheit, seine inhärente Instabilität – offen zutage treten und die soziale Ordnung bedrohen.

Am Ende ist der Konsum nicht der Feind des Kapitalismus, sondern sein mächtigster Verbündeter. Durch ihn gelingt es, die psychosozialen Spannungen zu kanalisieren, die das System eigentlich zersetzen könnten. Er ist das Narkotikum, das die Gesellschaft in einem Zustand des Wohlbefindens hält, während sie in einem Fundament aus Ungleichheit steht. Die Frage ist daher nicht, ob Konsumismus den Kapitalismus gefährdet, sondern ob der Kapitalismus ohne die psychologische Stabilisierung durch den Konsumismus überhaupt überleben könnte. In einer Welt, in der das Streben nach Konsum zum zentralen Narrativ geworden ist, erscheint es fast undenkbar, diese Dynamik aufzubrechen. Doch die Illusion, die er schafft, ist fragil – und vielleicht liegt in diesem Wissen der Schlüssel zur Transformation.

Konsum ist in seiner fundamentalen Ambivalenz ein Phänomen, das die Widersprüchlichkeit des modernen Marktkollektivs prägnant widerspiegelt. Er fungiert als Symptom einer Gesellschaft, die sich durch Überproduktion, steigende Ansprüche und eine permanente Verfügbarkeit von Gütern auszeichnet, während er gleichzeitig als ein vermeintliches Heilmittel dient, das die psychologische Dynamik des Konsumenten und die strukturelle Ordnung des Marktes stabilisiert. Im sozio-psychologischen Sinne ist Konsum eine Art ritualisierte Praxis, die die Teilnehmer des Marktes in ein symbolisches Gefüge einbettet, das weit über den praktischen Nutzen hinausgeht. Das kollektive Konsumerlebnis schafft Identitäten, sozial akzeptierte Statussymbole und vermittelt ein Gefühl der Zugehörigkeit – ein Effekt, der die Isolation des Individuums in der anonymen Marktwelt aufhebt. Gleichzeitig wird durch den Konsum auch die eigentliche Logik der Profitmaximierung unterlaufen. Indem er eine Egalisierung der Kapitalfunktion bewirkt, transformiert Konsum Kapital von einer abstrakten Ressource in eine konkrete Erfahrung oder ein Objekt. Hier wird der individuelle Nutzen von Kapital temporär hervorgehoben und auf eine subjektive Ebene zurückgeführt, die nicht direkt in den Kreislauf der Kapitalverwertung rückgeführt werden muss. Es ist dieser Prozess der »Entwertung«, der Kapital in eine konsumierte, irreversible Form überführt – eine Form, die dem Wirtschaftskreislauf im klassischen Sinne entzogen wird. In diesem Sinne wird Konsum zum Generator von »totem Kapital«. Der Begriff deutet auf die paradoxe Natur des Konsums hin: Kapital, das einmal in Konsumgüter umgewandelt wurde, verliert seine ursprüngliche Funktion als Mittel zur Akkumulation und trägt damit indirekt zur Dysfunktion des Kapitalismus auf Makroebene bei. Dies lässt sich als ein subtiler, fast ironischer Mechanismus betrachten, bei dem das System den eigenen Grundprinzipien entgegenarbeitet. Besonders die Konsumgüter der Postmoderne entziehen sich zunehmend der klassischen Kategorie der Vermögensgüter. Während Vermögensgüter traditionell als Investitionen verstanden werden – langlebig, werthaltig, mit der Möglichkeit der Wiederveräußerung –, sind viele moderne Konsumgüter flüchtig, kurzlebig und von einer symbolischen, statt funktionalen, Wertigkeit geprägt.[84] Beispiele dafür finden sich in der Modeindustrie, bei elektronischen Geräten oder in der Erlebnisökonomie. Diese Produkte sind weniger dazu gedacht, langfristigen Wert zu stiften, als vielmehr, momentane Wünsche und Statusansprüche zu befriedigen. Sie werden zum Ausdrucksmittel für Identität und soziale Position, verlieren jedoch ihren materiellen und ökonomischen Wert fast unmittelbar nach ihrem Erwerb. Konsum wird so zum Ventil für die Akkumulation des Kapitals, ein Mechanismus, der die schädliche Überproduktion auf Makroebene kompensiert und die Illusion eines Gleichgewichts erzeugt.

Indem er das Kapital »entwertet«, bietet er dem Individuum die Möglichkeit, die Übermacht des Marktes subjektiv zu überwinden, ohne dessen Fundament ernsthaft zu bedrohen. Konsum ist damit nicht nur eine wirtschaftliche Tätigkeit, sondern auch ein soziales und kulturelles Phänomen, das tief in die Psyche des Einzelnen und die Strukturen der Gesellschaft eingreift.

Die verschobenen Produktdimensionen haben tiefgreifende Auswirkungen auf die inhärente Wertposition von Massen- und Pseudoluxusgütern, die im Konsumismus sowohl mengen- als auch wertmäßig eine zentrale Rolle eingenommen haben. In der postmodernen Konsumgesellschaft dominieren diese Güter das Marktgeschehen und das soziale Selbstverständnis, wobei sie eine paradoxe Dynamik entfalten: Einerseits fungieren sie als leicht zugängliche Symbole von Status und Individualität, andererseits wird ihr eigentlicher Nutzen durch kurzfristige Moden und massenhafte Verfügbarkeit systematisch ausgehöhlt. Dadurch verschiebt sich ihr wahrgenommener Wert von einem nachhaltigen, objektiven Nutzen hin zu einer schnelllebigen, flüchtigen Bedeutung, die primär durch Trendzyklen definiert wird. Insbesondere die zunehmende Orientierung an kurzfristigen, trendbasierten Strategien hat dazu geführt, dass die erwartete Vermögensbildung, die ursprünglich mit Luxus und seinen impliziten Versprechen von Beständigkeit und Exklusivität assoziiert wurde, heute kaum noch greift. Produkte, die in hochoptimierten Massenproduktionsverfahren hergestellt werden, verlieren zwangsläufig an individueller Wertigkeit. Dies betrifft nicht nur Pseudoluxusgüter, sondern hat sich inzwischen auch auf den klassischen »hard luxury«- und »soft luxury«-Sektor ausgeweitet. Noch nie zuvor waren Güter wie hochpreisige Uhren, Schmuck oder Designerbekleidung einer derart ausgeprägten Volatilität in der sozialen Wahrnehmung und ihrer ökonomischen Bewertung ausgesetzt. So können Luxusuhren, die einst als verlässliche Wertanlage galten, durch rasante Modewechsel oder inflationäre Markenpolitik binnen weniger Jahre an Anziehungskraft verlieren. Designerhandtaschen, die über Jahrzehnte hinweg Statussymbole waren, werden zunehmend als kurzlebige Prestigeartikel wahrgenommen, deren Wert von Marketingstrategien abhängt und nicht mehr von handwerklicher Qualität oder limitierter Verfügbarkeit.

Ein entscheidender Faktor dieser Entwicklung ist die Vervielfältigung und Fragmentierung von Basis- und Luxusgütern. Der Markt ist überflutet mit Varianten, Sondereditionen und Kooperationen, die ursprünglich klare Grenzen zwischen Massen- und Luxusgütern verschwimmen lassen. Beispiele wie Sneaker-Kollektionen, die in limitierten Auflagen als »Luxusprodukte« vermarktet werden, oder vermeintlich exklusive Parfümserien, die in nahezu jedem Einzelhandelsgeschäft erhältlich sind, zeigen, wie stark die Wertposition durch Überverfügbarkeit angegriffen wird. Das Versprechen von Exklusivität wird zunehmend zu einem rhetorischen Mittel, während der eigentliche wirtschaftliche Mechanismus der Massenproduktion darauf abzielt, möglichst große Mengen an Konsumenten zu erreichen. Besonders tückisch ist dies, da Konsumenten oft der Illusion unterliegen, sie würden durch den Erwerb solcher Güter in Vermögenswerte investieren. In Wahrheit dienen viele dieser Produkte eher als Instrumente des Kapitalverbrauchs. Das bedeutet, dass statt einer langfristigen Vermögensbildung eine schleichende Wertvernichtung stattfindet – ein Vorgang, der durch die psychologische Verquickung von Konsum und Identitätsbildung verschleiert wird. Konsumenten glauben, durch den Kauf eines limitierten Sneakers oder einer Designerhandtasche Prestige zu erwerben, obwohl der tatsächliche Wert dieser Güter durch ihre massenhafte Verfügbarkeit und die kurzlebigen Moden, die sie bedienen, permanent erodiert wird.

Diese Dynamik macht Konsum zu einem Aushöhlungsmechanismus, der über die bloße materielle Ebene hinausgeht. Er zerstört nicht nur ökonomische Vermögenswerte, sondern greift auch die kulturelle und soziale Bedeutung von Wert an. Konsumismus in seiner heutigen Form zwingt die Menschen dazu, ihre Befriedigung und ihr Vergnügen primär aus Gütern und deren zugeschriebener Wertposition zu ziehen, während diese Wertposition immer fragiler und manipulativer wird. Die sozialen und ökonomischen Kosten sind enorm: Die dauerhafte Abhängigkeit von schnelllebigen Konsumzyklen erzeugt nicht nur eine ökologische und finanzielle Instabilität, sondern führt auch zu einer tiefgreifenden Sinnentleerung. Letztlich hat die Verschiebung der Produktdimensionen nicht nur die Struktur des Marktes verändert, sondern auch die Beziehung der Menschen zu Gütern und ihrem eigenen Selbstverständnis. In einer Gesellschaft, die sich immer stärker über Konsum definiert, wird der Wert von Gütern nicht mehr durch deren intrinsischen Nutzen, sondern durch deren flüchtige Rolle im kulturellen Narrativ bestimmt. Dies erzeugt eine Kultur der permanenten Erneuerung, in der echter Wert kaum mehr existieren kann – eine Entwicklung, die nicht nur die Wirtschaft, sondern auch die soziale Psyche auf lange Sicht zutiefst destabilisiert. Wenn Konsum eine zentrale Position im Gesellschaftssystem einnimmt, wird er mehr als nur ein Mittel zur Bedürfnisbefriedigung – er wird zu einer treibenden Kraft, die unser Denken, Handeln und Fühlen fundamental beeinflusst. Diese allgegenwärtige Konsumorientierung verleiht ihm eine suizidale Note, denn während er kurzfristig Erfüllung und Status verspricht, destabilisiert er langfristig sowohl die individuelle Psyche als auch die soziale und ökologische Ordnung. Der Konsumdrang entwickelt eine destruktive Eigendynamik: Was einmal als bloßes Mittel zum Zweck galt, wird zur unersättlichen Zielsetzung, die nicht nur Ressourcen verschlingt, sondern auch die Grundlagen der menschlichen und planetaren Existenz untergräbt.

Im psychoökonomischen Bereich zeigt sich diese Suizidalität besonders drastisch. Der Drang und Zwang zum Konsum hat das Potenzial, krank zu machen. Menschen werden in ein System hineingezogen, das Bedürfnisse nicht mehr stillt, sondern sie endlos multipliziert. Psychologisch bedeutet das: Konsum schürt permanente Unzufriedenheit. Was heute als Statussymbol gilt, ist morgen überholt. Diese ständige Jagd nach Neuem führt zu einer Form chronischer Erschöpfung, die sich in Burnout-Symptomen, Depressionen oder Angststörungen manifestieren kann. Zudem wirken die Werbestrategien, die uns den Konsum nahelegen, oft wie eine psychische Manipulation. Sie sprechen gezielt Urinstinkte und emotionale Schwachstellen an: Zugehörigkeit, Anerkennung, Sicherheit. Doch statt diese Bedürfnisse wirklich zu befriedigen, wird ein künstliches Gefühl der Mangelhaftigkeit erzeugt, das Konsum als vermeintliche Lösung präsentiert – ein Teufelskreis, aus dem es schwer ist, auszubrechen. Gleichzeitig entfaltet der Konsumismus auch eine toxische Wirkung auf zwischenmenschliche Beziehungen. Er verwandelt soziale Bindungen zunehmend in wirtschaftliche Transaktionen, in denen Menschen zu Markenbotschaftern und Beziehungen zu Austauschprozessen werden. Konsum als sozialer Druck vergiftet das Zusammenleben: Freundschaften, Partnerschaften und Familienstrukturen werden durch Erwartungen, Vergleiche und Materialismus belastet. Der ständige Wettbewerb um das Beste, das Neueste, das Teuerste entfremdet die Menschen voneinander. Besonders deutlich wird dies in Konsumsucht, einer pathologischen Fixierung auf den Kauf von Dingen als vermeintlicher Ersatz für echte soziale Erfüllung. Anstatt Nähe und Verbindung zu schaffen, isoliert Konsum. Er treibt einen Keil zwischen Individuen, indem er Egoismus und Konkurrenzdenken fördert.

Darüber hinaus hat der Konsumismus auch tiefgreifende extraökonomische Auswirkungen, allen voran auf die Ökologie. Der planetare Fußabdruck des modernen Konsums ist überwältigend: Wälder werden abgeholzt, Meere verschmutzt und der CO_2-Ausstoß steigt unaufhörlich – alles im Dienste einer Wirtschaft, die auf kurzfristigen Gewinn ausgerichtet ist. Besonders schädlich ist der Konsum von Luxusgütern, die oft immense Ressourcen verbrauchen, ohne einen echten Nutzen zu bringen. Luxus wird zur Bühne, auf der der Konsument sich inszeniert, während die Umwelt den Preis zahlt. Die scheinbar exklusive Welt des Luxus wird durch die Massenproduktion von Pseudoluxusartikeln noch problematischer: Billig hergestellte, aber teuer vermarktete Produkte fördern eine Wegwerfmentalität, die Umwelt und Gesellschaft belastet. Eine zukunftsfähige Alternative könnte in einer zyklischen Ökonomie liegen, die auf Langlebigkeit, Wiederverwertung und Ressourcenschonung setzt. Doch dies erfordert eine fundamentale Umkehr: weg von einem System, das Konsum als oberstes Ziel glorifiziert, hin zu einem, das die Lebensqualität in den Vordergrund stellt – sowohl für den Einzelnen als auch für die Gemeinschaft und den Planeten. Um dies zu erreichen, muss der Konsum entzaubert werden. Er darf nicht länger als Schlüssel zu Glück, Anerkennung und Erfolg gelten, sondern muss auf seinen ursprünglichen Zweck reduziert werden: die angemessene Befriedigung realer Bedürfnisse. Nur so können wir die suizidale Dynamik des Konsums durchbrechen und eine Balance zwischen Mensch, Gesellschaft und Umwelt herstellen.

Tragischerweise hat der Konsum in der Postmoderne eine nahezu groteske Dynamik entwickelt, die weit über seine ursprüngliche Funktion als Mittel zur Bedürfnisbefriedigung hinausgeht. Er ist zu einem kollektiven Instrument geworden, das nicht nur der individuellen Bedürfnisbefriedigung dient, sondern vor allem als wirksames Mittel zur Verleugnung der kritischen sozio-ökologischen Realität fungiert. Die Mechanismen dieser Verleugnung sind tief in der Struktur des Konsumverhaltens verankert und zeigen, wie sehr unser modernes Leben von einer systematischen Abwehrhaltung gegenüber unbequemen Wahrheiten geprägt ist.

Konsum ermöglicht es, die drängenden Fragen unserer Zeit – die ökologische Krise, soziale Ungleichheit, existenzielle Unsicherheiten – systematisch auszublenden. Anstatt uns mit der Realität auseinanderzusetzen, die eine radikale Neuordnung unserer Lebens- und Denkweise erfordern würde, greifen wir zu Konsumgütern als symbolische Ablenkung. Was verleugnet wird, sind nicht nur die ökologischen Konsequenzen unseres Handelns, sondern auch die tiefere Wahrheit, dass unser konsumgetriebenes Wirtschaftssystem weder nachhaltig noch dauerhaft tragbar ist. Die wachsende Kluft zwischen dem Wissen um die Dringlichkeit eines Wandels und der Unfähigkeit, diesen Wandel umzusetzen, wird durch Konsum scheinbar überbrückt, ohne dass dabei die grundlegenden Probleme gelöst werden.

Konsum übt eine besondere Anziehungskraft aus, weil er Ablenkungsqualitäten besitzt, die nahezu perfekt auf die psychologischen Bedürfnisse der modernen Gesellschaft abgestimmt sind. Er befriedigt das Verlangen nach sofortiger Belohnung, lenkt von den inneren und äußeren Konflikten ab und gibt dem Einzelnen das Gefühl von Kontrolle und Identität. Durch den Akt des Kaufens – sei es ein neues Kleidungsstück, ein technisches Gadget oder ein exotischer Urlaub – wird ein Moment des Glücks erzeugt, der jedoch flüchtig bleibt. Diese temporäre Euphorie verdeckt nicht nur die zugrunde liegende Unzufriedenheit, sondern verstärkt auch den Drang nach weiteren Konsumakten, wodurch ein sich selbst verstärkender Zyklus entsteht.

Die betäubende Wirkung des Konsums ist dabei ein zentrales Element. Konsum ist nicht nur ein Mittel zur Ablenkung, sondern wirkt auch wie ein Beruhigungsmittel, das die kollektive Angst vor der Zukunft und die individuelle Überforderung in einer immer komplexeren Welt dämpft. Ähnlich wie bei einer Sucht entsteht eine Abhängigkeit von der ständigen Zufuhr neuer Reize und Produkte, die kurzfristige Linderung verschaffen, aber langfristig die grundlegenden Probleme verschärfen. Diese Betäubung lässt die dringend notwendige Reflexion über unsere Lebensweise und deren Konsequenzen verstummen und ersetzt sie durch eine Illusion von Fortschritt und Wohlstand, die letztlich leer und unbefriedigend bleibt. So entfaltet der Konsum eine tragische Ironie: Während er als Fluchtinstrument fungiert, ist er zugleich ein zentraler Treiber der Krisen, vor denen wir fliehen. Die groteske Selbstverstärkung dieses Mechanismus liegt darin, dass der Versuch, die unangenehme Realität zu verleugnen, durch den Konsum selbst die ökologischen und sozialen Probleme verschärft, die letztlich nicht verleugnet werden können. In dieser Dynamik offenbart sich eine tiefe Tragik unserer Zeit, die uns zwingt, den Konsum nicht nur als ökonomisches Phänomen, sondern auch als psychologisches und kulturelles Symptom zu begreifen.

Obwohl die Faktoren, die den Kapitalismus zu einem sozialen und individuellen Krankheitsbild machen, umfangreich und tief in unsere Strukturen eingewebt sind, operieren sie auf eine Weise, die in der alltäglichen Wahrnehmung der Menschen fast unsichtbar bleibt. Es ist, als hätte sich ein System etabliert, das seine destruktiven Nebenwirkungen mit einer Art ideologischer Tarnkappe ausstattet. Die Auswirkungen sind allgegenwärtig – von der chronischen Überarbeitung des Individuums bis hin zur globalen Zerstörung von Lebensgrundlagen – und doch werden sie entweder bereitwillig ignoriert oder gar als der notwendige Preis für Fortschritt und Wohlstand akzeptiert. Eine groteske Form von Stockholm-Syndrom: Wir klammern uns an ein System, das uns ausbeutet, weil wir keine Alternative mehr sehen oder sehen wollen.

Der Kapitalismus präsentiert sich nicht als eines von vielen möglichen Systemen, sondern als das einzige. Diese Absolutheit ist sein größter Trick, seine mächtigste Illusion. Wir verwechseln das, was ist, mit dem, was sein muss. Die psychologischen Mechanismen dahinter sind subtil und raffiniert: Konsumismus, der untrennbar mit dem modernen Kapitalismus verbunden ist, verkauft uns nicht nur Produkte, sondern auch Identitäten, Hoffnungen und Erfüllung – alles verpackt in glänzendem Marketing und verführerischer Werbung. Aber während wir kaufen, verbrauchen und uns definieren, bezahlen wir mit mehr als nur Geld. Wir bezahlen mit unserer Lebenszeit, unserer Umwelt und unserer geistigen Gesundheit.

Das Paradoxe daran ist, dass die zerstörerischen Konsequenzen längst offenkundig sind. Die Klimakrise, soziale Ungleichheiten, die wachsende mentale Belastung und die Isolation in modernen Gesellschaften schreien förmlich nach einem Systemwandel. Und dennoch: Ein »Weiter so« scheint die vorherrschende Haltung zu sein, als würde uns ein kollektiver Bann belegen. Die Gründe dafür liegen tief. Der Kapitalismus hat sich nicht nur in unsere Wirtschaftssysteme eingepflanzt, sondern auch in unsere Werte, Träume und Ängste. Er hat uns dazu erzogen, Fortschritt mit Wachstum zu verwechseln, Glück mit Konsum und Freiheit mit Wahlmöglichkeiten im Supermarktregal. Diese innere Logik des Kapitalismus ist selbstzerstörerisch und zugleich hypnotisierend. Wir sind wie Süchtige, die wissen, dass die Droge uns tötet, aber die Vorstellung, ohne sie zu leben, unerträglicher scheint als die langsame Selbstvernichtung. Aber diese Droge hat einen Preis, der weit über uns selbst hinausgeht. Es ist nicht nur der einzelne Mensch, der unter Burnout, Existenzängsten oder Entfremdung leidet. Es ist die gesamte Gesellschaft, die auseinanderfällt, und ein Planet, der an den Grenzen seiner Belastbarkeit angekommen ist. Wir rauben uns nicht nur unsere eigene Zukunft, sondern auch die der Generationen, die nach uns kommen. Vielleicht liegt die subtilste Perversion des Kapitalismus darin, dass er uns glauben lässt, dass wir keine Wahl haben. Das System hat uns davon überzeugt, dass es keine Alternative gibt – dass ein Verzicht auf Wachstum einer Katastrophe gleichkommt, dass Konsum der einzige Weg ist, um Sinn zu finden, und dass jede Abweichung vom Pfad des Marktes uns in Chaos stürzen würde. Aber diese Angst ist Teil der Krankheit selbst. Es ist eine Krankheit, die uns nicht nur körperlich und sozial, sondern auch geistig und spirituell erfasst hat. Und wie bei jeder Krankheit ist der erste Schritt zur Heilung die Erkenntnis, dass wir krank sind.

Ein »Weiter so« ist nicht nur fahrlässig – es ist suizidal. Nicht nur für uns als Individuen, sondern für die gesamte Menschheit und den Planeten, den wir bewohnen. Die Frage ist nicht mehr, ob wir den Kapitalismus reformieren oder überwinden sollten. Die Frage ist, ob wir den Mut haben, uns der Realität zu stellen und uns einzugestehen, dass das System, das wir geschaffen haben, uns längst überholt hat. Und ob wir bereit sind, uns vorzustellen, dass eine andere Welt nicht nur möglich, sondern auch notwendig ist. Es ist Zeit, die Illusion zu durchbrechen und uns zu fragen: Wenn der Preis für den Fortbestand des Kapitalismus der Tod unseres Planeten und unserer Seele ist – was genau ist es, das wir zu retten versuchen?

Kapitel Dreizehn
Die verlockende Illusion von Nachhaltigkeit durch Konsum

»Der Konsum ist der einzige Sinn und Zweck der Produktion, und den Interessen der Produzenten sollte man nur insoweit Beachtung schenken als nötig ist, die der Verbraucher zu fördern.«

Adam Smith (1776): [14]

»Manche Vorzüge arten in Fehler aus, wenn sie angeboren sind, und manche werden erworben niemals vollkommen. So zum Beispiel die Vernunft, uns mit unserem Vermögen, mit unserem Vertrauen wirtschaften lehren, aber die Natur muß uns mit Güte und Mut ausstatten.«

François de La Rochefoucauld (1665) : [V]

In einer Zeit, in der der Kapitalismus immer stärker unter dem Druck steht, sich umwelt- und sozialverträglicher zu geben, entfaltet sich ein faszinierendes, wenn auch zutiefst widersprüchliches Phänomen: die Illusion des nachhaltigen Konsums. Unternehmen, deren Geschäftsmodelle untrennbar mit Wachstumszwängen und übermäßigem Ressourcenverbrauch verbunden sind, kleiden sich in das Gewand der Nachhaltigkeit. Mit Hochglanzkampagnen und vermeintlich grünen Produkten schaffen sie ein Narrativ, der nicht nur die ökologische Realität, sondern auch die psychologischen Dynamiken des Konsums verschleiert. Produkte, die in ihrem Kern das Problem verkörpern, werden umetikettiert und als Lösung präsentiert, während der exzessive Konsum – die wahre Wurzel des Problems – nicht etwa hinterfragt, sondern durch moralisch aufgeladene Rechtfertigungen weiter angeheizt wird. Konsum wird nicht reduziert, sondern neu legitimiert, als wäre er in seiner »grünen« Form nicht nur unproblematisch, sondern sogar wünschenswert. Das schlechte Gewissen der Verbraucher wird besänftigt, ihr Verlangen nach Status und Zugehörigkeit geschickt kanalisiert – alles unter dem Vorwand, Teil der Lösung zu sein.

Diese Dynamik ist nicht nur ein wirtschaftliches und ökologisches Problem, sondern ein Spiegel der tief verankerten Mechanismen des Kapitalismus, die weit über ökonomische Strukturen hinausreichen. Der Kapitalismus versteht es meisterhaft, Kritik zu absorbieren, sie umzudeuten und in profitsteigernde Strategien zu integrieren. Die Idee, dass man Wohlstand und Luxus mit einem reinen Gewissen genießen könnte, ist dabei eine seiner raffiniertesten Erfindungen. Sie spricht tief verwurzelte Bedürfnisse an: das Streben nach Komfort, die Sehnsucht nach Anerkennung und das Bedürfnis, sich als moralisch integer zu erleben.[85] Doch genau hier liegt die Perversion. Denn während wir glauben, mit unserem »nachhaltigen« Verhalten einen Beitrag zu leisten, perpetuieren wir ein System, das im Kern zerstörerisch bleibt. Die Illusion des nachhaltigen Luxus verführt uns, uns nicht mit den unbequemen Wahrheiten auseinanderzusetzen: Dass echter Wandel nicht aus einer Optimierung des Bestehenden entstehen kann, sondern aus einer radikalen Neubewertung dessen, was wir als Wohlstand und Lebensqualität verstehen.

Das eigentliche Problem des Kapitalismus ist nicht nur seine innere Logik des Wachstums, sondern die nahezu religiöse Überzeugung, dass dieses Wachstum unendlich sein kann. Auf einem Planeten mit begrenzten Ressourcen ist dies ein fundamentaler Widerspruch – ein Paradoxon, das nicht nur die Ökologie bedroht, sondern auch die gesellschaftliche Stabilität. Doch anstatt diesen Widerspruch zu lösen, haben wir gelernt, ihn zu ignorieren oder mit bequemen Illusionen zu kaschieren. Die Vorstellung, dass der Kapitalismus nachhaltig werden könnte, ist der größte und gefährlichste Mythos unserer Zeit. Es ist nicht einfach ein Irrtum, sondern eine absichtlich gepflegte Erzählung, die uns davon abhält, den notwendigen Bruch mit den Strukturen zu vollziehen, die uns unaufhaltsam in die Katastrophe treiben.

Diese Erzählung lullt uns ein, sie gibt uns das trügerische Gefühl, dass wir das Ruder noch herumreißen können, ohne unser Leben grundlegend zu verändern. Wir kaufen Produkte mit grünen Labels, spenden für Umweltschutzorganisationen und fühlen uns dabei fast heldenhaft – als hätten wir die Welt ein Stück besser gemacht. Aber in Wirklichkeit verschärfen wir die Probleme nur. Die planetaren Grenzen sind längst überschritten: Das Klima destabilisiert sich, Arten sterben aus, Böden erodieren, Meere versauern.

Und während die Natur unter der Last des menschlichen Handelns zusammenbricht, zerbrechen auch die sozialen Gefüge: Die Schere zwischen Arm und Reich klafft weiter auseinander, globale Migration nimmt zu, soziale Spannungen eskalieren. Doch statt anzuhalten und uns zu fragen, wie wir tatsächlich eine gerechtere und nachhaltigere Welt schaffen könnten, flüchten wir uns in kosmetische Lösungen, die das System nur verlängern.

Die psychologische Dimension dieses Phänomens ist besonders evident – und verstörend. Menschen haben ein umfassendes Bedürfnis nach Konsistenz: Wir wollen glauben, dass unser Handeln in Einklang mit unseren Werten steht. Aber in einer kapitalistischen Welt, die uns ständig dazu antreibt, mehr zu konsumieren, stehen unsere Werte und unser Verhalten oft in krassem Widerspruch. Und genau hier greift die perfide Logik des Systems. Anstatt den Widerspruch zu lösen, instrumentalisiert der Kapitalismus unser schlechtes Gewissen. Je stärker wir spüren, dass unser Konsumverhalten nicht nachhaltig ist, desto mehr suchen wir nach Möglichkeiten, dieses schlechte Gewissen zu beruhigen. Das Ergebnis ist ein Markt, der genau das liefert: nachhaltige Mode, klimaneutrale Flüge, »grünes« Plastik. Es ist ein absurder Kreislauf: Unsere Reue über die Zerstörung, die wir anrichten, treibt uns dazu, noch mehr zu konsumieren – und die Zerstörung fortzusetzen. Das Streben nach Komfort, Status und moralischem Handeln wird dabei zur perfekten Zielscheibe. Wir möchten glauben, dass wir alles haben können: ein luxuriöses Leben, das uns gesellschaftliche Anerkennung bringt, und gleichzeitig ein reines Gewissen, weil wir vermeintlich nachhaltig handeln. Doch das ist eine gefährliche Illusion. Nachhaltigkeit, die nicht mit Verzicht und grundlegender Veränderung einhergeht, ist keine echte Nachhaltigkeit. Es ist ein Placebo, das uns davon abhält, die wahren Kosten unseres Lebensstils zu erkennen. Und genau das macht diese Erzählung so gefährlich: Sie hält uns in einer Schleife des Selbstbetrugs gefangen, während die Zeit für echte Veränderungen abläuft. Der Kapitalismus hat es geschafft, nicht nur unsere Ökonomien, sondern auch unsere Psychen zu durchdringen. Er hat uns so konditioniert, dass wir selbst die Lösungen, die uns angeboten werden, im Rahmen seiner Logik denken. Doch wahre Nachhaltigkeit bedeutet, aus dieser Logik auszubrechen. Es bedeutet, Wachstum nicht mehr als Ziel zu betrachten, sondern als Problem. Es bedeutet, Wohlstand neu zu definieren – nicht als Ansammlung von

Gütern, sondern als Zugang zu einem lebenswerten Leben für alle, jetzt und in der Zukunft. Es bedeutet, das Narrativ der Alternativlosigkeit zu durchbrechen und den Mut zu finden, radikal neue Wege zu gehen. Aber dafür müssen wir zunächst erkennen, dass die Sehnsucht nach einer nachhaltigen Version des Kapitalismus nur eine weitere Maske ist, die das System trägt, um sich selbst zu erhalten. Und diese Maske müssen wir abreißen. Die einst radikale Kritik an der Zerstörung von Umwelt und Gesellschaft hat sich in einen faszinierenden, aber auch perfiden Mechanismus verwandelt: einen Konsumismus, der nicht nur akzeptiert, sondern geradezu gefeiert wird, weil er sich mit moralischer Legitimation tarnt. Dieser neue Konsumismus hat die Sprache der Nachhaltigkeit gekapert, um die alte Logik des Kapitalismus fortzusetzen. Anstatt die Wachstumsdoktrin zu hinterfragen, wird sie in grünem Gewand neu verpackt. Produkte, die mit Schlagworten wie »ökologisch«, »nachhaltig« oder »fair gehandelt« beworben werden, bieten die perfekte Illusion: Sie suggerieren, dass der Konsum selbst die Lösung sei, dass wir durch den Kauf die Welt retten können – ein Akt der Konsumtion als moralischer Heilsbringer.

Doch die sozialen Dimensionen dieses Prozesses sind ebenso brisant wie die ökologischen. In einer Welt, in der Nachhaltigkeit zur neuen Währung des sozialen Ansehens wird, entsteht ein moralisches Kastensystem. Wer grün kauft, gewinnt an Prestige und wird als verantwortungsbewusster Akteur im großen Spiel des Konsums wahrgenommen. Gleichzeitig werden diejenigen, die sich nicht an dieser Dynamik beteiligen können oder wollen – sei es aus finanziellen, kulturellen oder schlicht persönlichen Gründen – subtil abgewertet, oft ohne dass dies explizit ausgesprochen wird. Die Wahl, nicht nachhaltig zu konsumieren, wird schnell als moralisches Defizit gelesen, als Zeichen mangelnder Verantwortung oder gar Rücksichtslosigkeit.

Diese Dynamik hat jedoch eine Schattenseite, die selten beleuchtet wird. Denn was unreflektiert bleibt, ist die zentrale Frage: Ist grüner Konsum wirklich eine Lösung, oder ist er lediglich eine andere Form des Exzesses, die die Grundprobleme nicht adressiert? Auch der nachhaltigste Konsum kann nicht von der Tatsache ablenken, dass jeder Konsum Ressourcen benötigt – sei es Wasser, Energie, Rohstoffe oder menschliche Arbeitskraft. Die hübschen Geschichten, die uns von recycelten Materialien, klimaneutraler Produktion oder biologisch abbaubaren Verpackungen erzählt werden, beruhigen vielleicht unser Gewissen, aber sie lösen nicht die fundamentale Frage: Wie viel brauchen wir wirklich? Diese Frage ist unbequem, weil sie direkt die Grundfesten unseres Lebensstils infrage stellt. Sie fordert uns auf, die Idee von Wachstum, Fortschritt und unendlichem Konsum zu hinterfragen – Ideen, die tief in der Struktur des Kapitalismus und in unserem Selbstverständnis als moderne Gesellschaft verankert sind. Grüner Konsum mag uns ein gutes Gefühl geben, aber er bleibt Teil desselben Spiels, solange er nicht mit einer radikalen Reduktion des Ressourcenverbrauchs einhergeht. Die Moralisierung des Konsums, die grüne Konsumgüter zum neuen Statussymbol erhebt, verschleiert dabei die strukturellen Probleme: dass auch der umweltfreundlichste Konsum im bestehenden System den Planeten weiter belastet.

Die Ironie ist kaum zu übersehen: In unserer verzweifelten Suche nach Lösungen innerhalb des kapitalistischen Rahmens vermeiden wir die unbequeme Wahrheit, dass wahre Nachhaltigkeit nicht mit dem Konsumieren, sondern mit dem Loslassen beginnt. Der grüne Konsum ist ein geschicktes Täuschungsmanöver, ein System, das uns erlaubt, weiterzumachen wie bisher, während wir glauben, moralisch das Richtige zu tun. Doch die wahren Kosten werden weiterhin externalisiert – auf zukünftige Generationen, auf die Ökosysteme, auf die Menschen in weniger privilegierten Teilen der Welt.

Die entscheidende Frage lautet also nicht, wie wir nachhaltiger konsumieren können, sondern ob wir bereit sind, uns von der Logik des Konsums als zentralem Lebensprinzip zu verabschieden. Können wir uns eine Welt vorstellen, in der unser Wert nicht durch das definiert wird, was wir kaufen, sondern durch das, was wir beitragen? Eine Welt, in der Verzicht kein Verlust, sondern ein Gewinn an Freiheit, Zeit und Lebendigkeit bedeutet? Solange wir diese fundamentale Transformation nicht angehen, bleibt auch der grünste Konsum nur ein weiteres Kapitel in der Geschichte des Kapitalismus – eine Geschichte, die uns letztlich alle teuer zu stehen kommen wird.

Am kritischsten ist tatsächlich die ökologische Dimension, denn sie entlarvt die tiefste Widersprüchlichkeit des Kapitalismus: Ein System, das auf unendlichem Wachstum basiert, versucht sich mit dem Mantel der Nachhaltigkeit zu schmücken, obwohl es auf einem Planeten mit endlichen Ressourcen operiert. Die Idee, dass der Kapitalismus in einer »grünen« Version die Herausforderungen unserer Zeit lösen könnte, ist nicht nur illusionär, sondern ein gefährliches Ablenkungsmanöver, das die eigentlichen Probleme verschleiert. Denn auch ein vollständig nachhaltiger Kapitalismus – sollte ein solcher überhaupt möglich sein – würde an der zentralen Herausforderung scheitern: der radikalen Entkoppelung von Wohlstand und Ressourcenverbrauch. Diese Entkoppelung ist kein rein technisches Problem, das mit effizienteren Technologien, saubereren Energien oder smarteren Produktionsprozessen gelöst werden könnte. Sie ist eine kulturelle und psychologische Herausforderung von epochalem Ausmaß. Der Kapitalismus hat nicht nur die Wirtschaft durchdrungen, sondern auch unsere Werte, unsere Vorstellungen von Erfolg und unser Verständnis davon, was ein gutes Leben ausmacht. Fortschritt wird nach wie vor in Wachstumszahlen gemessen, Wohlstand an Konsummöglichkeiten und Erfolg an der Anhäufung von Besitz. Doch was, wenn diese Maßstäbe selbst das Problem sind? Ein »grüner« Kapitalismus würde vielleicht hier und da Emissionen reduzieren, den CO_2-Fußabdruck kleiner machen und mehr Menschen Zugang zu umweltfreundlichen Technologien geben. Aber er würde immer noch auf dem Grundprinzip beruhen, dass mehr immer besser ist. Mehr Konsum, mehr Produktion, mehr Innovation – alles mit einem grünen Anstrich. Die zentrale Logik des Kapitalismus, dass Wachstum unantastbar ist, würde unangetastet bleiben. Und genau das ist das Kernproblem. Denn solange Wachstum der ultimative Maßstab bleibt, wird auch die »nachhaltigste« Version des Kapitalismus nicht in der Lage sein, die planetaren Grenzen zu respektieren.

Was wir brauchen, ist keine Reform des Kapitalismus, sondern ein radikales Umdenken, das weit über grüne Technologien und ökologische Korrekturen hinausgeht. Es erfordert eine komplette Umgestaltung dessen, was wir als Individuum als Fortschritt, Wohlstand und Erfolg betrachten. Fortschritt darf nicht länger an der Steigerung des Bruttoinlandsprodukts gemessen werden, sondern daran, wie gut wir das Wohlbefinden aller Lebewesen – nicht nur des Menschen – fördern. Wohlstand sollte nicht bedeuten, immer mehr Dinge zu besitzen, sondern ein Leben zu führen, das reich an Zeit, Beziehungen und Sinn ist. Erfolg sollte nicht an Statussymbolen festgemacht werden, sondern an der Fähigkeit, mit weniger zufrieden und gleichzeitig tief verbunden mit der Welt zu sein. Diese kulturelle und psychologische Transformation ist die wahre Herausforderung. Sie verlangt, dass wir nicht nur unser Verhalten ändern, sondern auch die Narrative, die dieses Verhalten legitimieren. Es geht nicht mehr nur darum, wie wir den Kapitalismus nachhaltiger machen können – das ist nur ein kosmetischer Eingriff an einem tief kranken System. Es geht darum, ob wir bereit sind, seine Grundprinzipien radikal zu hinterfragen. Können wir uns eine Welt vorstellen, in der Wachstum nicht mehr das oberste Ziel ist? In der die Qualität des Lebens mehr zählt als die Quantität des Konsums? In der genug wirklich genug ist?

Diese Fragen sind unbequem, weil sie die Illusion des »grünen Kapitalismus« als das entlarven, was sie ist: eine Beruhigungspille für ein System, das längst nicht mehr zukunftsfähig ist. Doch sie sind auch befreiend. Denn sie eröffnen die Möglichkeit, wirklich neue Wege zu denken – Wege, die nicht mehr auf Ausbeutung, Überfluss und Ungleichheit basieren, sondern auf Solidarität, Einfachheit und Respekt vor den natürlichen Grenzen unseres Planeten. Die Zeit, den Kapitalismus zu hinterfragen, ist nicht irgendwann in der Zukunft. Sie ist jetzt. Denn die ökologische Krise ist nicht nur eine Krise der Umwelt – sie ist eine Krise unserer Kultur, unserer Werte und letztlich unseres Menschseins. Und sie ist absolut notwendig – es ist nicht vorstellbar, dass ein kapitalistisches System nicht eben an jene Grenze stößt.

Das *grüne Wirtschaftswunder* – die Vorstellung, dass wir durch technologische Innovationen und nachhaltigen Konsum eine ökologische Transformation erreichen können, ohne die Grundprinzipien des Kapitalismus infrage zu stellen – ist nicht nur eine Illusion, sondern auch eine gefährliche Ablenkung. Es wird uns verkauft als die große Lösung: eine Welt, in der wir weiterhin wachsen, konsumieren und Wohlstand anhäufen können, ohne die Umwelt zu zerstören. Doch hinter dieser Fassade verbirgt sich ein tiefes Missverständnis dessen, was Nachhaltigkeit wirklich bedeutet. Statt einer echten Transformation bietet das grüne Wirtschaftswunder eine kosmetische Reparatur an einem System, das in seiner Struktur destruktiv bleibt: Die Idee des grünen Wirtschaftswunders ist verführerisch, weil sie uns erlaubt, an den vermeintlichen Segnungen des Kapitalismus festzuhalten, während wir gleichzeitig unser ökologisches Gewissen beruhigen. Wir kaufen Elektroautos, tragen Kleidung aus recycelten Materialien und ersetzen Plastiktüten durch Baumwolltaschen – und fühlen uns dabei, als würden wir die Welt retten. Doch diese grüne Konsumideologie ignoriert die fundamentalen Probleme: Dass jedes Produkt, egal wie »nachhaltig« es vermarktet wird, Ressourcen verbraucht, Energie kostet und Müll erzeugt. Das Streben nach immer neuen Technologien und Konsumgütern – selbst wenn sie grün sind – ist keine Lösung, sondern Teil des Problems. [86]

Die Verheißung eines grünen Wirtschaftswunders lenkt uns ab von der unangenehmen Wahrheit, dass das Streben nach unendlichem Wachstum auf einem endlichen Planeten eine Sackgasse ist. Selbst wenn wir alle Autos elektrisch machen, bleibt der Verkehr ein Problem. Selbst wenn wir Kohlekraftwerke durch Solar- und Windenergie ersetzen, bleibt der Energiehunger unserer Wirtschaft ein Fass ohne Boden. Selbst wenn wir jedes Produkt nachhaltig gestalten, bleibt die Logik des Konsums unangetastet – die Logik, dass Glück und Fortschritt durch die Anhäufung von Gütern erreicht werden. Das grüne Wirtschaftswunder versucht, die Symptome zu behandeln, während die Krankheit selbst ungehindert fortschreitet. Schlimmer noch, das grüne Wirtschaftswunder ist nicht nur sinnlos, sondern fehlgeleitet. Es verschwendet kostbare Zeit und Ressourcen, die wir für andere Veränderungen brauchen. Während wir uns darauf konzentrieren, den Kapitalismus ein wenig grüner zu machen, schreiten die Klimakrise, das Artensterben und die sozialen Ungleichheiten ungebremst voran. Anstatt die grundlegenden Ursachen dieser Krisen zu adressieren – die Wachstumslogik, die Ressourcenverschwendung, die soziale Ungerechtigkeit –, konzentrieren wir uns auf technologische Lösungen, die bestenfalls kosmetisch sind und schlimmstenfalls neue Probleme schaffen.

Das grüne Wirtschaftswunder ist auch ideologisch problematisch, weil es die Verantwortung auf das Individuum abwälzt, ohne ihn psychologisch auf die Konsequenzen dessen vorzubereiten oder zu begleiten. Es suggeriert, dass wir durch unsere Kaufentscheidungen die Welt verändern können – dass der richtige Einkauf, das richtige Produkt, der richtige Lebensstil den Unterschied macht. Diese Individualisierung der äußeren Verantwortung lenkt ab von der Notwendigkeit, die politischen und wirtschaftlichen Strukturen zu verändern, die die Krise überhaupt erst hervorgebracht haben. Was wir brauchen, ist kein grünes Wirtschaftswunder, sondern eine radikale Neuorientierung im Selbst – wir müssen die innere Verantwortung ernst nehmen. Und dann: eine Wirtschaft, die nicht auf Wachstum, sondern auf Erhalt basiert. Eine Gesellschaft, die nicht den Konsum, sondern die Gemeinschaft in den Mittelpunkt stellt. Eine Politik, die nicht die Märkte schützt, sondern die Lebensgrundlagen. Dieser Wandel erfordert Mut, Ehrlichkeit und die Bereitschaft, sich von liebgewonnenen Illusionen zu verabschieden. Es bedeutet, nicht länger auf Wunder zu hoffen – grün oder anders – sondern die Realität zu akzeptieren und entsprechend zu handeln.

Dieses Thema birgt vor allem Sprengstoff, weil es ungeschönt die tiefsten Widersprüche unserer Zeit offenlegt und an die aktuellen Grundprinzipien des politischen Aktivismus rührt. Es zwingt uns, die berühmte »unbequeme Wahrheit« zu akzeptieren: Unser gegenwärtiges Leben – geprägt von einem nie endenden Streben nach Wohlstand, Luxus und Wachstum – ist unvereinbar mit den planetaren Grenzen und der sozialen Gerechtigkeit, die wir gleichzeitig propagieren. Es ist eine Illusion zu glauben, dass wir alles haben können: ein immer reichhaltigeres Leben, unerschöpfliche Ressourcen und eine intakte Umwelt. Die wahre Provokation dieses Themas liegt darin, uns von dieser Illusion zu verabschieden und anzuerkennen, dass echter Wandel nicht durch die Optimierung eines kranken Systems entsteht, sondern durch seine grundlegende Transformation. Es geht nicht mehr darum, den Kapitalismus ein wenig grüner oder sozialer zu gestalten, als wäre er ein altes Haus, das mit neuer Farbe und einigen Reparaturen wieder bewohnbar gemacht werden kann. Nein, es geht darum, dieses Haus einzureißen und den Mut zu haben, ein völlig neues Fundament zu legen. Es bedeutet, die Strukturen zu hinterfragen, die uns erzählen, dass unser Wert als Menschen von unserem Besitz, unserem Einkommen und unserem Konsum abhängt. Es fordert uns auf, nicht nur unser individuelles Verhalten zu ändern – weniger Plastik zu kaufen, nachhaltige Kleidung zu tragen, Elektroautos zu fahren –, sondern die Denkmuster und Systeme infrage zu stellen, die uns überhaupt erst in diese Lage gebracht haben. Die Herausforderung liegt darin, eine Welt jenseits der bekannten Grenzen zu denken. Eine Welt, in der Wohlstand nicht durch die Anhäufung von Gütern definiert wird, sondern durch die Tiefe unserer Beziehungen – zu anderen Menschen, zur Natur und zu uns selbst. Eine Welt, in der Luxus nicht in seltenen und teuren Objekten liegt, sondern in Zeit: Zeit zum Leben, Zeit für Kreativität, Zeit für echte Begegnungen. Eine Welt, die nicht auf Ausbeutung basiert, sondern auf Erhalt – ein radikaler Bruch mit dem linearen Modell von »nehmen, verbrauchen, wegwerfen«, das den Kapitalismus seit jeher prägt. Doch diese Welt erfordert mehr als nur grüne Produkte oder kosmetische Anpassungen. Sie erfordert eine radikale Ehrlichkeit darüber, was wir wirklich brauchen, was uns wirklich glücklich macht und was wir bereit sind, aufzugeben. Sie erfordert den Mut, uns selbst zu hinterfragen – unsere Werte, unsere Prioritäten, unsere Ängste. Denn solange wir versuchen, den Kapitalismus zu retten, indem wir ihn nur ein wenig effizienter, ein wenig nachhaltiger, ein wenig menschlicher machen, bleiben wir gefangen in einem System, das uns immer wieder an den Abgrund führen wird.

Die wahre Frage, die wir uns stellen müssen, ist nicht, wie wir dieses System verbessern können, sondern ob wir bereit sind, es zu überwinden. Haben wir den Mut, uns eine Welt vorzustellen, die nicht von Märkten und Gewinnmaximierung regiert wird, sondern von den Bedürfnissen des Lebens selbst? Eine Welt, in der der Wert eines Menschen nicht in Zahlen gemessen wird, sondern in der Fähigkeit, zu verbinden, zu bewahren und zu erschaffen? Eine Welt, die sich nicht durch Wachstum definiert, sondern durch die Tiefe ihrer Wurzeln? Diese Vision ist keine einfache Antwort, und sie wird von uns verlangen, mehr zu tun, als nur unsere Konsumgewohnheiten zu ändern. Sie wird uns dazu zwingen, uns von liebgewonnenen Illusionen zu lösen: der Illusion, dass es keine Alternative gibt, dass es immer nur »Weiter so« geben kann, dass Fortschritt und Wachstum untrennbar miteinander verbunden sind. Sie wird uns zwingen, den bequemen Glauben aufzugeben, dass die Lösung für unsere Probleme immer woanders liegt – bei den Politikern, den Unternehmen, den Technologien –, und zu akzeptieren, dass wir selbst Teil der Veränderung sein müssen. Transformation bedeutet nicht nur, die Welt um uns herum neu zu gestalten, sondern uns selbst. Es erfordert, dass wir uns fragen, wer wir sein wollen, was wir wertschätzen und wie wir leben möchten – nicht in einer fernen, abstrakten Zukunft, sondern hier und jetzt. Nur so können wir wirklich Teil der Lösung werden: Indem wir als Individuum den Mut haben, nicht nur die Welt zu verändern, sondern zu allererst uns selbst. Denn in dieser Veränderung liegt der wahre Luxus – nicht in Dingen, sondern in der Freiheit, eine neue Realität zu schaffen.

Kapitel Vierzehn
Die Metamorphose des Wohlstands

»Die Freiheit in allen ihren moralischen Widersprüchen und physischen Übeln ist für edle Gemüter ein unendlich interessanteres Schauspiel als Wohlstand und Ordnung ohne Freiheit, wo die Schafe geduldig dem Hirten folgen und der selbstherrschende Wille sich zum dienstbaren Glied eines Uhrwerks herabsetzt. Das letzte macht den Menschen bloß zu einem geistreichen Produkt und glücklichern Bürger der Natur, die Freiheit macht ihn zum Bürger und Mitherrscher eines höhern Systems, wo es unendlich ehrenvoller ist, den untersten Platz einzunehmen, als in der physischen Ordnung den Reihen anzuführen.«

Friedrich Schiller (1962): [802]

Der Kapitalismus schließt seinen Kreislauf, indem er den Begriff des Wohlstands zum Kern seiner Existenz macht. Wohlstand ist mehr als ein Ziel; er ist ein Versprechen, ein Mythos, ein ideologischer Motor, der die Gesellschaft antreibt. Er ist das Symbol der Freiheit, der Verwirklichung und der Selbstbestimmung, das uns seit der Moderne eingeredet wird – und dennoch bleibt er flüchtig, wandelbar, ungreifbar. In der Postmoderne hat sich Wohlstand zu einem schillernden Kaleidoskop entwickelt, einem Ideal, das so vielfältig ist wie die Individuen und Kulturen, die ihm nacheifern. Doch gerade diese Vielfalt, diese ständige Veränderung und Neudefinition macht ihn zu einem Ziel, das niemals wirklich erreicht werden kann. Wohlstand ist nicht, er wird – ein ewiger Prozess des Strebens, ein kollektives Konstrukt, das keine endgültige Erfüllung kennt.

Was aber passiert, wenn wir nicht den Wohlstand selbst, sondern den Prozess seiner Jagd betrachten? Hier zeigt sich die eigentliche Dynamik des Kapitalismus, die nicht in der Erfüllung von Bedürfnissen liegt, sondern in ihrer unendlichen Erzeugung. Wohlstand ist nicht die Ernte, sondern die Karotte am Stock, die uns antreibt. Doch je näher wir kommen, desto mehr verschiebt sich der Horizont. Was gestern noch Wohlstand bedeutete – ein Haus, ein Auto, ein sicheres Einkommen – wirkt heute blass, ja geradezu antiquiert, verglichen mit den immer neuen Maßstäben, die uns gesetzt werden: mehr Freizeit, mehr Erfahrungen, mehr Selbstoptimierung, mehr Nachhaltigkeit. Der Kapitalismus versteht es meisterhaft, den Begriff des Wohlstands immer wieder neu zu inszenieren, ihn anzupassen, zu verfeinern, zu diversifizieren – und uns dabei glauben zu lassen, dass wir durch seinen Konsum Freiheit erlangen. Doch wie frei sind wir wirklich, wenn Wohlstand ein Ziel bleibt, das wir niemals erreichen können? Die Grenzen dessen, was Wohlstand bedeutet, verschieben sich mit atemberaubender Geschwindigkeit. Es geht längst nicht mehr nur um materiellen Besitz – die Villa, den teuren Schmuck, die Luxusgüter. Wohlstand ist digital geworden, er ist sozial, emotional, spirituell. Er lebt in der Anzahl unserer Follower, in der Tiefe unserer Meditation, in der Perfektion unseres veganen Lebensstils. Er hat sich ins Virtuelle verlagert, in Selbstinszenierung und symbolische Werte, die kaum mehr greifbar sind. Doch auch hier bleibt er ein Konstrukt, das uns antreibt, ohne uns ankommen zu lassen. Die ewige Verschiebung der Maßstäbe macht aus dem Versprechen des Wohlstands eine Illusion, die uns nicht befreit, sondern bindet.

Diese ständige Weiterentwicklung dessen, was Wohlstand ist und sein kann, hat tiefgreifende Auswirkungen auf Mensch und Gesellschaft. Sie treibt uns an – in den Burnout, in die Überforderung, in die Rastlosigkeit. Der Mensch des Kapitalismus ist nicht mehr der zufriedene Bürger, der sein Haus abbezahlt und ein ruhiges Leben führt. Er ist ein Getriebener, ein Suchender, der stets auf der Jagd ist nach dem nächsten Level, dem nächsten Ziel, dem nächsten Status. Diese Jagd hat ihre eigene Dynamik, ihre eigenen Regeln. Sie ist nicht nur individuell, sondern auch kollektiv. Sie formt unsere Kultur, unsere Werte, unsere Beziehungen. Sie macht uns zu Konkurrenten, zu Performern, zu Darstellern in einem großen Schauspiel, das niemals endet. Interessanterweise ist dabei die konkrete Ausprägung dessen, was wir als Wohlstand erleben, fast nebensächlich. Entscheidend ist der Prozess, die Bewegung, das Streben. Wohlstand ist kein Zustand, sondern eine Reise, ein Narrativ, das wir uns und anderen erzählen. Und genau hier liegt die Macht des Kapitalismus: in der Fähigkeit, uns immer neue Geschichten zu liefern, neue Horizonte zu öffnen, neue Illusionen zu schaffen. Doch diese Geschichten sind nicht neutral. Sie prägen uns, sie formen unser Denken, unsere Träume, unsere Ängste. Sie treiben uns an, aber sie halten uns auch fest. Sie machen uns produktiv, aber sie machen uns auch unfrei.

Vielleicht ist es an der Zeit, diese Dynamik zu durchbrechen. Nicht, indem wir den Wohlstand abschaffen oder verleugnen, sondern indem wir ihn neu denken. Was wäre, wenn Wohlstand nicht in der Anhäufung von Besitz, sondern in der Tiefe von Beziehungen läge? Was, wenn er nicht in der Erfüllung von Wünschen, sondern in der Fähigkeit, sie loszulassen, bestünde? Was, wenn Wohlstand nicht in der Jagd nach dem Neuen, sondern im Genuss des Bestehenden gefunden werden könnte? Diese Fragen sind unbequem, weil sie uns zwingen, nicht nur das System, sondern auch uns selbst zu hinterfragen. Aber genau hier liegt die Chance, den Bogen des Kapitalismus zu durchbrechen und einen neuen zu spannen – einen, der nicht in der Illusion endet, sondern im echten Leben.

Eng mit dem Begriff des Wohlstands ist die Idee des persönlichen Nutzens verwoben – ein Konzept, das tief in den utilitaristischen Wurzeln der Moderne verankert ist. Der Utilitarismus, der das größtmögliche Glück für die größtmögliche Zahl zum obersten Ziel erklärt, hat Nutzen nicht nur zur ethischen Maxime erhoben, sondern auch zur zentralen Triebkraft des ökonomischen Fortschritts.[87] Nutzen wurde zum Messinstrument des menschlichen Handelns, zur Richtschnur für politische Entscheidungen, zur Legitimation für technologische Entwicklungen. Doch in dieser scheinbaren Rationalität lauert eine gefährliche Verkürzung: Nutzen, ursprünglich gedacht als Wegweiser zu Glück und Erfüllung, wurde in der modernen Gesellschaft zum Synonym für Konsum – und nicht etwa für den Genuss der Dinge selbst, sondern für den Akt des Konsumierens als solchen. Hier offenbart sich eine faszinierende und zugleich verstörende Dynamik: Der Nutzen, der einst ein Werkzeug für das Wohl des Individuums sein sollte, hat sich in der Postmoderne verselbstständigt. Konsum wurde von einem Mittel zum Zweck zu einem Zweck an sich. Es geht längst nicht mehr um das Objekt des Konsums – um die Qualität, den Gebrauchswert oder gar die Schönheit eines Produkts. Vielmehr liegt der Fokus auf der Handlung des Konsumierens, auf dem Erlebnis, das sie verspricht, und auf der Identität, die sie formt. Konsum wird zur performativen Praxis, zu einem Ritual, das nicht mehr hinterfragt wird, weil es als natürlicher Bestandteil des Lebens wahrgenommen wird.

Dieser Konsum als Selbstzweck ist das Markenzeichen der postmodernen Gesellschaft. Er ist nicht mehr nur ein Mittel zur Bedürfnisbefriedigung, sondern eine kulturelle Inszenierung, ein Spiel mit Symbolen und Bedeutungen. Wer konsumiert, signalisiert Zugehörigkeit, Status, Werte – oder die Illusion davon. Der Akt des Kaufens, Besitzens und Wegwerfens wird zum Lebensinhalt, zum Ausdruck einer vermeintlichen Freiheit, die sich in Wirklichkeit als Zwang entpuppt. Denn der Konsument von heute ist kein freies Individuum, sondern ein Zahnrädchen in einer gigantischen Maschinerie, die ihn antreibt, immer mehr zu begehren, immer mehr zu kaufen, immer mehr zu verbrauchen. Dabei ist die Verbindung zwischen Konsum und Nutzen heute unhinterfragt. Der Kapitalismus hat es meisterhaft verstanden, Nutzen und Konsum untrennbar miteinander zu verknüpfen. Er hat uns gelehrt, dass Wohlstand durch den Zugang zu Gütern definiert wird, dass Fortschritt sich in Verkaufszahlen misst, dass Wachstum die unvermeidliche Begleiterscheinung von Nutzenmaximierung ist. Doch in dieser Erzählung wurde eine grundlegende Frage ausgeklammert: Wessen Nutzen wird eigentlich maximiert? Und zu welchem Preis?

Konsum als Selbstzweck vernebelt die Tatsache, dass der individuelle Nutzen oft auf Kosten kollektiver Güter erkauft wird – auf Kosten der Umwelt, sozialer Gerechtigkeit, mentaler Gesundheit. Die vermeintliche Freiheit des Konsumenten ist in Wahrheit eine Knechtschaft, die uns an eine endlose Spirale des Begehrens kettet. Denn der Konsum der Postmoderne kennt keinen Endpunkt, keinen Zustand der Erfüllung. Jeder Kauf, jedes Erlebnis erzeugt sofort die Leere, die das nächste Begehren hervorruft. Nutzen wird zur Illusion, ein Versprechen, das sich niemals erfüllt. Die Frage, die sich daraus ergibt, ist notgedrungen radikal: Kann Nutzen in einer Gesellschaft, die Konsum als Selbstzweck verherrlicht, überhaupt noch ein sinnvoller Begriff sein? Oder müssen wir ihn neu denken – nicht als Maximierung des individuellen Gewinns, sondern als Balance zwischen dem Wohl des Einzelnen, der Gemeinschaft und der Welt? Um diese Frage zu beantworten, braucht es mehr als die Optimierung unserer Konsumpraktiken. Es braucht eine neue Philosophie des Nutzens, die Konsum nicht als Ziel, sondern als Mittel zu einem tieferen Verständnis von Wohlstand begreift. Eine Philosophie, die uns lehrt, dass echter Nutzen nicht in der Anhäufung von Gütern liegt, sondern in der Fähigkeit, mit weniger mehr zu erreichen: mehr Sinn, mehr Verbindung, mehr Nachhaltigkeit.

Konsum strukturiert heute unser Leben und das soziale Gefüge. Kein Konzept verdeutlicht dies besser als das des *Konsumtempels*. Schon der Begriff »Tempel« selbst, abgeleitet vom lateinischen *templum*, das sowohl »heiliger Ort« als auch »Ort der Betrachtung« bedeutet, legt nahe, dass es hier nicht nur um eine banale Ansammlung von Waren und Dienstleistungen geht. Der Konsumtempel ist mehr als ein Einkaufszentrum, ein Supermarkt oder eine Online-Plattform. Er ist eine Manifestation von Ideologien, ein zentraler Ort, der unser Leben ordnet, unsere Prioritäten formt und unser Streben nach Sinn und Erfüllung kanalisiert. Ein Tempel ist traditionell ein Ort der Anbetung, der Orientierung, der spirituellen Suche. Ebenso wie in antiken Tempeln die Rituale und die Architektur eine gewisse Ehrfurcht einflößen sollten, funktioniert auch der Konsumtempel: Er ist beeindruckend, verführerisch und allgegenwärtig. Die riesigen Glasfassaden moderner Einkaufszentren, die eleganten Benutzeroberflächen digitaler Marktplätze – all das suggeriert nicht nur Zugang zu Produkten, sondern auch eine Art Zugehörigkeit, ein Erlebnis, das weit über den Kauf hinausgeht. Der Konsumtempel bietet nicht nur Schutz vor Verfehlung – in diesem Fall dem Verfehlen sozialer Erwartungen –, sondern schafft auch Orientierung in einer Welt, die von Unsicherheiten und Komplexität geprägt ist. Er verspricht Kontrolle, indem er die Bedürfnisse scheinbar klar und übersichtlich ordnet: Alles, was du brauchst, liegt vor dir – in greifbarer Nähe, in klarer Preisauszeichnung. Aber ein Tempel ordnet nicht nur den inneren Raum; er hat auch Auswirkungen auf das Leben außerhalb seiner Mauern. Die antiken Tempel waren Zentren des urbanen Lebens, Dreh- und Angelpunkte sozialer, kultureller und ökonomischer Aktivitäten. Ähnlich verhält es sich mit den Konsumtempeln unserer Zeit. Moderne Einkaufszentren, Marktplätze oder Online-Plattformen wie Amazon haben einen Einfluss, der weit über ihre physischen Grenzen hinausgeht. Sie sind keine Orte, die man nur gelegentlich aufsucht, um Waren zu erwerben. Vielmehr integrieren sie sich in unser gesamtes Leben – vom morgendlichen Scrollen durch Online-Angebote bis zur Entscheidung, wo wir am Wochenende essen gehen oder wie wir uns kleiden, informieren und unterhalten. Der Konsumtempel ist allumfassend: Er macht es möglich, dass wir ihn für praktisch keine Tätigkeit mehr verlassen müssen. Arbeit, Freizeit, Bildung, soziale Interaktion – alles ist auf irgendeine Weise in diesen Raum eingegliedert. Ökonomisch betrachtet mag die Rolle des physischen Konsumtempels auf den ersten Blick marginal erscheinen, wenn man ihn mit den wachsenden digitalen Konsumräumen vergleicht. Doch seine symbolische Macht ist ungebrochen. Ob Einkaufszentrum oder Instagram-Shop: Beide sind Teil desselben Systems und transportieren dieselbe Botschaft. Der Konsumtempel ist nicht nur ein physischer Raum, sondern ein Sinnbild, ein digitales wie reales Fanal, das weit in unser Denken und Handeln ausstrahlt. Es ist ein Ort der Verheißung, aber auch der Verpflichtung – denn in der Logik des Konsumismus hat der Einzelne die Pflicht, ständig zu konsumieren, um sich als wertvoller Teil der Gesellschaft zu definieren.

Hier zeigt sich eine entscheidende Metamorphose. Wohlstand, der einst mit Sicherheit, Selbstgenügsamkeit und einem gewissen Maß an Zurückhaltung verknüpft war, hat sich im Kontext des Konsumtempels in ein spirituelles Konzept verwandelt. Er ist nicht länger bloß eine Ansammlung von Ressourcen oder ein Zustand der Freiheit von Mangel, sondern ein Mittel des Geltungskonsums. Dieser Konsum hat eine starke soziale Konnotation: Er signalisiert Zugehörigkeit, Status und Identität. Es geht nicht mehr nur darum, zu besitzen, was notwendig ist, sondern darum, zu zeigen, was man sich leisten kann. Der Konsumtempel ist somit nicht nur ein Ort, an dem Bedürfnisse befriedigt werden, sondern ein Theater, in dem Identität inszeniert wird. Was wir konsumieren – und wo – ist längst zu einem Spiegel unserer Werte, unserer Zugehörigkeiten und unserer Ambitionen geworden. Der Konsumtempel hat diese Entwicklung nicht nur ermöglicht, sondern aktiv vorangetrieben. Und so haben wir uns in einer Welt eingerichtet, in der Konsum weit über das Materielle hinausgeht: Er hat die Rolle übernommen, die früher religiöse Rituale, gemeinschaftliche Werte oder spirituelle Praktiken innehatten. Wir beten im Konsumtempel nicht zu einer Gottheit, sondern zu einer Illusion – der Illusion, dass wir durch Konsum Sinn finden, Zugehörigkeit erleben und unser Leben vollenden können. Doch genau wie alle Illusionen erfordert auch diese einen hohen Preis. Und die Frage, die bleibt, ist, ob wir bereit sind, diesen weiter zu zahlen.

Interessanterweise ist der Konsum auch ein meritokratisches Ordnungselement; die Idee der Meritokratie stellt eine tatsächlich alternative, aber heute weitgehend unpopuläre Vision gesellschaftlicher Ordnung dar.[88] In einer meritokratischen Gesellschaft wird Herrschaft nicht nur als legitim angesehen, sondern als verdient, als Resultat objektiver Fähigkeiten und Leistungen. Diese Perspektive birgt eine verführerische Logik: Wer oben steht, hat es verdient, und wer scheitert, trägt die Verantwortung für sein eigenes Versagen. Diese Deutung ist nicht nur auf beinahe brutale Weise effizient, sondern auch ideologisch stabil, da sie Ungleichheit moralisch rechtfertigt und als natürliche Folge individueller Unterschiede darstellt.

Doch was genau geschieht, wenn die Prinzipien der Meritokratie mit den Dynamiken des Konsumismus verschmelzen? Hier beginnt eine Transformation, die den Begriff der »Leistung« in neue Sphären treibt. Der Konsumismus bindet Konsumfähigkeit direkt an meritokratische Werte: Wer konsumieren kann, beweist seine Leistungsfähigkeit, sein Verdienst. Konsum wird zur sichtbaren Manifestation von Erfolg und gesellschaftlichem Status. In diesem System erfüllt der Besitz von Luxusgütern eine doppelte Funktion: Einerseits signalisiert er individuelle Leistung, andererseits stiftet er intersozialen Nutzen. Luxusgüter sind nicht nur für den Konsumenten selbst von Bedeutung, sondern auch für das soziale Umfeld, das durch deren Sichtbarkeit über Status und Erfolg informiert wird. Sie sind Symbole, die den meritokratischen Anspruch auf Erfolg und die Legitimität von Ungleichheit untermauern. Der Konsumismus schafft so einen paradoxen Ausgleich zwischen den Schattenseiten zweier Welten: der Ungleichverteilung von Kapital und der Ungleichheit in den Konsumkapazitäten. Durch die Prinzipien des Konsumismus wird Ungleichheit nicht abgeschafft, sondern erträglich gemacht. Das Versprechen, dass jeder – durch Leistung und Anstrengung – Zugang zu Konsum und damit zu sozialer Anerkennung erlangen kann, wirkt stabilisierend auf ein System, das in seiner Substanz zutiefst ungleich ist. Gleichzeitig maskiert diese Logik die strukturellen Barrieren, die vielen den Weg zu dieser vermeintlichen Chancengleichheit versperren.

Doch dieses System birgt eine höchst problematische Seite: den meritokratischen Extremismus. Wenn Leistung zum alleinigen Maßstab wird, entfällt jeglicher Raum für Solidarität, Mitgefühl und soziale Verantwortung. Der Fokus auf Verdienst und Konsumfähigkeit führt zu einer strengen Auslese, in der nur derjenige Wert besitzt, der sich über seine Leistung und seinen Konsum definiert. Der Rest – jene, die scheitern, die weniger konsumieren können, die aus strukturellen oder persönlichen Gründen nicht mithalten – wird unsichtbar oder gar als gesellschaftliche Last betrachtet. Das System rechtfertigt ihre Marginalisierung mit der scheinbaren Objektivität ihrer Unfähigkeit, ihre Position zu verbessern. Luxusgüter spielen in diesem Kontext eine zentrale Rolle. Sie sind nicht nur Ausdruck individuellen Erfolgs, sondern auch Instrumente sozialer Differenzierung. Ihr intersozialer Nutzen liegt darin, dass sie den Wert der meritokratischen Ordnung immer wieder neu inszenieren – gerade weil sie keinen direkten, inhärenten Nutzen haben und man sich diese Form der Verschwendung leisten können muss. Sie symbolisieren, dass Erfolg möglich ist, dass die Besten belohnt werden, dass das System funktioniert. Doch gleichzeitig verstärken sie die bestehenden Ungleichheiten, indem sie den Zugang zu sozialem Prestige und Anerkennung auf diejenigen beschränken, die die finanziellen Mittel besitzen, um sich diese Symbole leisten zu können.

Das meritokratische Konsumparadigma erzeugt eine Gesellschaft, die auf ständiger Leistung und Konsum basierend um ihre eigene Legitimität kreist. Es hinterlässt jedoch eine Spur der Verwerfung: Burnout, soziale Isolation und ökologische Zerstörung. Denn was passiert, wenn die Ungleichheit zu groß wird, wenn die Fähigkeit zu konsumieren immer stärker von Erbschaften und Privilegien abhängt, anstatt von individueller Leistung? Die Meritokratie droht sich selbst ad absurdum zu führen, wenn ihre Grundlagen – die Gerechtigkeit und Chancengleichheit – durch die Realität widerlegt werden. Was bleibt, ist die Frage, ob eine Gesellschaft, die Konsum als Verdienst und Erfolg als Konsumfähigkeit definiert, langfristig stabil sein kann. Oder ob sie in ihrer eigenen Logik kollabieren wird, sobald die Illusion der Chancengleichheit endgültig zerbricht. Denn wenn Konsumismus die letzte Bastion der meritokratischen Legitimität ist, dann könnte sein Zusammenbruch der Beginn eines radikalen Neudenkens von Leistung, Wert und sozialer Ordnung sein.

Diese Entwicklung ist keine Sackgasse, sondern könnte, wenn sie bewusst gesteuert wird, zu einer grundlegenden Transformation führen: einer Rückkehr zum individuellen Nutzenprinzip und der Desozialisation des Konsums. Dies wäre nicht weniger als eine Evolution des Konsumismus, die in einen Neoutilitarismus münden könnte – ein radikal neues Verständnis von Nutzen, das nicht mehr von Wachstumszwängen und der sozialen Bedeutung des Konsums geprägt ist, sondern von einem reflektierten, individuellen Zugang zu Ressourcen und Werten. Diese Entwicklung hätte tiefgreifende Auswirkungen auf die Struktur des Kapitalismus und würde sein Wachstums- und Akkumulationsprinzip auf eine Weise herausfordern, die bisher kaum denkbar erscheint. Die Desozialisation des Konsums wäre eine Abkopplung des Konsumverhaltens von der sozialen Dimension, die derzeit untrennbar mit Status, Anerkennung und Wettbewerb verknüpft ist. Konsum würde so nicht länger als Mittel der sozialen Positionierung und Identitätsbildung fungieren, sondern wieder zu dem werden, was er in seiner Essenz ist: ein Werkzeug, um individuelle Bedürfnisse zu erfüllen. Dies würde auch eine Abkopplung des Konsumismus von realen Gütern beinhalten – der Wert eines Objekts oder einer Erfahrung müsste nicht mehr an seiner physischen Existenz oder seiner symbolischen Bedeutung für andere gemessen werden, sondern allein an seinem Nutzen für das Individuum.

Die Konsequenzen für den Kapitalismus wären fundamental. Ein System, das auf stetigem Wachstum und der Akkumulation von Kapital basiert, könnte in seiner derzeitigen Form nicht bestehen, wenn Konsum nicht länger die treibende Kraft ist. Die Alternativen zu diesem Wachstumsmodell wären ebenso radikal wie notwendig. Eine Möglichkeit wäre die Entwicklung eines postkapitalistischen Systems, das nicht mehr auf Konsum und Expansion, sondern auf Kreislaufwirtschaft und Suffizienz basiert. Hierbei stünde nicht die Produktion von immer mehr Gütern im Mittelpunkt, sondern die Erhaltung und Optimierung vorhandener Ressourcen. Eine andere Option wäre die Fokussierung auf immaterielle Werte und Dienstleistungen – auf Wissen, Beziehungen, Kreativität und Zeit – als neue Formen des Wohlstands, die sich nicht erschöpfen und keine planetaren Grenzen verletzen. In der derzeitigen Idee des kapitalistischen Wohlstands vereinen sich jedoch die Schattenseiten zweier Prinzipien: die Ungleichheit von Vermögen, die durch meritokratische Narrative gerechtfertigt wird, und die Ungleichheit in den individuellen Konsumwelten und Kapazitäten. Der Versuch, diese Ungleichheiten auszugleichen, erfolgt über den Konsumismus und dessen Prinzipien – ein Mechanismus, der letztlich nur als eine Form des meritokratischen Extremismus verstanden werden kann. Konsumismus wird hier zu einem pseudosozialen Klebstoff, der die Illusion erzeugt, dass gesellschaftliche Spannungen durch die Verfügbarkeit von Konsumgütern gelindert werden könnten, während er die Ungleichheiten in Wahrheit zementiert und verstärkt.

Die Desozialisation des Konsums könnte diesen Mechanismus durchbrechen. Sie würde den sozialen Druck, sich über Konsum zu definieren, eliminieren und damit die Dynamik von Wettbewerb und Neid, die den Konsumismus antreibt, entschärfen. Doch sie würde auch eine tiefgreifende Veränderung unserer Werte und Prioritäten erfordern: weg von der ständigen Suche nach äußerer Anerkennung, hin zu einer inneren Reflexion dessen, was wir wirklich brauchen und schätzen. Ein Neoutilitarismus, der auf diesen Prinzipien basiert, könnte eine neue Ethik des Konsums schaffen – eine, die nicht auf Verschwendung und Akkumulation beruht, sondern auf Effizienz, Nachhaltigkeit und echter Bedürfnisorientierung.[89]

Diese Transformation ist jedoch nicht ohne Widerstände denkbar. Der Kapitalismus in seiner aktuellen Form ist ein System, das sich durch seine Anpassungsfähigkeit auszeichnet – es hat bisher jede Krise absorbiert und in neue Wachstumschancen umgewandelt. Doch die Frage ist, ob ein System, das so fundamental auf Konsum und Wachstum angewiesen ist, in der Lage sein wird, sich selbst zu überwinden. Vielleicht liegt die Antwort nicht in der Reform des Kapitalismus, sondern in seiner Überwindung – in der Schaffung eines völlig neuen Systems, das die Werte von Suffizienz, Gleichheit und Nachhaltigkeit in den Mittelpunkt stellt. Der Weg dorthin ist kein einfacher, und die Risiken eines solchen Wandels sind real. Doch die Alternative – ein Festhalten an einem System, das seine Grenzen längst erreicht hat – führt unweigerlich in die Sackgasse. Der Mut, sich eine Welt jenseits des Wachstums und des Konsumismus vorzustellen, ist die Voraussetzung dafür, dass diese Transformation gelingt. Es ist eine Einladung, nicht nur die Art und Weise, wie wir konsumieren, zu verändern, sondern auch die Art und Weise, wie wir leben, denken und unsere Beziehungen zur Welt gestalten.

Die Hierarchie des Vermögens ist dabei die unsichtbare Architektin der modernen Gesellschaft. Sie zieht ihre Linien nicht nur in die Bilanzen und Vermögensaufstellungen, sondern in die sozialen Strukturen und die Wahrnehmung individueller Identitäten. Vermögen ist nicht nur eine Zahl auf einem Konto – es ist eine soziale Sprache, die Zugehörigkeit, Macht und Möglichkeiten kodiert. Es strukturiert die Gesellschaft, indem es Klassen definiert, Lebenswege vorgibt und Zugang zu Ressourcen verteilt. Diese Hierarchie reproduziert sich in einem System, das Ungleichheit nicht nur toleriert, sondern als unvermeidbar und sogar gerecht darstellt. Denn der Kapitalismus hat eine subtile und doch effektive Erzählung geschaffen: die Hierarchie der Arbeit und des Humankapitals, in der Unterschiede durch vermeintliche individuelle Verdienste, Talente und Anstrengungen legitimiert werden. In diesem Narrativ wird Ungleichheit als meritokratisch gerecht empfunden. Wer reich ist, hat hart gearbeitet; wer arm ist, hat es nicht besser verdient – so die zugrunde liegende Botschaft. Doch diese »gerechte Ungerechtigkeit« verschleiert die strukturellen Mechanismen, die Reichtum und Armut weitgehend unabhängig von individueller Leistung festlegen. Willkür und Kontingenz sind die wahren Architekten der Vermögensakkumulation. Geburtsort, Familienhintergrund und historische Zufälle haben oft mehr Einfluss auf ökonomischen Erfolg als Anstrengung oder Talent. Trotzdem wird dieses System als natürlich und unvermeidbar akzeptiert, weil es durch eine zweite, ebenso mächtige Dynamik ergänzt wird: die Illusion der Gleichheit durch Konsum. Konsum fungiert als kollektive Repräsentation einer gefühlten Gleichheit, einer scheinbaren Überwindung sozialer Unterschiede. Das Konsumpotenzial hebt viele der wahrgenommenen Unterschiede zwischen Menschen scheinbar auf. Alle haben Zugang zu den gleichen Marken, den gleichen Plattformen, den gleichen Symbolen des modernen Lebensstils – zumindest oberflächlich. Doch diese Gleichheit ist ein Trugbild, das die darunter liegende ökonomische Ungleichheit verschleiert. Die Unterschiede haben sich verschoben: Sie liegen nicht mehr offensichtlich in der Tätigkeit oder im sozialen Status, sondern in der Qualität und der Dimension des Konsums. Der Luxus des einen ist der Standard des anderen. Das »gute Leben«, es markiert überdeutlich feine, aber wirksame soziale Grenzen, die nur von denen wahrgenommen werden, die sie überschreiten wollen.

In dieser Dynamik wird die Ungleichheit »gewöhnlich«, fast banal. Sie wird in die individuellen Anlagen verlagert, in den Geschmack, die Fähigkeit zur Selbstdarstellung, die Ausstrahlung von Erfolg. Die Ungleichheit wird unsichtbar, weil sie von einer Kultur des Konsums überdeckt wird, die universellen Zugang suggeriert, während sie tatsächlich die Unterschiede reproduziert und vertieft. Diese Verschiebung ist die brillante Täuschung des modernen Kapitalismus: Er macht die Ungleichheit unsichtbar, indem er sie durch scheinbare Gleichheit ersetzt. Doch die Kontingenz und Willkür der Vermögensakkumulation bleiben bestehen. Es wird zunehmend offensichtlich, dass der Kapitalismus in eine Sackgasse führt, wenn er Vermögen und Wohlstand mit Konsumismus gleichsetzt. Die Gesellschaft hat sich kollektiv verrannt, indem sie das Konzept von Wohlstand an die Logik des Konsums gebunden hat. Die Vorstellung, dass Wohlstand allein durch den Zugang zu Konsumgütern definiert wird, ist ein ideologisches Korsett, das sowohl die soziale Mobilität hemmt als auch die planetaren Grenzen sprengt. Es wird elementar und alternativlos sein, die Idee von Wohlstand vom kapitalistischen Konsumismus abzutrennen. Wohlstand muss neu gedacht werden – nicht als Anhäufung von Gütern, sondern als Zugang zu Möglichkeiten, Zeit, Gemeinschaft und Nachhaltigkeit. Ein Wohlstand, der nicht zerstört, sondern erhält. Ein Wohlstand, der nicht exklusiv ist, sondern integrativ. Dieses Umdenken erfordert eine kollektive Bereitschaft, die Illusionen des Kapitalismus zu hinterfragen und die vermeintliche Alternativlosigkeit seiner Logik zu durchbrechen.

Die Alternative ist nicht einfach, aber notwendig. Sie verlangt, dass wir uns von tief verwurzelten Mythen und Illusionen verabschieden, die den Kapitalismus und die Konsumgesellschaft stabilisieren. Es bedeutet, die Hierarchie des Vermögens nicht nur zu hinterfragen, sondern sie aktiv zu dekonstruieren. Denn Wohlstand, wie wir ihn heute verstehen, ist ein Symbol der Trennung – eine Markierung von Macht und Exklusivität, die Menschen voneinander entfernt, anstatt sie zu verbinden. Die Aufgabe besteht darin, Wohlstand in ein Instrument der sozialen Verbindung umzuwandeln, welches nicht nur wenige bereichert, sondern allen dient. Dazu gehört, die Erzählung der »gerechten Ungerechtigkeit« zu entlarven – jener perfiden Idee, dass Ungleichheit ein natürlicher und sogar notwendiger Bestandteil des Fortschritts ist. Diese Erzählung suggeriert, dass die Härte des Lebens für manche legitimiert wird durch die Chancen, die sie anderen bietet. Doch in Wahrheit ist sie eine Illusion, die Ungleichheit perpetuiert und das Fundament für ein System schafft, das wenige bevorzugt und viele zurücklässt. Wenn wir echten Fortschritt wollen, müssen wir diese Erzählung durchbrechen und eine Gesellschaft schaffen, die Gleichheit nicht nur in Symbolen, sondern in Substanz verankert. Eine Gesellschaft, die nicht länger behauptet, dass das Streben nach Konsumgütern einen Ausgleich für systemische Benachteiligung schaffen kann, sondern die gleiche Chancen und echten Zugang für alle fördert. Dabei müssen wir die Illusion der Gleichheit durch

Konsum endgültig aufgeben. Konsum war nie ein Mittel, um reale soziale Barrieren zu überwinden, sondern immer ein Werkzeug, um neue zu schaffen. Die Idee, dass der Kauf bestimmter Marken oder Produkte soziale Distanz überbrücken kann, ist eine der großen Täuschungen unserer Zeit. Sie verschleiert die eigentliche Ungleichheit, die nicht in dem liegt, was wir besitzen, sondern in dem, was uns vorenthalten wird: Zugang zu Bildung, zu Gesundheit, zu sozialer Sicherheit und vor allem zu einer Stimme, die gehört wird. Der Konsum stellt keine Verbindung her – er vertieft die Kluft, indem er uns glauben macht, dass unsere Wertigkeit an unser Kaufverhalten gebunden ist.

Die Alternative bedeutet also, eine neue Erzählung zu schaffen. Eine, die Chancen und Zugang als universelle Rechte definiert und nicht als Privilegien. Die Kontingenz und Willkür, die unsere Gesellschaft heute prägen, können nur überwunden werden, wenn wir anfangen, die Grundlagen unserer sozialen und wirtschaftlichen Systeme neu zu gestalten. Es geht nicht nur um Nachhaltigkeit im ökologischen Sinn, sondern um eine universelle Nachhaltigkeit, die auch soziale und wirtschaftliche Gerechtigkeit umfasst. Eine Gesellschaft, die sich von der Tyrannei der Trennung und der Illusion der Gleichheit durch Konsum befreit, kann einen Weg einschlagen, der nicht nur überlebensfähig ist, sondern auch sinnstiftend.

Dieser Weg verlangt Mut, nicht nur von den Individuen, sondern vor allem von den Institutionen, die unsere Welt gestalten. Es bedeutet, Machtstrukturen zu hinterfragen und Privilegien zu hinterlassen. Es bedeutet, eine Vision zu haben, die über den nächsten Konsumzyklus, die nächste Wahl oder den nächsten Quartalsbericht hinausgeht. Diese Alternative ist nicht einfach, weil sie unbequem ist. Sie verlangt Veränderung nicht nur im System, sondern in uns selbst. Aber sie ist notwendig – weil alles andere nichts weniger ist als eine Fortsetzung des Verfalls. Es ist an der Zeit, nicht nur eine andere Welt zu denken, sondern sie zu schaffen. Eine Welt, in der Wohlstand nicht trennt, sondern verbindet; in der Gleichheit nicht vorgegaukelt, sondern gelebt wird; und in der Nachhaltigkeit nicht nur ein Schlagwort ist, sondern eine Wirklichkeit.

Kapitel Fünfzehn

Das Paradox von kapitalistischer Freiheit

»Man kann die Entwicklung jedes menschlichen Schicksals von dem Gesichtspunkte aus darstellen, daß es in einer ununterbrochenen Abwechslung von Bindung und Lösung, von Verpflichtung und Freiheit verläuft. Dieser erste Überschlag indes stellt eine Scheidung dar, deren Schroffheit die nähere Betrachtung mildert. Was wir nämlich als Freiheit empfinden, ist tatsächlich oft nur ein Wechsel der Verpflichtungen; indem sich an die Stelle der bisher getragenen eine neue schiebt, empfinden wir vor allen Dingen den Fortfall jenes alten Druckes, und weil wir von ihm frei werden, scheinen wir im ersten Augenblick überhaupt frei zu sein – bis die neue Pflicht, die wir zuerst gleichsam mit bisher geschonten und deshalb besonders kräftigen Muskelgruppen tragen, mit der allmählichen Ermüdung derselben ihr Gewicht geltend macht und nun der Befreiungsprozeß ebenso an sie ansetzt, wie er vorher in ihr gemündet hatte.«

Georg Simmel (1907): [l]

Ein berühmter amerikanischer Autor hat einmal hellsichtig bemerkt, dass es eine bessere Welt gibt, diese aber teuer ist. Diese Aussage trägt eine verstörende Klarheit in sich, die den Kapitalismus in seiner ganzen Gewalt und Widersprüchlichkeit charakterisiert. Es ist die Quintessenz eines Systems, das seine Existenz auf die Versprechen von Freiheit, Wohlstand und Selbstverwirklichung gründet, diese jedoch nur unter einer entscheidenden Bedingung gewährt: Man muss sich die Eintrittskarte leisten können. Diese bessere Welt, dieses vermeintliche Utopia des Wohlstands, bleibt für die meisten eine unerreichbare Fata Morgana, die mit jedem Schritt auf sie zu in noch weitere Ferne rückt.

Und so entsteht ein eigenwilliges, fast groteskes Paradox: Um wirklich frei von den Zwängen des Kapitalismus zu leben – um ihn als System abzuschütteln und jenseits seiner Logiken zu existieren –, braucht es praktisch unendlichen Reichtum. Nicht nur Reichtum im materiellen Sinne, sondern die Fähigkeit, sich jeder Abhängigkeit zu entziehen, die das System subtil oder offen erzwingt. Doch wer so viel Kapital besitzt, ist in der Regel nicht frei vom Kapitalismus, sondern tief in ihm verstrickt. Reich zu sein bedeutet, ein Zahnrad im Getriebe zu sein, das den Motor des Systems am Laufen hält. Es bedeutet, Teil einer Struktur zu sein, die auf Ausbeutung und Ungleichheit basiert. Und so wird der Reichtum, der Freiheit verspricht, zur unsichtbaren Fessel.

Die bessere Welt, von der Tom Wolfe da in *The Bonfire of the Vanities* spricht, liegt nicht einfach hinter einer Tür, die man durch Geld öffnen könnte. Sie liegt vielmehr jenseits des gesamten Gebäudes, das der Kapitalismus errichtet hat. Dieses Gebäude ist ein Labyrinth aus Versprechen, Zwängen und Illusionen, dessen Architektur darauf ausgelegt ist, die meisten darin gefangen zu halten. Um es zu verlassen, reicht es nicht, reich zu sein – man muss die Architektur selbst erkennen, durchschauen und überwinden. Das jedoch verlangt eine Einsicht, die der Kapitalismus mit all seinen Mitteln zu verhindern sucht.

Denn der Kapitalismus ist ein System der wohlorchestrierten Ungleichheit. Es ist keine zufällige Ansammlung von Märkten, Akteuren und Interessen, sondern ein raffiniert abgestimmtes Netz von Mechanismen, die sicherstellen, dass immer nur wenige gewinnen können, während die Mehrheit die Grundlage für diesen Gewinn bereitstellt. Es ist eine Maschine, die nicht nur Güter und Dienstleistungen produziert, sondern auch Ungleichheit, Abhängigkeit und Machtkonzentration. Der Kapitalismus braucht diese Ungleichheit, um zu funktionieren. Sie ist nicht sein bedauerlicher Nebeneffekt, sondern sein Kernprinzip. In diesem System ist die Illusion der Freiheit einer seiner mächtigsten Tricks. Die Idee, dass jeder durch harte Arbeit und kluge Entscheidungen reich werden kann, hält die Räder am Laufen. Sie vernebelt die Tatsache, dass die meisten Menschen niemals die Mittel haben werden, sich tatsächlich aus den Zwängen des Systems zu befreien. Und selbst diejenigen, die es schaffen, reich zu werden, bleiben auf subtile Weise gefangen: in einem Lebensstil, der von Status und Konsum definiert wird, in einer Welt, die sie nicht selbst gestalten können, sondern die vom Kapitalismus vorgegeben wird. Die bessere Welt, die jenseits dieser Zwänge liegt, ist nicht einfach eine Utopie des Überflusses. Sie ist eine Welt, in der das Prinzip der Ungleichheit nicht mehr die Grundlage der sozialen Ordnung bildet. Eine Welt, in der Wohlstand nicht durch Akkumulation definiert wird, sondern durch Zugang – zu Bildung, Gesundheit, Gemeinschaft und einer intakten Umwelt. Aber um diese Welt zu erreichen, müsste der Kapitalismus selbst überwunden werden, und das erfordert mehr als Geld. Es erfordert eine radikale Neudefinition dessen, was wir unter Freiheit, Wohlstand und Fortschritt verstehen.

Diese Erkenntnis ist unbequem, denn sie zeigt, dass die Lösung nicht im System liegt, sondern außerhalb seiner Grenzen. Der Kapitalismus kann nicht »repariert« werden, indem wir ihn menschlicher, nachhaltiger oder gerechter machen wollen. Er ist in seinem Kern darauf ausgelegt, das Gegenteil dieser Ziele zu verfolgen. Die bessere Welt wird nicht durch mehr Kapital entstehen, sondern durch den Mut, das System selbst infrage zu stellen. Und das ist die teuerste Währung, die es gibt: die Bereitschaft, alles, was wir über Wohlstand und Freiheit zu wissen glauben, aufzugeben, um etwas Neues zu schaffen.

Ungleichheit ist der Motor, der den Kapitalismus antreibt und die von ihm geformte Gesellschaft durchzieht. Sie ist nicht nur ein Nebenprodukt, sondern eine Grundbedingung des Systems. Ohne Ungleichheit wäre der Kapitalismus undenkbar, denn er lebt davon, dass es Gewinner und Verlierer gibt, dass der eine mehr besitzt, weil der andere weniger hat. Freiheit hingegen – wahre Freiheit – bedeutet Gleichheit. Aber diese Gleichheit, so scheint es, ist für uns, die wir im Kapitalismus leben, nur über den paradoxen Umweg extremer Ungleichheit erreichbar. Die Idee, dass der Weg zur Gleichheit über die höchste Kapitalkonzentration führt, ist radikal, irritierend und doch von einer klaren inneren Logik.[90] Es ist die Vorstellung, dass Geld, wenn es in unendlicher Menge akkumuliert wird, irgendwann seine Bedeutung verliert. Mit beliebig viel Geld wird Geld plötzlich wertlos – ein kurioser Wendepunkt, der den Kapitalismus an seiner empfindlichsten Stelle trifft: seinem kollektiven Glauben an den Wert von Geld. Diese Kapitalkonzentration ist wie ein schwarzes Loch im Herzen des Kapitalismus. Es verschlingt alles – Güter, Werte, Arbeit – und hinterlässt eine Leere, die den Kapitalismus selbst entleert. Denn wenn Geld keinen Wert mehr hat, verliert das Spiel, das der Kapitalismus ist, seinen zentralen Antrieb. Was bleibt, wenn der Einsatz nicht mehr zählt? Diese Idee ist philosophisch, fast metaphysisch, und doch verführerisch konkret. Sie erinnert an ein romantisch-tragisches Drama, in dem die Protagonisten – jene wenigen, die nach unermesslichem Reichtum streben – das System bis an seine Grenzen treiben, bis es kollabiert. Aber die Tragik liegt in der Unerreichbarkeit dieses Ziels. Selbst die reichsten Menschen können nur Bruchteile dieser Kapitalkonzentration erreichen, bevor die Dynamik des Kapitalismus sie wieder zurück in seine Spielregeln zwingt. Der Kapitalismus schützt sich selbst, indem er die ultimative Konzentration verhindert. Und doch, der Gedanke bleibt: Wenn Geld in unendlicher Menge nichts mehr bedeutet, was bleibt dann?

Es ist eine lakonische, fast sarkastische Philosophie, die diesen Gedanken durchdringt. Geld, das Mittel des Kapitalismus, soll diesen schließlich überwinden. Doch wie kann Geld den Kapitalismus bezwingen, wenn es sein Trägermedium ist? Hier liegt die ultimative Ironie: Das Überwinden von Geld ist ohne Geld nicht möglich. Es ist, als müssten wir den Gegner mit seiner eigenen Waffe schlagen, aber das System ist so gebaut, dass diese Waffe uns selbst trifft, bevor sie ihr Ziel erreicht.

Das Überwinden des Kapitalismus, individuell wie kollektiv, wird zur klaren Notwendigkeit. Nicht, weil wir den Kapitalismus hassen (obwohl viele dies tun), sondern weil er sich selbst als unhaltbar erweist. Die Ungleichheit, die ihn antreibt, ist zugleich seine Achillesferse. Sie verschärft Konflikte, zerstört Gemeinschaften, und ihre endlosen Kreisläufe des »mehr für wenige« stoßen irgendwann auf die Grenzen dessen, was Gesellschaften und Ökosysteme ertragen können. Geld, in seiner paradoxesten Form, könnte der Schlüssel zu seiner eigenen Bedeutungslosigkeit sein. Doch dieser Schlüssel öffnet keine Tür. Er zeigt uns lediglich die Wand, an die wir gestoßen sind, und zwingt uns, einen neuen Weg zu suchen – jenseits von Kapital und Konsum, jenseits von Ungleichheit und Akkumulation. Der Kapitalismus ist ein Spiel, das immer einen Gewinner und einen Verlierer braucht. Doch wenn niemand mehr spielen will, was dann? Vielleicht ist das der wahre Anfang von Gleichheit – nicht die ultimative Kapitalkonzentration, sondern der Moment, in dem wir beschließen, das Spiel zu verlassen.

Darin liegt vermutlich die große Tragik des postmodernen Daseins: eine Welt, die Gleichheit predigt, aber in Wahrheit absolute Ungleichheit fördert. Eine Welt, in der das Ideal der Freiheit und Chancengleichheit zur rhetorischen Kulisse geworden ist, hinter der sich die ultimative Konzentration von Vermögen und Macht verbirgt. Der postmoderne Mensch, gefangen in einem Netz aus Konsumzwängen, digitaler Überwachung und einer scheinbar endlosen Vielfalt an Möglichkeiten, erkennt oft nicht, dass diese Vielfalt nur die Oberfläche eines Systems ist, das in seiner Tiefe von der Ungleichheit lebt. Und wenn das die Lösung sein sollte – wenn der postmoderne Kapitalismus das Beste ist, was die Menschheit zu bieten hat –, dann sind das wahrlich keine guten Nachrichten.

Denn was hier als Lösung präsentiert wird, ist nichts anderes als eine komplexe Form der Resignation.[91] Die Gleichheit, die uns versprochen wird, ist eine Gleichheit im Konsum: Jeder darf kaufen, was er will, solange er es sich leisten kann. Doch die Bedingungen, unter denen diese Wahl getroffen wird, sind alles andere als gleich. Die Machtstrukturen, die dieses System stützen, haben sich so geschickt in unsere alltägliche Wahrnehmung eingebettet, dass sie kaum noch als solche erkennbar sind. Vermögen wird nicht nur zentralisiert, sondern unsichtbar gemacht, während die Illusion von Wahlfreiheit und Individualität den Blick auf die eigentliche Dynamik verstellt.

Das Paradoxe daran ist, dass diese Ungleichheit nicht von außen aufgezwungen wird. Sie wird aktiv reproduziert durch die Entscheidungen, die wir in diesem System treffen. Wir konsumieren nicht nur Produkte, sondern auch die Ideologie, die sie umgibt – die Idee, dass Erfolg, Freiheit und Selbstverwirklichung durch den Markt erreicht werden können. Und so wird das System nicht nur toleriert, sondern von seinen eigenen Subjekten ständig erneuert. Die ultimative Ironie ist, dass der Kapitalismus seine Herrschaft nicht durch Zwang, sondern durch Verführung ausübt. Er macht uns glauben, dass wir seine größten Nutznießer sind, während wir in Wirklichkeit nur Statisten in einem Spiel bleiben, dessen Regeln längst festgelegt sind. Wenn man diesem Gedanken folgt, ist die Botschaft, die daraus resultiert, düster. Die vermeintliche Lösung, die uns geboten wird, ist keine Lösung, sondern ein System, das seine Widersprüche perpetuiert und sie zugleich verschleiert. Es ist ein System, das sich selbst als alternativlos darstellt, obwohl es in Wahrheit längst an seinen eigenen Grenzen angekommen ist. Die Konzentration von Reichtum und Macht erreicht Ausmaße, die selbst in früheren Phasen des Kapitalismus undenkbar schienen, während die Mehrheit der Menschen in Unsicherheit, Abhängigkeit und existenzieller Fragilität lebt. Und doch wird uns gesagt, dass dies der Preis für Fortschritt und Freiheit sei – ein Preis, den wir bereitwillig zahlen sollen.

Aber was, wenn das nicht der Fall ist? Was, wenn diese vermeintlich unausweichliche Gleichung des Fortschritts nicht nur fehlerhaft, sondern von Grund auf eine Illusion ist? Was, wenn der Preis, den wir für diese Form des Fortschritts zahlen, nicht nur zu hoch, sondern auch völlig sinnlos ist? Denn wenn die Akkumulation von Reichtum und Macht tatsächlich das Ziel sein soll, dann stellt sich unweigerlich die Frage: Für wen? Für welche Zwecke? Wer profitiert wirklich von einer Welt, in der Ressourcen, Chancen und letztlich auch die Lebensqualität derart ungleich verteilt sind, dass sie einer grotesken Karikatur von Freiheit und Gerechtigkeit gleicht?

Vielleicht liegt die größte Ironie nicht nur in der Ungleichheit selbst, sondern in der meist unhinterfragten Überzeugung, dass diese Verhältnisse alternativlos sind. Dass diese extreme Polarisierung zwischen wenigen, die alles kontrollieren, und vielen, die in Abhängigkeit gehalten werden, der natürliche Zustand der Dinge sei – eine Art evolutionäre Konsequenz, ein unausweichliches Gesetz der Menschheit. Diese Überzeugung ist das eigentliche Gift, das den Motor des Systems am Laufen hält. Es ist nicht die Ungleichheit allein, die uns gefangen hält, sondern die Resignation, die sie begleitet: die Akzeptanz des Status quo als unveränderlich, als unausweichliches Schicksal. Diese Resignation ist eine unsichtbare, aber unüberwindbare Barriere. Sie ist der Schleier, der uns daran hindert, die Strukturen zu hinterfragen, die uns in diese Lage gebracht haben. Es ist die stille Übereinkunft, dass wir unsere Energie besser darauf verwenden, uns innerhalb dieses Systems zu optimieren, als uns zu fragen, ob das System selbst nicht grundlegend fehlerhaft ist. Und so leben wir weiter in einem Kreislauf aus Konsum, Ablenkung und Selbstbetrug, der uns ständig beschäftigt hält, aber niemals befreit. Wir kaufen uns neue Dinge, um die Leere zu füllen, die durch den Verlust echter Freiheit entsteht. Wir tauchen ein in virtuelle Welten und Unterhaltungsangebote, um der Realität zu entfliehen, die uns täglich vor Augen führt, wie wenig Kontrolle wir tatsächlich haben. Und während wir konsumieren, scrollen und uns ablenken, wächst die Ungleichheit weiter. Der Raum für echten Wandel schrumpft.

Doch die Tragik des postmodernen Daseins ist nicht nur die Ungleichheit oder die Resignation, sondern die Tatsache, dass wir selbst das System am Leben erhalten. Wir füttern es mit unserer Energie, mit unserem Glauben an Fortschritt als unendliches Wachstum, mit unserer Illusion von individueller Freiheit, die letztlich nur die Freiheit ist, zwischen Produkten zu wählen, nicht aber unser Schicksal zu gestalten. Vielleicht ist es genau diese stille Komplizenschaft, die die wahre Tragödie darstellt. Denn solange wir das Spiel mitspielen, bleibt alles unverändert. Die wahre Frage ist also nicht, warum Ungleichheit existiert oder warum Fortschritt uns so oft enttäuscht. Die Frage ist, warum wir uns so bereitwillig in diese Illusion einfügen. Warum wir uns einreden lassen, dass es keine Alternative gibt. Warum wir akzeptieren, dass unser Leben in einem Kreislauf aus Konsum und Ablenkung verläuft, während die Grundlagen unserer Existenz – unsere Umwelt, unsere Gemeinschaften, unsere Menschlichkeit – Stück für Stück erodieren. Die größte Lüge, die wir uns erzählen, ist, dass dies der beste Zustand ist, den wir erreichen können. Dass Freiheit, Gleichheit und Gerechtigkeit nie mehr als abstrakte Ideale sein können, während wir uns im Hamsterrad der kapitalistischen Maschine abstrampeln. Vielleicht beginnt echter Wandel nicht mit einer Revolution, sondern mit einer radikalen inneren Entscheidung: die Illusion zu durchbrechen, den Status quo zu hinterfragen und zu erkennen, dass die Gleichung des Fortschritts niemals für uns gemacht war. Und vielleicht – nur vielleicht – liegt die wahre Freiheit darin, diese Gleichung neu zu schreiben.

Dieses Buch hat diese Dynamik versucht offenzulegen, und die Gedanken, die es aufwirft, sind unbequem, aber notwendig: Vielleicht ist das postmoderne Dasein nicht nur gescheitert, sondern von Grund auf fehlerhaft. Vielleicht liegt die Lösung nicht in einer Reform, sondern in einem radikalen Bruch mit den Ideen, die dieses System tragen. Und das sind keine guten Nachrichten – zumindest nicht für diejenigen, die von diesem System profitieren. Für alle anderen jedoch könnte die Erkenntnis, dass es so nicht weitergehen kann, der erste Schritt in Richtung einer echten Transformation sein. Eine Transformation, die nicht nur die Ungleichheit beseitigt, sondern die Frage nach dem, was Gleichheit überhaupt bedeuten kann, neu stellt.

Ein offenes Nachwort

Dieses Buch endet nicht mit einer endgültigen Antwort. Es kann keine geben. Es endet vielmehr mit einer offenen Frage: Wie wollen wir leben? Eine Frage, die nicht nur individuell, sondern auch kollektiv beantwortet werden muss. Während wir die Mechanismen von Wohlstand, Luxus und Kapitalismus beleuchtet haben, wird deutlich, dass die mannigfaltigen Herausforderungen, vor denen wir stehen, keine einfachen Lösungen zulassen. Und vielleicht nicht einmal lösbar sind. Vielmehr fordern sie uns dazu auf, die Komfortzonen unserer Denkmuster zu verlassen und uns mit unbequemen Wahrheiten ernsthaft auseinanderzusetzen.

Die Auseinandersetzung hat uns gezeigt, dass die vermeintlichen Errungenschaften der modernen Gesellschaft oft auf brüchigem Fundament stehen. Wohlstand, wie wir ihn heute definieren, basiert auf einer Logik des Wachstums, die weder mit der Endlichkeit unserer Ressourcen noch mit der Menschlichkeit vereinbar ist. Luxus, der einst als Ausdruck von Herrschaft und Ästhetik galt, ist zum Symbol einer überhitzten Konsumkultur geworden, die sich in oberflächlicher Pracht verliert. Und der Kapitalismus, der als Motor von Innovation und Freiheit gepriesen wird, zeigt immer deutlicher, dass er die wachsenden Ungleichheiten nicht beseitigen, sondern verstärken kann. Das kritische Nachdenken über diese Themen hat eines klargemacht: Es gibt keinen einfachen Weg zurück, keinen Knopf, den wir drücken können, um die Fehler zu korrigieren. Aber es gibt eine Möglichkeit, nach vorne zu gehen – indem wir radikal ehrlich mit uns selbst sind. Indem wir uns fragen, welchen Preis wir bereit sind zu zahlen, um diese Systeme aufrechtzuerhalten, und ob dieser Preis gerechtfertigt ist. Denn wenn die Ungleichheit wächst, wenn die Umwelt kollabiert, wenn Menschen in Abhängigkeit und Isolation leben, dann müssen wir uns fragen, ob unser Fortschritt nicht längst zum Rückschritt geworden ist.

Doch Kritik allein genügt nicht. Wir können die Schwächen des Status quo aufzeigen, aber echte Veränderung beginnt mit einer Vision. Sie beginnt mit dem Mut, uns eine andere Welt vorzustellen – eine, in der Wohlstand nicht durch Besitz, sondern durch Verbundenheit definiert wird; in der Luxus nicht in Überfluss, sondern in Einfachheit liegt; und in der wirtschaftliche Systeme nicht auf Ausbeutung, sondern auf Kooperation basieren. Solche Ideen mögen utopisch erscheinen, aber ist es nicht utopischer, zu glauben, dass wir so weitermachen können wie bisher, ohne in eine Katastrophe zu schlittern?

Dieses Buch soll kein Manifest sein, sondern ein schlichter Spiegel. Es soll uns dazu bringen, uns selbst und die Welt, in der wir leben, kritisch zu betrachten. Es soll die Illusionen aufdecken, die uns fesseln, und die Möglichkeiten sichtbar machen, die wir oft übersehen. Denn Veränderung beginnt nicht bei den großen Systemen, sondern in den kleinen Momenten, in denen wir uns entscheiden, anders zu denken, anders zu handeln, anders zu leben. Vielleicht ist das größte Geschenk, das uns dieses Nachdenken machen kann, die Erkenntnis, dass wir keine bloßen Opfer der Umstände sind. Wir sind Teil eines Systems, ja – aber wir sind auch diejenigen, die es gestalten können. Es liegt an uns, die Geschichten neu zu schreiben, die uns bestimmen. Geschichten, die nicht von Angst, Gier und Wettbewerb handeln, sondern von Hoffnung, Verantwortung und Solidarität.

Dieses Buch endet mit einer Einladung: Lassen Sie uns gemeinsam darüber nachdenken, wie diese Geschichten aussehen könnten. Lassen Sie uns über die Grenzen des Möglichen hinausdenken, nicht aus Naivität, sondern aus der tiefen Überzeugung, dass die Zukunft von den Geschichten abhängt, die wir uns heute zu erzählen wagen. Denn letztlich ist es die Fähigkeit, Alternativen zu denken, die uns die Freiheit gibt, anders zu handeln. Und genau diese Freiheit ist der wahre Luxus unserer Zeit.

Literatur

Adorno, T. W. / Horkheimer, M. (1944): Dialectic of Enlightenment. New York: Herder and Herder.

Alvaredo, F. / Atkinson, A. B. / Piketty, T. / Saez, E. (2013): The Top 1 Percent in International and Historical Perspective. Journal of Economic Perspectives, 27(3), S. 3–20.

Anderson, P. (1974): Passages from Antiquity to Feudalism. London: Verso.

Arnold, M. (1869): Culture and anarchy. London: Smith, Elder & Co.

Arrighi, G. (1994): The Long Twentieth Century: Money, Power, and the Origins of Our Times. London: Verso.

Arthur, W. B. (2009): The Nature of Technology: What It Is and How It Evolves. New York: Free Press.

Atkinson, A. B. (2015): Inequality: What Can Be Done? Cambridge: Harvard University Press.

Atkinson, A. B. / Bourguignon, F. (2015): Handbook of Income Distribution. Amsterdam: Elsevier.

Atkinson, A. B. / Piketty, T. / Saez, E. (2011): Top Incomes in the Long Run of History. Journal of Economic Literature, 49(1), S. 3–71.

Bain & Company (2023): The Future of Luxury: A Look Into Tomorrow to Understand Today. Bain & Company.

Barnett, C. / Cloke, P. / Clarke, N. / Malpass, A. (2005): Consuming Ethics: Articulating the Subjects and Spaces of Ethical Consumption. Antipode, 37(1), S. 23–45.

Bataille, G. (1988): The Accursed Share: An Essay on General Economy, Vol. 1. New York : Zone Books.

Baudrillard, J. (1970) : La société de consommation : Ses mythes, ses structures. Paris: Denoël.

Baudrillard, J. (1994): Simulacra and Simulation. Minneapolis: University of Michigan Press.

Baudrillard, J. (1998): The Consumer Society: Myths and Structures. London: Sage Publications.

Bauman, Z. (2000): Liquid Modernity. Boston: Polity Press.

Bauman, Z. (2007): Konsumgesellschaft. Ihre Mythen und Strukturen. Hamburg: Hamburger Edition.

Beck, U. (1986): Risk Society: Towards a New Modernity. London: Sage Publications.

Becker, G. S. (1976): The Economic Approach to Human Behavior. Chicago: University of Chicago Press.

Beecher, J. (1986): Charles Fourier: The Visionary and His World. Berkeley: University of California Press.

Belk, R. (2014): You Are What You Can Access: Sharing and Collaborative Consumption Online. Journal of Business Research, 67(8), 1595–1600.

Belk, R. W. (1988): Possessions and the Extended Self. Journal of Consumer Research, 15(2), S. 139–168.

Benjamin, W. (1991): Kapitalismus als Religion. In: ders., Fragmente. Autobiographische Schriften (Gesammelte Schriften, Bd VI), Frankfurt: Suhrkamp.

Berger, P. L. (1967): The Sacred Canopy: Elements of a Sociological Theory of Religion. Garden City, NY: Anchor Books.

Bijker, W. E., Hughes, T. P., & Pinch, T. (2012): The Social Construction of Technological Systems: New Directions in the Sociology and History of Technology. Cambridge: MIT Press.

Bloch, M. (1961): Feudal Society. Chicago: University of Chicago Press.

Bocock, R. (1993): Consumption. London: Routledge.

Bolz, N. / Bosshart, D. (1995): KULT-Marketing. Die neuen Götter des Marktes, Düsseldorf: Econ.

Bolz, Norbert (2002): Das konsumistische Manifest, München: Wilhelm Fink Verlag.

Bonhoeffer, D. (1951): Ethik. München: Chr. Kaiser Verlag.

Botsman, R. / Rogers, R. (2010): What's Mine Is Yours: The Rise of Collaborative Consumption. New York: Harper Business.

Bourdieu, P. (1984): Distinction: A Social Critique of the Judgement of Taste. Cambridge: Harvard University Press.

Bowler, K. (2013): Blessed: A History of the American Prosperity Gospel. New York: Oxford University Press.

Braudel, F. (1979): Civilization and Capitalism, 15th-18th Century: The Structures of Everyday Life. Harper & Row.

Brenner, R. (1976): Agrarian Class Structure and Economic Development in Pre-Industrial Europe. Past & Present, 70(1), S. 30–75.

Campbell, C. (1987): The Romantic Ethic and the Spirit of Modern Consumerism. Oxford: Blackwell.

Cannadine, D. (1990): The Decline and Fall of the British Aristocracy. New Haven: Yale University Press.

Castells, M. (1996): The Rise of the Network Society. Oxford: Blackwell.

Chapin, F. S. / Matson, P. A. / Vitousek, P. M. (2011): Principles of Terrestrial Ecosystem Ecology. New York: Springer.

Corak, M. (2013): Inequality from Generation to Generation: The United States in Comparison. Cambridge: National Bureau of Economic Research.

Credit Suisse Research Institute (2023): Global Wealth Report 2023. Zürich: Credit Suisse Group AG.

Daly, H. E. (1996): Beyond Growth: The Economics of Sustainable Development. Boston: Beacon Press.

Debord, G. (1994): The Society of the Spectacle. New York: Zone Books.

Diamond, J. (1997): Guns, Germs, and Steel: The Fates of Human Societies. New York: W.W. Norton & Company.

Diener, E. / Seligman, M. E. P. (2004): Beyond Money: Toward an Economy of Well-Being. Psychological Science in the Public Interest, 5(1), S. 1–31.

Donnachie, I. (2000): Robert Owen: Owen of New Lanark and New Harmony. Edinburgh: Tuckwell Press.

Duby, G. (1978): The Three Orders: Feudal Society Imagined. Chicago: University of Chicago Press.

Durkheim, É. (1893) : De la division du travail social. Paris: Alcan.

Durkheim, É. (1912): Die elementaren Formen des religiösen Lebens. Leipzig: Kröner.

Ekelund, R. B. / Hébert, R. F. (2014): A History of Economic Theory and Method. Waveland Press.

Eliade, M. (1951): Schamanismus und archaische Ekstasetechniken. Frankfurt am Main: Insel Verlag.

Eliade, M. (1958): Patterns in Comparative Religion. New York: Sheed and Ward.

Elias, N. (1939): Über den Prozess der Zivilisation. Basel: Haus zum Falken.

Engels, F. (1845): Die Lage der arbeitenden Klasse in England. Leipzig: Otto Wigand.

Ewen, S. (1976): Captains of Consciousness: Advertising and the Social Roots of the Consumer Culture. New York: McGraw-Hill.

Fagerberg, J. (2005): Innovation: A Guide to the Literature. In: Oxford Handbook of Innovation. Oxford: Oxford University Press.

Featherstone, M. (1991): Consumer Culture and Postmodernism. London: Sage.

Fourier, C. (1971): The Theory of the Four Movements. Cambridge: Cambridge University Press. (Original 1808)

Frank, R. H. (2000): Luxury Fever: Why Money Fails to Satisfy in an Era of Excess. New York: Free Press.

Frank, R. H. (2011): The Darwin Economy: Liberty, Competition, and the Common Good. Princeton: Princeton University Press.

Freeman, C. (1982): The Economics of Industrial Innovation. Cambridge: MIT Press.

Fromm, E. (1976): To Have or to Be?. New York: Harper & Row.

Galbraith, J. K. (1958): The Affluent Society. Boston: Houghton Mifflin.

Geary, P. J. (1986): Furta Sacra: Thefts of Relics in the Central Middle Ages. Princeton: Princeton University Press.

Gifford, P. (1998): African Christianity: Its Public Role. Bloomington: Indiana University Press.

Groenewegen, P. (1971): The Economics of Physiocracy. Cambridge: Harvard University Press.

Grunwald, A. (2012): Ende einer Illusion. Warum ökologisch korrekter Konsum die Umwelt nicht retten kann. München: Oekom.

Harari, Y. N. (2014): Sapiens: A Brief History of Humankind. London: Harvill Secker.

Hardt, M. / Negri, A. (2000): Empire. Cambridge, MA: Harvard University Press.

Harrison, J. F. C. (1969): Robert Owen and the Owenites in Britain and America: The Quest for the New Moral World. London: Routledge & Kegan Paul.

Harvey, D. (1990): The Condition of Postmodernity. Oxford: Blackwell.

Harvey, D. (2003): The New Imperialism. Oxford: Oxford University Press.

Harvey, D. (2005): A Brief History of Neoliberalism. Oxford: Oxford University Press.

Harvey, D. (2005): A Brief History of Neoliberalism. Oxford: Oxford University Press.

Hennion, A. (2007): Those Things That Hold Us Together: Taste and Sociology. Cultural Sociology, 1(1), S. 97–114.

Hickel, J. (2020): Less is More: How Degrowth Will Save the World. London: William Heinemann.

Hilton, R. H. (1973): Bond Men Made Free: Medieval Peasant Movements and the English Rising of 1381. London: Routledge.

Hirschman, A. O. (1977): The Passions and the Interests: Political Arguments for Capitalism before Its Triumph. Princeton: Princeton University Press.

Hobsbawm, E. (1994): Age of Extremes: The Short Twentieth Century, 1914–1991. London: Michael Joseph.

Hoffmann, O. (2014): Innovation neu denken. Wiesbaden: Springer.

Hoffmann, O. (2021): Vom nützlichen Luxus – Uhren als alternatives Investment, Kulmbach: Börsenmedien.

Hoffmann, O. (2022): Crashkurs Uhren, Kulmbach: Börsenmedien.

Hoffmann, O. (2024a): Die Ökonomie der Erinnerung. Baden Baden: Nomos.

Hoffmann, O. (2025): Innovationspsychologie. Marburg: Metropolis.

Hunt, S. (2000): Dramatizing the "Health and Wealth Gospel": Belief and Practice of a Neo-Pentecostal "Faith" Ministry. Journal of Contemporary Religion, 15(3), S. 331–347.

International Labour Organization (2022): World Employment and Social Outlook 2022: Trends. Genf: ILO.

Jackson, T. (2009): Prosperity Without Growth: Economics for a Finite Planet. London: Earthscan.

Jackson, T. (2017): Prosperity Without Growth: Foundations for the Economy of Tomorrow. Abingdon: Routledge.

Jameson, F. (1991): Postmodernism, or, The Cultural Logic of Late Capitalism. Durham: Duke University Press.

Jameson, F. (2003): Future City. In: New Left Review, 21, S. 65–79.

Kallis, G. (2019): Limits: Why Malthus Was Wrong and Why Environmentalists Should Care. Stanford: Stanford University Press.

Klein, N. (1999): No Logo: Taking Aim at the Brand Bullies. New York: Picador.

Klein, N. (2014): This Changes Everything: Capitalism vs. The Climate. New York: Simon & Schuster.

Krebs, C. J. (2009): Ecology: The Experimental Analysis of Distribution and Abundance. San Francisco: Benjamin Cummings.

Latouche, S. (2009): Farewell to Growth. Cambridge: Polity Press.

Latour, B. (1996): Wir sind nie modern gewesen. Versuch einer symmetrischen Anthropologie. Frankfurt am Main: Suhrkamp.

Lefebvre, H. (1991): The Production of Space. Oxford: Blackwell.

Lipovetsky, G. (1983): L'empire de l'éphémère. La mode et son destin dans les sociétés modernes. Paris: Gallimard.

Lipovetsky, G. (1995): Narziss oder die Leere: Sechs Kapitel über die unaufhörliche Gegenwart. Hamburg: Europäische Verlagsanstalt.

Lipovetsky, G. (2005): Hypermodern Times. Cambridge: Polity Press.

Lovelock, J. (2000): Gaia: A New Look at Life on Earth. Oxford: Oxford University Press.

Manuel, F. E. / Manuel, F. P. (1979): Utopian Thought in the Western World. Cambridge: Harvard University Press.

Marcuse, H. (1964): Der eindimensionale Mensch. Frankfurt am Main: Suhrkamp.

Margulis, L. / Fester, R. (1991): Symbiosis as a Source of Evolutionary Innovation: Speciation and Morphogenesis. Cambridge: MIT Press.

Markovits, D. (2019): The Meritocracy Trap. New York: Penguin Press.

Marx, K. (1844): Zur Kritik der Hegelschen Rechtsphilosophie.

Marx, K. (1867): Das Kapital: Kritik der politischen Ökonomie. Hamburg: Meissner Verlag.

McCracken, G. (1988): Culture and Consumption: New Approaches to the Symbolic Character of Consumer Goods and Activities. Bloomington: Indiana University Press.

Milanovic, B. (2016): Global Inequality: A New Approach for the Age of Globalization. Cambridge: Harvard University Press.

Mont, O. (2004): Institutionalisation of Sustainable Consumption Patterns Based on Shared Use. Ecological Economics, 50(1-2), 135–153.

Neckel, S. (1991): Status und Scham. Zur symbolischen Reproduktion sozialer Ungleichheit. Frankfurt am Main: Campus Verlag.

Niebuhr, R. (1932): Moral Man and Immoral Society: A Study in Ethics and Politics. New York: Scribner.

Nietzsche, F. (1954): Werke in drei Bänden. Band 1. München: Carl Hanser.

Odum, E. P. / Barrett, G. W. (2005): Fundamentals of Ecology. Belmont: Thomson Brooks/Cole.

OECD (2001): Society at a Glance: OECD Social Indicators. Paris: OECD Publishing.

Otto, R. (1917): Das Heilige: Über das Irrationale in der Idee des Göttlichen und sein Verhältnis zum Rationalen. Breslau: Trewendt & Granier.

Packard, V. (1957): The Hidden Persuaders. New York: David McKay.

Piketty, T. (2013): Das Kapital im 21. Jahrhundert. München: C. H. Beck.

Piketty, T. / Saez, E. (2003): Income Inequality in the United States, 1913–1998. Quarterly Journal of Economics, 118(1), S. 1–39.

Polanyi, K. (1944): The Great Transformation: The Political and Economic Origins of Our Time. New York: Farrar & Rinehart.

Quesnay, F. (1758): Tableau économique. Paris: INED.

Rawls, J. (1971): A Theory of Justice. Cambridge: Harvard University Press.

Raworth, K. (2017): Doughnut Economics: Seven Ways to Think Like a 21st-Century Economist. London: Random House.

Rees, W. E. (1992): Ecological Footprint and Appropriated Carrying Capacity: What Urban Economics Leaves Out. Environment and Urbanization, 4(2), 121–130.

Reich, R. B. (2015): Saving Capitalism: For the Many, Not the Few. New York: Alfred A. Knopf.

Richins, M. L. / Dawson, S. (1992): A Consumer Values Orientation for Materialism and Its Measurement: Scale Development and Validation. Journal of Consumer Research, 19(3), S. 303–316.

Rifkin, J. (2000): The Age of Access: The New Culture of Hypercapitalism, Where All of Life is a Paid-for Experience. New York: Tarcher/Putnam.

Rifkin, J. (2011): The Third Industrial Revolution: How Lateral Power is Transforming Energy, the Economy, and the World. New York: Palgrave Macmillan.

Ritzer, G. (2010): Enchanting a Disenchanted World: Continuity and Change in the Cathedrals of Consumption. Thousand Oaks : Pine Forge Press.

Rochefoucauld, F. de la (1665) : Réflexions ou sentences et maximes morales. Paris : Claude Barbin.

Rockström, J. (et al.) (2009): A Safe Operating Space for Humanity. Nature, 461, S. 472–475.

Rogers, E. M. (1962): Diffusion of Innovations. New York: Free Press.

Saez, E. / Zucman, G. (2016): Wealth Inequality in the United States Since 1913: Evidence from Capitalized Income Tax Data. Quarterly Journal of Economics, 131(2), S. 519–578.

Saez, E. / Zucman, G. (2019): The Triumph of Injustice: How the Rich Dodge Taxes and How to Make Them Pay. New York: W. W. Norton.

Samuelson, P. A. / Nordhaus, W. D. (2004): Economics. Boston: McGraw-Hill.

Sandel, M. J. (2020): The Tyranny of Merit: What's Become of the Common Good? New York: Farrar, Straus and Giroux.

Schiller, F. (1962): Sämtliche Werke. Theoretische Schriften: Über das Erhabene. München: Hanser.

Schimmel, A. (1975): Mystische Dimensionen des Islam. München: Diederichs.

Schmid, A. (2010): Herrschaft und Gesellschaft im Mittelalter. Berlin: De Gruyter.

Schmid, G. (2010): Economic Inequality and Social Mobility. Berlin: Springer.

Schor, J. B. (1998): The Overspent American: Why We Want What We Don't Need. New York: Harper Perennial.

Schor, J. B. (2010): Plenitude: The New Economics of True Wealth. New York: Penguin Press.

Schor, J. B. (2014): Debating the Sharing Economy. Journal of Self-Governance and Management Economics, 4(3), S. 7–22.

Schrödinger, E. (1944): What is Life? The Physical Aspect of the Living Cell. Cambridge: Cambridge University Press.

Schudson, M. (1984): Advertising, the Uneasy Persuasion: Its Dubious Impact on American Society. New York: Basic Books.

Schumacher, E. F. (1973): Small Is Beautiful: A Study of Economics as if People Mattered. London: Blond & Briggs.

Schumpeter, J. A. (1911): The Theory of Economic Development. Cambridge: Harvard University Press.

Sen, A. (1977): Rational Fools: A Critique of the Behavioral Foundations of Economic Theory. Philosophy & Public Affairs.

Sen, A. (1999): Development as Freedom. Oxford: Oxford University Press.

Sennett, R. (2008): The Craftsman. New Haven: Yale University Press.

Simek, R. (1993): Lexikon der germanischen Mythologie. Stuttgart: Kröner.

Simmel, G. (1907): Philosophie des Geldes. 2. Auflage. Leipzig: Duncker & Humbolt.

Smith, A. (1776): The Wealth of Nations. London: W. Strahan and T. Cadell.

Smith, N. (1984): Uneven Development: Nature, Capital, and the Production of Space. Oxford: Blackwell.

Solomon, M. R. (1983): The Role of Products as Social Stimuli: A Symbolic Interactionist Approach. Journal of Consumer Research, 10(3), 319–329.

Solow, R. M. (1956): A Contribution to the Theory of Economic Growth, The Quarterly Journal of Economics, 70(1), 65–94.

Sombart, W. (1913): Liebe, Luxus und Kapitalismus. München: Duncker & Humblot.

Steffen, W. (et al.) (2015): The trajectory of the Anthropocene: The Great Acceleration. Anthropocene Review, 2(1), S. 81–98.

Stiglitz, J. E. (2012): The Price of Inequality: How Today's Divided Society Endangers Our Future. New York: W. W. Norton & Company.

Stolle, D. / Micheletti, M. (2013): Political Consumerism: Global Responsibility in Action. Cambridge: Cambridge University Press.

Stone, L. (1979): The Crisis of the Aristocracy 1558–1641. Oxford: Oxford University Press.

Thompson, E. P. (1963): The Making of the English Working Class. London: Victor Gollancz Ltd.

Thompson, P. B. (2015): Agrarianism and the Good Society: Land, Culture, Conflict, and Hope. Lexington: University Press of Kentucky.

Turner, V. (1969): The Ritual Process: Structure and Anti-Structure. Chicago: Aldine.

UNEP (2021): Emissions Gap Report 2021: The Heat Is On – A World of Climate Promises Not Yet Delivered. Nairobi: United Nations Environment Programme (UNEP).

Veblen, T. (1899): The Theory of the Leisure Class. New York: Macmillan.

Weber, M. (1905): Die protestantische Ethik und der Geist des Kapitalismus. Tübingen: Mohr Siebeck.

Weber, M. (1922): Wirtschaft und Gesellschaft. Tübingen: Mohr Siebeck.

Wiedmann, T. / Lenzen, M. (2018): Environmental footprint and planetary boundaries. Science.

World Bank (2022): Poverty and Shared Prosperity 2022: Correcting Course. Washington, DC: The World Bank.

Young, M. (1961): The Rise of the Meritocracy. London: Thames and Hudson.

Zizek, S. (2001): Der Krieg und das fehlende ontologische Zentrum der Politik. Novo-magazin, 55/56.

Žižek, S. (2009): First as Tragedy, Then as Farce. London: Verso.

Žižek, S. (2011): Living in the End Times. London: Verso.

Zuboff, S. (2019): The Age of Surveillance Capitalism. New York: PublicAffairs.

Anmerkungen

1 Robert Owen (1771–1858) war ein walisischer Sozialreformer und Unternehmer, der sich für bessere Arbeits- und Lebensbedingungen der Arbeiterklasse einsetzte. Sein Modellprojekt New Lanark, eine Baumwollspinnerei in Schottland, galt als eines der ersten Beispiele für einen sozialutopischen Industriebetrieb. Owen übernahm 1800 das Management der Fabrik und führte dort radikale Reformen ein. Er verkürzte die Arbeitszeiten, erhöhte die Löhne und sorgte für menschenwürdige Arbeitsbedingungen. Außerdem gründete er Schulen und Bildungseinrichtungen für die Kinder der Arbeiter, um ihnen Zugang zu Bildung zu verschaffen. New Lanark bot medizinische Versorgung, günstigen Wohnraum und Freizeitmöglichkeiten – ein revolutionäres Konzept für die damalige Zeit, welches die Idee eines »wohlwollenden Kapitalismus« verkörperte. Owens Ziel war es, eine harmonische Gemeinschaft zu schaffen, in der die Bedürfnisse der Arbeiter nicht nur als wirtschaftliche Ressourcen, sondern auch als Menschen berücksichtigt wurden.

Charles Fourier (1772–1837) war ein französischer Philosoph und früher Sozialist, der für seine utopischen Ideen über gesellschaftliche Reformen bekannt ist. Fourier entwickelte das Konzept des *Phalanstère*, einer idealen Gemeinschaft, in der Menschen zusammenlebten und gemeinsam arbeiteten. Ein Phalanstère sollte etwa 1.500 bis 1.600 Personen umfassen, die in einer Art genossenschaftlichem Wohn- und Arbeitsgebäude lebten und kooperativ arbeiteten. Fouriers Vision sah vor, dass die Bedürfnisse und Interessen der Menschen in dieser Gemeinschaft bestmöglich miteinander harmonieren und jeder Mensch entsprechend seiner natürlichen Neigungen arbeiten konnte. Das Phalanstère war so strukturiert, dass alle Arbeiten gerecht verteilt und Gemeinschaftsprojekte gefördert wurden, um das soziale Wohl zu maximieren. Fourier glaubte, dass eine solche Gesellschaft Konflikte minimieren und den Wohlstand für alle erhöhen würde. Obwohl keine Phalanstère-Kolonie langfristig erfolgreich war, beeinflusste Fouriers Modell viele spätere sozialistische und kommunitäre Bewegungen.

Beide Modelle, sowohl New Lanark als auch das Phalanstère, sind Beispiele für frühe Versuche, alternative Gesellschafts- und Wirtschaftssysteme zu schaffen, die menschliche Bedürfnisse und soziale Gerechtigkeit über rein wirtschaftliche Interessen stellten. Vgl. Beecher (1986), Fourier (1971), Manuel / Manuel (1979), Donnachie (2000) und Harrison (1969).

2 Vgl. auch Polanyi (1944). In *The Great Transformation* analysiert Karl Polanyi die Entstehung und die Auswirkungen der modernen Marktwirtschaft und beschreibt die tiefgreifenden sozialen und wirtschaftlichen Veränderungen, die durch die Industrialisierung und die Entwicklung des Kapitalismus hervorgerufen wurden. Polanyi argumentiert, dass die Umwandlung von Gesellschaften in marktorientierte Wirtschaftssysteme nicht nur eine ökonomische, sondern vor allem eine soziale und politische »große Transformation« darstellt. Er zeigt auf, wie die Ausweitung der Märkte auf alle Lebensbereiche – Arbeit, Land und Geld – zu einer Entfremdung und einem Zusammenbruch traditioneller sozialer Strukturen führte. Des Weiteren kritisiert Polanyi die Vorstellung, dass eine freie Marktwirtschaft eine natürliche und notwendige Entwicklung ist. Er bezeichnet sie als historisch bedingt und zeigt, dass

die Gesellschaft aktiv umgestaltet wurde, um Märkte zu schaffen, und dass dies häufig gegen die Interessen und Bedürfnisse der Mehrheit der Menschen geschah. Die Einführung von »fiktiven Waren« – wie Arbeit, Land und Geld – als Marktgüter führte seiner Ansicht nach zu erheblichen sozialen Spannungen und Krisen. Diese »fiktiven Waren« seien nicht für den Handel geschaffen, sondern durch gesellschaftliche Notwendigkeiten bestimmt, und ihre Kommerzialisierung verursache tiefgreifende gesellschaftliche und ökologische Probleme. Ein zentraler Punkt in Polanyis Werk ist das Konzept der »Doppelbewegung«. Während die Marktwirtschaft dazu neigt, sich expansiv auszubreiten und soziale Bindungen aufzulösen, entwickeln sich gleichzeitig soziale Gegenbewegungen, die diese Expansion eindämmen wollen, um das soziale Gefüge zu schützen. Polanyi sieht diesen Konflikt als eine fundamentale Spannung in kapitalistischen Gesellschaften und argumentiert, dass dieser letztlich zu sozialen und politischen Umbrüchen führen könnte.

3   Vgl. auch Fromm (1976). Erich Fromms Werk *Haben oder Sein* ist eine weitsichtige Analyse der beiden existenziellen Orientierungen, die Menschen in ihrem Leben einnehmen können: die Orientierung des »Habens«, die stark auf Besitz und Konsum ausgerichtet ist, und die des »Seins«, die auf Erleben, Wachstum und innerer Entwicklung basiert. Fromm kritisiert die »Haben«-Orientierung, die im kapitalistischen System dominiert, und zeigt auf, wie der Fokus auf Besitz, Wohlstand und Konsum zu Entfremdung, Umweltzerstörung und einer Abkehr von authentischen menschlichen Werten führt. Fromms Unterscheidung zwischen »Haben« und »Sein« trägt maßgeblich zu der Idee bei, dass Wohlstand, Konsum und Luxus in einer nicht-kapitalistischen Gesellschaft auf neue, weniger zerstörerische Weise definiert werden könnten. In einem solchen System wäre die Orientierung stärker auf das »Sein« ausgerichtet – also auf Werte wie persönliche Erfüllung, soziale Beziehungen und gemeinschaftliches Wohl –, anstatt auf das »Haben«, das oft zu Gier, Ressourcenverschwendung und sozialen Ungleichheiten führt. Fromm bietet damit eine theoretische Grundlage, um sich eine Gesellschaft vorzustellen, in der Wohlstand und Konsum nicht in erster Linie an materiellem Besitz gemessen werden, sondern an der Lebensqualität und dem Sinn, den Menschen aus ihrem Dasein ziehen.

4   Wohlstand wird in der wissenschaftlichen und ökonomischen Forschung oft durch eine Kombination mehrerer Indikatoren bewertet, die zusammen ein umfassendes Bild über den materiellen und sozialen Status einer Person oder einer Gesellschaft geben. Diese Indikatoren sind so gestaltet, dass sie die verschiedenen Dimensionen von Wohlstand erfassen, die über rein monetäre Werte hinausgehen und auch soziale und qualitative Aspekte berücksichtigen.

Ein zentraler Indikator für Wohlstand ist das **Einkommen**. Einkommen beschreibt die regelmäßigen finanziellen Mittel, die einer Person oder einem Haushalt zur Verfügung stehen. Ein höheres Einkommen ermöglicht Zugang zu mehr Konsumgütern und Dienstleistungen und gilt daher als grundlegender Baustein für Wohlstand. Allerdings bietet das Einkommen allein kein vollständiges Bild, da es oft temporär ist und Schwankungen unterliegt. Auch die Verteilung des Einkommens spielt eine wichtige Rolle: Wohlstand wird nicht durch das absolute Einkommen bestimmt, sondern auch durch die Unterschiede innerhalb der Gesellschaft, die sich in Einkommensungleichheit niederschlagen. Ein weiterer zentraler Faktor ist das **Vermögen**. Während das Einkommen einen kontinuierlichen Fluss von Mitteln darstellt, beschreibt Vermögen den Bestand an Ressourcen, die über die Zeit angesammelt wurden. Dazu gehören finanzielle Rücklagen, Immobilien und andere Sachwerte. Vermögen ist stabiler als Einkommen und kann in Krisenzeiten als Absicherung dienen, was Wohlstand langfristig stabilisiert. Zudem zeigt sich Wohlstand oft deutlicher im Vermögen als im Einkommen, da Menschen mit hohem Vermögen häufig mehr finanziellen Spielraum und Sicherheit besitzen. Ein ebenso wichtiger, aber oft weniger quantifizierbarer Faktor ist die **Lebensqualität**. Sie umfasst die physischen, sozialen und psychologischen Bedingungen, die das Leben angenehm und erfüllend machen. Dazu zählen der Zugang zu guter Gesundheitsversorgung, Bildungsangebote, Freizeitmöglichkeiten, die Umweltqualität und soziale Bindungen. Während Lebensqualität schwerer messbar ist als Einkommen oder Vermögen, geben Lebensqualitätsstudien wichtige Hinweise auf den subjektiv empfundenen Wohlstand. Eine hohe Lebensqualität wird oft als integraler Bestandteil von Wohlstand gesehen, da sie die Bedingungen für ein gesundes und zufriedenes Leben schafft. Schließlich spielt auch der **soziale Schutz** eine wesentliche Rolle in der Wohlstandsmessung. Soziale Sicherheitssysteme, wie Kranken- und Rentenversicherung, Arbeitslosenunterstützung und soziale Wohlfahrtsprogramme, bieten eine Absicherung gegen Lebensrisiken wie Krankheit, Alter und Arbeitslosigkeit. Ein starkes soziales Schutzsystem trägt erheblich zum Wohlstand bei, da es den Menschen eine Grundsicherung gibt und sie vor finanziellen Notlagen schützt. Gerade in Ländern mit hohen sozialen Sicherheitsstandards wird Wohlstand daher nicht nur durch individuelle finanzielle Ressourcen, sondern auch durch die soziale Absicherung beeinflusst.

5   Vgl. auch Hoffmann (2025).

6   Der Begriff *Homo oeconomicus* beschreibt den Menschen als primär ökonomisch handelndes Wesen, das rationale Entscheidungen trifft, um seine eigenen Interessen zu maximieren. In der klassischen und neoklassischen Wirtschaftstheorie wird davon ausgegangen, dass der *Homo oeconomicus* stets darauf bedacht ist, den persönlichen Nutzen zu optimieren und dabei nach klaren Präferenzen, vollständigen Informationen und einer logischen Abwägung der Kosten und Nutzen handelt. Dieses Konzept wurde von Ökonomen wie Adam Smith und John Stuart Mill geprägt. Adam Smith beschrieb in *The Wealth of Nations* die Idee, dass individuelles Eigeninteresse in einer Marktwirtschaft kollektiven Wohlstand schaffen kann – bekannt als die »unsichtbare Hand des Marktes«: »*Es ist nicht vom Wohlwollen des Metzgers, des Brauers oder des Bäckers, dass wir unser Abendessen erwarten, sondern von deren Rücksicht auf ihr eigenes Interesse.*«

In der Moderne hat sich der Mensch immer mehr auf das *ökonomische Prinzip* fokussiert, in dem viele Lebensbereiche – von Arbeit und Konsum bis hin zu Beziehungen und sozialem Status – unter ökonomischen Gesichtspunkten betrachtet werden. Der Soziologe Max Weber trug ebenfalls zu dieser Sichtweise bei, indem er in *Die protestantische Ethik und der Geist des Kapitalismus* argumentierte, dass ökonomisches Streben und rationales Handeln zum prägenden Charakter der modernen Gesellschaft wurden: »*Die asketische Lebensführung, die das Streben nach ökonomischem Erfolg zum Ideal erhebt, formt den modernen Kapitalismus und den modernen Menschen.*« Moderne Ökonomen haben die Theorie des *Homo oeconomicus* auf Bereiche jenseits der Wirtschaft angewandt und zeigen, wie ökonomische Prinzipien zunehmend als Leitfaden für menschliches Verhalten in der Gesellschaft dienen.

Vgl. dazu Becker (1976) und Sen (1977).

7   Aus mathematischer Sicht führt exponentielles Wachstum in einem System mit begrenzter Kapazität unvermeidlich zu Engpässen, da das Wachstumspotenzial der Population oder des Systems die verfügbaren Ressourcen übersteigt. Exponentielles Wachstum beschreibt einen Prozess, bei dem die Wachstumsrate proportional zur aktuellen Größe des Systems ist. Solange keine Begrenzungen vorhanden sind, wächst die Population unaufhaltsam, aber in der Realität stößt jedes System früher oder später an seine Kapazitätsgrenzen.

Das Lotka-Volterra-Modell veranschaulicht, wie Populationen in natürlichen Ökosystemen auf Ressourcenknappheit und Konkurrenz reagieren und sich dabei dynamisch anpassen. Es beschreibt die Beutepopulation eine Ressourcenbasis für die Räuberpopulation, wobei das Wachstum der Räuber von der Verfügbarkeit der Beute abhängig ist. Wenn die Beutepopulation stark wächst, steigt die Räuberpopulation zunächst ebenfalls, was jedoch schließlich zu einem Rückgang der Beutepopulation und einem darauffolgenden Rückgang der Räuberpopulation führt. Diese Zyklen illustrieren die Idee der relativen und temporären Knappheit – die Verfügbarkeit von Ressourcen schwankt, und die Populationen passen sich entsprechend an, was schließlich zu einem neuen Gleichgewichtszustand führt. Im Gegensatz zu natürlichen Systemen neigt die menschliche Wirtschaft dazu, die Wachstumsdynamik und Ressourcenlimits zu ignorieren. Das wirtschaftliche Wachstum folgt ebenfalls oft einem exponentiellen Muster, das jedoch keine natürlichen Rückkopplungsmechanismen einbezieht, die die Ausbeutung von Ressourcen bremsen würden. Ein wirtschaftliches System, das ständig nach Wachstum strebt, ohne Rücksicht auf die Umwelt oder die Verfügbarkeit von Ressourcen, erzeugt künstliche Knappheit. Diese Knappheit entsteht nicht, weil Ressourcen in einem absoluten Sinn fehlen, sondern weil sie in einem Tempo abgebaut oder verbraucht werden, das die natürliche Regenerationsfähigkeit übersteigt. Während das Lotka-Volterra-Modell Anpassungen an Ressourcenverfügbarkeit durch natürliche Populationen beschreibt, ignoriert menschliches Wirtschaftswachstum oft diese Prinzipien. Wenn z. B. fossile Brennstoffe oder seltene Rohstoffe ausgebeutet werden, geschieht dies ohne Berücksichtigung einer regenerativen Balance, was langfristig zu einem tatsächlichen Mangel an diesen Ressourcen führt. Zusätzlich verursacht dieses Wachstum ökologische Schäden, die wiederum die Ressourcenbasis weiter belasten und den Engpass verstärken.

Selbst auf globaler Ebene kann Knappheit relativ betrachtet werden. Während Ressourcen begrenzt sind, ist die technologische und organisatorische Fähigkeit, Ressourcen effizient zu nutzen und Alternativen zu schaffen, eine variable Größe. Die Entwicklung nachhaltiger Technologien könnte den Zugang zu Ressourcen verbessern und Knappheit entschärfen. Beispielsweise wird Sonnenenergie als nahezu unerschöpflich angesehen, doch technologische Barrieren und ökonomische Interessen beschränken ihren großflächigen Einsatz, wodurch künstlich eine Knappheit an sauberer Energie entsteht.

Die Vorstellung von Knappheit wird daher von einer Kombination physischer Begrenzungen und sozialer Konstruktionen bestimmt. Kapitalistische Systeme nutzen diese Knappheit nicht nur als ökonomisches Prinzip, sondern auch als Mittel zur Schaffung von Wettbewerb und Kontrolle. Sie erzeugen ein Klima der permanenten Unzufriedenheit und Verknappung, das zu Abhängigkeiten und Wachstumszwängen führt, die als »natürlich« erscheinen, obwohl sie häufig menschengemacht sind. Insofern ist Knappheit also eine physische Realität und gleichzeitig ein Instrument sozialer Konstruktion und Kontrolle.

Vgl. dazu Odum / Barrett (2005), Lovelock (2000), Rees (1992) und Schrödinger (1944).

8   Die Natur bietet zahlreiche Beispiele für Systeme, die in einer Art von Fülle und Selbstregulation existieren und gedeihen, ohne die Ressourcen erschöpfend zu verbrauchen. Diese natürlichen Systeme sind auf Kreisläufe und Erneuerung ausgelegt, wodurch sie langfristig stabil bleiben und ihre Ressourcen nachhaltig nutzen.

In der Natur finden wir das Prinzip der Fülle besonders in den Stoffkreisläufen, die Ressourcen effizient und kontinuierlich nutzen. Der Kohlenstoffkreislauf etwa zeigt, wie Kohlenstoff in der Atmosphäre durch Pflanzen aufgenommen, in Biomasse umgewandelt und schließlich durch die Zersetzung oder Verbrennung wieder in die Atmosphäre freigesetzt wird. Ähnlich funktioniert der Stickstoffkreislauf, bei dem Stickstoff von Pflanzen und Mikroorganismen in verschiedene Verbindungen umgewandelt und recycelt wird. Diese Kreisläufe sorgen dafür, dass Elemente wie Kohlenstoff und Stickstoff stets in der Biosphäre verfügbar bleiben und sich die Ressourcen in einem natürlichen Gleichgewicht bewegen.

Ökosysteme besitzen eine bemerkenswerte Fähigkeit zur Selbstregulation. Wenn eine Art in einer Population wächst und mehr Ressourcen benötigt, tritt eine natürliche Begrenzung ein, da die Konkurrenz um Nahrung, Raum und andere Ressourcen steigt. Diese Konkurrenz sorgt dafür, dass das System in einem dynamischen Gleichgewicht bleibt. Ein Beispiel hierfür ist das Räuber-Beute-Modell (z. B. bei Wölfen und Rehen), in dem die Population der Beute ansteigt, was wiederum die Anzahl der Räuber erhöht. Mit zunehmender Räuberpopulation sinkt die Beutepopulation, was schließlich auch zur Reduktion der Räuber führt. Dieses zyklische Wechselspiel verhindert das Ungleichgewicht und schafft eine Art natürliche Stabilität.

Die Biodiversität in natürlichen Lebensräumen trägt zur Fülle bei, indem sie eine Vielzahl an Arten mit unterschiedlichen Nischen und Funktionen hervorbringt. Jede Art hat eine spezifische Rolle im Ökosystem, sei es als Bestäuber, Zersetzer oder als Teil der Nahrungskette. Diese Vielfalt ermöglicht es den Systemen, flexibel auf Umweltveränderungen zu reagieren und zu regenerieren. Selbst bei Verlust einzelner Arten bleibt das System in gewisser Weise stabil, weil andere Arten Funktionen übernehmen können – ein Beispiel für die sogenannte Redundanz im Ökosystem. In tropischen Regenwäldern, die aufgrund ihrer hohen Biodiversität extrem produktiv sind, wird dieses Prinzip der Fülle besonders sichtbar.

Ein weiteres Beispiel ist das Prinzip der Kreislaufwirtschaft, das in der Natur allgegenwärtig ist. Organische Abfälle werden von Mikroorganismen zersetzt und in den Boden zurückgeführt, wo sie wieder als Nährstoffe für Pflanzen dienen. Diese Abfallvermeidung und Wiederverwertung ist ein zentraler Mechanismus, durch den natürliche Systeme ohne Ressourcenschwund funktionieren. Der Wald bildet ein solches geschlossenes System, in dem Laub und andere organische Materialien auf den Boden fallen, von Zersetzern verwertet und in Humus umgewandelt werden, der das Wachstum neuer Pflanzen fördert.

Symbiotische Beziehungen zwischen Arten zeigen eine weitere Facette der natürlichen Fülle. Pflanzen und Pilze gehen beispielsweise in der Mykorrhiza eine Symbiose ein: Der Pilz versorgt die Pflanze mit Wasser und Nährstoffen, während die Pflanze den Pilz mit Zucker aus der Fotosynthese versorgt. Diese gegenseitige Unterstützung erhöht die Produktivität und Überlebensfähigkeit beider Organismen. Ähnliche symbiotische Beziehungen finden sich in Korallenriffen, die von Algen besiedelt werden, die den Korallen Sauerstoff und Nährstoffe liefern und im Gegenzug Schutz und Kohlenstoff erhalten.

Vgl. Margulis / Fester (1991), Krebs (2009) und Chapin / Matson / Vitousek (2011).

9   Die Macht des Eigentums ist heute weit mehr als der physische Besitz eines Objekts – sie ist zu einem umfassenden System der Kontrolle geworden, das unsichtbare Fäden spinnt, die das Individuum und die Gesellschaft binden. Eigentum ist nicht mehr nur das, was wir in unseren Händen halten oder mit unseren Augen sehen können; es ist zu einem abstrakten Netz aus Rechten, Ansprüchen und Nutzungsformen geworden, das eine größere Macht entfaltet als das Objekt selbst. Besitz im herkömmlichen Sinn – ein Buch im Regal, ein Haus, ein Stück Land – hat längst an Bedeutung verloren gegenüber den unsichtbaren Rechten, die diesen Dingen anhaften. Der wahre Wohlstand liegt nicht mehr in der physischen Präsenz eines

Gegenstands, sondern in den immateriellen Rechten, die darüber entscheiden, wer Zugang hat, wer profitiert und wer die Kontrolle ausübt. Aktien, Patente, Lizenzen, Nutzungsrechte – diese abstrakten Formen des Eigentums sind die neuen »Objekte« des Wohlstands, die weder gesehen noch berührt werden können, aber über die Bewegungsfreiheit, den sozialen Status und die Zukunft eines Menschen entscheiden. Diese abstrakte Form des Eigentums hat eine eigene Art von Macht: Sie erhebt den Menschen über das Physische hinaus in eine Sphäre, in der Rechte und Zugänge einen Wert erhalten, den das Objekt allein nicht besitzt. Ein Grundstück ist nicht mehr nur Land, das man betritt – es ist ein »Recht« auf die Nutzung, die Verwaltung und die Ausschließung anderer, ein Anspruch, der sich durch Verträge, Aktien und ein weltweites Netz von Regeln und Institutionen manifestiert. Immobilien, die einst für den Bau und das Wohnen gedacht waren, sind heute Anlageformen, Renditeversprechen, deren Wert sich nicht aus dem Gebäude selbst ergibt, sondern aus dem komplexen System aus Hypotheken, Vermietungen und staatlichen Subventionen, das um sie geworden ist. Dieser Wandel bedeutet, dass der physische Wert eines Objekts fast sekundär wird, verdrängt von der Macht, die sich aus der abstrakten Kontrolle über Rechte ableitet. Der wahre Reichtum liegt in der Fähigkeit, über diese Rechte zu verfügen und sie zu verteidigen. Patente und Urheberrechte sind die neuen Bastionen des Wohlstands, die sich nicht an der praktischen Nützlichkeit eines Produkts oder einer Idee messen, sondern an ihrer Exklusivität. Ein Medikament ist nicht wertvoll, weil es Leben rettet, sondern weil die Rechte daran im Besitz eines Unternehmens liegen, das den Zugang und den Preis kontrolliert. In dieser Welt der Rechte und Ansprüche wird Wohlstand zum Inbegriff eines Machtgefälles, das über das Physische hinausgeht. Besitz bedeutet nicht mehr, etwas in Händen zu halten, sondern ein Netz aus Zugängen und Sperren zu spinnen, das die Bewegungsfreiheit anderer einschränkt und die eigene Macht zementiert. Eigentum hat sich so zu einer unsichtbaren, allgegenwärtigen Macht entwickelt, die wie eine zweite Schicht über der physischen Welt liegt, oft unsichtbar und dennoch mächtig genug, um zu bestimmen, wer in Wohlstand lebt und wer draußen bleibt. Die Macht des Eigentums ist damit mehr als die Macht des Besitzes – sie ist die unsichtbare Architektur der sozialen Ordnung, eine Matrix aus Rechten, die das physische Dasein dominiert. Und je mehr sich diese Macht von der physischen Realität entfernt, desto tiefer greift sie in das Leben jedes Einzelnen ein, indem sie den Zugang zur Welt kontrolliert und den Wert der Dinge nicht mehr durch ihre physische Substanz, sondern durch die unsichtbaren Linien definiert, die sie umgeben.

Vgl. auch Hardt / Negri (2000).

10 Vgl. Piketty (2013). Thomas Piketty, ein führender Ökonom auf dem Gebiet der Vermögensverteilung, hat in seinem Werk *Das Kapital im 21. Jahrhundert* umfassend dargelegt, wie Kapital und Wohlstand in kapitalistischen Gesellschaften zunehmend ungleich verteilt sind. Er argumentiert, dass das wirtschaftliche Wachstum langsamer voranschreitet als die Renditen auf Kapital, was dazu führt, dass Kapital schneller wächst als das Einkommen aus Arbeit. Dieser Mechanismus verstärkt bestehende Vermögenskonzentrationen und führt zu einer immer größeren Ungleichheit, da Wohlstand in die Hände weniger Personen fließt und sich dort ansammelt.

Piketty zeigt, dass das Verhältnis zwischen Kapitalrenditen und Wachstumsraten ein zentraler Faktor für die Verteilung von Wohlstand in der Gesellschaft ist. Solange die Renditen auf Kapital (r) größer sind als das Wachstum der Wirtschaft (g), wächst das Kapital ungleichmäßiger als das Einkommen, und Vermögen konzentriert sich bei denjenigen, die bereits über Kapital verfügen. Diese Konzentration wird durch Erbschaften und Vermögensübertragungen über Generationen hinweg weiter verstärkt, was zu einer strukturellen Ungleichverteilung von Reichtum führt. Dieses Verhältnis führt dazu, dass die Veredelung und Umverteilung von Gütern – durch kapitalintensive Innovationen und Produktentwicklungen – vor allem jenen zugutekommt, die bereits in der Lage sind, Kapital zu investieren. Die Vermögensverteilung wird damit immer ungleicher, da die wohlhabendsten Gesellschaftsgruppen kontinuierlich von steigenden Kapitalrenditen profitieren, während die unteren Schichten nur langsam von allgemeinen Wachstumsgewinnen profitieren. Piketty beschreibt Kapital in kapitalistischen Gesellschaften nicht nur als finanziellen Reichtum, sondern auch als Machtstruktur, die sich in der Form von Eigentum an Produktionsmitteln, Immobilien und Finanzanlagen manifestiert. Kapital ist somit nicht nur eine Frage des Besitzes, sondern ein Mechanismus, der wirtschaftliche und soziale Macht ungleich verteilt. Diese Kapitalanhäufung an der Spitze schafft ungleiche Startbedingungen und schränkt die Mobilität und Chancen der weniger wohlhabenden Teile der Gesellschaft ein.

Da komplexe Produkte und Dienstleistungen zunehmend in kapitalintensiven Industrien entstehen (wie Technologie, Pharmazeutik, Immobilien), profitieren die Kapitalinhaber von der steigenden Wertschöpfung in diesen Bereichen. Dadurch wird Kapital in bestimmten »Eckpfeilern« der Gesellschaft konzentriert – etwa bei Großinvestoren, Unternehmen oder Vermögensverwaltern, die über erheblichen Einfluss und Ressourcen verfügen. Diese Akkumulation verschiebt die Umverteilung von Einkommen und Gütern zugunsten der Kapitalbesitzer, die die Kontrolle über Innovationen und deren Gewinne behalten. Piketty zeigt auf, dass die Ungleichverteilung von Kapital auch eine Verschiebung der Einkommensverteilung zugunsten von Kapitalrenditen und zum Nachteil von Arbeitseinkommen bewirkt. Während Arbeitseinkommen durch Löhne begrenzt sind, können Kapitalrenditen durch Investitionen in innovative, wachstumsstarke Sektoren ständig gesteigert werden. Diese Mechanismen führen zu einer Abnahme der Einkommen aus Arbeit im Verhältnis zu den Einkommen aus Kapital, was die Schere zwischen Arm und Reich weiter öffnet.

Dieses System wird durch steuerliche und rechtliche Strukturen gefördert, die Kapital begünstigen, während Arbeit vergleichsweise hoch besteuert wird. Piketty schlägt daher progressive Vermögens- und Erbschaftssteuern als Mittel vor, um der Konzentration von Kapital entgegenzuwirken und die Verteilung von Wohlstand gerechter zu gestalten. Die Umverteilung und Veredelung von Gütern führt in kapitalistischen Systemen dazu, dass Kapital ungleich verteilt wird und sich in bestimmten gesellschaftlichen Gruppen konzentriert. Diese Anhäufung von Wohlstand in wenigen Händen ist das Resultat eines Mechanismus, der systematisch Kapitalrenditen über das allgemeine Wirtschaftswachstum stellt und so bestehende Vermögensunterschiede vergrößert. Die »Ecken und Eckpfeiler der Gesellschaft«, in denen sich Kapital ansammelt, sind Ausdruck der strukturellen Ungleichheiten, die Piketty als charakteristisch für den Kapitalismus des 21. Jahrhunderts beschreibt.

11 Seit der frühen Entwicklung menschlicher Zivilisation war die Spezialisierung der Arbeit ein entscheidender Faktor für das Überleben und den Fortschritt. Mit der Arbeitsteilung entstanden spezialisierte Berufe und Rollen, die es notwendig machten, Waren und Güter zu tauschen und zu erwerben. Menschen begannen, auf die Produkte anderer angewiesen zu sein, da sie sich nicht mehr vollständig selbst versorgen konnten. Dieses frühe Konsumverhalten basierte auf rein utilitaristischen Prinzipien: Es ging darum, die Grundbedürfnisse zu decken und durch den Konsum die Voraussetzungen für das Überleben und den Lebensunterhalt sicherzustellen. Die Bedeutung des Konsums beschränkte sich weitgehend auf den pragmatischen Wert der Güter. In der Neuzeit jedoch veränderte sich der Charakter des

Konsums fundamental, insbesondere mit dem Aufkommen des Kapitalismus und der industriellen Revolution. Durch Massenproduktion und eine wachsende Produktvielfalt wurde Konsum nicht nur einfacher und alltäglicher, sondern erhielt auch eine neue symbolische Dimension. Thorstein Veblen prägte in seinem Werk *The Theory of the Leisure Class* den Begriff des »demonstrativen Konsums« (*conspicuous consumption*), womit er den Kauf von Luxusgütern beschrieb, die vor allem dazu dienen, den sozialen Status zu signalisieren. Konsum wurde zu einem Mittel, um sozialen und symbolischen Wert zu kommunizieren, und erlangte damit eine Bedeutung, die über den reinen Gebrauchswert hinausging.

Mit der wachsenden urbanen Mittelschicht verstärkte sich dieser Trend. Soziologen wie Émile Durkheim und Max Weber beobachteten, dass der Konsum nun zunehmend auch eine Art sozialer »Kodex« diente, der Menschen eine Zugehörigkeit zu bestimmten Gruppen und Lebensstilen vermittelte. Konsum übernahm Funktionen der Identitätsbildung und sozialen Differenzierung, indem Produkte nicht nur für ihre praktischen Eigenschaften, sondern als Träger von Symbolen, Werten und Ideologien geschätzt wurden. So entwickelte sich eine Konsumkultur, in der Güter zunehmend »transzendentale« Bedeutung erhielten – sie wurden zu Ausdrucksmitteln persönlicher und kultureller Werte, die soziale Identität, Status und Zugehörigkeit widerspiegeln sollten. Der französische Philosoph Jean Baudrillard ging in *La société de consommation* so weit, den modernen Konsum als eine »Systemwelt der Zeichen« zu interpretieren, in der Produkte symbolische Funktionen übernehmen, die das Leben »bedeutsam« machen. Der moderne Konsum hat sich so stark vom Utilitaritätsprinzip entfernt, dass das Hauptziel des Konsums oft weniger das Nutzverhalten ist als vielmehr die Konstruktion von Bedeutungen und Identitäten. Konsumgüter werden zum Träger und Medium individueller und kollektiver Vorstellungen, die jenseits des reinen Gebrauchs liegen.

Vgl. Baudrillard (1970) und Campbell (1987).

12 Unbegrenzte Kapitalakkumulation stößt an physische und ökologische Grenzen, da die Ressourcen des Planeten begrenzt sind. Kontinuierliches Wachstum (selbst wenn im immateriellen, monetärmathematischen Konzept möglich) ist in einer endlichen Welt unhaltbar und wird eine »steady-state economy« anstreben, in der das Kapital nur innerhalb der ökologischen Kapazitäten wächst. Dies widerspricht jedoch der kapitalistischen Logik, die auf ständige Expansion ausgelegt ist. Die Vorstellung unbegrenzter Akkumulation kollidiert somit mit den ökologischen Realitäten und den Belastbarkeitsgrenzen der Erde.

In modernen kapitalistischen Systemen hat sich die Kapitalakkumulation zunehmend auf den Finanzsektor verlagert. Dieser Prozess der Finanzialisierung beschreibt, wie Finanzmärkte, Finanzakteure und finanzielle Motive die Wirtschaft dominieren. Anstatt Kapital in die Realwirtschaft zu investieren, fließt es in den Finanzsektor, wo es durch spekulative Praktiken vermehrt wird. Dieser Trend wird durch die Deregulierung und Globalisierung von Finanzmärkten begünstigt, was Kapital eine höhere Mobilität und Flexibilität verleiht. Diese Entwicklung wird als »spätkapitalistische« Phase beschrieben, in der die Akkumulation nicht mehr primär durch Produktion, sondern durch Finanztransaktionen und spekulative Investitionen stattfindet. Es ist zu betonen, dass die Finanzialisierung die Akkumulation von Kapital weiter antreibt, indem sie den Prozess beschleunigt, Kapital jedoch gleichzeitig immer instabiler und krisenanfälliger macht.

Vgl. auch Harvey (2005).

13 Länder wie Indien und China, einst geprägt von subsistenzorientierten Ökonomien und bescheidenen Konsumgewohnheiten, stehen heute an der Schwelle zum Hyperkonsumis-

mus der westlichen Welt und intensivieren diesen sogar noch. In Indien wächst die Mittelschicht rapide; Schätzungen des World Economic Forum zufolge wird sich die indische Mittelschicht bis 2030 auf etwa 1 Milliarde Menschen verdoppeln. Diese aufstrebende Konsumentenschicht investiert zunehmend in Güter, die weit über den Grundbedarf hinausgehen – Autos, Elektronik und Luxusgüter werden zunehmend zum Alltag, was sich auch in den Verkaufszahlen zeigt: Im Jahr 2022 beispielsweise stieg der Absatz von Pkw in Indien auf rund 3,8 Millionen Fahrzeuge, ein deutlicher Anstieg gegenüber den Vorjahren. Dieser Trend wird verstärkt durch die hohe Verfügbarkeit von Finanzierungen und Krediten, die selbst teure Konsumgüter für viele erreichbar machen.

Auch in China hat sich der Konsum in den letzten Jahrzehnten dramatisch gesteigert. Zwischen 2000 und 2020 verzeichnete das Land ein Wirtschaftswachstum, das die Pro-Kopf-Einkommen rapide steigen ließ und den Konsum ankurbelte. Heute ist China der zweitgrößte Verbrauchermarkt der Welt, direkt hinter den USA, mit einem Einzelhandelsumsatz von über 6 Billionen USD im Jahr 2022. Das Wachstum des chinesischen Luxusmarkts ist ein deutliches Zeichen für diesen Wandel: Laut einer Analyse von Bain & Company hat sich der Umsatz für Luxusgüter in China von 2019 bis 2021 nahezu verdoppelt. Mit einer steigenden Zahl wohlhabender Konsumenten wird prognostiziert, dass China bis 2025 etwa 40 % des globalen Luxusmarkts ausmachen könnte. Diese Entwicklung steht symbolisch für eine tiefe Transformation der chinesischen Gesellschaft, die immer stärker vom Konsumdenken des Westens geprägt wird.

Ebenfalls in Afrika ist ein wachsender Trend hin zum Konsum erkennbar, obwohl die soziale und wirtschaftliche Situation in vielen Ländern des Kontinents komplex und von großen Ungleichheiten geprägt ist. In Ländern wie Nigeria und Kenia wächst die Mittelschicht und damit auch die Nachfrage nach Konsumgütern. Laut der African Development Bank wird die Mittelschicht Afrikas bis 2030 auf rund 1,7 Milliarden Menschen anwachsen, was eine Steigerung des verfügbaren Einkommens und eine Erhöhung der Nachfrage nach Konsumgütern bedeutet. Besonders die Mobilfunk- und Elektroindustrie verzeichnen hohe Wachstumsraten: So gibt es mittlerweile über 500 Millionen Mobilfunknutzer in Afrika, und der Smartphone-Absatz wächst jährlich. Diese Entwicklungen deuten darauf hin, dass sich auch in afrikanischen Ländern ein Konsummuster etabliert, das stark von westlichen Standards inspiriert ist.

14 In seinem Werk *Die protestantische Ethik und der Geist des Kapitalismus* untersucht Max Weber die kulturellen und religiösen Grundlagen des modernen Kapitalismus und formuliert die These, dass bestimmte protestantische Glaubensprinzipien – insbesondere solche, die im Calvinismus und Puritanismus verwurzelt sind – maßgeblich zur Entstehung und zum Wachstum der kapitalistischen Wirtschaftsform beitrugen. Weber argumentiert, dass der Kapitalismus nicht allein aus ökonomischen oder technischen Entwicklungen hervorging, sondern auch durch eine spezifische Geisteshaltung, die in der protestantischen Ethik verankert ist. Diese Ethik prägt das Arbeits- und Lebensverhalten in einer Weise, die den modernen Kapitalismus erst ermöglichte und ihm seinen dynamischen Charakter verlieh.

Ein zentraler Aspekt in Webers Theorie ist das Konzept der »Berufung«. In den protestantischen Lehren, besonders im Calvinismus, wird Arbeit als Beruf und damit als göttliche Pflicht betrachtet. Diese Berufsethik, die von Calvinisten und Puritanern propagiert wurde, verlieh der Arbeit eine neue Bedeutung: Sie war nicht mehr nur Mittel zum Zweck, sondern wurde zur moralischen Aufgabe und zum Dienst an Gott. Die individuelle Arbeit und der persönliche wirtschaftliche Erfolg galten als Zeichen göttlicher Gnade und Erwählung. Diese Haltung förderte eine Lebensweise, die von Disziplin, Fleiß und Sparsamkeit geprägt war. Weber bezeichnet diese Ethik als »asketisch«, da sie Genuss und Luxus ablehnt und die Reinvestition von Kapital in die Wirtschaft gegenüber persönlichem Konsum priorisiert. Ein weiterer wichtiger Punkt in Webers Analyse ist die »asketische Lebensführung«, die die protestantische Ethik verlangt. Luxus und sinnlicher Genuss wurden als unmoralisch und sündhaft betrachtet, da sie von der göttlichen Berufung ablenken und den Weg zum spirituellen Heil gefährden könnten. Der erwirtschaftete Gewinn sollte nicht für persönlichen Luxus verwendet werden, sondern in das Unternehmen reinvestiert werden, um es zu vergrößern und weitere wirtschaftliche Erfolge zu erzielen. Diese Haltung führte zu einer kontinuierlichen Kapitalakkumulation, da das Kapital, anstatt für persönlichen Genuss ausgegeben zu werden, in das Wirtschaftssystem zurückfloss und das Wachstum des Kapitalismus befeuerte. Webers Konzept des »Geistes des Kapitalismus« beschreibt genau diese Haltung, bei der die kapitalistische Rationalität in den Vordergrund rückt und die moralische Rechtfertigung für Akkumulation und Reinvestition bildet. Der »Geist des Kapitalismus« ist für Weber geprägt von Rationalität, systematischer Arbeit und einem methodischen Lebensstil, der dem Kapitalismus zugrunde liegt und ihn von früheren, auf Konsum orientierten Wirtschaftsformen unterscheidet. Das wirtschaftliche Handeln wird rationalisiert und kalkuliert, und das Streben nach Gewinn wird zur Norm. Diese neue Geisteshaltung stellt für Weber die moralische Grundlage des Kapitalismus dar und bildet den ethischen Rahmen, innerhalb dessen sich das kapitalistische Wirtschaftssystem entfalten konnte. Webers These hebt somit hervor, dass die protestantische Ethik entscheidend zur Etablierung des modernen Kapitalismus beigetragen hat. Die religiös motivierte Wertschätzung von Arbeit, Disziplin und Kapitalreinvestition hat nicht nur wirtschaftliche Praktiken verändert, sondern die gesamte Kultur und Denkweise der westlichen Welt geprägt. Die protestantische Ethik bot dem Kapitalismus die moralische Rechtfertigung und den kulturellen Rahmen, der ihm die immense Dynamik und Stabilität verlieh, die ihn bis heute charakterisieren.

15 Vgl. Hoffmann (2025).
16 Vgl. Piketty (2013). Wie Thomas Piketty in *Das Kapital im 21. Jahrhundert* betont, war Kapital in vormodernen Gesellschaften weitgehend immobil und konzentriert; es war oft in Ländereien, Adelstiteln oder ererbtem Besitz gebunden und diente primär der Machtdemonstration und gesellschaftlichen Absicherung. Der Reichtum lag statisch in den Händen einer privilegierten Elite und war nicht darauf ausgelegt, durch Investitionen wirtschaftlich zu wachsen oder Wert zu schaffen. Vielmehr sollte das Kapital die bestehende soziale Ordnung bewahren und die Herrschaft der Eliten absichern. Kapital erfüllte dabei eine klare soziale Funktion, indem es die Distanz zwischen den besitzenden Klassen und den übrigen Bevölkerungsschichten aufrechterhielt und durch äußere Symbole wie prachtvolle Residenzen, Ländereien und feudale Rechte visualisiert wurde.

In dieser statischen Gesellschaft war das Kapital fast wie ein unverrückbarer Felsen: Es zirkulierte kaum und blieb von Generation zu Generation in den gleichen Familien. Der Adel und die Oberschicht besaßen das Kapital nicht nur als materiellen Besitz, sondern auch als Symbol einer gottgegebenen Ordnung. Dieses Kapital war unproduktiv im heutigen Sinne, da es nicht zur Erhöhung der gesamtwirtschaftlichen Wertschöpfung eingesetzt wurde. Vielmehr existierte es, um eine gewisse soziale Stabilität und Hierarchie aufrechtzuerhalten. Die Funktion des Kapitals war daher primär repräsentativ und symbolisch, es hatte eine »pseudoheilige« Qualität, die Macht und Herrschaft rechtfertigen sollte, ohne produktive Aufgaben im Sinne von Investitionen und Innovationen zu übernehmen. Der Übergang zu einem produktiven, dynamischen Kapitalmodell kam erst mit der industriellen Revolution und der Entwicklung kapitalistischer Märkte, die es ermöglichten, Kapital in wachstumsfördernde Aktivitäten zu investieren. Zum ersten Mal begann Kapital zu zirkulieren und wurde als Mittel betrachtet, um weitere Gewinne zu erzielen und neue wirtschaftliche Möglichkeiten zu erschließen. Unternehmer und Investoren nutzten Kapital nicht mehr nur zur Absicherung ihres Standes, sondern zur Erweiterung ihrer ökonomischen Macht und zur Erhöhung ihrer Profite. In diesem neuen System spielte Kapital eine zentrale Rolle in der Finanzierung von Industrien, im Bau von Fabriken, der Erschließung neuer Märkte und in der kontinuierlichen Erweiterung der Produktivität. Der statische, gesellschaftlich und symbolisch gebundene Kapitalbegriff wandelte sich zu einem dynamischen, wirtschaftlich produktiven Kapital, das zum Motor der Wirtschaft und des gesellschaftlichen Fortschritts wurde. Dieser Wandel markierte eine tiefgreifende Verschiebung in der Funktion des Kapitals und seiner Rolle in der Gesellschaft. Die neue Kapitalakkumulation war nicht nur ein Mittel zur Machtdemonstration, sondern ein zentraler Bestandteil des Fortschritts und des ständigen wirtschaftlichen Wachstums. Kapital wurde zum Treibstoff für Expansion und Innovation, und mit dieser Dynamik entstand die moderne Gesellschaft, in der das Kapital keine Grenzen kennt und immer weiter akkumuliert wird. Das Kapital verlagerte sich von einem statischen Besitzobjekt hin zu einem Instrument der ständigen Wertschöpfung und Veränderung, das neue Märkte erschließt und traditionelle soziale Strukturen unter Druck setzt. Die kapitalistische Wirtschaft definierte den Wert des Kapitals nun nicht mehr durch seine Beständigkeit und seine symbolische Macht, sondern durch seine Fähigkeit, Profit zu generieren und den Reichtum der Kapitalinhaber zu vermehren.

Der Unterschied zwischen vormoderner und moderner Kapitalfunktion liegt also nicht nur in der Menge des Kapitals, sondern in seiner Dynamik und seiner Zweckgebundenheit. Kapital ist im Kapitalismus nicht mehr bloß ein stabiler, machtdemonstrierender Besitz, sondern ein ständig zirkulierender Faktor, der nur dann an Wert gewinnt, wenn er aktiv zur Produktion von mehr Kapital eingesetzt wird.

17 Vgl. Bourdieu (1984). Luxusgüter erfüllten dabei eine Art »sakrale« Funktion, die mit religiösen und spirituellen Bedeutungen verwoben war. Sie stellten für die Eliten eine Art »irdische Nähe zum Göttlichen« dar und verstärkten so die Wahrnehmung, dass ihre Macht nicht nur weltlich, sondern auch göttlich legitimiert sei. Die Verwendung dieser Luxusgüter zur Darstellung göttlicher Autorität und Übernatürlichkeit verleiht ihnen eine quasi-religiöse Dimension, die durch Rituale, Zeremonien und symbolische Handlungen verstärkt wurde. Diese Objekte dienten nicht nur der Zurschaustellung von Reichtum, sondern waren rituelle Insignien, die eine quasi-magische Verbindung zwischen den Eliten und einer höheren Macht suggerierten. Der französische Soziologe Pierre Bourdieu beschreibt diese symbolische Funktion des Luxus als »kulturelles Kapital«, das dazu diente, gesellschaftliche Unterschiede und Machtstrukturen zu festigen.

18 Vgl. Elias (1939). Norbert Elias argumentiert in *Über den Prozess der Zivilisation*, dass Luxusgüter in traditionellen Gesellschaften Ausdruck von politischer und sozialer Macht waren und gezielt zur Demonstration von Überlegenheit eingesetzt wurden. Die Darstellung der Eliten als überlegene und fast göttliche Instanzen wurde durch symbolische Güter verstärkt, die ihre exklusive Stellung verdeutlichten und die »göttliche Gegebenheit« ihrer Herrschaft zementierten. Die breite Bevölkerung konnte sich mit diesen Luxusgütern weder identifizieren noch sie erwerben. Die Vorstellung, dass ein gewöhnlicher Bürger solche Gegenstände

besitzen könnte, war so unrealistisch, dass Luxus in der Lebenswelt der Massen keine Rolle spielte und stattdessen die Herrschaftsordnung visuell und sozial stabilisierte.

19 Vgl. Hobsbawm (1994). Nach dem Ende des Zweiten Weltkriegs 1945 standen viele Industrienationen, insbesondere die USA, vor einem hoch entwickelten und leistungsstarken industriellen Apparat, der während des Krieges massiv ausgebaut worden war, um die Kriegsanstrengungen zu unterstützen. Diese Infrastruktur, die zur Produktion von Waffen, Fahrzeugen und sonstigem Kriegsgerät auf Hochtouren lief, war nach Kriegsende bereit, auf die Herstellung ziviler Güter umgestellt zu werden. Millionen von Arbeitsplätzen und Produktionsanlagen konnten nun in den Dienst einer zivilen Konsumgesellschaft gestellt werden. Diese Umstellung wurde durch verschiedene Faktoren begünstigt, darunter staatliche Anreize, der Übergang von militärischer zu ziviler Produktion und die hohe Nachfrage nach Konsumgütern, die während des Krieges rationiert oder schwer zugänglich waren. In den USA, die in dieser Zeit zur führenden Wirtschaftsmacht aufstiegen, vollzog sich diese Transformation besonders deutlich. Unternehmen, die zuvor auf Kriegsgerät spezialisiert waren, begannen nun mit der Produktion von Haushaltsgeräten, Fahrzeugen und Unterhaltungselektronik. Die boomende Nachkriegswirtschaft und der Konsumrausch, der durch steigende Einkommen und Kredite gefördert wurde, trugen dazu bei, dass sich der Fokus der Industrie verschob – von der Kriegsproduktion zur Produktion von Massenkonsumgütern. Auch in Europa, das durch den Wiederaufbau und den Marshallplan wirtschaftlich gestärkt wurde, erfolgte ein ähnlicher Wandel. Die industrielle Infrastruktur ermöglichte es, den steigenden Bedarf an Konsumgütern zu decken und gleichzeitig das Wirtschaftswachstum anzukurbeln. Diese Umstellung wird oft als Beginn einer neuen Ära in der industriellen Produktion und der Konsumgesellschaft betrachtet, in der Massenproduktion und Massenkonsum Hand in Hand gingen und zu einem Motor für den modernen Kapitalismus wurden.

20 Vgl. Marcuse (1964). Diese Umstellung wurde vor allem durch die Entwicklung der Konsumgesellschaft nach dem Zweiten Weltkrieg vorangetrieben, als die Produktionstechnologien hoch entwickelt und die Produktionskapazitäten immens waren. Mit einer gesättigten Produktion und ausreichendem Güterangebot in vielen Industrien ging es zunehmend darum, einen stabilen Absatzmarkt zu sichern. Unternehmen begannen, Ressourcen in Werbung und Marketing zu investieren, um den Konsum anzukurbeln und eine ständige Nachfrage nach Produkten zu erzeugen – selbst für solche, die nicht unbedingt notwendig waren.

Theoretiker wie Herbert Marcuse analysierten diesen Wandel kritisch. In *Der eindimensionale Mensch* beschreibt Marcuse, wie in der modernen Gesellschaft das »falsche Bedürfnis« geschaffen wird – das Verlangen nach Konsumgütern, die für das persönliche und gesellschaftliche Wohlbefinden eigentlich nicht notwendig sind. Diese künstlich erzeugten Bedürfnisse sorgen dafür, dass das kapitalistische System weiter expandiert, da Menschen angehalten werden, mehr zu konsumieren und dadurch die Kapitalakkumulation am Laufen zu halten. Dies führt zu einer Gesellschaft, in der Konsum als Weg zum persönlichen Glück und zur Selbstverwirklichung propagiert wird, während die Produktion von Gütern zunehmend sekundär wird gegenüber der Schaffung einer beständigen Nachfrage. Damit wurde die Mechanik des Kapitals grundlegend verändert: Die Wirtschaft benötigt eine ständige, wachstumsorientierte Nachfrage, die nicht nur auf realen Bedürfnissen basiert, sondern durch die sozialen und kulturellen Mechanismen des Kapitalismus erzeugt wird. Die Wirtschaft treibt sich somit selbst an, indem sie den Konsum immer weiter steigert und dadurch die Kapitalakkumulation ermöglicht.

21 Vgl. Lipovetsky (2005). Im 21. Jahrhundert hat sich der Hyperkonsumismus in wohlhabenden und aufstrebenden Märkten so stark ausgeweitet, dass der Luxusbegriff zunehmend entgrenzt und zugleich entwertet wurde. Luxus ist nicht mehr ausschließlich mit Exklusivität und Seltenheit verbunden, sondern hat durch die Massenproduktion und massenmarkttaugliche Luxusmarken an universeller Verfügbarkeit gewonnen. Dieser Trend zur Allgegenwärtigkeit des Luxus hat jedoch auch seine tiefere Bedeutung untergraben. Luxusgüter sind durch die breite Zugänglichkeit zunehmend unpersönlich und trivial geworden, da die sozialen Mechanismen der Abgrenzung und symbolischen Exklusivität durch die Verfügbarkeit im Massenmarkt verwässert wurden. Der soziologische Begriff des »Hyperkonsumismus« beschreibt genau dieses Phänomen: eine Konsumkultur, in der Luxus nicht länger als außergewöhnliches, seltenes Gut wahrgenommen wird, sondern als Standard für diejenigen, die sich im kapitalistischen System positionieren möchten. Mit dieser Verbreitung und Standardisierung des Luxus hat der Kapitalismus ihn von seinem ursprünglichen, sozialen und symbolischen Gehalt befreit. Luxus wird so zu einem oberflächlichen Element im Konsumprozess, einem Werkzeug der Selbstdarstellung, das durch seine Verfügbarkeit eine Art hohle, ästhetische Befriedigung bietet, aber seine Funktion als sozial differenzierendes Gut verliert.

22 Vgl. Thompson (2015). Das Haushalten ist ein grundlegendes Konzept, das tief in der Geschichte der menschlichen Zivilisation verwurzelt ist und als Ursprung wirtschaftlicher Aktivitäten angesehen werden kann. In den frühen Gesellschaften war die Hauswirtschaft zentral für das Überleben und die Stabilität der Gemeinschaft. Hauswirtschaft, im Englischen auch als »householding« bezeichnet, beinhaltete die Verwaltung von Ressourcen innerhalb des Haushalts oder der erweiterten Familie und war eng mit der sozialen Struktur verknüpft. Dies beinhaltete nicht nur die Produktion und den Verbrauch von Lebensmitteln und Gebrauchsgegenständen, sondern auch die Planung und Verwaltung von Vorräten, die für Krisenzeiten vorgehalten wurden. Der funktionale Nutzen der Güter stand dabei im Vordergrund: Verbrauchsgüter wie Nahrungsmittel oder Brennstoffe wurden für den täglichen Bedarf eingesetzt, während langlebige Gebrauchsgüter, etwa Werkzeuge oder Kochgeschirr, so gestaltet und ausgewählt wurden, dass sie über längere Zeit nutzbar und zuverlässig waren. Die Entscheidung über Anschaffung und Nutzung dieser Güter beruhte auf einem pragmatischen Kalkül: Es ging nicht um die Anhäufung von Dingen, sondern um die Sicherstellung des Haushaltsbedarfs und eine möglichst effiziente Ressourcennutzung. Dieser Ansatz repräsentiert eine Form von Wirtschaften, die auf den Erhalt und die Erweiterung der Haushaltsressourcen fokussiert ist – eine Praxis, die oft als »Subsistenzwirtschaft« bezeichnet wird und bei der wirtschaftliche Aktivitäten auf das Nötige und Funktionale beschränkt sind. Die Haushaltsführung als Keimzelle des Wirtschaftens spiegelt eine Form der »ökonomischen Rationalität« wider, bei der der Bedarf und Nutzen eines Gutes vor dem Wunsch nach Besitz steht. Der Schwerpunkt lag auf der Auswahl qualitativ hochwertiger, langlebiger Güter, die dem Haushalt über einen langen Zeitraum hinweg dienen konnten. Diese Rationalität ist in der Geschichte der Ökonomie weitverbreitet und bildet die Grundlage für viele ökonomische Systeme, bevor die Moderne den Fokus auf Marktwirtschaft und Kapitalakkumulation verlagert hat. Im historischen und anthropologischen Kontext wird das Haushalten daher als ein grundlegendes Modell des Wirtschaftens betrachtet, das die Prinzipien der Knappheit und Effizienz integriert, ohne auf endloses Wachstum angewiesen zu sein.

23 Vgl. Hoffmann (2025).

24 Die Vorstellung, den Kapitalismus abzuschaffen oder gar ein Ende dieses Systems zu denken, erscheint vielen Menschen nahezu undenkbar, da der Kapitalismus nicht nur ein ökonomisches, sondern auch ein umfassendes soziales und kulturelles Rahmenwerk geworden ist, das das moderne Leben tiefgreifend strukturiert. Wirtschaftstheoretiker und Soziologen wie Fredric Jameson und Slavoj Žižek haben diese Schwierigkeit, den Kapitalismus als überwindbares System zu betrachten, als eine Art kollektiven »mentalen Käfigs« beschrieben. Jameson prägte etwa den berühmten Satz: »Es ist leichter, sich das Ende der Welt vorzustellen als das Ende des Kapitalismus.« Diese Aussage verdeutlicht, dass der Kapitalismus in der modernen Gesellschaft nicht nur als ökonomisches System, sondern als eine Art unhinterfragbare Realität wahrgenommen wird, innerhalb derer alle Lebensbereiche – von Arbeit und Konsum bis hin zu sozialen Beziehungen und Selbstverständnis – strukturiert und legitimiert werden.

Das moderne Leben ist in der kapitalistischen Gesellschaft von Werten wie Wettbewerb, Effizienz und Akkumulation geprägt, die sich in das soziale Gefüge eingebrannt haben. Max Weber stellte bereits in *Die protestantische Ethik und der Geist des Kapitalismus* fest, dass die kapitalistische Arbeitsmoral und die Orientierung am wirtschaftlichen Erfolg tief in kulturellen und religiösen Traditionen verwurzelt sind. Diese Werte wirken weit über die wirtschaftliche Sphäre hinaus und beeinflussen die moralischen und kulturellen Vorstellungen der Menschen, was es besonders schwierig macht, den Kapitalismus als ersetzbares System zu sehen. Weber argumentiert, dass der Kapitalismus ein »stahlhartes Gehäuse« geschaffen hat, das die Menschen auf eine Weise umgibt, dass ein Leben außerhalb dieses Gehäuses kaum mehr vorstellbar ist.

Der Kapitalismus wird somit zum allumfassenden Rahmen, der als »natürlicher« Lebenshintergrund gilt. In diesem Sinne ist es tatsächlich absurd oder gar abstrus, das System zu hinterfragen, da es als Selbstverständlichkeit verinnerlicht wird und alternative Gesellschaftsformen kaum ernsthafte Erwägung finden. Ein Ende des Kapitalismus würde nicht nur ökonomische Strukturen verändern, sondern auch die Art und Weise, wie Menschen ihre Identität, ihr Glück und ihren Lebenssinn definieren. Dies erschwert eine Abkehr vom Kapitalismus erheblich, da es einen Bruch mit einer als unveränderlich empfundenen Ordnung bedeuten würde, was für viele Menschen beängstigender erscheint als die Vorstellung einer physischen Katastrophe.

Vgl. Weber (1905) sowie Jameson (1991), Jameson (2003), Žižek (2009) und Žižek (2011).

25 In der nordischen Mythologie ist Nidhöggr (auch *Níðhöggr*) ein Drache oder Schlangendämon, der an den Wurzeln des Weltenbaums Yggdrasil nagt und somit dessen Stabilität und Lebensenergie bedroht. Yggdrasil verbindet die neun Welten der nordischen Kosmologie, und Nidhöggrs zerstörerisches Werk symbolisiert die fortwährende Bedrohung und den Zyklus von Verfall und Erneuerung im kosmischen Gefüge. Diese Figur steht metaphorisch für die unterirdischen, nagenden Kräfte, die an den Fundamenten von Ordnung und Leben arbeiten, und spiegelt die Vorstellung von Zersetzung als Teil des natürlichen und kosmischen Gleichgewichts wider. Vgl. Simek (1993).

26 Karl Marx und Friedrich Engels betrachteten die gesellschaftlichen Strukturen und ökonomischen Systeme ihrer Zeit durch die Linse der materialistischen Geschichtsauffassung, in der die Produktionsverhältnisse die Basis der gesellschaftlichen Überbauten – Ideologien, Religionen, Werte – prägen. Würden sie heute die sozialen Medien wie Instagram und TikTok analysieren, würden sie vermutlich erkennen, dass diese Plattformen nicht nur neue Aus-

drucksformen, sondern auch neue Ideologien fördern, insbesondere die Ideologie des Konsumismus. Auf diesen Plattformen wird Konsum nicht nur zur Normalität erhoben, sondern in einer Weise als Ideal inszeniert, das weit über die traditionellen Mechanismen des Kapitalismus hinausgeht.

Marx würde wahrscheinlich darin den »fetischistischen« Charakter des Warenkonsums erkennen, den er in *Das Kapital* beschrieb. Die Warenfetischismus-Theorie besagt, dass Menschen in kapitalistischen Gesellschaften dazu neigen, den Produkten und Gütern eine magische Bedeutung zuzuschreiben, wodurch die sozialen Beziehungen und Produktionsverhältnisse, die sie hervorgebracht haben, unsichtbar bleiben. Auf sozialen Medien wird diese Idee weiter verstärkt, indem Produkte in ästhetischen Bildern und durch Influencer inszeniert werden, die den Produkten eine Aura von Glamour und Begehren verleihen. Diese Darstellung verstärkt den »Warenfetischismus«, indem sie Produkte als Symbole für Status, Glück und Identität darstellt, die vermeintlich über den Konsum erreicht werden können. Engels könnte ergänzen, dass die sozialen Medien die Konsumideologie zur »Religion« der Moderne machen, in der materielle Güter als Mittel zur Selbstverwirklichung und sozialen Zugehörigkeit fungieren. Engels beschrieb in *Die Lage der arbeitenden Klasse in England* die Illusion, dass Konsum die Lebensumstände verbessern könnte, ohne die zugrunde liegenden ökonomischen Strukturen zu ändern. Die soziale Medienkultur suggeriert heute, dass Luxusprodukte und Marken zur Identität und zum Selbstwert beitragen. Influencer und Lifestyle-Content inszenieren Luxus als zugängliches Ideal und schaffen das Bild einer »digitalen Gemeinschaft«, die durch Konsum definiert ist – eine subtile Form von Ideologie, die das Streben nach Wohlstand und Status als erstrebenswert und notwendig darstellt. Die sozialen Medien reproduzieren und intensivieren das Streben nach Konsum und Status auf eine Weise, die mit Marx' Konzept der »Ideologie als falsches Bewusstsein« korrespondiert. Ideologie beschreibt hier den Zustand, in dem Menschen ihre reale ökonomische Position und die Produktionsverhältnisse, die ihre Lebensumstände prägen, nicht mehr erkennen und stattdessen in Illusionen von Individualität und Selbstverwirklichung durch Konsum verhaftet bleiben. Diese »falschen Bedürfnisse« werden auf Plattformen wie Instagram und TikTok gezielt erzeugt und verstärkt, indem sie das Bild eines idealisierten Lebens durch Konsum vermitteln. So beschreibt auch Marcuse, dass Konsumgesellschaften Bedürfnisse erzeugen, die keine echten Bedürfnisse sind, sondern lediglich dazu dienen, die Machtstrukturen und den Kapitalfluss aufrechtzuerhalten. Die sozialen Medien wirken somit als Mechanismus der sozialen Kontrolle und Ideologie, die, wie Marx es formuliert hätte, die »wahren Verhältnisse« zwischen Arbeit, Kapital und Konsum verschleiern. Sie schaffen eine Sphäre, in der Luxus zum digitalisierten Glaubensbekenntnis wird, das endlos reproduziert wird – eine Ideologie, die die Menschen dazu bringt, sich in einem Kreislauf von Arbeit und Konsum zu verlieren, ohne die eigentlichen Strukturen infrage zu stellen. Die Konsumideologie wird in dieser Hinsicht zur modernen »Religion«, die, wie Marx in seiner berühmten Formulierung schrieb, »das Opium des Volkes« ist und von den grundlegenden Missständen ablenkt.

Vgl. Marx (1844), Marx (1867) und Engels (1845).

27 Vgl. Weber (1905). In *Die protestantische Ethik und der Geist des Kapitalismus* (1905) argumentiert Max Weber, dass die protestantische Ethik, insbesondere der Calvinismus, einen entscheidenden Einfluss auf die Entwicklung des modernen Kapitalismus hatte. Weber untersucht, wie bestimmte religiöse Vorstellungen und Werte zur Herausbildung einer wirtschaftlichen Mentalität beitrugen, die den Kapitalismus begünstigte. Der Protestantismus, insbesondere in seiner calvinistischen Ausprägung, förderte die Vorstellung von harter Ar-

beit, Disziplin und Selbstkontrolle, die Weber als zentrale Elemente der kapitalistischen Ethik identifiziert. Ein Hauptaspekt der protestantischen Ethik war die Vorstellung der »Berufung«: der Glaube, dass jeder Mensch von Gott für eine bestimmte Aufgabe auserwählt ist und durch die Erfüllung dieser Aufgabe Gott dient. Weber erklärt, dass die Idee der Berufung eine spirituelle Bedeutung des Arbeitslebens und wirtschaftlichen Erfolgs implizierte, die über das bloße Überleben hinausging. Arbeit wurde dadurch zu einer religiösen Pflicht, und wirtschaftlicher Erfolg konnte als Zeichen göttlicher Gunst interpretiert werden. Anders als im Katholizismus, in dem das Seelenheil durch sakramentale Praktiken und die Vermittlung der Kirche erreicht werden konnte, war im Protestantismus die eigene Arbeitsleistung ein wichtiger Bestandteil des Glaubens. Dies führte zu einer »innerweltlichen Askese«, bei der materielle Güter angehäuft, jedoch nicht genossen wurden. Im Calvinismus spielte die Lehre der Prädestination eine entscheidende Rolle. Diese besagt, dass das Schicksal des Einzelnen – also ob er erlöst oder verdammt ist – von Gott bereits vorbestimmt ist und dass dies durch keine Taten verändert werden kann. Da jedoch keine absolute Gewissheit über den eigenen Status bestand, suchten Gläubige nach Anzeichen für ihre Auserwähltheit. Wirtschaftlicher Erfolg und persönlicher Wohlstand wurden dabei als mögliche Hinweise auf göttlichen Segen betrachtet. Diese religiöse Unsicherheit trieb die Menschen dazu an, in ihrem beruflichen und wirtschaftlichen Handeln exzellente Leistungen zu zeigen, was langfristig die kapitalistische Arbeits- und Leistungsethik verstärkte. Weber betont, dass die protestantische Ethik nicht nur bestimmte Verhaltensweisen, sondern auch die institutionelle Grundlage des Kapitalismus prägte. Die Betonung von Sparsamkeit und Investition anstelle von Konsum und Luxus förderte die Kapitalakkumulation, die für das Wachstum kapitalistischer Unternehmen notwendig ist. Anstatt den erwirtschafteten Reichtum für persönliche Vergnügungen zu nutzen, wurden die Erträge in das Unternehmen reinvestiert, was das Kapital weiter vermehrte und die Effizienz steigerte. Die »protestantische Arbeitsethik« führte daher zu einer systematischen, rationalen Organisation des Wirtschaftslebens und förderte die Werte, die den Kapitalismus als Wirtschaftsform bis heute prägen: Streben nach Erfolg, Disziplin, Sparsamkeit und die fortlaufende Vermehrung von Kapital. Webers Werk zeigt, dass der Kapitalismus nicht nur eine ökonomische, sondern auch eine kulturelle und religiöse Grundlage hat. Die protestantische Ethik schuf den »Geist des Kapitalismus«, der eine spezifische Einstellung zur Arbeit und zur Vermehrung von Wohlstand förderte und sich von früheren, nicht-kapitalistischen Wirtschaftsformen unterscheidet. Dieser »Geist« hat sich schließlich verselbstständigt und besteht unabhängig von religiösen Überzeugungen fort. So wird die Verbindung zwischen religiösen und ökonomischen Werten zu einem wichtigen Aspekt des Kapitalismus, der die moderne Wirtschaftsweise grundlegend beeinflusst hat.

28 Der Konsumismus hat sich in modernen Gesellschaften zu einer mächtigen Kraft entwickelt, die unsere tiefsten psychologischen Bedürfnisse anspricht und uns eine scheinbar perfekte Lösung für evolutionär geprägte Ängste, Bedürfnisse und Unsicherheiten bietet. Diese Bedürfnisse sind fest in unserer psychologischen Struktur verankert und stammen aus der Menschheitsgeschichte, in der Gemeinschaft, Sicherheit und das Streben nach Anerkennung lebenswichtige Faktoren für das Überleben waren. Der Konsumismus hat es geschafft, diese evolutionären Triebe aufzugreifen und in die Konsumkultur zu integrieren, um ein System zu schaffen, das sowohl ein Gefühl von Zugehörigkeit als auch von Sicherheit verspricht. Der Soziologe Zygmunt Bauman beschreibt Konsumismus als eine Art »Flucht« vor Unsicherheit und Angst, da Konsum eine sofortige Befriedigung und ein Gefühl der Kontrolle vermittelt. Der Besitz bestimmter Güter signalisiert Zugehörigkeit und Prestige, was soziale Akzeptanz

und Anerkennung stärkt – zentrale Bedürfnisse, die der Mensch evolutionär entwickelt hat, um soziale Bindungen und somit eine stabile Gemeinschaft zu sichern. In einer zunehmend säkularen Welt, in der traditionelle Religionen und Gemeinschaften ihre frühere Bedeutung verloren haben, füllt der Konsumismus die entstandene Lücke, indem er eine neue Art von Sinn und Erfüllung verspricht. Der Konsumismus bietet durch den Erwerb von Produkten und Erfahrungen das Versprechen eines »guten Lebens« und einer stabilen Identität, wie es einst religiöse Systeme taten. Der Kulturwissenschaftler Colin Campbell beschreibt diesen Aspekt als »romantische Ethik des Konsums«, bei der die konsumierten Objekte nicht nur materiellen Wert haben, sondern als Symbole für das »erfüllte Leben« stehen, das sie verkörpern sollen. In diesem Sinne wird der Konsumismus zu einer quasi-religiösen Praxis, in der Produkte und Marken als Symbole des modernen Glaubens dienen. Durch den Konsum versucht der Einzelne, eine Existenz zu gestalten, die »bedeutungsvoll« erscheint und ihm ein Gefühl von Sinnhaftigkeit und Stabilität vermittelt. Darüber hinaus adressiert der Konsumismus die evolutionsbiologisch verankerte Angst vor Knappheit und Unsicherheit, indem er das Streben nach Besitz als Lösung für existenzielle Ängste und Mängel darstellt. In diesem Zusammenhang steht auch der Begriff des »demonstrativen Konsums«, der zeigt, wie Konsumverhalten als Mittel zur sozialen Selbstverwirklichung und Absicherung genutzt wird. Durch Konsum können Menschen heute nicht nur ihr Zugehörigkeitsgefühl stärken, sondern auch ihre Position in der Gesellschaft festigen und sichern. Diese Funktionen, die Konsum erfüllt, verstärken die Bindung der Individuen an das System und stellen den Konsumismus als scheinbar alternativloses Mittel dar, um die Herausforderungen und Unsicherheiten der modernen Existenz zu bewältigen. Das Bedürfnis nach sozialem Status, Anerkennung und Selbstverwirklichung, das ursprünglich durch Gemeinschaft und religiöse Rituale befriedigt wurde, ist in der modernen Konsumgesellschaft auf Produkte und Marken übergegangen. In einer Gesellschaft, die zunehmend vom Konsum geprägt ist, finden Menschen Trost und Orientierung in dem Versprechen, dass bestimmte Konsumgüter sie näher an ein ideales Selbst oder einen idealen Lebensstil bringen. Die Bedeutung des Konsums für das soziale Prestige und die individuelle Identität ist nicht zu unterschätzen. Konsumgüter fungieren in der modernen Gesellschaft als Mittel zur Schaffung und Aufrechterhaltung sozialer Distinktionen, was den Einzelnen dazu bringt, sich über den Erwerb bestimmter Güter zu definieren und gesellschaftlich zu positionieren. Letztendlich hat der Konsumismus evolutionär verankerte Bedürfnisse und psychologische Unsicherheiten derart wirksam angesprochen, dass er heute als zentrale Orientierung für Millionen von Menschen dient. Indem der Konsumismus unsere tiefsten Bedürfnisse nach Sicherheit, Zugehörigkeit und Bedeutung anspricht, hat er sich als System etabliert, das die entstandene Leere in einer entzauberten und zunehmend säkularen Welt füllt. Diese Form der »Sinnstiftung« durch Konsum hat es dem Konsumismus ermöglicht, zu einer neuen kulturellen und sozialen »Glaubensinstanz« aufzusteigen, die sowohl auf individueller als auch auf gesellschaftlicher Ebene fest verankert ist.

Vgl. Bauman (2007), Campbell (1987) und Bourdieu (1982).

29 In der Psychologie beschreibt das Konzept der »Selbstverwirklichung durch Besitz« die Idee, dass Individuen bestimmte Eigenschaften oder Werte, die sie in einem Objekt oder einer Marke sehen, auf sich selbst übertragen. Diese Objekte und Marken werden zu Erweiterungen des Selbst und dienen der sogenannten »symbolischen Selbstergänzung«. Der Begriff bezieht sich darauf, wie Menschen durch den Besitz von Dingen ihr Selbstbild formen und ausbauen, indem sie die Attribute des Besitztums in ihr Selbstkonzept integrieren.

Die Theorie der symbolischen Selbstergänzung geht auf Forschungsergebnisse zurück, die zeigen, dass Menschen sich oft durch die Dinge definieren, die sie besitzen, und diese Besitztümer dazu verwenden, ihr Selbstkonzept auszudrücken und zu erweitern. Die Sozialpsychologen Russell W. Belk und Marsha L. Richins argumentieren, dass Besitz und Konsum als Mittel zur Identitätsbildung und zur Kompensation von Unsicherheiten genutzt werden. Belk beschreibt das Phänomen des »Extended Self« und legt dar, dass Menschen Objekte als direkte Erweiterungen ihres Selbst wahrnehmen:

»*Das, was wir besitzen, wird zum Teil dessen, wer wir sind. Es wird Teil unseres erweiterten Selbst, das uns hilft, unser Leben zu definieren und in der sozialen Welt zu navigieren.*«

In dieser erweiterten Perspektive auf das Selbst fungieren Objekte nicht nur als Mittel der Selbstdarstellung, sondern auch als Symbole, die bestimmte Identitätsaspekte verstärken oder ergänzen. Zum Beispiel kann ein bestimmtes Automodell als Ausdruck von Leistungsfähigkeit, Freiheit oder Status dienen, während Markenkleidung das Selbstbewusstsein und den sozialen Status unterstreichen soll. Die »symbolische Selbstergänzung« wird also dadurch erreicht, dass das Objekt nicht nur als funktionales Gut betrachtet wird, sondern als Träger bestimmter, oft sozial anerkannter Eigenschaften, die dem Besitzer zugeschrieben werden.

Die symbolische Selbstergänzung durch Besitz funktioniert über verschiedene psychologische Mechanismen. Einer davon ist die soziale Identitätstheorie, die besagt, dass Individuen eine positive Selbstdarstellung anstreben, die sie mit Gruppen und Werten verbindet, die sie als sozial bedeutsam wahrnehmen. Durch den Besitz von Objekten, die für bestimmte Werte oder Gruppenzugehörigkeiten stehen, können Menschen ihr Selbstkonzept stärken und sich in der Gesellschaft positionieren. Ein weiterer Mechanismus ist die kognitive Dissonanztheorie: Wenn Individuen Eigenschaften, die sie anstreben, durch den Besitz bestimmter Güter in ihr Selbstkonzept integrieren, reduzieren sie die Dissonanz zwischen ihrem tatsächlichen und ihrem idealen Selbstbild. Der Besitz wird so zu einem Instrument, das hilft, kognitive Konsistenz herzustellen. Wenn beispielsweise jemand eine teure Uhr besitzt, die als Symbol für Erfolg gilt, kann dies das Selbstwertgefühl steigern und das Bild eines erfolgreichen Lebensstils untermauern. Auch in der Markenpsychologie spielt die symbolische Selbstergänzung eine bedeutende Rolle. Marken sind oft mit spezifischen Persönlichkeitsmerkmalen und sozialen Bedeutungen aufgeladen, die sie für Konsumenten attraktiv machen. Studien zeigen, dass Konsumenten dazu neigen, Produkte und Marken zu wählen, die zu ihrem Selbstbild passen oder die Eigenschaften haben, die sie in sich selbst sehen wollen. Solomon beschreibt dies als »symbolische Interaktion«, bei der Konsumenten ihre soziale Identität und persönlichen Werte durch den Besitz bestimmter Marken kommunizieren. Marken wie Apple, BMW oder Nike beispielsweise sind mit bestimmten Attributen wie Kreativität, Leistung und sportlicher Exzellenz verbunden. Indem Konsumenten diese Markenprodukte kaufen, übernehmen sie symbolisch die Eigenschaften, die sie mit diesen Marken verbinden. Das Objekt wird so zu einem Spiegel, der bestimmte Identitätsmerkmale verstärkt und das Selbstbild konsistent macht. Der Besitz dieser Marken hilft dem Individuum dabei, sich als jemand zu fühlen, der die mit der Marke verbundenen Eigenschaften verkörpert.

Die symbolische Selbstergänzung durch Besitz ist mit verschiedenen Facetten des Konsumverhaltens verbunden, darunter Materialismus und Selbstwertgefühl. Menschen mit einem hohen Maß an Materialismus neigen dazu, ihren Wert und ihre Identität stärker an Besitztümer zu binden. Richins und Dawson entwickelten einen Materialismusskalen-Test, der zeigte, dass Personen, die Besitz und Reichtum als entscheidende Elemente ihres Lebens betrachten, oft ein stark ausgeprägtes Bedürfnis nach symbolischer Selbstergänzung durch Konsumgüter aufweisen.

Vgl. Belk (1988), Solomon (1983) und Richins / Dawson (1992).

30   Vgl. Geary (1986). Der Reliquienkult des Mittelalters war ein zentrales Element des christlichen Glaubens und repräsentierte mehr als nur spirituelle Symbole. Reliquien, die oft als Überreste von Heiligen oder Objekte mit direktem Kontakt zu ihnen verstanden wurden, galten als Träger göttlicher Kraft und boten den Gläubigen eine physische Verbindung zu ihrem Glauben. Diese Überreste, die in Form von Knochen, Haaren, Gewändern oder anderen persönlichen Gegenständen der Heiligen erhalten waren, wurden nicht nur verehrt, sondern auch als mächtige Kanäle göttlicher Kraft betrachtet, die den Gläubigen Glaubensstärke und Schutz verleihen konnten. Die Vorstellung, dass Reliquien heilende und beschützende Kräfte haben, war tief in der religiösen Kultur des Mittelalters verankert. Die Gläubigen glaubten, dass die Nähe zu Reliquien oder gar deren Besitz ihnen helfen konnte, an der Heiligkeit der verehrten Person teilzuhaben. Dieser Glaube basierte auf der Annahme, dass die Heiligkeit der verstorbenen Person in den materiellen Überresten weiterlebte und dass diese Überreste eine Art göttlicher Kanal bildeten, durch den der Gläubige in Kontakt mit dem Göttlichen treten konnte. In einer Zeit, in der das Alltagsleben von Unsicherheiten und Gefahren geprägt war, boten Reliquien eine spirituelle Sicherheit und den Glauben an eine göttliche Präsenz, die das Leben beschützte und segnete. Reliquien erfüllten jedoch nicht nur eine individuelle, spirituelle Funktion, sondern dienten auch als bedeutungsvolle Symbole in der Gesellschaft. Die Kirchen und Klöster, die über wertvolle Reliquien verfügten, zogen Pilger und Besucher aus weiten Regionen an und steigerten damit nicht nur ihren religiösen, sondern auch ihren sozialen und ökonomischen Einfluss. Reliquien fungierten als Statussymbole für Städte und religiöse Institutionen und waren ein Signal an die Gesellschaft, welches die Nähe zur Heiligkeit und göttlichen Autorität demonstrierte. Der Besitz bedeutender Reliquien verlieh Klöstern und Kirchen eine besondere spirituelle Macht und zog Gläubige an, die diese Stätten als Pilgerorte besuchten. Diese Pilgerreisen hatten zudem wirtschaftliche Bedeutung, da sie Wohlstand und Ansehen in die jeweiligen Regionen brachten und den Einfluss der Institutionen stärkten. Der Reliquienkult prägte somit nicht nur das religiöse, sondern auch das gesellschaftliche Leben des Mittelalters und reflektierte die enge Verbindung zwischen Glauben und sozialem Status. Die Bedeutung von Reliquien als »Kanäle« göttlicher Kraft und als Symbole gesellschaftlicher Anerkennung zeigt, wie die religiöse Praxis auch als soziale Kommunikation fungierte. Die Gläubigen suchten nicht nur spirituellen Trost, sondern auch die Bestätigung ihres Glaubens vor der Gemeinschaft, indem sie ihre Verbundenheit zu den Heiligen über Reliquien zur Schau stellten. In einer durch Glauben geprägten Gesellschaft erfüllte der Reliquienkult so eine doppelte Funktion – als persönliche Glaubensquelle und als öffentlich sichtbarer Ausdruck spiritueller Verbundenheit und sozialer Stellung.

31   Das »Wohlstandsevangelium« oder »Prosperity Gospel« ist eine theologische Strömung, die vor allem in den USA entstanden ist und sich seit den 1950er Jahren in Teilen des modernen Christentums ausgebreitet hat. Diese Glaubenshaltung basiert auf der Überzeugung, dass Gottes Segen sich nicht nur in spiritueller, sondern auch in materieller Form manifestiert. Anhänger des Wohlstandsevangeliums glauben, dass materieller Erfolg, Wohlstand und Gesundheit Zeichen göttlicher Gnade sind und dass Gläubige, die stark im Glauben stehen und großzügig geben, insbesondere an ihre Kirche, von Gott belohnt werden. Das Wohlstandsevangelium greift Elemente der sogenannten »Word of Faith«-Bewegung auf, die davon ausgeht, dass der Glaube die Kraft hat, Realität zu formen – insbesondere durch das gesprochene

Wort. Dies bedeutet, dass Gläubige durch positive Bekenntnisse und den festen Glauben an Gottes Versprechen ihren materiellen Wohlstand beeinflussen können. Die Lehre basiert auf Bibelstellen, die Reichtum und Erfolg als Belohnung für Gehorsam und Glauben darstellen, wie etwa Deuteronomium 8:18 (»Denn er ist's, der dir Kräfte gibt, solchen Reichtum zu erwerben«). Der Theologe Russell Conwell legte bereits Ende des 19. Jahrhunderts mit seiner Predigt *Acres of Diamonds* einen Grundstein für das Wohlstandsevangelium, indem er materiellen Reichtum als gottgefälliges Ziel propagierte. Diese Überzeugung wurde später von Predigern wie Oral Roberts, Kenneth Copeland und Joel Osteen weiterverbreitet und durch das Fernsehen und die Megakirchen-Bewegung popularisiert. Sie betonen, dass Armut nicht im göttlichen Plan liegt und dass Wohlstand ein legitimes Ziel für jeden Gläubigen sei, wenn er durch Gebet und Hingabe erlangt wird. Das Wohlstandsevangelium spricht insbesondere Gläubige in sozial prekären Verhältnissen an, die sich durch den Glauben an einen materiellen Aufstieg Hoffnung und Selbstwirksamkeit versprechen. Sozialwissenschaftler wie Kate Bowler und Stephen Hunt argumentieren, dass das Wohlstandsevangelium in Zeiten wirtschaftlicher Unsicherheit attraktiv ist, weil es das Streben nach Wohlstand spirituell legitimiert und die Vorstellung vermittelt, dass jeder Einzelne die Kontrolle über sein Schicksal hat. Kritiker weisen darauf hin, dass das Wohlstandsevangelium eine individualistische Interpretation des christlichen Glaubens fördert und eine theologisch fragwürdige Verbindung zwischen materiellem Wohlstand und göttlicher Gnade herstellt. Diese Verbindung wird als problematisch angesehen, weil sie Armut und Krankheit als Zeichen von Unglauben oder mangelnder Hingabe interpretiert und damit ein implizites Urteil über diejenigen fällt, die finanziell weniger erfolgreich sind. Theologen wie Reinhold Niebuhr und Dietrich Bonhoeffer kritisieren diese Theologie als »säkularisierte Religion«, die sich mehr auf individuelle Belohnung als auf altruistische Nächstenliebe und soziale Gerechtigkeit konzentriert. Das Wohlstandsevangelium hat in Ländern wie den USA und zunehmend auch in Afrika und Südamerika eine enorme Verbreitung gefunden und beeinflusst das Verständnis von Wohlstand und Glaube. In vielen Megakirchen wird der materielle Erfolg der Gemeinde und ihrer Führer als direkter Beweis göttlicher Gnade präsentiert, was die Anhänger dazu ermutigt, sich finanziell stark in die Kirche einzubringen. Dabei wird oft ein Kreislauf aus Geben und Empfangen geschaffen, der den Wohlstand der Kirchenleiter verstärkt und gleichzeitig die Anhänger in ein Glaubensmodell einbindet, das auf der Hoffnung auf finanziellen Erfolg basiert. Das Wohlstandsevangelium hat auch eine ökonomische Komponente: Es fördert eine Konsumhaltung, die eng mit spirituellen Versprechen verknüpft ist und Gläubigen suggeriert, dass ihre finanziellen Beiträge eine göttliche Rendite in Form von Wohlstand und Erfolg einbringen. Dieser materialistische Fokus hat dazu geführt, dass sich viele Kirchen von traditionellen christlichen Werten entfernen und stattdessen eine Art »religiösen Kapitalismus« praktizieren, in dem Erfolg im Glauben zunehmend durch finanzielle Mittel gemessen wird. Insgesamt stellt das Wohlstandsevangelium eine Verschiebung des christlichen Verständnisses von Glaube und Gottes Segen dar, die tief in den sozialen und wirtschaftlichen Strukturen kapitalistischer Gesellschaften verankert ist. Indem es Wohlstand als Zeichen göttlicher Gnade interpretiert, bietet es eine spirituelle Legitimation für Konsum und ökonomischen Erfolg und spiegelt die Werte einer zunehmend marktorientierten Welt wider.

Vgl. auch Bowler (2013), Hunt (2000), Gifford (1998), Niebuhr (1932) und Bonhoeffer (1951).

32 Der Tat-Ergehen-Zusammenhang beschreibt in der Psychologie und Sozialwissenschaft den Zusammenhang zwischen Handlungen und deren Konsequenzen für das Individuum. Er

bezieht sich auf die Erwartung und das Erleben, dass auf eine bestimmte Handlung eine angemessene und vorhersehbare Reaktion erfolgt. Dieser Mechanismus ist in sozialen und kulturellen Normen tief verankert und vermittelt dem Menschen eine Art von Kontrolle und Ordnung in der Welt. Im Tat-Ergehen-Zusammenhang sieht das Individuum einen kausalen Zusammenhang zwischen seinem Verhalten und den darauffolgenden Ereignissen, was die Vorstellung von Gerechtigkeit und Stabilität in der Lebensführung stärkt. Aus entwicklungspsychologischer Sicht ist der Tat-Ergehen-Zusammenhang für die Entstehung von Verantwortungsbewusstsein und moralischem Verhalten entscheidend. Schon im Kindesalter erfahren Menschen, dass bestimmte Handlungen – etwa Kooperation, Ehrlichkeit oder Fleiß – zu positiven Ergebnissen führen, während unerwünschte Handlungen negative Konsequenzen nach sich ziehen können. Dieses Prinzip ist zentral für das Erlernen sozialer Normen und für die Ausbildung eines Gewissens. Albert Banduras Konzept des Modelllernens betont, dass Menschen durch Beobachtung lernen, wie bestimmte Verhaltensweisen zu bestimmten Ergebnissen führen. Dieser Prozess stärkt das Vertrauen in einen verlässlichen Tat-Ergehen-Zusammenhang und ermutigt Menschen dazu, Verantwortung für ihr Handeln zu übernehmen. Der Tat-Ergehen-Zusammenhang hat auch eine zentrale Rolle in verschiedenen religiösen und kulturellen Vorstellungen. Im Buddhismus etwa wird das Prinzip des Karmas als ein solcher Zusammenhang verstanden, bei dem gute Taten langfristig zu positiven Ergebnissen und schlechte Taten zu negativen Konsequenzen führen. In westlichen Gesellschaften drückt sich dieser Zusammenhang in Sprichwörtern wie »Was du säst, wirst du ernten« aus. Solche Vorstellungen von Kausalität in menschlichem Verhalten vermitteln das Gefühl, dass das Leben strukturiert und fair ist und dass das Individuum durch ethisches Verhalten eine gewisse Kontrolle über sein Schicksal erlangen kann.

33 Vgl. McKinsey & Company (2023) und Bain & Company (2023).
34 Vgl. Hoffmann (2025).
35 Die »symbolische Macht des Luxus« fungiert als ein zentraler Mechanismus, der das soziale Verhalten und die Stellung innerhalb hierarchischer Strukturen maßgeblich beeinflusst und stabilisiert. Luxusgüter sind weit mehr als bloße Konsumobjekte – sie sind Träger symbolischer Bedeutung, die über ihren materiellen Wert hinausgeht. Der Soziologe Pierre Bourdieu beschreibt diese Dynamik in seinem Konzept der »Distinktion«, das aufzeigt, wie die soziale Position eines Individuums durch den Konsum und Besitz von Luxusgütern zur Schau gestellt und legitimiert wird. Luxus dient als Markierung sozialer Differenzierung und ermöglicht es den oberen Schichten, ihre Stellung zu behaupten und zu festigen. Diese Güter vermitteln ein Signal des exklusiven Zugangs zu Ressourcen und verdeutlichen die Trennung von denen, die sie besitzen, und denen, die dies nicht können. Luxusgüter schaffen Distinktion, indem sie rar und teuer sind, was sie automatisch von alltäglichen Konsumgütern abhebt und sie in einen Bereich des Außergewöhnlichen und Unerreichbaren hebt. Durch diese Knappheit und den damit verbundenen hohen Preis symbolisieren Luxusprodukte Reichtum und Exklusivität. In einer Gesellschaft, die stark auf Status und soziale Anerkennung ausgerichtet ist, gewinnen solche Zeichen des Luxus an Bedeutung, da nicht nur den materiellen Erfolg, sondern auch die kulturellen Codes und den »Geschmack« einer privilegierten Gruppe ausdrücken. Dies stärkt die symbolische Macht des Luxus, die, wie Bourdieu feststellt, als unsichtbares Machtmittel wirkt und ohne offene Gewalt soziale Hierarchien legitimiert und aufrechterhält. Dabei verstärkt das Streben nach Luxus das soziale Bedürfnis nach Zugehörigkeit und Abgrenzung zugleich. Einerseits streben Individuen danach, sich durch Luxusgüter von anderen abzuheben und ihre eigene soziale Überlegenheit zu demonstrieren. Anderer-

seits wird dieser Konsum als Mittel der Angleichung genutzt, indem niedrigere Schichten versuchen, den Lebensstil der privilegierten Schichten nachzuahmen. Dies führt zu einem ständigen Wettlauf um Distinktion, in dem der Luxus als Symbol sozialer Macht und Exklusivität immer wieder neue Formen annimmt und sich von der breiten Masse abzuheben versucht. Der Konsum von Luxus wird dadurch zum Ausdrucksmittel einer sozialen Strategie, die soziale Position und Macht festigt und gesellschaftliche Ungleichheiten vertieft.

Vgl. Bourdieu (1984), Baudrillard (1970), Sombart (1913) und Hennion (2007).

36 Im klassischen Sinne wurde Wohlstand als Zustand verstanden, der es Individuen und Gemeinschaften ermöglicht, ein Leben in Stabilität und Sicherheit zu führen und sich aktiv und selbstbestimmt am gesellschaftlichen Leben zu beteiligen. Diese Definition geht über bloßen materiellen Reichtum hinaus und umfasst auch soziale und immaterielle Aspekte, die zur Lebensqualität beitragen. Laut der traditionellen ökonomischen Theorie bezeichnet Wohlstand »den Besitz von Ressourcen und Vermögenswerten, die es einer Person oder Gemeinschaft ermöglichen, ihre Bedürfnisse zu decken und in einem gewissen Wohlstand zu leben«. Dabei geht es nicht nur um das Ansammeln von Reichtum, sondern um die Schaffung eines stabilen und gesicherten Lebensumfelds, das auch soziale und persönliche Freiheiten ermöglicht. Im Kern bedeutet Wohlstand die Erfüllung grundlegender materieller und immaterieller Bedürfnisse und die Freiheit von existenzieller Unsicherheit. John Rawls' Theorie der Gerechtigkeit betont etwa die Bedeutung von sozialem und ökonomischem Grundwohlstand für die persönliche Autonomie und die gleichberechtigte Teilhabe an der Gesellschaft. Rawls beschreibt Wohlstand als eine Vorbedingung für individuelle Freiheit und das Recht zur Selbstgestaltung und argumentiert, dass »eine Gesellschaft nur dann gerecht ist, wenn sie allen ihren Mitgliedern die grundlegenden Mittel und Chancen zur Verfügung stellt, um ein erfülltes Leben zu führen«. Die Vorstellung, dass Wohlstand über reinen Besitz hinausgeht, findet sich auch in Amartya Sens *Capability Approach*, der Wohlstand als die »Fähigkeit des Individuums« definiert, ein Leben nach eigenen Wünschen und Vorstellungen zu führen. Für Sen bedeutet Wohlstand, Zugang zu den Ressourcen und Freiheiten zu haben, die es ermöglichen, sich nach eigenen Vorstellungen zu entfalten, an der Gesellschaft teilzuhaben und ein gesundes, selbstbestimmtes Leben zu führen. Er betont, dass Wohlstand in einem weiteren Sinne »Freiheit von wirtschaftlicher Not« sowie die »Fähigkeit, ein würdiges und erfülltes Leben zu führen« umfasst und dass dies essenziell für das soziale Wohlergehen ist. In der Soziologie wird Wohlstand als eine Form sozialer Sicherheit betrachtet, die nicht nur auf ökonomischen Werten basiert, sondern auch auf sozialer Anerkennung und der Möglichkeit zur aktiven Teilhabe. Der Soziologe Max Weber beschreibt Wohlstand als eine Kombination aus »materieller Versorgung und sozialem Ansehen«, die es Individuen erlaubt, »in einem Zustand der Stabilität und sozialen Eingebundenheit zu leben«. Diese Definition schließt ein, dass Wohlstand nicht nur materielles Vermögen, sondern auch Zugang zu Bildung, Gesundheitsversorgung und sozialem Netzwerk bedeutet, wodurch ein Mensch in der Gesellschaft verankert und geschützt ist. Zusammengefasst kann Wohlstand daher als ein multidimensionales Konzept verstanden werden, das Sicherheit, soziale Teilhabe und die Möglichkeit zur Selbstbestimmung umfasst. Er bietet die Grundlage für ein Leben, das sowohl ökonomisch abgesichert als auch sozial und kulturell eingebettet ist. Wohlstand bedeutet in diesem Sinne nicht nur das Vorhandensein materieller Mittel, sondern auch die Möglichkeit, ein freies und würdiges Leben zu führen und sich aktiv am gesellschaftlichen Leben zu beteiligen. Diese erweiterte Definition von Wohlstand entspricht einer ganzheitlichen Betrachtung

des menschlichen Wohlergehens, die sowohl in der Ökonomie als auch in der Soziologie und politischen Philosophie ihren Platz hat.
Vgl. dazu Samuelson / Nordhaus (2004), Rawls (1971), Sen, A. (1999) und Weber (1922).

37 Vgl. dazu Stone (1979), Cannadine (1990) und Thompson (1963). In vielen europäischen Ländern, insbesondere in Großbritannien, war der Adel dafür bekannt, beträchtliche Summen in öffentliche Projekte und kulturelle Initiativen zu investieren. Dies war oft weniger eine freiwillige Entscheidung als vielmehr eine gesellschaftliche Verpflichtung und eine Form sozialer Repräsentation, die mit der hohen Stellung verbunden war. Der Besitz von Wohlstand brachte bestimmte Erwartungen mit sich, darunter das Engagement für das Gemeinwohl, das wiederum die Stellung des Adels in der Gesellschaft legitimierte und seine Autorität verstärkte. Adlige Familien spielten eine zentrale Rolle bei der Finanzierung und Organisation von Infrastrukturprojekten, insbesondere auf regionaler Ebene. Adlige Landbesitzer investierten in den Bau und die Erhaltung von Straßen, Brücken und Wasserversorgungssystemen, um die Entwicklung und Vernetzung ihrer Ländereien zu fördern. Dies diente nicht nur der Verbesserung des Verkehrsnetzes, sondern auch der Förderung lokaler Wirtschaftstätigkeiten, da solche Investitionen den Zugang zu Märkten und die Handelsmöglichkeiten erweiterten. Adlige Landbesitzer des 18. und 19. Jahrhunderts trugen in England maßgeblich zur Entwicklung des ländlichen Verkehrsnetzes bei und förderten damit die wirtschaftliche Entwicklung ihrer Regionen. Bildung war ein weiteres Feld, auf dem der Adel seinen Wohlstand einsetzte, um seinen sozialen Einfluss zu vergrößern und Standesehre zu bewahren. Adelige Stiftungen und Schirmherrschaften trugen zur Finanzierung von Schulen, Universitäten und Bibliotheken bei, die der Bildung und Sozialisation der nächsten Generationen dienen sollten. Dies geschah häufig in Form von Stipendien oder finanzieller Unterstützung für Schüler und Studenten, die als vielversprechend galten. Besonders in Großbritannien spielte der Adel eine wichtige Rolle bei der Förderung von Bildungseinrichtungen wie Eton, Harrow und Oxford, deren Ausbildung und Netzwerke die Gesellschaftselite über Generationen prägten. Solche Bildungsinitiativen stellten sicher, dass die aristokratischen Werte weitergegeben wurden und die Elite langfristig einen starken Einfluss auf die politische und kulturelle Landschaft behielt. Kunstförderung diente dem Adel als ein Ausdrucksmittel, um seinen Reichtum und seine kulturelle Raffinesse zu demonstrieren und gleichzeitig zur gesellschaftlichen Kultur beizutragen. Adlige Familien engagierten sich als Mäzene von Künstlern, Musikern und Architekten und finanzierten die Entstehung großer Kunstwerke, Architekturprojekte und Musikkonzerte, die ihren Status repräsentierten. Der britische Adel investierte beispielsweise in den Bau prächtiger Landhäuser und Gärten, die nicht nur private Wohnsitze, sondern auch Symbole von Macht und Einfluss waren. Der Historiker David Cannadine beschreibt diese Großbauten des britischen Adels als Ausdruck von Stolz und Prestige, die weit über den reinen Zweck von Wohnraum hinausgingen und der Selbstdarstellung dienten. Kunst und Kultur wurden hier zum Mittel der sozialen Differenzierung und zur Festigung der Stellung des Adels.

38 Vgl. Hoffmann (2025). Die Demokratisierung von Luxusgütern hat in den letzten Jahrzehnten eine tiefgreifende Veränderung in unserer Konsumkultur bewirkt. Waren Luxusgüter früher nur für eine kleine Elite erschwinglich und ein klares Statussymbol, sind sie heute weitverbreitet und für breite Bevölkerungsschichten zugänglich. Dieser Wandel ist auf technologische Fortschritte, Globalisierung und die massenhafte Produktion zurückzuführen, die die Kosten für ehemals exklusive Produkte erheblich gesenkt haben. Smartphones, Autos und exotische Lebensmittel, die einst als Zeichen von Wohlstand und Prestige galten, ha-

ben ihren elitären Status verloren und sind zu Objekten des alltäglichen Konsums geworden. Dieser Übergang hat die Bedeutung und Funktion von Luxusgütern grundlegend verändert. Aus soziologischer Sicht verlieren Luxusgüter als Statussymbole an Bedeutung, sobald sie für die Massen verfügbar werden. Thorstein Veblen beschreibt in *The Theory of the Leisure Class* (1899) den »Geltungskonsum« (conspicuous consumption), durch den wohlhabende Individuen ihren sozialen Status zur Schau stellen. Wenn jedoch diese einst exklusiven Güter massenhaft verfügbar sind, verlieren sie ihre Rolle als Distinktionsmittel. Die Verfügbarkeit für die breite Masse nivelliert ihren symbolischen Wert, sodass sie nicht mehr zur sozialen Abgrenzung dienen, sondern integraler Bestandteil eines allgemeinen Konsumstandards werden. Zudem hat die Verbreitung ehemals luxuriöser Güter weitreichende Auswirkungen auf die psychologische Wahrnehmung und das Konsumverhalten der Menschen. Was einst als Zeichen für Erfolg und gesellschaftliches Ansehen galt, ist heute selbstverständlicher Bestandteil des Lebensstandards geworden. Smartphones beispielsweise sind heute nicht mehr als Luxusgegenstände, sondern als notwendige Kommunikationswerkzeuge angesehen, die sowohl soziale als auch berufliche Interaktion ermöglichen. Damit einher geht jedoch ein neues Streben nach Exklusivität: Konsumenten, die sich abgrenzen möchten, orientieren sich nicht mehr an der bloßen Verfügbarkeit bestimmter Güter, sondern an Marke, Design und Aktualität. Produkte wie Luxusautos oder Smartphones im High-End-Segment fungieren heute als Unterscheidungsmerkmal, das weniger auf dem reinen Besitz, sondern auf der Qualität und Exklusivität basiert. Die Verfügbarkeit von Luxusgütern hat jedoch auch auf ökonomischer und gesellschaftlicher Ebene Implikationen. Der Zugang zu ehemals exklusiven Produkten und Dienstleistungen fördert das Wirtschaftswachstum, da er den Konsum anregt und die Nachfrage erhöht. Gleichzeitig führt diese Demokratisierung aber auch zu einem verstärkten Ressourcenverbrauch und Umweltbelastungen, da die Herstellung und der Vertrieb solcher Güter erhebliche Energie und Rohstoffe beanspruchen. Der Soziologe Zygmunt Bauman weist darauf hin, dass moderne Konsumgesellschaften tendenziell kurzlebige Bedürfnisse und Wegwerfkultur fördern, da das Interesse an Produkten schnell durch die Verfügbarkeit neuer, vermeintlich besserer Optionen ersetzt wird. Die Frage, die sich stellt, ist, wie Luxus in einer Welt definiert werden kann, in der klassische Luxusgüter massenhaft verfügbar sind. Mit der Verbreitung dieser Güter als Alltagsgegenstände verlagert sich der Begriff des Luxus zunehmend auf immaterielle Werte und seltene Erfahrungen. Zeit, Ruhe und persönliche Erfüllung, aber auch nachhaltiger Konsum gewinnen an Bedeutung und repräsentieren zunehmend das, was früher Luxusgüter symbolisierten: einen Lebensstil, der über den Alltag hinausgeht und den Besitzenden das Gefühl von Besonderheit und Einzigartigkeit verleiht. In einer Welt, in der materielle Güter zunehmend an Wert als Statussymbole verlieren, wird immaterieller Wohlstand zur neuen Währung des Luxus.

39 Zahlen und Studien zeigen, wie der Konsum zur neuen Freiheit des Wohlstands geworden ist. Laut einer Analyse von McKinsey zur globalen Mittelschicht geben 60 % der Befragten an, dass Konsumentscheidungen der Bereich ihres Lebens sind, in dem sie sich am freiesten fühlen. Zugleich zeigen OECD-Statistiken, dass die Konsumausgaben der Haushalte in den letzten Jahrzehnten in allen Schichten stetig gestiegen sind, während der Anteil der Beteiligung am politischen und gesellschaftlichen Leben eher rückläufig ist. In den USA, die als Vorreiter der konsumorientierten Gesellschaft gelten, hat sich die Wahlbeteiligung der unteren und mittleren Einkommensschichten zwischen den 1980er Jahren und heute um etwa 15 % verringert. Gleichzeitig hat sich die Konsumkreditvergabe verdreifacht, was dar-

auf hindeutet, dass Konsum nicht nur als Freiheit, sondern auch als Zwang und Ersatz für tatsächliche gesellschaftliche Teilhabe erlebt wird.

40 Die Produktdifferenzierung und Güterdiffusion haben zweifellos den »Massenluxus« zu allgemein erschwinglichen Preisen möglich gemacht. Diese Entwicklung beschreibt den Zugang breiter Gesellschaftsschichten zu Produkten, die früher als exklusiv galten. Die Demokratisierung von Luxus wird durch eine strategische Produktdifferenzierung erreicht, die von Unternehmen gezielt genutzt wird, um Produkte in verschiedene Preis- und Qualitätsklassen zu unterteilen. Während die Oberklasse weiterhin teure, qualitativ hochwertige Luxusprodukte konsumiert, kann die Mittelklasse günstigere Versionen derselben Marken erwerben, etwa durch Einstiegsprodukte wie Parfums, Accessoires oder modische Basisartikel, die das Image des Luxus vermitteln, ohne dessen hohen Preis. Auf ökonomischer Ebene spiegelt diese Entwicklung eine Anpassung der Luxusindustrie wider, die einerseits eine größere Zielgruppe anspricht und andererseits auf eine Sättigung traditioneller Märkte reagiert. Ökonomen argumentieren, dass der Geltungskonsum ein starker Antrieb in kapitalistischen Gesellschaften bleibt. Die Diffusion des Luxus führt dazu, dass nun auch Mittelschichten an diesem Statuswettbewerb teilnehmen können, indem sie weniger teure Luxusmarken als »Signalprodukte« kaufen, die eine Zugehörigkeit zur gehobenen Schicht suggerieren. Wissenschaftlich betrachtet hat diese »Demokratisierung des Luxus« eine ambivalente Wirkung auf das Konsumverhalten und die soziale Struktur. Sie verstärkt die Konsumkultur, in der der Besitz symbolischer Güter zunehmend das soziale Selbstwertgefühl bestimmt. Man argumentiert, dass diese Güter eine soziale Funktion erfüllen, da sie Zeichen einer bestimmten sozialen Zugehörigkeit und Identität darstellen. Doch das durch die Produktdifferenzierung und -diffusion geschaffene Konsummodell bewirkt auch eine Entwertung des Luxuskonsums: Der Statuswert eines Produkts sinkt, sobald es massentauglich und allgemein zugänglich wird. Das Konzept des Luxus verliert seinen traditionellen Glanz, indem es seine Exklusivität einbüßt und zu einem Alltagsphänomen wird. Zudem führt die Verbreitung des »Massenluxus« zu einer Verschärfung des Wettbewerbs und einer ständigen Jagd nach neuen, differenzierten Konsumgütern, die sich von massentauglichen Varianten abheben. Diese Dynamik ist auf eine systematische Schaffung neuer Konsumbedürfnisse zurückzuführen, die durch immer differenziertere Produkte genährt werden. Dies kann als eine Art soziales Wettrennen gesehen werden, bei dem sich gesellschaftliche Schichten durch Konsum abzugrenzen versuchen. Die Demokratisierung des Luxus hebt also nicht die Klassenunterschiede auf, sondern verlagert sie in neue, subtilere Formen des Konsumwettbewerbs, wodurch die Distinktion erhalten bleibt und sich gesellschaftliche Differenzierungen manifestieren.

41 Die Wirkung des Wohlstands entfaltet sich demnach weniger durch die tatsächliche Lebensqualität, die Güter bieten, sondern vielmehr durch den sozialen Wert, den diese Güter in den Augen anderer haben. Die symbolische Macht des Wohlstands liegt in der Fähigkeit, Status und Anerkennung zu vermitteln, was für die soziale Positionierung entscheidend ist. Wohlstand wird so zur sozialen Währung, die den kulturellen Code einer Gesellschaft prägt und über die Identität und den Wert des Einzelnen entscheidet. Wohlstand wirkt somit primär auf einer sozialen Ebene und dient weniger der direkten Verbesserung der Lebensqualität als vielmehr der Konstruktion eines sozialen Selbstbildes und der Positionierung in der Gesellschaft. Konsum wird zur Inszenierung und damit zum Zeichen der kulturellen Zugehörigkeit, wodurch die individuelle Zufriedenheit zunehmend von der sozialen Wahrnehmung abhängt. Diese kulturelle Funktion von Wohlstand führt dazu, dass materielle Güter ihre Bedeutung weniger aus ihrem Gebrauchswert als vielmehr aus ihrem symbolischen Wert schöpfen, der

gesellschaftlich konstruiert und aufrechterhalten wird. Einflussreiche Studien in der Sozialpsychologie bestätigen diese Tendenz, wonach Wohlstand häufig nicht zu einer nachhaltigen Steigerung des individuellen Wohlbefindens führt, sondern lediglich kurzfristige Zufriedenheit erzeugt, die stark von sozialer Anerkennung abhängt. Wohlstand wirkt daher weniger auf die objektiven Lebensumstände, die für das Wohlbefinden und die persönliche Zufriedenheit entscheidend wären, sondern vielmehr als soziale Spiegelung – ein Instrument, das die gesellschaftliche Position reflektiert, jedoch oft wenig zu einer authentischen Steigerung des Lebensglücks beiträgt.

Vgl. Bourdieu (1984) und Diener / Seligman (2004).

42 Die innere Dynamik des frühen Kapitalismus war daher stark auf Akkumulation und die Konsolidierung von Macht fokussiert und nicht auf das Streben nach allgemeinem Wohlstand. Dieses System unterschied sich fundamental von der späteren Konsumgesellschaft, in der Wohlstand für alle als Ziel gefördert wird und das kapitalistische Wachstum maßgeblich vorantreibt. Erst mit der Industrialisierung und der Entwicklung des Massenkonsums im 19. und 20. Jahrhundert begann sich das Streben nach Wohlstand allmählich auch in breiteren gesellschaftlichen Schichten durchzusetzen.

43 Die Individualisierung des Wohlstands beschreibt das zunehmend verbreitete Narrativ, dass Wohlstand eine rein persönliche Errungenschaft sei, die jeder Mensch unabhängig von sozialen Schranken erreichen könne. Dieses Konzept ist tief im neoliberalen Wirtschaftsdenken verwurzelt, das individuelle Leistung und Eigenverantwortung betont und die Vorstellung verbreitet, dass Erfolg primär durch persönliche Anstrengung erreichbar sei. Diese Überzeugung findet sich in der »Self-Made«-Ideologie, die davon ausgeht, dass jeder Einzelne, unabhängig von Herkunft, sozialen Barrieren oder Ressourcen, durch harte Arbeit und kluge Entscheidungen Wohlstand und sozialen Aufstieg erreichen kann. In Wirklichkeit ignoriert diese Idee jedoch tief verankerte soziale Schranken und strukturelle Ungleichheiten, die den Zugang zu Wohlstand stark beeinflussen. Ökonomische Studien und soziale Forschungen zeigen, dass Faktoren wie Bildungszugang, familiärer Wohlstand, soziale Netzwerke und Diskriminierung eine entscheidende Rolle in der individuellen Wohlstandsentwicklung spielen. Die soziologische Forschung weist darauf hin, dass das »Kapital« eines Individuums nicht nur in Form von Geld und Besitz (ökonomisches Kapital) vorhanden ist, sondern auch kulturelles und soziales Kapital einschließt. Diese Kapitalformen, wie Bildung, soziale Verbindungen und kulturelle Kompetenzen, sind nicht gleichmäßig verteilt und bleiben oft bestimmten Schichten vorbehalten, was den Zugang zu Wohlstand erheblich erschwert. Der Glaube an die Individualisierung des Wohlstands übersieht auch das Phänomen der »sozialen Mobilität«. Laut empirischen Studien zur sozialen Mobilität ist die Wahrscheinlichkeit, ökonomischen Erfolg zu erreichen, in kapitalistischen Gesellschaften häufig stark von der sozialen Klasse, in die man hineingeboren wird, geprägt. So zeigt die »Great Gatsby Curve«, ein Konzept, das von Ökonomen wie Miles Corak entwickelt wurde, dass Gesellschaften mit größerer Einkommensungleichheit eine geringere intergenerationale Mobilität aufweisen. Das bedeutet, dass in solchen Gesellschaften das Einkommen und der Wohlstand der Eltern einen erheblichen Einfluss auf die ökonomischen Chancen der Kinder haben, was die Vorstellung einer freien individuellen Wohlstandsentfaltung untergräbt. Diese Diskrepanz zwischen dem Ideal der individuellen Wohlstandserreichung und der Realität struktureller Ungleichheit führt zu einer paradoxen Situation. Während die neoliberale Ideologie weiterhin betont, dass Wohlstand für alle erreichbar sei, erfahren viele Menschen, dass sie trotz individueller Anstrengung in sozialen Schranken gefangen bleiben. Diese Diskrepanz kann

zu Frustration und Entfremdung führen, da das Versprechen einer individuell erreichbaren Wohlstandsgesellschaft nicht mit den realen Möglichkeiten übereinstimmt. Die Soziologie spricht hier von der »Meritokratie-Falle« – dem Irrglauben, dass Erfolg allein auf Leistung basiert, was die systematischen Barrieren verdeckt, die für viele Menschen bestehen bleiben.

Vgl. Bourdieu (1984), Corak (2013) und Markovits (2019).

44 Der Begriff *Exzess* bezeichnet Ausschweifung und Maßlosigkeit und beschreibt ein Verhalten, das über das übliche oder sozial akzeptierte Maß hinausgeht. Exzess kann sich auf Konsum, Genuss, Emotionen oder auch auf Verhaltensweisen beziehen, die über das »Normale« hinausgehen und oft gesellschaftliche Grenzen überschreiten. Exzessive Handlungen werden in vielen Kulturen und Gesellschaften als grenzüberschreitend oder moralisch fragwürdig wahrgenommen und sind häufig mit negativen Konsequenzen für das Individuum oder die Gemeinschaft verbunden. In der Soziologie und Kulturwissenschaft wird Exzess auch als Mittel betrachtet, durch das soziale Normen infrage gestellt oder temporär aufgehoben werden.

Ekstase hingegen bezeichnet einen rauschhaften Zustand, in dem der Mensch die Kontrolle über das normale Bewusstsein verliert und sich einer Verzückung oder einer tiefen spirituellen Erfahrung hingibt. Ekstase wird häufig als ein Zustand beschrieben, in dem das Individuum sein Selbst transzendiert und eine Verbindung zu einer höheren Realität oder einer anderen Bewusstseinsebene erfährt. In vielen religiösen und spirituellen Traditionen spielt Ekstase eine zentrale Rolle, sei es durch Gebet, Tanz, Gesang oder andere Rituale. Die Ekstase ist oft mit einem mystischen oder religiösen Erleben verbunden, das den Menschen aus der Alltagsrealität heraushebt und ihm eine tiefere, oft unaussprechliche Erfahrung ermöglicht.

Vgl. Eliade (1958), Otto (1917) und Bataille (1988).

45 Ritualisierte Ekstase ist ein zentrales Element vieler religiöser Traditionen, die ihren Anhängern Möglichkeiten bieten, durch besondere Praktiken eine tiefere Verbindung mit dem Transzendenten zu erleben. Ekstase, verstanden als eine Form der intensiven, oft spirituellen Verzückung, schafft eine temporäre Auflösung des Alltagsbewusstseins und ermöglicht den Übergang in einen Zustand, der als direkter Zugang zu göttlichen oder übernatürlichen Kräften empfunden wird.

In archaischen Kulten sind ekstatische Rituale besonders ausgeprägt. Viele schamanische Traditionen beispielsweise nutzen Trommeln, Tänze und andere Rhythmen, um tranceartige Zustände herbeizuführen. Der Schamane betritt in diesem Zustand eine spirituelle Ebene, die ihm angeblich die Kommunikation mit Geistern oder Göttern ermöglicht, um Heilung und Schutz für die Gemeinschaft zu erbitten. Diese ekstatischen Erfahrungen sind zentrale Elemente archaischer Religionen und ermöglichen das »Überschreiten der alltäglichen Welt« zur göttlichen Kommunikation hin. Im Christentum finden sich ebenfalls ritualisierte Formen der Ekstase. Mystiker wie Teresa von Ávila und Johannes vom Kreuz beschrieben Erfahrungen intensiver Verzückung, die sie als göttliche Vereinigung empfanden. Diese Erfahrungen wurden oft in Gebeten, Meditation und völliger Hingabe an Gott erreicht. Die Charismatische Bewegung innerhalb des Christentums praktiziert Ekstase in Form von »Zungenrede« (Glossolalie), Heilungen und prophetischen Visionen, die als Manifestationen des Heiligen Geistes verstanden werden. Man muss betonen, dass solche ekstatischen Erfahrungen das Glaubensleben intensivieren und die Wahrnehmung des Göttlichen vertiefen, indem sie die Gläubigen in einen Zustand außergewöhnlicher Hingabe versetzen. Im Sufismus, einer mystischen Strömung des Islam, wird Ekstase ebenfalls als Schlüssel zur spirituellen Erleuchtung angesehen. Der Sufi-Tanz und das sogenannte Dhikr, das rhythmische Rezitieren von Gottes Namen, sind ekstatische Praktiken, die den Zustand der »Fana« – der völligen Auflösung des Ichs in Gott – anstreben. Durch diese Praktiken sollen Sufis eine unmittelbare Nähe zu Gott erfahren und das spirituelle Einssein erreichen. Der Sufi-Mystiker Rumi beschreibt diese Erfahrungen als »Trinken aus dem Kelch der göttlichen Liebe« und betont, dass die Ekstase des Dhikr das Herz von der materiellen Welt befreit und es direkt zum Göttlichen führt.

Die wiederkehrende Präsenz ekstatischer Elemente in Religionen zeigt, dass Ekstase eine universelle religiöse Erfahrung ist, die Kulturen und Glaubenssysteme übergreift. Sie bietet eine Möglichkeit, den Gläubigen von der materiellen Welt zu lösen und eine tiefere, oft transzendente Verbindung herzustellen. Ekstatische Rituale stärken zudem die Gemeinschaft, da sie als kollektive Erlebnisse spirituelle Bindungen innerhalb der Gruppe festigen und das Gemeinschaftsgefühl intensivieren. Ekstase ist somit nicht nur ein Mittel des individuellen Erlebens, sondern auch ein gemeinschaftsstiftender Akt, der die kollektive religiöse Identität fördert.

Vgl. Eliade (1951), Berger (1967) und Schimmel (1975).

46 Der ekstatische Konsum beschreibt eine Form des kollektiven Konsumerlebens, bei dem die individuellen Identitäten in einem gemeinsamen Konsumakt miteinander verschmelzen und das Gefühl eines größeren, bedeutsameren Zusammenhangs erzeugen. Diese Form des Konsums geht über den rationalen, zielgerichteten Erwerb von Gütern hinaus und wird zu einem emotionalen Erlebnis, das sich durch intensive Gruppenidentifikation und einen Moment der Selbstauflösung auszeichnet. Solche Phänomene treten häufig bei Verkaufsveranstaltungen, Festivals und Hypes um neue Produkte auf. Der Soziologe Émile Durkheim beschrieb ähnliche Mechanismen bereits im religiösen Kontext, indem er auf die kollektive Ekstase und den emotionalen Überschwang hinwies, die Gruppenrituale erzeugen können. Diese »kollektiven Effusionen« stärken die Gemeinschaft und schaffen ein Gefühl von Solidarität und Verbundenheit. Im Kontext des Konsums lassen sich Parallelen zu diesen religiösen Ekstasen ziehen. Der ekstatische Konsum löst das Individuum für einen Moment aus seiner eigenen Identität und seinem alltäglichen Umfeld heraus und integriert es in eine Gruppe, die durch eine gemeinsame Konsumerfahrung verbunden ist. Konsum wird hier zu einem Ritus, der nicht allein auf die Beschaffung von Waren abzielt, sondern auf die Erzeugung eines kollektiven Gefühls der Zugehörigkeit und der Bedeutung. Psychologisch betrachtet handelt es sich um einen Zustand der sozialen Kohäsion und intensiven emotionalen Erregung, der auf Mechanismen wie dem sozialen Vergleich, der Identifikation und der Nachahmung basiert. Besonders deutlich wird dies in Situationen, in denen neue Produkte auf den Markt kommen und die Nachfrage durch einen »Hype« künstlich gesteigert wird. Der Hype um neue Produkte schafft ein Gefühl der Dringlichkeit und Exklusivität, das dazu führt, dass Konsumenten die individuelle Kontrolle über ihre Entscheidungen zeitweise verlieren und sich in der Begeisterung der Menge treiben lassen. In diesen Momenten wird das Ich zugunsten einer kollektiv geteilten Euphorie zurückgestellt. Die Marke oder das Produkt wird zum Symbol eines größeren Ganzen, das der Einzelne durch seinen Konsum betritt und mitgestaltet. In diesen ekstatischen Konsummomenten finden Konsumenten die Illusion, Teil von etwas Größerem und Bedeutenderem zu sein. Der Konsumakt wird zum emotionalen Höhepunkt, in dem die Grenzen des eigenen Ichs aufgehoben erscheinen und das Individuum eine Art temporäre Transzendenz erfährt. Solche Erfahrungen bieten eine temporäre Erfüllung und eine Art von »säkularer Spiritualität«, bei der das Individuum Erhebung und Gemeinschaft

über den Konsum erfährt. Doch diese ekstatischen Konsummomente sind oft kurzlebig und hinterlassen bei Rückkehr zur alltäglichen Realität ein Gefühl der Leere, da die empfundene Transzendenz keine dauerhafte Erfüllung oder tiefere Bedeutung bieten kann. Die sozialen und ökonomischen Strukturen nutzen diesen Moment der Ekstase jedoch gezielt, um das Verlangen nach immer neuen Produkten und Erfahrungen zu verstärken und somit die Konsumzyklen anzutreiben.

Vgl. Durkheim (1912), Turner (1969) und Ritzer (2010).

47 In der Ökonomie gilt das Prinzip der Knappheit: Je seltener und kostbarer ein Gut ist, desto größer ist seine Nachfrage und sein wahrgenommener Wert. Dieses Phänomen erklärt, warum Güter wie Diamanten, seltene Antiquitäten oder limitierte Luxusprodukte oft begehrt sind und hohe Preise erzielen. Solche Güter sind durch ihre begrenzte Verfügbarkeit und ihren materiellen oder symbolischen Wert in der Lage, eine natürliche Nachfrage zu erzeugen, die auf ihren tatsächlichen Seltenheitswert und ihre Exklusivität zurückzuführen ist. Die relative Knappheit schafft hierbei einen Wettbewerb, der den Marktwert steigert und das Gut als Statussymbol etabliert, das soziale Anerkennung und Prestige verleiht. In vielen Fällen sind jedoch weniger kostbare oder künstlich wertvolle Güter aufgrund ihrer Massenverfügbarkeit und ihrer eingeschränkten Einzigartigkeit nicht automatisch attraktiv. Um diese Güter dennoch zu vermarkten, bedient sich die Wirtschaft oft einer subtilen Form der Täuschung und Manipulation, die den Anschein von Wert und Knappheit erweckt. Ein prominentes Beispiel hierfür ist die Praxis des künstlichen Verknappens oder des Erzeugens eines »Hypes«, um Produkte als besonders wertvoll oder begehrenswert erscheinen zu lassen. In der Marketingpsychologie spricht man hier vom Prinzip der »künstlichen Knappheit«, das psychologisch wirkt, indem es den Anschein erzeugt, dass das Produkt exklusiv und nur begrenzt verfügbar ist. Dies geschieht etwa durch limitierte Auflagen, künstliche Verkaufsstopps oder gezielte Werbung, die eine erhöhte Nachfrage suggeriert, ohne dass das Produkt tatsächlich besonders selten oder wertvoll ist. Diese Methode der Täuschung wird als Teil der modernen Konsumstrategie gesehen, die darauf abzielt, Begehrlichkeit zu schaffen, wo objektiv kein Bedarf besteht. Jean Baudrillard betonte in *La société de consommation*, dass in der modernen Konsumgesellschaft die symbolische Bedeutung von Waren oft über ihrem tatsächlichen Nutzen steht. Hierdurch wird Konsum als Mittel zur Selbstdarstellung und sozialen Positionierung gefördert, wobei künstliche Wertzuschreibungen, wie durch Marken oder exklusive Designs, gezielt eingesetzt werden, um eine Illusion von Knappheit und Exklusivität zu erzeugen. Die Notwendigkeit dieser subtilen Täuschung entsteht aus dem Grundwiderspruch kapitalistischer Gesellschaften: Die Produktionskapazitäten sind hoch, und viele Güter sind kostengünstig herstellbar, sodass deren natürliche Knappheit entfällt. Um dennoch Nachfrage und Preis aufrechtzuerhalten, werden Werbetechniken und Marketingstrategien eingesetzt, die den Konsumenten dazu bringen, den Wert und die Bedeutung von Produkten zu überschätzen. Dieser »Betrug« besteht also nicht darin, ein wertloses Produkt als wertvoll auszugeben, sondern darin, gezielt psychologische Mechanismen zu nutzen, die Produkte als notwendig, exklusiv oder knapp erscheinen lassen, um so die Zahlungsbereitschaft der Konsumenten zu steigern.

Vgl. Cialdini (2001) und Baudrillard (1970).

48 Ein »entkerntes Tauschsystem« beschreibt eine Wirtschaft, in der Güter nicht mehr aufgrund ihres realen Nutzens oder ihrer tatsächlichen Eigenschaften, sondern aufgrund ihrer symbolischen und psychologisch konstruierten Bedeutung getauscht und konsumiert werden. Das

Konzept deutet darauf hin, dass der materielle Wert eines Produkts zugunsten seines imaginierten Wertes in den Hintergrund tritt. Der Tausch – einst ein Mittel zur Befriedigung konkreter Bedürfnisse – wird zu einem sozialen und kulturellen Akt, bei dem die Bedeutung des Produkts über seinen praktischen Nutzen hinausgeht und von Faktoren wie Status, Identität und Zugehörigkeit bestimmt wird. Dieses entkernte Tauschsystem manifestiert sich vor allem im Konsumkapitalismus, wo die symbolischen Bedeutungen und die vermittelten Emotionen oft mehr Gewicht haben als der funktionale Nutzen. Durch Branding, Marketing und Werbung werden Produkte mit Bedeutungen aufgeladen, die weit über ihre physischen Eigenschaften hinausgehen. Ein einfaches Beispiel ist das Smartphone: Während die technologischen Funktionen für alle Modelle einer bestimmten Kategorie ähnlich sind, sind bestimmte Marken (wie Apple oder Samsung) mit Identitätsmerkmalen und Statuswerten versehen, die den Kaufentscheid stärker beeinflussen als die tatsächliche Funktionalität. Der Konsum wird zum »kulturellen Code«, und der Wert eines Produkts besteht darin, welche Geschichte oder welchen sozialen Wert es für den Einzelnen oder die Gruppe vermittelt. Theoretiker wie Jean Baudrillard und Pierre Bourdieu haben auf die Mechanismen und Auswirkungen eines entkernten Tauschsystems hingewiesen. Baudrillard beschreibt in *La société de consommation*, wie sich in einer Konsumgesellschaft Produkte von ihrem Gebrauchswert lösen und zu Trägern von Zeichen und Symbolen werden, die Identität und Status projizieren. Baudrillard sieht darin eine »Hyperrealität«, in der die Realität des Produkts von der Illusion seiner symbolischen Bedeutung überlagert wird. Es entsteht ein »Zeichensystem«, in dem Konsumenten durch den Erwerb von Gütern soziale Zugehörigkeit oder Differenzierung ausdrücken. Die Bedeutung des Produkts wird so stark von psychologischen und kulturellen Konstrukten bestimmt, dass sein realer Nutzen oft irrelevant wird. Pierre Bourdieu erweitert diese Idee, indem er zeigt, wie Konsumverhalten in sozialen Klassen verankert ist. In *Distinction* erklärt Bourdieu, dass Konsum als Ausdruck des sozialen Status verwendet wird. Die »symbolische Macht« von Gütern wird dabei von der Oberschicht als Mittel der sozialen Distinktion genutzt. Produkte werden zu Symbolen eines Lebensstils, der sich durch Konsummuster von anderen sozialen Gruppen abgrenzt. In einem entkernten Tauschsystem hat der Besitz eines Luxusautos, einer teuren Uhr oder modischer Kleidung nur noch wenig mit den physischen Eigenschaften dieser Güter zu tun; vielmehr wird durch den Konsum dieser Güter eine soziale Identität definiert und aufrechterhalten. Durch dieses entkernte Tauschsystem entsteht eine Art ökonomisches Schauspiel, das den Konsum von Zeichen und Symbolen zum Kern der Wirtschaft macht. Der Wert der Güter liegt nicht mehr in ihrem Gebrauchswert, sondern in ihrer Bedeutung, die sie im sozialen Raum haben. Dies führt dazu, dass Konsumakte zu ritualisierten Handlungen werden, die nicht mehr den realen Bedürfnissen, sondern psychologisch konstruierten Vorstellungen folgen. Das entkernte Tauschsystem bindet Konsumenten an ein fortwährendes Streben nach Zugehörigkeit und Identitätsbestätigung, die nur durch den Erwerb von immer neuen, symbolisch aufgeladenen Produkten erreicht werden kann.

Vgl. Baudrillard (1970) und Bourdieu (1984).

49 Werbung kann als institutionalisierte Form des Betrugs verstanden werden, da sie systematisch darauf ausgelegt ist, durch psychologische und emotionale Manipulation Bedürfnisse zu erzeugen und das Verlangen nach bestimmten Produkten oder Dienstleistungen zu steigern. In der modernen Konsumgesellschaft hat Werbung nicht mehr nur die Funktion, über ein Produkt oder eine Dienstleistung zu informieren, sondern zielt primär darauf ab, die Konsumenten zu bestimmten Kaufentscheidungen zu bewegen, die oft über ihre tatsächli-

chen Bedürfnisse hinausgehen. Werbung schafft künstliche Bedürfnisse und projiziert ein Idealbild des Konsumguts, das häufig weit von der Realität des Produkts entfernt ist. Dieser Prozess beruht auf der Schaffung von Illusionen, die das Produkt in einem sozialen oder emotionalen Kontext darstellen, der für den Käufer anziehend und begehrenswert erscheint. Die Psychologie der Werbung stützt sich dabei auf Erkenntnisse der Verhaltensforschung und Neurowissenschaften, um gezielt die unbewussten Entscheidungsprozesse der Konsumenten zu beeinflussen. Studien zeigen, dass Werbung auf einer Kombination aus Suggestion, sozialem Druck und emotionalen Anreizen basiert, die den Konsumenten davon überzeugen sollen, ein bestimmtes Produkt zu begehren, weil es ihn angeblich attraktiver, erfolgreicher oder glücklicher macht. Diese gezielte Erzeugung von Emotionen und Bedürfnissen führt zu einer Art »kognitivem Bias«, bei dem der Konsument davon ausgeht, dass das beworbene Produkt seine Erwartungen erfüllen wird, obwohl diese Erwartungen oft durch die Werbung selbst übersteigert und realitätsfern sind. In diesem Sinne kann Werbung als Form der Manipulation betrachtet werden, die den Kaufentscheidungsprozess durch bewusste Täuschung beeinflusst. Der Philosoph Herbert Marcuse kritisiert in *Der eindimensionale Mensch* (1964) die Werbeindustrie als Mechanismus, der »falsche Bedürfnisse« in der Gesellschaft hervorbringt, indem er Produkte bewirbt, die nicht zur tatsächlichen Lebensqualität beitragen, sondern den Konsumenten in eine ständige Abhängigkeit von Konsumzyklen versetzen. Werbung fördert laut Marcuse eine Kultur des Konsumismus, in der Menschen dazu gebracht werden, Dinge zu begehren, die für ihr Wohlbefinden oder ihre persönliche Entwicklung im Wesentlichen irrelevant sind. Ebenso kann man Werbung als Teil einer umfassenden »Simulationskultur« sehen, in der Produkte nicht mehr aufgrund ihrer Funktionalität oder Notwendigkeit konsumiert werden, sondern als Symbole für soziale Werte und Status. Die Werbung konstruiert ein Bild des Produktes, das über dessen reale Eigenschaften hinausgeht und ihm eine symbolische Bedeutung verleiht. Der Konsument wird damit dazu verführt, das Produkt als Bestandteil einer gewünschten Identität oder sozialen Zugehörigkeit wahrzunehmen. Durch diese Form der »Signifizierung« schafft Werbung ein Begehren, das weniger auf dem realen Nutzen des Produkts als auf dessen symbolischer Funktion basiert. Werbung institutionalisiert somit eine Form des Betrugs, indem sie systematisch Illusionen und falsche Vorstellungen erzeugt und Konsumenten dazu bringt, Produkte zu kaufen, die ihre künstlich geschaffenen Bedürfnisse befriedigen sollen. Diese Täuschung wird durch die allgegenwärtige Präsenz der Werbung verstärkt, die über verschiedene Medienkanäle konstant auf die Konsumenten einwirkt und ihre Wahrnehmung und Bedürfnisse subtil manipuliert. Werbung, als fester Bestandteil der Konsumgesellschaft, beeinflusst auf diese Weise das Verhalten und die Werte der Gesellschaft insgesamt und institutionalisiert damit die Täuschung als legitime Verkaufsstrategie.

Vgl. Marcuse (1964), Baudrillard (1970), Ewen (1976), Packard (1957) und Schudson (1984).

50 Feudalität bezieht sich auf ein Gesellschaftssystem, das durch eine hierarchische Struktur und eine ausgeprägte Ungleichheit in der Verteilung von Reichtum und Ressourcen geprägt ist. Im Feudalsystem ist die Macht- und Ressourcenverteilung streng vertikal organisiert: An der Spitze stehen Landbesitzer und Adelige, die Kontrolle über Land und Ressourcen ausüben und Macht über die unteren sozialen Schichten haben. Diese Struktur ermöglicht es den Herrschenden, Abgaben und Dienstleistungen von ihren Untergebenen, den Vasallen, zu verlangen. Die Vasallen wiederum haben zwar ein gewisses Maß an Autonomie, sind jedoch an den Besitz und die Gunst der übergeordneten Schicht gebunden. Auf diese Weise entstehen

dauerhafte Abhängigkeiten, die das soziale und ökonomische Leben fest strukturieren und die Mobilität stark einschränken. Die ungleiche Verteilung von Reichtum und Ressourcen in feudalen Systemen ist eng an den Besitz von Land gekoppelt, das als Hauptquelle ökonomischer Macht und sozialer Stabilität gilt. Land war die primäre Ressource, die den Wohlstand und die politische Macht des Adels sicherte, während die landlosen Schichten – wie Bauern und Leibeigene – auf die Nutzung dieses Landes angewiesen waren, um ihren Lebensunterhalt zu sichern. Dies führte zu einer stark segmentierten Gesellschaft, in der sozialer Aufstieg nahezu unmöglich war. Die herrschende Elite profitierte von einem System der Abhängigkeiten und Verpflichtungen, welches ihre Position stabilisierte und die ungleiche Verteilung von Ressourcen und Macht legitimierte. Durch diese Struktur entstehen spezifische soziale und ökonomische Beziehungen, die das gesamte System stabilisieren. Die Feudalität erzeugt eine Art von »gesellschaftlichem Vertrag« ohne echte Freiheit für die unteren Schichten. Dieser Zustand wird oft als »Herrschaftsverhältnis« beschrieben, da er die Kontrolle und Autorität der Herrschenden über die unteren Schichten sichert und die bestehende Hierarchie zementiert. Der deutsche Soziologe Max Weber bezeichnete die Feudalität als eine Form der »ständischen Herrschaft«, in der die soziale Position eines Individuums weitgehend durch Geburt und Stand bestimmt wird, was für eine hohe Stabilität, aber auch eine starke Abgrenzung zwischen den sozialen Gruppen sorgt. Feudalismus ist dabei nicht nur eine historische Realität, sondern ein soziales Modell, das die langfristige Stabilität und hierarchische Ordnung einer Gesellschaft fördert, jedoch auch strukturelle Ungleichheiten aufrechterhält und persönliche Freiheit stark einschränkt.

Vgl. dazu Bloch (1961), Weber (1922), Duby (1978), Hilton (1973) sowie Schmid (2010).

51 Die Vermögensverhältnisse in modernen kapitalistischen Gesellschaften sind bemerkenswert stabil und tendieren dazu, über Generationen hinweg weiter verfestigt zu werden. Zahlreiche Studien zeigen, dass Vermögen stärker konzentriert ist als Einkommen und dass diese Konzentration über lange Zeiträume hinweg konstant bleibt oder sogar zunimmt. Thomas Piketty, der in *Das Kapital im 21. Jahrhundert* (2013) umfassend die Entwicklung von Vermögens- und Einkommensungleichheit untersucht, stellt fest, dass die Renditen des Kapitals häufig das Wirtschaftswachstum übersteigen, was eine Anhäufung von Reichtum in den Händen weniger begünstigt. Dies führt zu einer »Erbschaftsgesellschaft«, in der das Vermögen – und die damit verbundenen Privilegien – von Generation zu Generation weitergegeben wird, was soziale Mobilität stark hemmt und bestehende Ungleichheiten zementiert. Piketty argumentiert, dass in Gesellschaften, in denen die Kapitalrendite höher ist als das Wirtschaftswachstum, Vermögen eher aus früheren Akkumulationen vererbt als durch eigene Anstrengungen neu erworben wird. Diese Dynamik erzeugt eine strukturelle Ungleichheit, da Kapitalbesitzer ihre Vermögensposition durch die reinvestierten Renditen weiter ausbauen, während andere Bevölkerungsgruppen kaum Möglichkeiten haben, Vermögen zu bilden. Dies gilt insbesondere, da die Vermögensungleichheit oft mit ungleichen Bildungs- und Zugangsmöglichkeiten zu gut bezahlten Jobs einhergeht, was eine »Vererbung der Armut« zur Folge haben kann. Laut einer Analyse von Piketty und anderen zeigen Länder wie die USA und Deutschland in den letzten Jahrzehnten eine stetig steigende Vermögenskonzentration bei den obersten 10 % und insbesondere bei den obersten 1 % der Haushalte. Der Gini-Koeffizient des Vermögens, ein Maß für die Vermögensungleichheit, bleibt in vielen entwickelten Ländern auf einem hohen Niveau, was auf eine langfristige Stabilität der Vermögensungleichheit hinweist. Faktoren wie Steuerpolitik, Kapitalmarktstrukturen und ungleiche Zugangsmöglichkeiten zu Kapitalmärkten verschärfen diese Stabilität der Vermö-

gensverhältnisse. Insbesondere das Fehlen progressiver Steuern auf Erbschaften und Kapitalerträge in vielen Ländern fördert den Erhalt und die Konzentration von Reichtum innerhalb bestimmter Familien und sozialer Schichten. Diese Mechanismen stabilisieren die Vermögensverhältnisse und erschweren den sozialen Aufstieg, da sie einen hohen »Kapitalpreis« für den Zugang zu Vermögenswerten schaffen. Zusammenfassend zeigen die Forschungsergebnisse, dass die Vermögensverhältnisse in kapitalistischen Gesellschaften oft durch schwer durchbrechbare Strukturen gekennzeichnet sind, die den Zugang zu Reichtum auf eine relativ kleine, wohlhabende Elite beschränken. Piketty verdeutlicht in seinen Analysen, dass Vermögen in der modernen Gesellschaft ein zentrales Instrument sozialer Macht darstellt, das zur Aufrechterhaltung und Reproduktion sozialer Hierarchien beiträgt und die wirtschaftliche Mobilität und Gleichheit erheblich einschränkt.

Vgl. Piketty (2013), Piketty / Saez (2003), Alvaredo / Atkinson / Piketty / Saez (2013), Atkinson / Piketty / Saez (2011) sowie Saez / Zucman (2016).

52 In kapitalistischen Gesellschaften sind Besitz und Macht zunehmend in den Händen einer kleinen Elite konzentriert, die ihre Position in der sozialen und wirtschaftlichen Hierarchie über Generationen hinweg festigt und ihre Privilegien kaum je verliert. Diese Konzentration von Reichtum und Macht hat zur Folge, dass die Mehrheit der Menschen in einer Abhängigkeit lebt, die weit über finanzielle Aspekte hinausgeht. Thomas Piketty beschreibt dieses Phänomen in seinem Werk *Das Kapital im 21. Jahrhundert* als eine strukturelle Dynamik des Kapitalismus, in der die Rendite des Kapitals über dem Einkommenswachstum der Bevölkerung liegt. Diese Diskrepanz führt dazu, dass Vermögen schneller wächst als Einkommen, wodurch sich bestehende Vermögensunterschiede verschärfen und soziale Mobilität abnimmt. Piketty zeigt anhand historischer und ökonomischer Daten, dass Kapitalbesitzer ihre Reichtümer nicht nur bewahren, sondern durch Erträge und Renditen weiter vermehren, während Lohnempfänger auf stagnierende oder kaum wachsende Einkommen angewiesen sind. So entsteht eine Kluft, die es der besitzenden Elite ermöglicht, ihre Macht durch politische Einflussnahme, Kontrolle von Medien und Bildungseinrichtungen sowie durch Kapitalinvestitionen weiter auszubauen. Die Erbschaft spielt dabei eine zentrale Rolle, denn durch die Vererbung von Vermögen bleiben Reichtum und Macht in den Händen weniger Familien. Piketty spricht in diesem Zusammenhang von einem »patrimonialen Kapitalismus«, in dem die wirtschaftlichen und sozialen Hierarchien stark an die Vermögensverhältnisse gebunden sind und über Generationen hinweg reproduziert werden. Zusätzlich zeigen Studien, dass die Ungleichverteilung des Vermögens zur Verfestigung von Abhängigkeiten führt, da die große Mehrheit der Bevölkerung auf Arbeitsplätze und soziale Sicherheit angewiesen ist, die von der wohlhabenden Elite beeinflusst werden. Laut Piketty verstärkt sich dieser Effekt, weil die Reichen ihre Position durch Investitionen in politische Lobbys und Steuerpolitik absichern können, was wiederum ihre Kontrolle über Ressourcen und ihre Machtstellung im System schützt. Diese fortschreitende Konzentration von Besitz und Macht resultiert in einem ökonomischen und sozialen System, das strukturell auf die Erhaltung der Macht der Kapitalbesitzer ausgelegt ist. Die soziale Mobilität sinkt, und für die Mehrheit wird es zunehmend schwieriger, wirtschaftliche Unabhängigkeit oder sozialen Aufstieg zu erreichen. Das System reproduziert somit eine Form von Abhängigkeit und Ungleichheit, die kaum Raum für gesellschaftlichen Wandel oder Umverteilung lässt.

Vgl. Piketty (2013), Schmid (2010), Atkinson / Bourguignon (2015), Stiglitz (2012) und Saez / Zucman (2016).

53 Die Bedeutung von Gut und Boden im Kapitalismus des 21. Jahrhunderts zeigt, dass Besitz und Kontrolle über physische Ressourcen auch heute noch zentrale Machtinstrumente darstellen. Während Kapitalismus heute häufig mit immateriellen Werten und digitalen Vermögenswerten verbunden wird, spielen Grund und Boden weiterhin eine herausragende Rolle für die Akkumulation und Konzentration von Reichtum. Thomas Piketty weist in seinem Werk *Das Kapital im 21. Jahrhundert* darauf hin, dass Vermögen in Form von Immobilien und Landbesitz stark zur wachsenden Ungleichheit beiträgt. Laut Piketty haben sich die Wertzuwächse bei Immobilien in vielen westlichen Ländern in den letzten Jahrzehnten dramatisch gesteigert, was zu einer Vermögenskonzentration führt, da Land und Immobilien nur für eine finanzstarke Elite erschwinglich bleiben.

In Pikettys Analyse zeigt sich, dass Immobilienvermögen – im Gegensatz zu Löhnen und anderen Einkommensquellen – relativ stabil wächst und oft sogar höhere Renditen erzielt als Finanzkapital. Dieser Trend wird auch als »R > G« beschrieben, wobei die Kapitalrendite (R) langfristig größer ist als das Wirtschaftswachstum (G), was die Ungleichheit im Vermögen weiter verstärkt. Landbesitz wird in dieser Dynamik zu einem unverzichtbaren und beständigen Vermögenswert, der das kapitalistische System prägt, indem er Zugang zu Wohnraum und die Höhe der Lebenshaltungskosten für weite Teile der Bevölkerung kontrolliert. Piketty betont, dass der Zugang zu Landbesitz und Immobilien heute mehr denn je ein entscheidender Faktor für sozialen Aufstieg und Wohlstand ist und dass der Besitz dieser physischen Ressourcen einen privilegierten Zugang zu ökonomischer Sicherheit bietet. Moderne Kapitalbesitzer haben diese Prinzipien übernommen, indem sie große Mengen an Immobilien und Bodenflächen in städtischen Gebieten aufgekauft haben, was zur Gentrifizierung beiträgt und Mieten in die Höhe treibt. Gerade in Metropolen wird Landbesitz zu einem Vehikel für Kapitalakkumulation, da die Nachfrage nach Wohnraum kontinuierlich wächst und die Bodenpreise steigen. Diese Entwicklung unterstreicht, dass die alten Prinzipien der Kontrolle über physische Ressourcen auch im digitalen Zeitalter eine Schlüsselrolle spielen, da Landbesitz nicht nur finanziellen Wohlstand, sondern auch politische und soziale Macht verleiht. Die Kontrolle über Boden und Immobilien schafft also eine Art »neofeudale« Struktur im Kapitalismus, in der wenige große Eigentümer die Regeln für weite Teile der Gesellschaft bestimmen können. Diese Form der »Feudalität« im modernen Kapitalismus zeigt sich in der zunehmenden Konzentration des Immobilienbesitzes, was den Zugang zu Wohnraum für große Bevölkerungsteile erschwert und die Kluft zwischen Besitzenden und Nicht-Besitzenden vertieft. Damit bleibt der Besitz von Grund und Boden ein wesentlicher Faktor für die soziale und ökonomische Struktur des 21. Jahrhunderts und spiegelt die Dynamiken der Machtkonzentration wider, die auch für frühere Wirtschaftssysteme charakteristisch waren.

Vgl. Piketty (2013), Schmid (2010), Harvey (2003) und Atkinson (2015).

54 Die Physiokraten waren eine Gruppe von Ökonomen im 18. Jahrhundert, die in Frankreich unter der Führung von François Quesnay eine der ersten systematischen wirtschaftswissenschaftlichen Schulen bildeten. Der Begriff »Physiokratie« leitet sich aus den griechischen Wörtern *physis* (Natur) und *kratos* (Herrschaft) ab und verweist auf das zentrale Prinzip ihrer Theorie: Die Natur sei die Grundlage allen Wohlstands, und die wirtschaftliche Ordnung müsse sich nach den Gesetzen der Natur richten. Die Physiokraten entstanden als Reaktion auf die merkantilistische Wirtschaftspolitik, die den Handel und die staatliche Regulierung in den Vordergrund stellte, und setzten einen klaren Fokus auf die Landwirtschaft als primäre Quelle von Reichtum.

Das zentrale Dogma der Physiokraten war, dass nur die Landwirtschaft einen »Nettoüberschuss« (*produit net*) erzeugen könne. Sie argumentierten, dass der Boden und die landwirtschaftliche Produktion die einzigen echten Quellen für wirtschaftlichen Wert seien, da sie natürliche Ressourcen in nutzbare Güter umwandelten. Andere Wirtschaftssektoren, wie Handel und Industrie, wurden als »unproduktiv« betrachtet, da sie lediglich bereits geschaffene Werte umverteilten, anstatt neuen Wohlstand zu generieren. François Quesnay, der führende Denker der Physiokraten, drückte diese Ideen in seinem berühmten »Tableau économique« (1758) aus, einem frühen Modell der Volkswirtschaft, das den Kreislauf des Einkommens und der Produktion in der Gesellschaft darstellte. In diesem Modell verdeutlichte Quesnay, wie der Wohlstand aus der landwirtschaftlichen Produktion durch verschiedene Klassen der Gesellschaft – Landwirte, Grundbesitzer und die produktive Klasse – zirkuliert. Die Physiokraten plädierten für eine minimale staatliche Intervention und förderten die Idee des freien Marktes. Ihr Konzept des *laisser-faire* (machen lassen) wurde später von den klassischen Ökonomen wie Adam Smith aufgegriffen und weiterentwickelt. Sie glaubten, dass die Wirtschaft durch die natürlichen Gesetze des Marktes und der Produktion selbst reguliert werden könne, ohne dass staatliche Eingriffe erforderlich seien. Sie waren auch Befürworter eines einfachen Steuersystems, bei dem ausschließlich die Grundbesitzer besteuert würden, da ihrer Ansicht nach der Boden die Quelle allen Reichtums sei. Trotz ihres Einflusses auf die ökonomischen Theorien der Aufklärung hatten die Physiokraten auch deutliche Schwächen in ihrer Analyse. Ihre Vernachlässigung der Industrie und des Handels als produktive Sektoren wurde später von Ökonomen wie Adam Smith und David Ricardo kritisiert. Dennoch hatten sie einen erheblichen Einfluss auf die Entwicklung der Wirtschaftswissenschaften, insbesondere durch ihre Betonung auf systematische Analyse, ihre frühe Form der Kreislaufwirtschaft und ihre Vorstellung von einer auf Naturgesetzen basierenden ökonomischen Ordnung.

Vgl. Quesnay (1758), Ekelund / Hébert (2014), Groenewegen (1971) und Hirschman (1977).

55 Gerade landwirtschaftliche Flächen stehen in modernen Volkswirtschaften zunehmend unter Druck, da sie mit anderen Nutzungsformen wie industriellen oder urbanen Entwicklungen konkurrieren. In wachstumsorientierten Gesellschaften, die von einer Maximierung der Ressourcennutzung geprägt sind, werden unberührte Naturräume und landwirtschaftlich genutzte Flächen häufig als »ungenutztes Potenzial« betrachtet, das ökonomisch erschlossen werden muss. Dieser Druck entsteht aus der Logik des Kapitalismus, der jede Ressource – einschließlich Boden – als Kapital betrachtet, das entweder unmittelbar oder mittelbar Rendite abwerfen soll. Die Urbanisierung, ein Haupttreiber dieser Dynamik, hat zu einer rapiden Umwandlung landwirtschaftlicher Flächen in urbane Siedlungsräume geführt. Laut Schätzungen der FAO gehen weltweit jährlich etwa 4,7 Millionen Hektar landwirtschaftlicher Nutzfläche durch Urbanisierung, Versiegelung oder andere Entwicklungen verloren. Diese Flächenumwandlung führt nicht nur zu einer Reduktion der Lebensmittelproduktion, sondern auch zu einer Destabilisierung ländlicher Gemeinschaften, die von der Landwirtschaft abhängig sind. Gleichzeitig steigt die Nachfrage nach Boden in urbanen Regionen, da diese als Zentren von Wirtschaftswachstum und Innovation gelten. Industrieflächen üben ebenfalls Druck auf landwirtschaftliche und natürliche Räume aus, insbesondere durch den Ausbau von Infrastruktur, Fabriken und Logistikzentren. Die Konkurrenz zwischen diesen Nutzungsformen wird durch die hohe Rentabilität industriell genutzter Flächen gegenüber landwirtschaftlichen Flächen weiter verschärft. So liegt die ökonomische Attraktivität oft darin, kurzfristig

hohe Erträge aus urbanen oder industriellen Nutzungen zu erzielen, während langfristige ökologische und soziale Kosten, wie etwa der Verlust von Biodiversität und die Degradierung von Böden, ignoriert werden. Naturräume geraten unter ähnlichen Druck, da ihre »Nicht-Nutzung« in der kapitalistischen Logik oft als ineffizient angesehen wird. Wälder, Feuchtgebiete oder Schutzgebiete, die keine direkte ökonomische Rendite bringen, werden häufig für landwirtschaftliche oder urbane Zwecke geopfert, obwohl ihre ökologische Funktion – wie die Bindung von Kohlenstoff, die Regulierung von Wasserzyklen und der Erhalt von Biodiversität – essenziell ist. Der kapitalistische Druck zur Flächenumwandlung verdeutlicht, dass Boden nicht nur ein physischer Raum ist, sondern ein zentraler Bestandteil eines Systems, das von ökonomischen und sozialen Machtstrukturen geprägt ist. Die Nutzung von Boden reflektiert die zugrunde liegenden Machtverhältnisse in der Gesellschaft, da Zugang und Kontrolle über Boden oft ungleich verteilt sind. Historisch gesehen war Bodenbesitz ein zentrales Mittel der Machtausübung und bleibt auch heute eine der wichtigsten Quellen von Vermögen und sozialem Einfluss. In kapitalistischen Gesellschaften entscheidet die Art der Bodennutzung darüber, wer Zugang zu Ressourcen, Märkten und politischen Machtstrukturen hat. Dies zeigt sich in der globalen Landnahme (Land Grabbing), bei der staatliche und private Akteure in großem Maßstab landwirtschaftliche Flächen in Entwicklungsländern erwerben, oft auf Kosten lokaler Gemeinschaften.

Vgl. Harvey (2003), Smith (1984), Lefebvre (1991) und Piketty (2013).

56 Diese kapitalistische Feudalität ist eine Meisterleistung des modernen Systems, das Macht und Status von ihrer traditionellen Bindung an reale Ressourcen wie Land, Produktionsmittel oder ererbtes Vermögen entkoppelt hat. Stattdessen knüpft der Kapitalismus diese Konzepte zunehmend an Symbole, Konsumgüter und die Darstellung von Status, die eine Illusion von Macht erzeugen und so gesellschaftliche Hierarchien stabilisieren. Pierre Bourdieu hat in seiner Theorie der sozialen Distinktion aufgezeigt, wie der Konsum kultureller und materieller Güter nicht nur eine Form des Selbstausdrucks ist, sondern auch ein Werkzeug der sozialen Abgrenzung. Diese symbolische Nutzung von Gütern dient dazu, Machtverhältnisse sichtbar zu machen und zu reproduzieren, ohne dass es dazu einer physischen Basis wie in früheren Feudalsystemen bedarf. Im kapitalistischen Kontext ist die Bindung von Macht und Status an Konsumgüter besonders effektiv, weil sie universell zugänglich erscheint. Güter und Dienstleistungen sind nicht länger exklusiv an eine kleine Elite gebunden; sie werden vielmehr in abgestuften Formen angeboten, die sich an die unterschiedlichen Einkommens- und Vermögensverhältnisse anpassen. So entsteht die Illusion, dass jeder – unabhängig von seiner realen ökonomischen Macht – einen Zugang zu Symbolen der Herrschaft und des Wohlstands hat. Diese Dynamik wird durch die Werbung und die sozialen Medien noch verstärkt, da sie die Symbolik von Luxus und Macht inszenieren und reproduzieren. Dabei sind es weniger die Güter selbst, die Macht verleihen, sondern die kulturelle Bedeutung, die ihnen zugeschrieben wird. Jean Baudrillard argumentiert, dass Konsum in modernen Gesellschaften weniger auf den Gebrauchswert eines Produkts ausgerichtet ist, sondern vielmehr auf dessen symbolischen Wert. Luxusgüter und exklusive Dienstleistungen werden zu Zeichen, die eine Zugehörigkeit zu bestimmten sozialen Gruppen markieren und Machtstrukturen verstärken, ohne dass diese Strukturen explizit sichtbar gemacht werden. Der Kapitalismus hat es geschafft, diese symbolische Bindung von Macht und Status in eine universelle, scheinbar demokratische Form zu überführen. Während traditionelle Feudalsysteme auf klaren, unüberwindbaren Grenzen zwischen Herrschern und Beherrschten basierten, bietet der Kapitalismus eine abgestufte Hierarchie an, die sich an den Konsummöglichkeiten orientiert.

Diese Flexibilität und Anpassungsfähigkeit machen die kapitalistische Feudalität zu einer äußerst stabilen und effizienten Form der sozialen Kontrolle. Selbst diejenigen, die an der ökonomischen Peripherie stehen, können durch die Teilnahme am Konsumprozess an der symbolischen Ordnung des Systems teilhaben, auch wenn ihre tatsächliche Macht und ihr Einfluss minimal bleiben. Die kapitalistische Feudalität ist somit nicht nur ein ökonomisches, sondern auch ein kulturelles und psychologisches Phänomen. Sie stützt sich auf die Verinnerlichung von Statussymbolen und die Akzeptanz ihrer Bedeutung, was den Kapitalismus als soziales System weiter stabilisiert. Diese Symbolik ermöglicht es dem Kapitalismus, soziale Ungleichheiten zu reproduzieren und gleichzeitig die Illusion von Aufstieg und Teilhabe zu vermitteln.

Vgl. Baudrillard (1970) und Bourdieu (1984) sowie Hoffmann (2025).

57 Vgl. Hoffmann (2024)
58 Vgl. Bloch (1961) sowie Anderson (1974) und Brenner (1976). Die Vermögens- und Landverteilung im feudalen Europa des 13. Jahrhunderts war extrem ungleich und diente als Fundament für das hierarchische Gesellschaftssystem der Feudalherrschaft. Historiker schätzen, dass etwa 5 % der Bevölkerung – bestehend aus Adel und Klerus – fast 90 % des Landes besaßen, während der Großteil der Bevölkerung als abhängige Bauern (Leibeigene oder Hörige) auf dem Land arbeitete, das von diesen Eliten kontrolliert wurde. Diese ungleiche Verteilung von Ressourcen führte zu tiefgreifenden sozialen Spannungen, da die Bauern oft hohe Abgaben leisten mussten und gleichzeitig keine eigenen Besitzrechte an dem Land hatten, das sie bewirtschafteten. Im 16. Jahrhundert kulminierten diese Spannungen in den sogenannten Bauernkriegen, die besonders in Deutschland heftig ausbrachen. Die Bauern erhoben sich gegen die Unterdrückung durch Adel und Klerus und forderten unter anderem die Reduktion von Abgaben, die Abschaffung der Leibeigenschaft und die Rückgabe von Gemeindeland, das zuvor von Feudalherren privatisiert worden war. Die *Zwölf Artikel* der aufständischen Bauern von 1525, oft als eine der ersten Formulierungen von Menschen- und Freiheitsrechten in Europa angesehen, zeigen die Unzufriedenheit mit der extremen Ungleichheit und den repressiven Strukturen des Feudalsystems. Die Bauernkriege wurden zwar militärisch niedergeschlagen, trugen jedoch langfristig zur schrittweisen Erosion des Feudalismus bei. Der Widerstand der Bauern und die damit verbundenen Diskussionen über soziale Gerechtigkeit und wirtschaftliche Autonomie legten den Grundstein für spätere gesellschaftliche Veränderungen, wie die Herausbildung eines marktorientierten Wirtschaftssystems. Insbesondere die zunehmende Monetarisierung der Wirtschaft und die Entstehung von Städten und Bürgertum schwächten die Macht des feudalen Adels und eröffneten Wege für die Entwicklung von kapitalistischen Strukturen. Die langfristigen Auswirkungen dieser sozialen Spannungen waren tiefgreifend. Mit der Auflösung der feudalen Bindungen und der zunehmenden Privatisierung von Land im Zuge der Einhegungsbewegungen (Enclosure Movement) in England und anderswo wurde die Grundlage für moderne Eigentumsverhältnisse geschaffen. Diese neuen Strukturen führten zwar zu einer anderen Form der Ungleichheit, nämlich der Konzentration von Kapital in den Händen einer wachsenden bürgerlichen Klasse, sie brachten jedoch auch die Abschaffung der rechtlich institutionalisierten Leibeigenschaft mit sich, die das feudale System definiert hatte.
59 Vgl. Credit Suisse Research Institute (2023).
60 Diese Errungenschaften verschleiern jedoch die zugrunde liegenden Strukturen, die den globalen Wohlstand und dessen Verteilung prägen. Während viele Menschen in absoluten Zah-

len betrachtet einen höheren Lebensstandard erreicht haben, bleibt die relative Konzentration von Reichtum unverändert oder hat sich sogar verschärft. Laut dem *Global Wealth Report 2023* von Credit Suisse besitzen die reichsten 1 % der Weltbevölkerung fast 46 % des globalen Vermögens, während die ärmsten 50 % weniger als 1 % kontrollieren. Diese extreme Vermögenskonzentration verdeutlicht, dass der ökonomische Fortschritt ungleich verteilt ist und die bestehenden Machtstrukturen oft weiter zementiert. Ein zentraler Aspekt dieser Ungleichheit ist die Abhängigkeit der wirtschaftlichen Entwicklung von der Ausbeutung von Arbeitskraft und natürlichen Ressourcen. Viele der Länder, die in den letzten Jahrzehnten wirtschaftlich aufgestiegen sind, insbesondere Schwellenländer wie China, Indien oder Brasilien, haben ihren Wohlstand durch Niedriglohnarbeit und intensive Nutzung von Ressourcen wie Land, Wasser und fossilen Brennstoffen aufgebaut. Dies hat zu erheblichen sozialen und ökologischen Kosten geführt. So berichtet die International Labour Organization (ILO), dass weltweit etwa 22 % der Arbeitskräfte in prekären Arbeitsverhältnissen ohne soziale Sicherung tätig sind. Diese Arbeitsbedingungen tragen zwar zur Produktion und zum Wirtschaftswachstum bei, bieten den Arbeitenden jedoch oft keine langfristige wirtschaftliche Sicherheit. Ökologisch betrachtet hat der intensive Ressourcenverbrauch nicht nur zur Verringerung der globalen Armut beigetragen, sondern auch erhebliche Umweltprobleme verursacht. Der übermäßige Abbau natürlicher Ressourcen und die Externalisierung von Umweltkosten, insbesondere in ärmeren Regionen, ermöglichen es Industrienationen und globalen Unternehmen, ihre Profite zu maximieren, ohne die langfristigen Schäden zu tragen. Das Ergebnis ist eine doppelte Ungleichheit: Ökonomische Gewinne konzentrieren sich auf eine kleine Elite, während die Umwelt- und Sozialkosten von den ärmsten Bevölkerungsschichten getragen werden. Diese Dynamik zeigt, dass der wirtschaftliche Fortschritt zwar in absoluten Zahlen betrachtet beeindruckend ist, jedoch auf ungleichen und oft problematischen Strukturen basiert. Die Errungenschaften der gestiegenen Lebenserwartung und der gesunkenen Armutsquote dürfen nicht darüber hinwegtäuschen, dass der Kapitalismus nach wie vor von einer tiefgreifenden Vermögenskonzentration und einer systematischen Ausbeutung von Menschen und Ressourcen geprägt ist. Eine nachhaltigere und gerechtere Verteilung des Wohlstands erfordert tiefgreifende strukturelle Reformen, die nicht nur die Symptome, sondern die Ursachen dieser Ungleichheiten adressieren.

Vgl. World Bank (2022), International Labour Organization (2022) und Steffen (et al.) (2015).

61 Vgl. Piketty (2013).

62 Die Transformation von Kapital in das zentrale Herrschaftsinstrument der modernen Ökonomie markiert einen entscheidenden Wandel in der Geschichte wirtschaftlicher Machtstrukturen. Während im Feudalismus Landbesitz als Basis der Herrschaft diente, hat der Kapitalismus dieses Prinzip durch die Abstraktion von Wert ersetzt, die in der Akkumulation von Kapital ihren Ausdruck findet. Diese Akkumulation ist theoretisch unbegrenzt und entkoppelt sich zunehmend von physischen Ressourcen oder greifbaren Gütern. Kapital ist in der Lage, sich durch finanzielle Mechanismen wie Zinsen, Kredite und spekulative Investitionen zu vermehren, ohne an natürliche Grenzen gebunden zu sein. Diese Dynamik macht Kapital nicht nur zu einem Herrschaftsmittel, sondern auch zu einem Motor der Expansion und Transformation, der soziale und wirtschaftliche Strukturen tiefgreifend verändert. Im Gegensatz zu Land, das als physische Ressource endlich ist, besitzt Kapital die Fähigkeit, potenziell unendlich zu wachsen und sich in verschiedene Formen zu transformieren – von industriellen Produktionsmitteln über Finanzinstrumente bis hin

zu intellektuellem Eigentum. Diese Flexibilität und Universalität des Kapitals ermöglicht es, dass es alle Bereiche der Gesellschaft durchdringt und seine Macht subtil und unsichtbar ausübt. Es kontrolliert nicht nur die Produktionsmittel, sondern auch den Zugang zu Ressourcen, Arbeitsmöglichkeiten und sozialen Chancen. Diese Macht ist nicht direkt sichtbar wie im Feudalismus, sondern wirkt durch ökonomische Abhängigkeiten und strukturelle Zwänge, die alle Mitglieder der Gesellschaft betreffen, unabhängig von ihrer Position. Die historische Entwicklung zeigt, wie Kapital immer wieder neue Formen annimmt, um seine Herrschaft auszuweiten. In der frühen Phase des Kapitalismus diente das Handelskapital als treibende Kraft, später wurde es vom industriellen Kapital abgelöst. In der modernen Wirtschaft ist es das Finanzkapital, das die zentrale Rolle spielt. Diese Verschiebung verdeutlicht die Anpassungsfähigkeit des Kapitals und seine Fähigkeit, sich den jeweiligen historischen Bedingungen anzupassen, um seine Dominanz zu erhalten. Dabei fungiert es als eine Art universelles Lehenssystem, das nicht mehr an Land oder physische Güter gebunden ist, sondern an die Kontrolle über den Wert selbst. Die strukturelle Ähnlichkeit zum Feudalismus zeigt sich in den Eigentums- und Abhängigkeitsverhältnissen, die trotz der Modernisierung der Ökonomie fortbestehen. Die Konzentration von Kapital in den Händen weniger Akteure schafft ein System, in dem Macht und Ressourcen ungleich verteilt sind, ähnlich wie im Feudalismus, wo der Landbesitz einer kleinen Elite gehörte. Die Abhängigkeit der Mehrheit von diesem Kapital, sei es in Form von Arbeitsplätzen, Krediten oder sozialen Dienstleistungen, spiegelt die Lehnsherrschaft wider, die im Feudalismus charakteristisch war. Der zentrale Unterschied liegt jedoch in der Natur des Herrschaftsinstruments. Während Landbesitz statisch und endlich ist, besitzt Kapital eine dynamische Qualität, die es ihm ermöglicht, ständig neue Formen und Wege der Kontrolle zu entwickeln. Diese Dynamik ist zugleich die Stärke und die Schwäche des Systems, da sie eine unaufhörliche Expansion erfordert. Die Grenzen dieser Expansion, ob ökologisch, sozial oder politisch, könnten jedoch langfristig das Fortbestehen dieses Modells infrage stellen. Kapital als universelles Herrschaftsmittel hat die Grundlage geschaffen, auf der die moderne Weltwirtschaft basiert, doch seine eigene Logik der unbegrenzten Akkumulation birgt auch die Gefahr, an den Grenzen der physischen Welt und der sozialen Belastbarkeit zu scheitern.

Vgl. auch Arrighi (1994).

63 Die Konsumhierarchie ist ein zentraler Mechanismus des modernen Konsumismus, der soziale Strukturen sowohl widerspiegelt als auch aktiv gestaltet. Diese Hierarchie basiert auf einer symbolischen Ordnung von Gütern und Dienstleistungen, die über ihre Funktion hinaus als Indikatoren sozialer Zugehörigkeit und Distinktion dienen. In der modernen Gesellschaft verlaufen soziale Grenzen weniger entlang von Vermögens- oder Einkommensgrenzen, sondern vielmehr entlang der Art und Weise, wie diese Mittel genutzt werden. Konsum wird so zur primären Ausdrucksform von Status und Identität. Innerhalb des Konsums hat sich eine innere Hierarchie etabliert, die nicht nur die sozialen Differenzen abbildet, sondern diese aktiv reproduziert. Diese Hierarchie strukturiert Güter und Dienstleistungen in verschiedene Klassen, die nicht zwingend auf objektiven Merkmalen wie Qualität oder Funktionalität basieren. Stattdessen orientiert sich die Einteilung an symbolischen und emotionalen Werten, die Produkte und Dienstleistungen mit Bedeutung aufladen. Diese Bedeutung motiviert Konsumenten, innerhalb der Hierarchie nach oben zu streben, was den Konsumzyklus perpetuiert. Die Dynamik dieser Hierarchie zeigt sich besonders in der Segmentierung von Märkten: Konsumgüter werden häufig bewusst in Basis-, Premium- und Luxusversionen unterteilt, die spezifische Zielgruppen ansprechen und so unterschiedliche soziale Schichten adressieren.

Die Konsumhierarchie umfasst nicht nur materielle Güter, sondern auch Dienstleistungen und hybride Strukturen. Mobilitätsdienste, beispielsweise, folgen demselben Prinzip: von einfachen, preiswerten Carsharing-Angeboten bis hin zu exklusiven Luxusfahrdiensten, die soziale Distinktion symbolisieren. Diese Dynamik verdeutlicht, dass Konsum nicht nur Mittel zur Bedürfnisbefriedigung ist, sondern eine gesellschaftliche Funktion erfüllt, die soziale Positionen signalisiert und stabilisiert. Die Struktur der Konsumhierarchie umfasst drei zentrale Kategorien: Konsumgüter, Gebrauchsgüter und Luxusgüter. Konsumgüter erfüllen primäre Bedürfnisse und zeichnen sich durch ihre breite Verfügbarkeit und Erschwinglichkeit aus. Gebrauchsgüter sind langlebiger und dienen funktionalen Zwecken, während Luxusgüter überhöht werden, um Exklusivität und Status zu vermitteln. Die Konvergenz dieser Kategorien zeigt sich in der Verschmelzung von Funktionalität und Prestige, etwa bei technologischen Produkten, die sowohl technische Exzellenz als auch ästhetische Raffinesse bieten. Die Konsumhierarchie ist eng mit der Struktur kapitalistischer Gesellschaften verbunden. Sie suggeriert soziale Mobilität und Fortschritt, indem sie den Eindruck erweckt, dass jeder durch die richtigen Konsumentscheidungen aufsteigen kann. In der Realität jedoch bleiben die oberen Ebenen der Hierarchie oft jenen vorbehalten, die über die finanziellen Mittel verfügen, um Zugang zu exklusiven Gütern und Dienstleistungen zu erhalten. Diese Dynamik trägt zur Stabilisierung bestehender sozialer Ungleichheiten bei, während sie gleichzeitig das Streben nach Aufstieg innerhalb der Konsumhierarchie als erstrebenswert darstellt. Die Konsumhierarchie ist daher nicht nur ein Spiegel gesellschaftlicher Verhältnisse, sondern ein Instrument, das soziale Strukturen reproduziert und die Mechanismen des Konsums antreibt. Sie ist ein zentraler Bestandteil des kapitalistischen Systems, das auf der unablässigen Erzeugung von Nachfrage basiert, um das wirtschaftliche Wachstum zu sichern. Dieses System baut auf der Illusion auf, dass Konsum eine universelle Möglichkeit zur Selbstverwirklichung und zum sozialen Aufstieg bietet, während es gleichzeitig die bestehenden Macht- und Besitzverhältnisse stabilisiert.

Vgl. Bourdieu (1984), Piketty (2013) und Baudrillard (1970).

64 Ein klassisches Beispiel für die Verschiebung in den Konsummustern moderner Gesellschaften ist der Übergang vom Besitz eines Autos hin zur Nutzung von Mobilitätsdiensten wie Carsharing. Diese Veränderung spiegelt nicht nur einen Wandel in der Funktion des Konsums wider, sondern offenbart auch die Struktur einer Hierarchie, die sich von einfachen, günstigen Optionen bis hin zu exklusiven, luxuriösen Angeboten erstreckt. Innerhalb dieser Hierarchie wird Prestige und Status nicht mehr nur durch den Besitz, sondern zunehmend durch den Zugang zu hochwertigen Dienstleistungen vermittelt. Diese Dynamik suggeriert eine Demokratisierung des Konsumismus, da sie theoretisch den Aufstieg innerhalb des Systems für alle ermöglicht, sofern die richtigen Konsumentscheidungen getroffen werden. In der Realität bleibt der Zugang zu höheren Stufen der Konsumhierarchie jedoch häufig finanziellen Ressourcen und kulturellen Codes vorbehalten. Die Konsumhierarchie umfasst drei zentrale Kategorien: Konsumgüter, Gebrauchsgüter und Luxusgüter. Konsumgüter sind oft kurzlebig und auf den alltäglichen Gebrauch ausgelegt. Sie sind weitverbreitet und in der Regel kostengünstig. Gebrauchsgüter hingegen zeichnen sich durch ihre Langlebigkeit und Funktionalität aus. Sie erfüllen praktische Zwecke und stehen in der Hierarchie über den Konsumgütern, da sie häufig eine höhere Investition erfordern. Luxusgüter hingegen besitzen eine symbolische Überhöhung und dienen nicht nur dem Gebrauch, sondern auch als Statussymbole. Sie sind ein Ausdruck von Wohlstand und sozialer Distinktion. Die Konvergenz dieser Güterklassen zeigt sich insbesondere in der Art und Weise, wie Produkte vermark-

tet werden. Unternehmen schaffen zunehmend hybride Produkte, die sowohl funktionale als auch ästhetische Ansprüche bedienen, um mehrere Kategorien gleichzeitig anzusprechen. Premium-Smartphones sind ein Beispiel für diese Entwicklung. Sie erfüllen die grundlegende Funktion eines Mobiltelefons, während sie durch ihr Design, ihre Marke und ihre exklusive Positionierung den Status eines Luxusguts erlangen. Diese Verschmelzung der Kategorien verstärkt die Dynamik der Konsumhierarchie, da sie Konsumenten anspornt, sich innerhalb dieser Hierarchie weiter zu bewegen.

Vgl. auch Reich (2015).

65 Die Konzentration von Kapital in den oberen Schichten der Gesellschaft hat tiefgreifende Auswirkungen auf die Verteilung von Ressourcen und Chancen. Mit zunehmender Kapitalanhäufung in den Händen weniger Akteure entstehen nicht nur größere Vermögensunterschiede, sondern auch strukturelle Ungleichheiten, die den Zugang zu wirtschaftlichen, sozialen und politischen Möglichkeiten für die Mehrheit der Bevölkerung einschränken. Kapital ermöglicht nicht nur den Besitz von materiellen Ressourcen, sondern auch die Kontrolle über Produktionsmittel, Technologien und institutionelle Strukturen, die die Richtung der wirtschaftlichen und gesellschaftlichen Entwicklung bestimmen. Eine wachsende Vermögenskonzentration verschärft diese Ungleichheiten durch die Akkumulation von Erträgen aus Kapital, wie Zinsen, Dividenden oder Mieteinnahmen, die für die obere Schicht eine exponentielle Vermögensvermehrung ermöglichen. Gleichzeitig bleibt das Einkommen aus Arbeit, das für die Mehrheit der Bevölkerung die primäre Einkommensquelle darstellt, oft stagnierend. Dadurch vergrößert sich die Kluft zwischen Kapitalbesitzern und der arbeitenden Bevölkerung. Dieser Prozess führt nicht nur zu ökonomischen, sondern auch zu sozialen Spannungen, da der Zugang zu Bildung, Gesundheitsversorgung und anderen grundlegenden Ressourcen zunehmend vom individuellen Vermögen abhängt. Die Konzentration von Kapital schafft zudem politische Machtungleichgewichte. Wohlhabende Akteure nutzen ihren Einfluss, um politische Entscheidungen in ihrem Interesse zu gestalten, sei es durch Lobbyarbeit, Wahlkampffinanzierungen oder die Steuerung öffentlicher Diskurse. Diese Mechanismen sichern und verstärken ihre Position und erschweren es, die bestehenden Ungleichheiten durch politische Reformen auszugleichen. Langfristig führt die Kapitalakkumulation in den oberen Schichten zu einer Form von wirtschaftlicher und sozialer Immobilität, bei der die Möglichkeiten zum Aufstieg für die unteren Schichten begrenzt werden. Ressourcen wie Bildung, Wohnraum und Investitionsmöglichkeiten konzentrieren sich zunehmend auf wenige privilegierte Akteure, was die Reproduktion sozialer Ungleichheit über Generationen hinweg verstärkt. Diese Entwicklung steht im Widerspruch zu den Prinzipien einer meritokratischen Gesellschaft, in der die individuellen Fähigkeiten und Leistungen über den sozialen Status entscheiden sollten.

Vgl. Piketty (2013), Atkinson (2015), Milanovic (2016), Stiglitz (2012) und Saez / Zucman (2019).

66 Konsumketten sind komplexe, systematisch organisierte Prozesse, die mehrere Ebenen von Produktion, Distribution, Marketing und Konsum miteinander verbinden. Sie basieren auf einer strukturierten Dynamik, die sicherstellt, dass Güter und Dienstleistungen nicht nur physisch, sondern auch symbolisch effektiv vermittelt werden. Diese Strukturen gehen weit über die bloße Herstellung und den Verkauf von Waren hinaus und umfassen Mechanismen zur Erzeugung von Bedürfnissen, der Markendifferenzierung und der nachhaltigen Bindung von Konsumenten. Die Organisation von Konsumketten beginnt mit der Produktion, die

zunehmend globalisiert ist. Hierbei werden verschiedene Stufen wie Rohstoffgewinnung, Fertigung und Montage auf internationale Lieferketten verteilt, um Kosten zu minimieren und Effizienzen zu maximieren. Im nächsten Schritt wird das Produkt in ein narratives Konzept eingebettet, das durch Marketing und Werbung spezifische Werte und Bedeutungen transportiert. Produkte werden nicht nur als funktionale Objekte beworben, sondern als Symbole für Status, Individualität oder Zugehörigkeit. Diese symbolische Aufladung ist zentral für die Struktur von Konsumketten, da sie die Nachfrage antreibt und den Marktwert eines Produkts erheblich steigert. Darüber hinaus zeichnen sich Konsumketten durch ihre Fähigkeit aus, soziale und kulturelle Muster abzubilden und zu reproduzieren. Sie bedienen sich einer gezielten Segmentierung des Marktes, die auf demografischen, sozialen und psychologischen Analysen basiert, um Produkte präzise an Zielgruppen zu vermarkten. Diese Segmentierung verstärkt soziale Hierarchien und Gruppenzugehörigkeiten, indem sie bestimmte Produkte exklusiv macht und damit die soziale Differenzierung fördert. Die Struktur von Konsumketten beinhaltet auch die Schaffung und Aufrechterhaltung von Konsumgewohnheiten. Durch Strategien wie geplanten Verschleiß, saisonale Trends und die Einführung neuer Modelle wird ein zyklischer Konsumprozess etabliert, der sicherstellt, dass Verbraucher kontinuierlich nach neuen Produkten suchen. Diese Strategie maximiert nicht nur den Umsatz, sondern verstärkt auch die Bindung der Konsumenten an spezifische Marken und Produktlinien. Schließlich ist die Organisation von Konsumketten zunehmend digitalisiert. Online-Plattformen und soziale Medien spielen eine entscheidende Rolle in der Konsumstruktur, da sie es ermöglichen, Konsumenten direkt und oft algorithmisch personalisiert zu erreichen. Hierbei werden Daten über Präferenzen und Kaufverhalten gesammelt und genutzt, um Konsumerlebnisse weiter zu optimieren und zu individualisieren. Dies verstärkt die Effizienz und Präzision von Konsumketten und ermöglicht es, Produkte noch gezielter an die Bedürfnisse und Wünsche der Verbraucher anzupassen.

Vgl. Harvey (1990), Castells (1996) und Schor (1998).

67 Das Ungleichgewicht in der Verteilung von Vermögen und Einkommen ist ein charakteristisches Merkmal kapitalistischer Systeme und hat sich über die Zeit nicht nur erhalten, sondern sogar verschärft. Das Prinzip der Akkumulation besagt, dass Kapitalvermögen, insbesondere wenn es reinvestiert wird, schneller wächst als das Einkommen aus Arbeit. Dies führt dazu, dass sich Reichtum tendenziell bei einer kleinen Gruppe von Akteuren konzentriert, während die Mehrheit der Bevölkerung in wirtschaftlicher Abhängigkeit bleibt. Diese Dynamik, auch bekannt als »R > G«-Prinzip, beschreibt den Umstand, dass die Rendite auf Kapital (R) langfristig höher ist als das allgemeine Wirtschaftswachstum (G), wodurch Vermögenskonzentration fast unvermeidlich wird. Diese Konzentration von Kapital hat weitreichende Auswirkungen auf die Gesellschaft, da sie soziale Ungleichheiten vertieft und die Kluft zwischen denjenigen, die besitzen, und denjenigen, die arbeiten, weiter vergrößert. Trotz dieser Ungleichheit hat der Kapitalismus eine bemerkenswerte Fähigkeit entwickelt, diese strukturellen Disparitäten zu verschleiern und als Bestandteil eines funktionierenden Systems darzustellen. Dies geschieht durch den Konsumismus, der die Ungleichheit nicht nur maskiert, sondern auch aktiv als gesellschaftlich erstrebenswert umdeutet. Der Konsumismus schafft eine scheinbare Teilhabe aller gesellschaftlichen Schichten, indem er individuelle Konsummöglichkeiten aufzeigt und erweitert, selbst für jene, deren ökonomisches Potenzial eigentlich begrenzt ist. Durch den Konsum wird der Fokus von der Vermögenskonzentration auf das individuelle Konsumverhalten verschoben. Dies lenkt die Aufmerksamkeit der Gesellschaft weg von strukturellen Ungleichheiten hin zu der Illusion, dass jeder Einzelne

durch Konsum Selbstverwirklichung und Teilhabe an einem größeren Ganzen erreichen kann. Der Konsumismus funktioniert als Puffermechanismus, der soziale Spannungen reduziert, indem er die Unterschiede im Zugang zu Ressourcen in den Hintergrund rückt. Selbst Menschen mit geringen finanziellen Mitteln werden in den Kreislauf des Konsums eingebunden, oft durch Kredite oder günstig produzierte Massenwaren, wodurch sie zumindest symbolisch an den Errungenschaften der konsumorientierten Gesellschaft teilhaben können. Dieser Prozess sorgt dafür, dass die strukturelle Ungleichheit, die durch die Konzentration von Kapital hervorgerufen wird, nicht als Systemversagen wahrgenommen wird. Stattdessen wird sie durch die Konsumkultur als natürlicher Bestandteil eines dynamischen und inklusiven Wirtschaftssystems interpretiert. Der Kapitalismus schafft es, diese Ungleichheit nicht nur zu normalisieren, sondern sie auch zu einem Motor der Wirtschaft zu machen, da der Wunsch nach Aufstieg und Konsum die Nachfrage antreibt und das Wirtschaftswachstum fördert. Die strukturelle Ungleichheit, die im Kern des Kapitalismus liegt, wird so durch den Konsumismus nicht nur stabilisiert, sondern in gewisser Weise ideologisch gerechtfertigt. Dies führt zu einer langfristigen Erhaltung des Ungleichgewichts, da die Mechanismen des Konsums die Aufmerksamkeit auf kurzfristige individuelle Bedürfnisse lenken und die systemischen Probleme der Vermögensverteilung weitgehend unsichtbar machen.

Vgl. Harvey (1990) und Piketty (2013).

68 Konsum hat sich in der modernen Gesellschaft zu einer essenziellen Komponente des individuellen und sozialen Lebens entwickelt. Besonders im Kontext der zunehmenden Entgrenzung von Arbeit und Freizeit spielt er eine immer bedeutendere Rolle als Gegengewicht zum Arbeitsalltag. Während traditionelle Freizeitaktivitäten oft durch soziale Interaktion, gemeinschaftliches Engagement oder körperliche Betätigung geprägt waren, ist Konsum in vielen Gesellschaften zum primären Mittel der Erholung und Anerkennung geworden. Die Transformation der Freizeit in eine konsumorientierte Sphäre spiegelt die Verschmelzung von Lebensbereichen wider, die einst klar voneinander getrennt waren. Diese Entwicklung lässt sich besonders deutlich in den Konsumausgaben erkennen. Im späten 20. Jahrhundert ist der Anteil der Ausgaben für Freizeit- und Luxusgüter signifikant gestiegen. Dieser Trend verdeutlicht, wie Konsum nicht nur als Mittel zur Deckung grundlegender Bedürfnisse, sondern auch zur Befriedigung immaterieller Wünsche fungiert. In den Vereinigten Staaten stieg der Anteil der Konsumausgaben für nicht-lebensnotwendige Güter von etwa 30 % in den 1970er Jahren auf über 50 % im Jahr 2000. Diese Zahlen sind ein Ausdruck dafür, dass Konsum mehr als nur eine ökonomische Aktivität ist; er wird zu einem zentralen Ausdruck von Identität, sozialem Status und individueller Freiheit. Die Freizeitgestaltung, die zunehmend durch konsumorientierte Erlebnisse wie Shopping, Reisen oder den Erwerb von Luxusgütern geprägt wird, bietet nicht nur Erholung, sondern auch Möglichkeiten zur sozialen Abgrenzung und Zugehörigkeit. Diese Entwicklung zeigt, dass Konsum nicht isoliert betrachtet werden kann, sondern tief in die soziale und kulturelle Struktur moderner Gesellschaften eingebettet ist. Er ist ein Spiegel der Werte und Prioritäten, die in Individualisierung und Materialismus geprägten Welt vorherrschen. Die signifikante Verschiebung der Konsumausgaben hin zu nicht-lebensnotwendigen Gütern deutet darauf hin, dass Konsum zunehmend als Medium der Selbstverwirklichung und der gesellschaftlichen Anerkennung genutzt wird. Er erfüllt somit eine doppelte Funktion: als Gegengewicht zur Arbeit und als Mechanismus, der soziale Beziehungen und individuelle Identitäten in einer kapitalistischen Gesellschaft formt.

Vgl. Campbell (1987), Bocock (1993) und Featherstone (1991).

69 Diese Rolle des Konsums war eng mit der Wirtschafts- und Lebensweise jener Zeit verknüpft, in der Selbstversorgung und lokale Produktionsstrukturen vorherrschten. Hauswirtschaftliche Tätigkeiten wurden hauptsächlich von den Haushaltsmitgliedern selbst durchgeführt, oft von Frauen oder denjenigen, die in hierarchischen Strukturen der Gemeinschaft am unteren Ende standen. Konsum wurde daher kaum als eigenständiger Bereich reflektiert, sondern vielmehr als eine Arbeit, die funktionale und kollektive Ziele verfolgte. Ein kultureller oder ästhetischer Mehrwert war ihm nicht inhärent. Genuss und Distinktion spielten dabei keine nennenswerte Rolle, da Konsum nicht als Mittel zur Selbstdarstellung oder sozialen Abgrenzung diente. Diese Funktionen waren vielmehr durch andere gesellschaftliche Mechanismen wie religiöse oder traditionelle Bräuche geprägt. Konsumhandlungen blieben in ihrer Symbolik auf das Gemeinschaftliche beschränkt und wiesen wenig bis gar keine Individualisierung auf. Erst mit der Industrialisierung und der einhergehenden Marktorientierung begann sich diese Wahrnehmung zu ändern. Konsum entwickelte sich zu einem separaten Bereich, der zunehmend von den individuellen Entscheidungen und Präferenzen des Einzelnen geprägt wurde, und wurde in seiner Bedeutung stark aufgeladen. Diese Transformation markierte den Übergang von einer kollektivistischen zu einer individualistischen Konsumkultur, wie sie in der modernen Gesellschaft heute zu beobachten ist.

    Vgl. auch Bourdieu (1984).

70 Der digitale Konsum hat die Art und Weise, wie Wohlstand wahrgenommen wird, grundlegend verändert. Seine Fähigkeit, das wahrgenommene Wohlstandsniveau anzuheben, liegt vor allem in der unmittelbaren Verfügbarkeit einer breiten Palette an Gütern und Dienstleistungen, die zuvor schwer zugänglich waren. Digitale Plattformen machen langlebige Güter und Wertgegenstände für eine größere Anzahl von Menschen erreichbar, indem sie geografische und wirtschaftliche Barrieren überwinden. Dies betrifft sowohl alltägliche Produkte als auch Luxusgüter, die durch die Transparenz und die Reichweite digitaler Märkte für breitere Bevölkerungsschichten erschwinglich erscheinen. Diese Entwicklung suggeriert nicht nur einen höheren Wohlstand, sondern hat auch tiefgreifende Auswirkungen auf die Wahrnehmung von sozialer Gleichheit und Teilhabe. In einer Gesellschaft, die zunehmend auf Konsum als Identitätsmerkmal basiert, vermittelt die digitale Verfügbarkeit von Produkten den Eindruck, dass jeder Zugang zu denselben Märkten und Konsummöglichkeiten hat. Dadurch wird der Konsum zu einem Symbol für soziale Integration, selbst in Kontexten, in denen materielle Ungleichheit weiterhin besteht. Während der Zugang zu bestimmten Gütern früher oft das Privileg wohlhabender Schichten war, ermöglicht der digitale Konsum eine symbolische Annäherung der sozialen Klassen, die jedoch mehr Illusion als Realität ist. Die Möglichkeit, durch Konsum eine Art von Gleichheit zu erleben, maskiert die tatsächlichen sozialen und wirtschaftlichen Disparitäten. Dies zeigt sich besonders in der Art und Weise, wie digitale Plattformen nicht nur Waren, sondern auch Erlebnisse und Dienstleistungen vermitteln. Diese suggerierte Teilhabe führt dazu, dass selbst in Gesellschaften mit erheblicher materieller Ungleichheit das Gefühl entsteht, Wohlstand sei breiter verteilt als tatsächlich der Fall. Die digitale Revolution hat somit nicht nur den Konsum selbst transformiert, sondern auch die Wahrnehmung von Wohlstand und sozialer Mobilität neu definiert.

    Vgl. Piketty (2013) und Zuboff (2019).

71 Ein einfaches Werkzeug aus der Steinzeit war ursprünglich nichts weiter als ein aus Stein geformtes Objekt, das durch seine rudimentäre Bearbeitung grundlegende Aufgaben erleichtern sollte. Doch mit dem Übergang zur Bronze- und Eisenzeit wurden diese Werkzeuge aus

Metall gefertigt, was nicht nur ihre Haltbarkeit und Effizienz steigerte, sondern auch die Fähigkeit der Menschen, komplexere Aufgaben zu bewältigen. Die Weiterentwicklung endete jedoch nicht bei der Materialwahl. Mit der Zeit wurden Werkzeuge durch technologische und ergonomische Innovationen verfeinert, um den menschlichen Bedürfnissen besser zu entsprechen. Griffe wurden ergonomisch gestaltet, um die Kraftübertragung zu optimieren und die Belastung der Nutzer zu minimieren, während gleichzeitig die Präzision der Arbeit erhöht wurde. In der Moderne hat die Integration digitaler Technologien diesen Prozess auf ein völlig neues Niveau gehoben. Werkzeuge sind nicht mehr nur physische Objekte; sie sind oft mit Sensoren und Software ausgestattet, die ihre Präzision und Anpassungsfähigkeit drastisch erhöhen. Die Automatisierung und Digitalisierung ermöglichen nicht nur die Herstellung von Werkzeugen mit mikrometergenauer Präzision, sondern machen diese Werkzeuge auch in der Anwendung flexibler und effizienter. So werden Werkzeuge heute in einem Kreislauf kontinuierlicher Verbesserung entwickelt, bei dem nicht nur die Endprodukte, sondern auch die Produktionsprozesse immer weiter optimiert werden. Die Herstellung dieser Werkzeuge ist selbst ein Paradebeispiel für technologische Evolution. Während frühe Werkzeuge in kleinen Mengen durch mühsame Handarbeit hergestellt wurden, ermöglichten industrielle Prozesse wie die Massenproduktion im 19. und 20. Jahrhundert die Skalierung und Standardisierung. Heute werden durch moderne Produktionsmethoden wie 3D-Druck, computergestützte Fertigung (CNC) und Robotik Produktionsprozesse nicht nur beschleunigt, sondern auch ressourcenschonender gestaltet. Rohstoffe werden präziser verarbeitet, und Abfall wird durch geschlossene Kreislaufsysteme minimiert. Die Effizienz dieser Prozesse hat sich durch fortlaufende Innovationen drastisch erhöht, wobei jede neue Generation von Werkzeugen und Produktionsverfahren auf den Erkenntnissen der vorherigen basiert. Diese kontinuierliche Verfeinerung ist nicht nur ein technischer Fortschritt, sondern auch Ausdruck eines tieferliegenden Prinzips der Ökonomie: der ständigen Suche nach Effizienzsteigerung, Qualitätsverbesserung und Kostensenkung. Werkzeuge sind dabei nicht nur Produkte; sie sind zugleich Motoren dieses Fortschritts, da sie selbst die Prozesse erleichtern, die zu ihrer eigenen Weiterentwicklung führen. Dieses Wechselspiel zwischen Produkt und Prozess zeigt, wie tief die Dynamik der Innovation in die moderne Wirtschaft eingebettet ist.

Vgl. Diamond (1997), Bijker / Hughes / Pinch (2012), Harari (2014), Arthur (2009) und Rifkin (2011).

72 Innovation ist ein zentraler Begriff der modernen Ökonomie und beschreibt den Prozess, durch den neue Produkte, Dienstleistungen oder Verfahren entwickelt und in die Praxis umgesetzt werden. Dabei geht es jedoch nicht allein um technischen Fortschritt oder um die bloße Einführung von Neuheiten auf dem Markt. Innovation ist vielmehr eine kulturelle Praxis, die tief in die Struktur menschlicher Gesellschaften eingebettet ist. Sie spiegelt die Fähigkeit des Menschen wider, sich immer wieder neu zu erfinden, bestehende Grenzen zu hinterfragen und das Machbare kontinuierlich zu erweitern. Im Kern beruht Innovation auf der Kombination von Kreativität, Wissen und Problemlösungsfähigkeit. Sie ist das Ergebnis von Prozessen, die soziale, wirtschaftliche und technologische Faktoren miteinander verbinden. Historisch betrachtet war Innovation stets eine treibende Kraft hinter gesellschaftlichen Veränderungen, von der Erfindung der Dampfmaschine über die industrielle Revolution bis hin zu den digitalen Technologien der Gegenwart. Innovation ist dabei nicht nur auf technische Bereiche beschränkt, sondern umfasst auch soziale Innovationen, wie neue Formen der Zusammenarbeit oder alternative Geschäftsmodelle, die gesellschaftliche Herausforderungen adressieren. Ein wesentlicher Aspekt von Innovation ist ihre systemische Natur. Sie entsteht

selten isoliert, sondern in einem Netzwerk von Akteuren, die Wissen teilen und aufeinander aufbauen. Unternehmen, Universitäten, Forschungsinstitute und staatliche Institutionen spielen dabei eine Schlüsselrolle, da sie die Rahmenbedingungen schaffen, innerhalb derer Innovation gedeihen kann. Gleichzeitig ist Innovation eng mit Marktmechanismen verknüpft, da sie sich oft in Wettbewerbssituationen entwickelt und von der Nachfrage nach neuen Lösungen getrieben wird. Innovation ist jedoch nicht nur eine rationale ökonomische Praxis. Sie hat eine kulturelle Dimension, die auf der menschlichen Neugierde und der Suche nach neuen Möglichkeiten beruht. In diesem Sinne ist Innovation Ausdruck einer tief verwurzelten Fähigkeit des Menschen, seine Umwelt zu gestalten und auf Veränderungen zu reagieren. Sie ist nicht statisch, sondern dynamisch, da sie stets auf einem Spannungsfeld zwischen Stabilität und Wandel operiert. Während Innovation oft als Fortschritt wahrgenommen wird, birgt sie auch Risiken und Ungewissheiten, da neue Technologien oder Verfahren unvorhergesehene Konsequenzen haben können. Die kulturelle Praxis der Innovation zeigt sich auch in ihrer Fähigkeit, nicht nur bestehende Probleme zu lösen, sondern auch neue Bedürfnisse und Märkte zu schaffen. Dies verdeutlicht ihre transformative Kraft, die Wirtschaft und Gesellschaft nachhaltig verändern kann. Gleichzeitig stellt sich die Frage, ob alle Innovationen automatisch einen positiven Beitrag leisten oder ob sie manchmal lediglich bestehende Strukturen stabilisieren, ohne einen echten Mehrwert zu schaffen. Dies macht Innovation zu einem komplexen Phänomen, das nicht nur wirtschaftlich, sondern auch ethisch und gesellschaftlich reflektiert werden muss.

Vgl. Schumpeter (1911), Rogers (1962), Freeman (1982), Fagerberg (2005) und Hoffmann (2024).

73 Innovation war dabei stets mehr als ein Mittel zum Überleben; sie war eine treibende Kraft, die es Zivilisationen ermöglichte, sich an neue Herausforderungen anzupassen, ihre Ressourcen effizienter zu nutzen und soziale Strukturen zu entwickeln. Von den frühen Hochkulturen Mesopotamiens bis zu den technologisch fortgeschrittenen Gesellschaften der Moderne ist Innovation der Motor, der kulturellen und wirtschaftlichen Fortschritt antreibt. Dabei zeigt sich, dass Innovation untrennbar mit der Organisation von Ressourcen und dem Aufbau ökonomischer Strukturen verbunden ist. Die Erfindung der Landwirtschaft, eine der ersten großen Innovationen der Menschheit, ermöglichte es nicht nur, sesshafte Gemeinschaften zu bilden, sondern schuf auch Überschüsse, die Arbeitsteilung, Handel und die Entstehung komplexer Gesellschaften vorantrieben. Innovation ist also eng mit der Fähigkeit gekoppelt, Ressourcen zu transformieren und Systeme zu schaffen, die diese Transformation unterstützen. Diese Dynamik ist nicht auf den Menschen beschränkt. Auch höher entwickelte Tierarten zeigen Verhaltensweisen, die auf rudimentäre Formen von Innovation und Organisation hinweisen. Ameisenkolonien oder Bienenvölker entwickeln effiziente Strukturen zur Ressourcennutzung, die in gewisser Weise als Vorläufer menschlicher wirtschaftlicher Systeme betrachtet werden können. Doch die menschliche Fähigkeit, durch Sprache, Werkzeuge und soziale Interaktionen Innovation systematisch voranzutreiben, ist einzigartig. Zivilisationen haben Innovation als Werkzeug genutzt, um neue Technologien zu entwickeln, kulturelle Errungenschaften zu schaffen und ihre Machtstrukturen zu festigen. In der Moderne hat sich Innovation als eine fast autonome Kraft etabliert, die durch ökonomische Systeme wie den Kapitalismus angetrieben wird. Die kontinuierliche Verbesserung von Produktionsmethoden, die Entwicklung neuer Technologien und die Optimierung von Prozessen sind zu zentralen Elementen moderner Gesellschaften geworden. Innovation ist jedoch nicht wertneutral. Sie trägt sowohl zu Fortschritt und Wohlstand bei als auch zu sozialen Ungleichhei-

ten und ökologischen Herausforderungen. Während Innovation in frühen Zivilisationen eng mit den Bedürfnissen der Gemeinschaft verknüpft war, wird sie heute oft durch wirtschaftliche Interessen und Wettbewerbsdruck bestimmt. Diese Entwicklung wirft Fragen nach der Steuerbarkeit und den ethischen Dimensionen von Innovation auf, die angesichts globaler Herausforderungen wie Klimawandel und Ressourcenknappheit immer drängender werden. Dennoch bleibt Innovation der zentrale Mechanismus, durch den Zivilisationen sich weiterentwickeln und anpassen, indem sie stets neue Wege finden, ihre Existenz zu organisieren und zu optimieren.

Vgl. Polanyi (1944), Odum / Barrett (2005) und Solow (1956).

74 Luxus erfüllt eine zivilisatorische Notwendigkeit, indem er Räume schafft, in denen soziale Verfeinerung und kulturelle Ausdrucksformen ihre höchste Entfaltung finden können. Im Luxus manifestiert sich das Streben nach Ästhetik, Innovation und Differenzierung, die für jede Zivilisation essenziell sind, um Identität und Werte zu artikulieren. Er ist nicht bloß ein ökonomisches Phänomen, sondern auch ein kulturelles Werkzeug, das dazu dient, die Grenzen des Funktionalen zu überschreiten und das Erhabene und Bedeutungsvolle zu suchen. Luxus erlaubt es Gesellschaften, den Status quo zu hinterfragen und neue Formen von Kunst, Technologie und Design zu schaffen, die weit über die Erfüllung bloßer Grundbedürfnisse hinausgehen. Die zivilisatorische Rolle des Luxus liegt auch in seiner Fähigkeit, soziale Strukturen zu reflektieren und gleichzeitig zu beeinflussen. Luxusgüter und -erlebnisse fungieren als Symbole für sozialen Status, Geschmack und kulturelle Zugehörigkeit. In ihrer Verfügbarkeit und Nutzung spiegeln sie die Differenzierung von Klassen und die Herausbildung von Eliten wider, die durch ihren Zugang zu Luxusgütern ihre kulturelle Dominanz unterstreichen. Diese Funktion des Luxus als Markierung sozialer Hierarchien ist dabei nicht statisch, sondern unterliegt einem ständigen Wandel. Mit fortschreitender Zivilisation wird der Luxus nicht nur exklusiver, sondern auch zunehmend subtiler in seiner Symbolik. Er verliert den Charakter reiner Demonstration und wird zu einem Medium, durch das sich soziale Verfeinerung ausdrückt. Darüber hinaus trägt Luxus zur kulturellen Innovation bei, indem er die Entwicklung neuer Techniken und Materialien fördert. Die Nachfrage nach luxuriösen Produkten zwingt zur Perfektionierung von Handwerk und Technologie und treibt so die kulturelle und wirtschaftliche Entwicklung voran. Gleichzeitig fungiert Luxus als Bewahrer traditioneller Fertigkeiten und kultureller Ausdrucksformen, indem er sie in neue Kontexte integriert und weiterentwickelt. Luxus ist damit sowohl ein Katalysator für Fortschritt als auch ein Medium für den Erhalt und die Erneuerung kultureller Werte. In einer zunehmend standardisierten und globalisierten Welt wird die Rolle des Luxus als Ausdruck sozialer und kultureller Verfeinerung noch wichtiger. Er bietet Möglichkeiten der Differenzierung und Individualisierung, die in einer uniformen Konsumkultur sonst schwer zu finden sind. Luxus ist damit nicht nur eine Reflexion des gesellschaftlichen Fortschritts, sondern ein aktiver Gestalter der kulturellen und sozialen Dynamik.

Vgl. Bourdieu (1984) und Baudrillard (1970).

75 Vgl. Hoffmann (2024).

76 Diese Entwicklung trägt zwar zur wirtschaftlichen Expansion bei, doch sie verzerrt das ursprüngliche Konzept der Verfeinerung, indem sie die Idee des Besonderen in die Masse transportiert und ihre Exklusivität untergräbt. Massenproduzierte Produkte übernehmen lediglich die äußeren Eigenschaften von Luxusgütern, wie etwa Design oder Markenassoziationen, ohne die dahinterstehende Qualität oder Handwerkskunst zu bewahren. Das Ergebnis ist ei-

ne Marktstrategie, die auf der Illusion von Luxus basiert und den Konsumenten das Gefühl vermittelt, Teil einer höheren gesellschaftlichen Schicht zu sein, während sie tatsächlich nur eine Nachahmung des Originalprodukts erwerben. Gleichzeitig birgt diese Ausbreitung von verfeinerten Massengütern erhebliche ökologische und soziale Konsequenzen. Der Ressourcenverbrauch steigt exponentiell, da die Nachfrage nach diesen Produkten weiter zunimmt. Die industrielle Produktion solcher Güter belastet die Umwelt durch den Einsatz minderwertiger Materialien, kurzlebige Produktlebenszyklen und eine schnelllebige Konsumkultur, die ständig neue Modelle und Varianten hervorbringt. Darüber hinaus wird die traditionelle Handwerkskunst, die essenziell für echte Verfeinerung ist, durch die Standardisierung und Rationalisierung des Produktionsprozesses immer weiter verdrängt. Die Ambivalenz der Verfeinerung zeigt sich somit deutlich: Sie bleibt einerseits ein Symbol für Exzellenz und kulturelle Spitzenleistung, wird andererseits jedoch zum Werkzeug des Massenkonsums, das ökonomischen Interessen dient und sowohl die sozialen als auch die ökologischen Kosten in Kauf nimmt.

Vgl. Hennion (2007).

77 Ursprünglich galt Luxus als ein Zeichen von Exklusivität, Knappheit und kultureller Verfeinerung, doch mit seiner zunehmenden Verfügbarkeit und der massenhaften Reproduktion verliert er diese ursprüngliche Funktion. Verfeinerung, die einst der Aufwertung diente, wird durch ihre Allgegenwärtigkeit trivialisiert. Die Grenzen zwischen echtem Luxus und dem, was lediglich wie Luxus erscheint, verschwimmen zusehends, da ästhetische und funktionale Merkmale, die einst einzigartig waren, in immer breiteren Schichten der Gesellschaft zugänglich gemacht werden. Diese Entwicklung hat weitreichende psychologische und soziologische Folgen. Durch die Verbreitung von verfeinerten Gütern, die früher Luxus vorbehalten waren, wird der Distinktionswert solcher Produkte untergraben. Die Bedeutung von Luxus als Mittel der sozialen Differenzierung verliert an Wirksamkeit, da die symbolische Macht eines Gutes direkt mit seiner Knappheit und Unzugänglichkeit korreliert ist. Mit der breiten Verfügbarkeit solcher Güter verschiebt sich der Fokus vom Produkt selbst hin zur Inszenierung des Konsums. Konsumenten müssen neue Wege finden, um sich von der Masse abzuheben, was die Extrinsizität von Konsummotiven verstärkt. Statt intrinsischer Werte wie der Freude an Handwerkskunst oder der Ästhetik rücken extrinsische Ziele wie Status und soziale Anerkennung in den Vordergrund. Die allgegenwärtige Verfeinerung schafft somit ein paradoxes Spannungsfeld: Einerseits erhöht sie die Zugänglichkeit und demokratisiert ehemals exklusive Güter, andererseits trägt sie zum Bedeutungsverlust solcher Produkte bei. Luxus wird zunehmend zu einer Simulation von Exklusivität, einer Art Inszenierung, die darauf abzielt, den Eindruck von Einzigartigkeit zu erwecken, obwohl die zugrunde liegende Realität oft eine andere ist. Diese Dynamik hat auch Auswirkungen auf die gesellschaftliche Wahrnehmung von Luxus, da die inflationäre Verfeinerung von Konsumgütern dazu führt, dass deren Wert nicht mehr nur durch ihre materiellen oder ästhetischen Eigenschaften definiert wird, sondern vielmehr durch die symbolischen und performativen Aspekte des Konsums. Die soziale Funktion von Luxus bleibt jedoch bestehen, auch wenn ihre Ausprägung sich verändert. Luxus wird weiterhin genutzt, um soziale Hierarchien zu betonen und Machtstrukturen zu manifestieren, aber die Strategien, mit denen dies erreicht wird, müssen sich an die veränderten Bedingungen anpassen. Während die Ubiquität der Verfeinerung den Zugang zu ehemals exklusiven Gütern erleichtert, treibt sie gleichzeitig die Suche nach neuen, authentischeren oder noch exklusiveren Formen des Luxus an. Dies verstärkt nicht

nur die Dynamik des Konsums, sondern trägt auch zur stetigen Erneuerung und Reproduktion sozialer Ungleichheiten bei.

Vgl. Baudrillard (1970) und Piketty (2013).

78 Das Konzept des »Post-Ownership« beschreibt eine mögliche Entwicklung hin zu einer Gesellschaft, in der Besitz durch gemeinschaftliche Nutzung ersetzt wird. Dieses Modell basiert auf der Idee, dass der Zugang zu Gütern wichtiger ist als deren Eigentum. Anstatt jedes Gut individuell zu besitzen, werden Ressourcen gemeinschaftlich genutzt, geliehen oder geteilt, um den Nutzen zu maximieren und gleichzeitig den Ressourcenverbrauch zu minimieren. Dies stellt eine fundamentale Abkehr von der kapitalistischen Logik des unendlichen Wachstums und der Akkumulation dar, die auf individuellem Eigentum basiert. In einer solchen Gesellschaft wird das Teilen und die kollektive Nutzung von Gütern durch technologiebasierte Plattformen und Netzwerke erleichtert. Beispiele sind Carsharing-Dienste, gemeinschaftliche Wohnmodelle oder digitale Plattformen für das Teilen von Werkzeugen, Kleidungsstücken und anderen Gütern des täglichen Bedarfs. Diese Ansätze reduzieren nicht nur den materiellen Bedarf, sondern schaffen auch neue Formen sozialer Interaktion und Gemeinschaft. Zudem könnten sie die Verschwendung von Ressourcen erheblich verringern, da Güter effektiv genutzt werden und nicht mehr ungenutzt bleiben. Ein wesentlicher Aspekt des Post-Ownership-Modells ist die Verlagerung der Werte von Besitz zu Zugang. In einer solchen Gesellschaft wird der Erfolg nicht daran gemessen, wie viel eine Person besitzt, sondern daran, wie gut sie Zugang zu Ressourcen hat, die sie benötigt, um ihre Bedürfnisse zu erfüllen. Dies könnte zu einer kulturellen Transformation führen, in der Statussymbole, die auf Eigentum basieren, weniger Bedeutung haben und durch andere soziale Werte wie Nachhaltigkeit, Gemeinschaft und Kollaboration ersetzt werden. Die Umsetzung des Post-Ownership-Modells erfordert jedoch tiefgreifende strukturelle und kulturelle Veränderungen. Rechtliche Rahmenbedingungen, die derzeit auf privatem Eigentum basieren, müssten angepasst werden, um die kollektive Nutzung von Ressourcen zu ermöglichen und zu fördern. Gleichzeitig müsste die Produktion von Gütern auf Langlebigkeit, Reparierbarkeit und Wiederverwendbarkeit ausgelegt sein, um die gemeinsame Nutzung zu unterstützen. Auch die Wirtschaft müsste sich von einer wachstumsorientierten Logik hin zu einer Kreislaufwirtschaft entwickeln, in der der Wert von Gütern durch Reparatur, Wiederverwendung und Recycling erhalten bleibt. Auf gesellschaftlicher Ebene bedarf es eines Paradigmenwechsels in der Wahrnehmung von Wohlstand und Glück. Die Fixierung auf Eigentum als Quelle von Sicherheit und Status müsste durch eine neue Ethik des Teilens ersetzt werden, die den sozialen und ökologischen Nutzen kollektiver Nutzung betont. Bildung und Bewusstseinsbildung spielen hierbei eine zentrale Rolle, um Menschen für die Vorteile eines solchen Modells zu sensibilisieren und die kulturellen Barrieren zu überwinden, die derzeit den Übergang zu einer Post-Ownership-Gesellschaft erschweren. Trotz der Herausforderungen bietet das Konzept des Post-Ownership einen visionären Ansatz, um die ökologischen und sozialen Probleme, die durch den Konsumismus und den Kapitalismus entstehen, zu adressieren. Es ist eine Einladung, über das traditionelle Verständnis von Eigentum hinauszudenken und neue Formen des Zusammenlebens und der Ressourcennutzung zu entwickeln, die sowohl nachhaltiger als auch gerechter sind.

Vgl. Botsman / Rogers (2010), Rifkin (2000), Belk (2014), Schor (2014) und Mont (2004).

79 Die sogenannte »Donut-Ökonomie« von Kate Raworth bietet einen alternativen Rahmen zur klassischen kapitalistischen Wachstumslogik und schlägt vor, wirtschaftliche Aktivitäten in-

nerhalb von planetaren und sozialen Grenzen zu gestalten. Dieses Modell stellt die zentrale Frage, wie Wohlstand geschaffen werden kann, ohne die ökologischen Belastungsgrenzen zu überschreiten und zugleich soziale Grundbedürfnisse zu sichern. Der »Donut« besteht aus zwei konzentrischen Ringen: Der innere Ring repräsentiert die sozialen Grundlagen, die für ein menschenwürdiges Leben notwendig sind, wie Zugang zu Nahrung, Wasser, Gesundheit, Bildung und politischer Teilhabe. Der äußere Ring symbolisiert die ökologischen Belastungsgrenzen der Erde, wie Klimawandel, Verlust der Biodiversität und Übernutzung von Ressourcen. Ziel der Donut-Ökonomie ist es, wirtschaftliche Aktivitäten so zu organisieren, dass sie sich innerhalb dieses »sicheren und gerechten Raums« bewegen, zwischen den beiden Ringen, wo soziale Bedürfnisse erfüllt und ökologische Schäden vermieden werden. Im Gegensatz zu traditionellen ökonomischen Ansätzen, die auf unbegrenztes Wachstum und die Maximierung des Bruttoinlandsprodukts (BIP) ausgerichtet sind, fordert die Donut-Ökonomie eine Abkehr von der Wachstumsfixierung. Stattdessen liegt der Fokus auf der Schaffung einer regenerativen und distributiven Wirtschaft, die Ressourcen gerecht verteilt und natürliche Systeme regeneriert. Ein wichtiger Aspekt dieses Modells ist die Betonung von Zirkularität in der Wirtschaft, bei der Abfall minimiert und Materialien kontinuierlich wiederverwendet werden. Dadurch wird der Druck auf natürliche Ressourcen verringert und eine nachhaltige Ressourcennutzung gefördert. Darüber hinaus hinterfragt die Donut-Ökonomie die Annahme, dass wirtschaftliches Wachstum automatisch zu sozialem Fortschritt führt. Sie argumentiert, dass Wohlstand und soziale Gerechtigkeit nicht zwangsläufig an steigendes BIP gekoppelt sein müssen. Stattdessen betont sie die Bedeutung qualitativer Indikatoren wie Lebensqualität, Gesundheit und sozialer Zusammenhalt. Diese Neuausrichtung fordert ein Umdenken in der politischen und wirtschaftlichen Entscheidungsfindung, bei der der Fokus nicht auf dem ständigen Wachstum, sondern auf der Resilienz und Stabilität von Systemen liegt. Die Donut-Ökonomie bietet somit einen radikalen und innovativen Ansatz, der eine nachhaltige Alternative zur klassischen Produktions- und Konsumwirtschaft darstellt.

Vgl. Raworth (2017), Rockström (et al.) (2009), Daly (1996) und Jackson (2009).

80 Konsum ist in der heutigen Gesellschaft mehr als nur ein Mittel zur Befriedigung von Bedürfnissen; er ist ein zentraler Bestandteil des kapitalistischen Systems, das auf Produktion, Verbrauch und Wachstum basiert. Dabei trägt der Konsum nicht nur zur Reproduktion wirtschaftlicher Strukturen bei, sondern dient auch als Schlüsselmechanismus für soziale Identität und kulturelle Zugehörigkeit. Doch in seiner aktuellen Form zeigt sich Konsum zunehmend als Ausdruck von Ohnmacht gegenüber dem Kapitalismus als global dominierendem Ordnungssystem. Menschen werden zu Akteuren in einem System, das ihnen suggeriert, dass Konsum die einzige Möglichkeit ist, soziale Anerkennung und individuelles Glück zu erlangen. Gleichzeitig sind sie oft gefangen in einem Kreislauf, der sie dazu antreibt, immer mehr zu kaufen, ohne dass die grundlegenden Probleme – wie soziale Ungleichheit, Umweltzerstörung oder die Entfremdung von den Produktionsprozessen – gelöst werden. Alternativen zu diesem konsumorientierten System sind zwar in Ansätzen sichtbar, aber bisher nicht breit verankert oder in einem Maße entwickelt, dass sie die dominanten Strukturen ernsthaft infrage stellen könnten. Eine Alternative könnte in der Förderung von *Ethical Consumption* liegen, also einer Konsumform, die auf ethischen Prinzipien basiert und Aspekte wie Fairness, Nachhaltigkeit und soziale Verantwortung in den Vordergrund stellt. Durch bewusste Kaufentscheidungen, die sich gegen ausbeuterische Produktionsmethoden und umweltschädliche Produkte richten, könnten Konsumenten dazu beitragen, die Produktionsstrukturen zu ver-

ändern. Allerdings bleibt dies oft auf kleine, wohlhabendere Schichten beschränkt, die sich den »Luxus« leisten können, zwischen alternativen und herkömmlichen Produkten zu wählen. Ein weiterer Ansatz könnte in der *Degrowth*-Bewegung liegen, die auf ein Wirtschaftssystem abzielt, das nicht auf unendlichem Wachstum basiert. Hier wird versucht, Konsum drastisch zu reduzieren und Ressourcen effizienter zu nutzen, um ökologische und soziale Nachhaltigkeit zu fördern. Diese Bewegung fordert eine Abkehr von der kapitalistischen Logik und setzt auf lokale, gemeinschaftsorientierte Wirtschaftsmodelle, in denen Güter und Dienstleistungen auf Grundlage von Bedarf und Kooperation statt von Gewinnmaximierung verteilt werden. Auch die Konzepte der *Sharing Economy* oder des gemeinschaftlichen Besitzes stellen vielversprechende Alternativen dar. Durch die gemeinsame Nutzung von Ressourcen, wie sie etwa bei Carsharing oder Co-Working-Modellen umgesetzt werden, könnte der Bedarf an neuen Produkten reduziert werden, während gleichzeitig soziale Netzwerke und Kooperation gestärkt werden. Eine radikalere Perspektive bietet die Vision einer *Post-Wachstumsgesellschaft*, die nicht nur den Konsum, sondern auch die Produktion selbst infrage stellt. Hierbei wird das Ziel verfolgt, die gesamte Wirtschaft von der Abhängigkeit von Wachstum zu befreien und stattdessen auf Werte wie Lebensqualität, soziale Gerechtigkeit und ökologische Balance zu setzen. Diese Konzepte fordern eine Umstrukturierung der gesellschaftlichen Prioritäten, bei der das Wohl der Gemeinschaft und der Erhalt der Umwelt im Vordergrund stehen. Diese Alternativen stehen jedoch vor der Herausforderung, dass sie bisher nur selten in der Praxis umgesetzt werden und oft auf lokaler Ebene bleiben. Um sie global wirksam zu machen, bedarf es politischer Unterstützung und einer grundlegenden Veränderung der gesellschaftlichen Werte und Normen. Der Übergang von einem konsumorientierten zu einem nachhaltigen System setzt eine tiefgreifende Transformation voraus, die sowohl individuelles Verhalten als auch institutionelle Strukturen umfasst.

Vgl. Barnett / Cloke / Clarke / Malpass (2005), Jackson (2009), Latouche, S. (2009), Schor, J. B. (2010) und Stolle / Micheletti (2013).

81 Durch die kapitalistische Struktur wird das Denken auf eine Weise geformt, dass wirtschaftliche Kategorien wie Angebot und Nachfrage, Effizienz oder Rentabilität nicht nur als wirtschaftliche Prinzipien, sondern als allgemeine Lebensmaximen betrachtet werden. Werte wie Erfolg und Status, die häufig an materiellem Besitz oder wirtschaftlichem Erfolg gemessen werden, verankern sich fest im Bewusstsein und beeinflussen persönliche Entscheidungen ebenso wie gesellschaftliche Prioritäten. Diese Verinnerlichung kapitalistischer Prinzipien führt dazu, dass andere Formen der Organisation von Wirtschaft und Gesellschaft kaum als realisierbar oder wünschenswert erscheinen. Der Kapitalismus definiert damit nicht nur, wie Menschen wirtschaftlich interagieren, sondern auch, wie sie Beziehungen gestalten, Sinn suchen und ihre Ziele setzen. Besonders prägnant zeigt sich diese Prägung in der Vorstellungskraft, die zunehmend auf die Verfügbarkeit von Ressourcen, Konsumgütern und Dienstleistungen ausgerichtet ist. Die Fähigkeit, Alternativen zu denken, wird dabei eingeschränkt, da der Kapitalismus als alternativlos dargestellt wird. Diese Einschränkung der Vorstellungskraft ist nicht nur eine Folge wirtschaftlicher Abhängigkeit, sondern auch kultureller Hegemonie, in der kapitalistische Werte tief in das kollektive Bewusstsein eingebettet sind.

Vgl. Harvey (2005), Jameson (1991) und Marcuse (1964).

82 Die kapitalistische Wirtschaftsweise zeichnet sich durch ein inhärentes Wachstumsparadigma aus, das den ständigen Drang nach Expansion und Gewinnsteigerung zur Voraussetzung hat. Dieses Prinzip steht jedoch im fundamentalen Widerspruch zu den begrenzten

Ressourcen und der ökologischen Tragfähigkeit unseres Planeten. Die fortschreitende Erderwärmung, der Verlust der Biodiversität und die zunehmende soziale Ungleichheit sind keine Nebenprodukte, sondern direkte Ergebnisse dieses Systems. Ein zentraler Mechanismus dabei ist die Externalisierung von Kosten. Umweltzerstörung, soziale Ungleichheiten und die Ausbeutung von Arbeitskräften werden systematisch aus den ökonomischen Kalkulationen ausgeklammert, wodurch Profite maximiert und gleichzeitig die langfristigen Schäden auf die Gesellschaft und zukünftige Generationen abgewälzt werden. Dies führt zu einer tiefgreifenden Entfremdung der Akteure: Der Produzent verliert die Verbindung zu den Auswirkungen seiner Produktion, der Konsument ignoriert die Konsequenzen seines Konsums, und der Staat steht oft machtlos zwischen den Interessen der Wirtschaft und den Bedürfnissen der Bürger. Hinzu kommt die psychologische Dimension des Kapitalismus, der den Menschen in einen Zustand permanenter Unzufriedenheit versetzt. Konsum wird als Heilmittel für ein als unvollständig empfundenes Leben propagiert, doch das Streben nach immer neuen materiellen Gütern führt nicht zu nachhaltigem Glück, sondern verstärkt die existenzielle Leere. Dieses »Haben« statt »Sein« unterminiert die sozialen und individuellen Grundlagen eines sinnvollen Lebens und fördert stattdessen eine Kultur des Vergleichs und der Konkurrenz. Auf globaler Ebene manifestiert sich der destruktive Charakter des Kapitalismus besonders deutlich. Der Wohlstand der industrialisierten Länder ist historisch und gegenwärtig eng mit der Ausbeutung der Ressourcen und Arbeitskräfte des Globalen Südens verbunden. Dies hat nicht nur ökologische Schäden, sondern auch massive wirtschaftliche und soziale Disparitäten zur Folge. Die imperiale Lebensweise der reichen Nationen wird aufrechterhalten durch einen ungleichen Austausch von Gütern, Arbeitskraft und Umweltbelastungen. Die kapitalistische Dynamik ist daher nicht nur selbstzerstörerisch, sondern auch zutiefst widersprüchlich. Das System strebt nach unendlichem Wachstum in einer endlichen Welt und beruht auf einer Gleichung, die langfristig nicht aufgeht. Ohne eine fundamentale Transformation droht es seine eigenen Grundlagen zu zerstören und gleichzeitig die Lebensbedingungen für alle Beteiligten irreversibel zu schädigen. Die gegenwärtigen Krisen – von der Klimakatastrophe über soziale Spaltungen bis hin zu wirtschaftlicher Instabilität – verdeutlichen, dass der Kapitalismus nicht reformierbar ist, ohne seine grundlegenden Prinzipien infrage zu stellen.

Vgl. Harvey (2005), Klein (2014), Jackson (2009) und Kallis (2019).

83 Während etwa 95 % des Eigentums und Kapitals in den Händen der oberen 50 % der Gesellschaft konzentriert sind, übernimmt der Konsumismus eine entscheidende Rolle dabei, diese tiefgreifenden Ungleichheiten zu verschleiern. Diese ökonomische Realität, die sich in der strukturellen Verteilung von Reichtum und Vermögen manifestiert, wird durch den Konsumismus auf einer psychosozialen Ebene relativiert. Konsum wird zu einem Mittel der emotionalen Angleichung, das es Menschen ermöglicht, sich trotz wirtschaftlicher Disparitäten als Teil einer gemeinsamen gesellschaftlichen Erfahrung zu fühlen. Durch die Schaffung und Befriedigung von Bedürfnissen, die durch den Konsumismus selbst erzeugt werden, erleben die Menschen einen subjektiven Zugewinn an Lebensqualität und Zugehörigkeit, der die objektive Ungleichheit ihrer Lebensbedingungen überlagert. Dieses Phänomen beruht auf der Fähigkeit des Konsumismus, Emotionen wie Zufriedenheit, Anerkennung und Status unabhängig vom tatsächlichen ökonomischen Kontext hervorzurufen. Selbst bei ungleichen finanziellen Möglichkeiten erzeugt der Akt des Konsums ähnliche psychologische Effekte: das Gefühl, Teil eines globalen Netzwerks von Konsumierenden zu sein, das alle Klassen und Schichten scheinbar einschließt. Dabei wird das Verhältnis zwischen Konsum und Identität entscheidend; Konsumgüter und -erlebnisse werden zu Symbolen individueller Selbst-

verwirklichung, unabhängig davon, ob diese Erlebnisse durch kleine oder große finanzielle Mittel ermöglicht werden. Die emotionale Dynamik des Konsums wirkt dabei wie ein soziales Narkotikum, das die Aufmerksamkeit von den grundlegenden Ungleichheiten im Vermögen und Einkommen ablenkt und diese auf einer gefühlten Ebene unsichtbar macht.

Indem der Konsumismus diese subjektive Vereinheitlichung erzeugt, wird er zu einer stabilisierenden Kraft für den Kapitalismus selbst. Anstatt soziale Spannungen, die aus Ungleichheit resultieren, zu verstärken, kanalisiert er sie in ein System der Bedürfnisbefriedigung, das kurzfristig Zufriedenheit schafft. Diese psychosoziale Dynamik stellt sicher, dass die Wahrnehmung von Ungleichheit auf das individuelle Erleben reduziert wird, wodurch kollektive Herausforderungen an die strukturellen Grundlagen des Systems abgeschwächt werden. Der Konsumismus fungiert somit als ein integraler Bestandteil des kapitalistischen Systems, indem er die Akzeptanz und Reproduktion von Ungleichheit aufrechterhält.

Vgl. Piketty (2013), Baudrillard (1981) und Bourdieu (1984).

84 Diese Konsumgüter erfüllen in erster Linie symbolische und expressive Funktionen, indem sie Identität und Zugehörigkeit vermitteln oder bestimmte soziale Positionen signalisieren. Ihr materieller oder praktischer Nutzen tritt dabei in den Hintergrund. Charakteristisch ist zudem ihre oft strategisch geplante Obsoleszenz, die nicht nur die Lebensdauer dieser Produkte begrenzt, sondern auch den Konsumzyklus beschleunigt. Dadurch wird der Konsument in einen Kreislauf der ständigen Anschaffung gedrängt, die der kurzlebige Befriedigung des Wunsches nach Neuem zum Ziel hat. Dieser Wandel in der Güterstruktur ist eng verknüpft mit der Transformation von Konsumverhalten und -kultur in der Postmoderne. Der Fokus auf symbolische Werte führt dazu, dass Konsumgüter als Ausdruck von Lifestyle oder Zugehörigkeit interpretiert werden. Modeartikel, Unterhaltungselektronik und personalisierte Dienstleistungen sind typische Beispiele für diese Entwicklung. Ihre Wertigkeit basiert weniger auf ihrer Dauerhaftigkeit oder Funktionalität, sondern vielmehr auf ihrem Status als kulturelle oder soziale Marker. In einer zunehmend globalisierten und digitalisierten Gesellschaft sind diese symbolischen Aspekte zentral für die Konstruktion individueller Identität. Diese Entwicklung hat weitreichende Konsequenzen für die ökonomische und ökologische Nachhaltigkeit. Die Kurzlebigkeit moderner Konsumgüter generiert nicht nur eine immense Menge an Abfall, sondern auch eine kulturelle Abhängigkeit vom Konsum als Mittel zur Selbstverwirklichung. Dadurch wird der Konsumismus selbst zu einem Treiber wirtschaftlicher Dynamik, der die traditionellen Prinzipien des Kapitalismus – insbesondere die Orientierung auf die Wertschöpfung durch Vermögensgüter – umkehrt und durch kurzfristige Gewinnmaximierung ersetzt. Der Konsum wird so zur dominanten Logik in einer Welt, in der der Gebrauchswert von Dingen zunehmend durch deren symbolischen Wert verdrängt wird.

Vgl. Baudrillard (1970), Bauman (2007), Latour (1996), Lipovetsky (1983) und Sennett (2008).

85 Das Streben nach Komfort spiegelt das ureigene Verlangen nach Sicherheit und Stabilität wider, das seit jeher ein zentraler Antrieb des menschlichen Handelns ist. Gleichzeitig erfüllt die Sehnsucht nach Anerkennung die soziale Dimension des Menschen, der als Gemeinschaftswesen darauf angewiesen ist, von anderen wertgeschätzt und als erfolgreich wahrgenommen zu werden. Darüber hinaus spricht die Idee des »ethischen Konsums« ein weiteres essenzielles Bedürfnis an: das Streben nach moralischer Integrität und der Wunsch, sich selbst als gut und verantwortungsvoll zu erleben. Dieses Konzept ermöglicht es, Luxusgüter nicht nur

als Symbole von Reichtum und Status zu präsentieren, sondern auch als Ausdruck ethischer Überlegenheit. So wird etwa suggeriert, dass der Kauf nachhaltiger Produkte oder die Nutzung umweltfreundlicher Dienstleistungen nicht nur den individuellen Komfort steigern, sondern gleichzeitig einen Beitrag zum Wohl der Welt leisten kann. Dieser Mechanismus schafft eine doppelte Rechtfertigung für Konsum und Luxus: Sie sind nicht nur angenehm und erstrebenswert, sondern auch moralisch legitimiert. Dies ist eine besonders wirksame Form der Ideologie, da sie das Gewissen beruhigt und gleichzeitig den Konsum aufrechterhält, ohne die Strukturen des Kapitalismus infrage zu stellen. Die psychologische Wirkung dieses Narrativs darf nicht unterschätzt werden. Indem es Konsum als moralisch und sozial sinnvoll darstellt, verhindert es kritisches Nachdenken über die systemischen Probleme, die mit der Produktion und dem Konsum von Luxusgütern verbunden sind. Stattdessen wird die Verantwortung individualisiert: Nicht das System, sondern die Entscheidungen des Einzelnen stehen im Fokus. Diese Verschiebung der Verantwortung trägt dazu bei, dass die Strukturen, die soziale Ungleichheit und Umweltzerstörung fördern, intakt bleiben, während der Konsument sich als Teil der Lösung wahrnimmt.

Vgl. auch Beck (1986) und Adorno / Horkheimer (1944).

86 Das grüne Wirtschaftswunder versucht, die Symptome zu behandeln, während die Krankheit selbst ungehindert fortschreitet. Es stellt einen Ansatz dar, der darauf abzielt, bestehende kapitalistische Strukturen zu optimieren, anstatt sie grundlegend zu hinterfragen oder zu transformieren. Dabei wird davon ausgegangen, dass technologische Innovationen und nachhaltige Produkte ausreichend sind, um die ökologischen und sozialen Herausforderungen unserer Zeit zu bewältigen. Doch diese Strategie greift zu kurz, denn sie ignoriert die tieferliegenden Ursachen der Krise, wie die Wachstumslogik des Kapitalismus und die systematische Übernutzung von Ressourcen. Die Grundannahme des grünen Wirtschaftswunders ist, dass wirtschaftliches Wachstum und ökologische Nachhaltigkeit miteinander vereinbar sind. Doch zahlreiche Studien zeigen, dass diese Entkopplung nur begrenzt möglich ist. Selbst wenn technologische Fortschritte den Ressourcenverbrauch pro Produktionseinheit reduzieren, wird dies durch das anhaltende Wirtschaftswachstum mehr als ausgeglichen. Dieses Phänomen, bekannt als Rebound-Effekt, verdeutlicht, dass Effizienzsteigerungen allein nicht ausreichen, um den Ressourcenverbrauch nachhaltig zu senken. Das grüne Wirtschaftswunder bleibt daher bestenfalls ein Ansatz, der die Geschwindigkeit des Verfalls verlangsamt, ohne dessen Richtung zu ändern. Schlimmer noch, das grüne Wirtschaftswunder ist nicht nur sinnlos, sondern fehlgeleitet. Es lenkt die Aufmerksamkeit von der Notwendigkeit eines umfassenden Systemwandels ab und schafft die Illusion, dass die bestehenden Strukturen lediglich angepasst werden müssen. Dadurch wird kostbare Zeit und Energie verschwendet, die stattdessen für tiefgreifende Veränderungen genutzt werden könnten. Während wir uns darauf konzentrieren, den Kapitalismus ein wenig grüner zu machen, schreiten die Klimakrise, das Artensterben und die sozialen Ungleichheiten ungebremst voran. Diese Krisen sind systemisch bedingt und können nicht durch marginale Anpassungen gelöst werden. Vielmehr erfordern sie einen radikalen Bruch mit der bisherigen Logik von Wachstum und Konsum. Der Fokus auf technologische Lösungen und nachhaltige Produkte verstärkt zudem die Individualisierung der Verantwortung. Verbraucher werden ermutigt, ihren Beitrag zur Nachhaltigkeit durch ihre Konsumentscheidungen zu leisten, während die strukturellen Treiber der ökologischen und sozialen Krisen weitgehend unangetastet bleiben. Dies führt zu einer Entpolitisierung der Debatte, bei der die transformative Kraft kollektiven Handelns und politischer Interventionen in den Hintergrund tritt. Letztlich verkennt das grüne Wirt-

schaftswunder die Dringlichkeit der Lage. Es basiert auf der Annahme, dass wir ausreichend Zeit haben, um das bestehende System schrittweise anzupassen, obwohl die wissenschaftlichen Erkenntnisse eindeutig darauf hinweisen, dass sofortige und tiefgreifende Maßnahmen erforderlich sind. Es handelt sich um eine Ablenkungsstrategie, die uns in einem Zustand trügerischer Sicherheit wiegt, während die planetaren Grenzen weiter überschritten werden. Was wir stattdessen brauchen, ist eine wirtschaftliche und gesellschaftliche Neuorientierung, die die Grundlogik des Kapitalismus hinterfragt und Wohlstand nicht länger an Wachstum, sondern an Erhalt und Gerechtigkeit koppelt.

Vgl. Jackson (2017), Latouche (2009), Hickel (2020), Raworth (2017), Wiedmann / Lenzen (2018) und Rockström (et al.) (2009).

87 Diese Denkweise hat dazu beigetragen, dass der Begriff des Nutzens nicht länger nur ein philosophisches Konstrukt blieb, sondern sich als messbare Größe in die Wirtschafts- und Sozialwissenschaften integrierte. Nutzen wurde zum Maßstab individueller und gesellschaftlicher Entscheidungen, wobei die Maximierung von Wohlstand als direkt mit dem ökonomischen Fortschritt verbunden angesehen wurde. In diesem Kontext wurde die Idee entwickelt, dass Konsum, als Instrument zur Bedürfnisbefriedigung, eng mit dem individuellen Nutzen verknüpft ist. Die moderne Konsumgesellschaft hat diesen Ansatz jedoch transformiert. Der Fokus verschob sich von der Erfüllung klar definierter Bedürfnisse hin zu einem Konsum als Selbstzweck. In der Postmoderne wird Konsum nicht mehr primär durch den Gebrauchswert von Gütern gerechtfertigt, sondern durch die Symbolik und die Identität, die mit dem Akt des Konsumierens einhergehen. Diese Verschiebung wurde durch technologische Innovationen und eine zunehmend globalisierte Marktwirtschaft verstärkt, die unaufhörlich neue Bedürfnisse schaffen und Konsum als kulturellen und sozialen Imperativ inszenieren. Das Resultat ist eine Dynamik, in der Konsum nicht mehr als Mittel zum Zweck, sondern als Ausdruck von Freiheit, Individualität und Erfolg wahrgenommen wird. Dieses Phänomen wurde von der kritischen Theorie als ideologisches Instrument des Kapitalismus entlarvt, das den Einzelnen dazu bringt, seine Identität und sein Glück in der Anhäufung und im Konsum von Gütern zu suchen. Die Verantwortung für soziale und ökologische Probleme wird dabei oft individualisiert, indem die Entscheidung für »nachhaltigen Konsum« als moralischer Imperativ dargestellt wird, während die systemischen Ursachen unbeachtet bleiben. Dadurch wird die illusionäre Vorstellung genährt, dass ökonomischer Fortschritt und Nachhaltigkeit harmonisch miteinander vereinbar sind, obwohl die strukturellen Zwänge des kapitalistischen Systems auf unbegrenztem Wachstum und Ressourcenverbrauch beruhen. Die utilitaristische Grundidee der Nutzenmaximierung hat somit eine doppelte Funktion erfüllt: Einerseits diente sie als Grundlage für die Rechtfertigung des wirtschaftlichen Wachstumsparadigmas, andererseits legitimierte sie den Konsum als moralisch unbedenkliche Praxis. Diese Verknüpfung wird jedoch zunehmend infrage gestellt, da die planetaren Grenzen und die psychologischen Belastungen einer hyperkonsumtiven Gesellschaft immer deutlicher zutage treten. Es wird immer offensichtlicher, dass die Maximierung des individuellen Nutzens oft auf Kosten kollektiver und ökologischer Güter erfolgt, was eine Neubewertung des Begriffs des Nutzens erforderlich macht. Statt ihn ausschließlich im Kontext ökonomischer Effizienz zu betrachten, müssen soziale und ökologische Dimensionen stärker integriert werden, um ein Gleichgewicht zwischen individuellem Wohlstand und kollektiver Verantwortung zu schaffen.

Vgl. Latouche (2009), Bauman (2007), Beck (1986), Adorno / Horkheimer (1944) und Sen (1999).

88 In ihrer idealen Form verspricht die Meritokratie, soziale Positionen und Privilegien auf der Grundlage individueller Fähigkeiten und Leistungen zu verteilen, anstatt auf Herkunft oder anderen vorgegebenen Merkmalen zu beruhen. Damit ist sie eng mit dem Konzept der Chancengleichheit verbunden, das den Zugang zu Bildung und Ressourcen als Grundlage für Leistung sicherstellen soll. Theoretisch erscheint dies als ein gerechtes und rationales System, da es den Fokus auf persönliche Verantwortung und individuelle Leistung legt. Doch gerade in der Umsetzung offenbart die Meritokratie Widersprüche, die sie nicht nur als unzureichend, sondern auch als potenziell schädlich entlarven. Einer der zentralen Kritikpunkte an der Meritokratie ist ihre inhärente Tendenz, soziale Ungleichheit zu reproduzieren und zu legitimieren. Während das System vorgibt, auf Leistung zu basieren, bleibt der Zugang zu den Ressourcen, die Erfolg erst ermöglichen, oft ungleich verteilt. Bildungs- und Einkommensunterschiede, die oft durch soziale Herkunft oder geografische Lage geprägt sind, machen es für viele unmöglich, das meritokratische Versprechen einzulösen. Anstatt soziale Gerechtigkeit zu fördern, rechtfertigt die Meritokratie so bestehende Ungleichheiten, indem sie die Verantwortung für Misserfolg auf das Individuum abwälzt. Wer scheitert, wird als selbst verschuldet wahrgenommen, ungeachtet der strukturellen Hindernisse, die den Erfolg von Anfang an blockiert haben. Besonders problematisch wird die Meritokratie, wenn sie mit den Dynamiken des Konsumismus verbunden wird. In einer kapitalistischen Gesellschaft wird Konsum nicht nur als Mittel zur Bedürfnisbefriedigung verstanden, sondern auch als Ausdruck von Leistung und sozialem Status. Diese Verbindung führt zu einem sogenannten »Verdienstkonsum«, bei dem die Fähigkeit zu konsumieren als Indikator für individuelle Leistung gewertet wird. Luxusgüter und hochpreisige Dienstleistungen symbolisieren Erfolg und dienen gleichzeitig als Rechtfertigung für Ungleichheiten in den Konsumkapazitäten. Der Konsumismus übernimmt damit eine meritokratische Funktion, die gesellschaftliche Hierarchien stabilisiert und Ungleichheiten normalisiert. Diese Entwicklung hat weitreichende Konsequenzen. Einerseits bietet die Verknüpfung von Konsum und Meritokratie einen Ausgleich für die Ungleichverteilung von Kapital, indem sie scheinbar rationale und leistungsgerechte Mechanismen etabliert. Andererseits führt sie zu einer Verstärkung sozialer Spannungen, da die Konsumkapazitäten zunehmend durch Faktoren wie Erbschaften oder privilegierten Zugang zu Ressourcen beeinflusst werden, die mit individueller Leistung wenig zu tun haben. Das Versprechen der Meritokratie wird so nicht nur gebrochen, sondern pervertiert, da die resultierenden Ungleichheiten stärker als zuvor erscheinen.

Im extremsten Fall kann die Meritokratie zu einer Ideologie der Auslese führen, in der soziale Solidarität und Mitgefühl durch ein gnadenloses Wettbewerbsdenken ersetzt werden. Die Wertschätzung von Leistung als einzigem Maßstab entzieht sich jeglicher Reflexion über die strukturellen Bedingungen, die Leistung überhaupt erst ermöglichen, und schafft eine Gesellschaft, die die Gewinner belohnt und die Verlierer marginalisiert. Diese Form des »meritokratischen Extremismus« birgt nicht nur soziale Risiken, sondern verstärkt auch die individuelle Isolation, da sie den Druck erhöht, sich ständig beweisen zu müssen. Zusammenfassend zeigt die Idee der Meritokratie sowohl ihr Potenzial als auch ihre Grenzen. Während sie theoretisch als gerechtes und rationales System erscheinen mag, offenbart ihre Umsetzung eine Vielzahl von Widersprüchen. Besonders in einer konsumistischen Gesellschaft wird deutlich, dass die Meritokratie weniger ein Weg zur Chancengleichheit als vielmehr eine Rechtfertigung für bestehende Ungleichheiten darstellt. Ihre Schattenseiten verdeutlichen, dass eine kritische Auseinandersetzung mit den Grundannahmen und Mechanismen dieses Systems unerlässlich ist.

Vgl. Young (1961), Bourdieu (1984), Baudrillard (1998), Frank (2011) und Sandel (2020).

89 Ein Neoutilitarismus, der auf den Prinzipien der Desozialisation des Konsums und der Abkopplung von Konsumismus und realen Gütern basiert, könnte eine neue Ethik des Konsums etablieren. Diese Ethik würde den Fokus von Verschwendung und Akkumulation auf Effizienz, Nachhaltigkeit und echte Bedürfnisorientierung verlagern. Der moderne Konsumismus, wie er derzeit praktiziert wird, ist nicht nur eine Funktion wirtschaftlicher Mechanismen, sondern auch ein kulturelles und psychologisches Phänomen. Er bedient sich symbolischer Bedeutungen, um soziale Identitäten zu schaffen und zu bestätigen, was zu einer systematischen Übersteigerung der tatsächlichen Bedürfnisse führt. Ein Neoutilitarismus würde diesem Kreislauf entgegentreten, indem er individuelle Bedürfnisse in den Mittelpunkt rückt und Konsum nicht länger als sozialen Marker, sondern als reines Mittel zur Bedürfnisbefriedigung versteht. Die theoretische Grundlage für einen solchen Ansatz liegt in der Dekonstruktion der Wachstumslogik, die sowohl den Kapitalismus als auch den Konsumismus antreibt. Wachstum wird in diesem Paradigma nicht länger als Selbstzweck betrachtet, sondern nur noch insoweit verfolgt, wie es zur Sicherung grundlegender Lebensbedingungen erforderlich ist. Dies erfordert eine radikale Umorientierung der Werte, die dem Wirtschaftssystem zugrunde liegen. Der Fokus verschiebt sich von der Produktion materieller Güter hin zu immateriellen Werten wie Zeit, Beziehungen und Bildung. Diese Werte, die nicht erschöpfbar sind, könnten als Grundlage für eine nachhaltige Wirtschaft dienen.

Darüber hinaus würde ein Neoutilitarismus die planetaren Grenzen berücksichtigen und damit die ökologische Dimension in den Vordergrund rücken. Die derzeitige Konsumethik ignoriert weitgehend die ökologischen Kosten des Wohlstands, während ein neoutilitaristischer Ansatz die Ressourcennutzung optimiert und den ökologischen Fußabdruck minimiert. Dies bedeutet, dass Konsumentscheidungen nicht nur auf ihren unmittelbaren Nutzen für den Einzelnen überprüft werden, sondern auch auf ihre langfristigen Auswirkungen auf die Gesellschaft und den Planeten. Es geht darum, Konsum nicht nur als individuelle Praxis, sondern auch als Verantwortung zu verstehen. Dieser Ansatz würde nicht nur die Art und Weise, wie konsumiert wird, verändern, sondern auch die grundlegenden Strukturen des Wirtschaftssystems. Der Kapitalismus, der auf ständiges Wachstum und Akkumulation angewiesen ist, müsste sich von diesen Prinzipien lösen und alternative Wege finden, um wirtschaftliche Stabilität zu gewährleisten. Kreislaufwirtschaft, Postwachstumsideen und Suffizienzansätze bieten mögliche Modelle, um eine solche Transformation zu gestalten. Sie sind jedoch nicht nur wirtschaftliche, sondern auch kulturelle Projekte, die tiefgreifende Veränderungen in der Art und Weise erfordern, wie Gesellschaften Konsum und Wohlstand definieren.

Vgl. Latouche (2009), Jackson (2009), Baudrillard (1998), Daly (1996) und Schumacher (1973).

90 Sie basiert auf der Annahme, dass die Akkumulation von Kapital, wenn sie einen gewissen Punkt überschreitet, ihre eigene Grundlage zerstört. Geld, das unermesslich im Überfluss vorhanden ist, verliert seine Funktion als Tauschmittel und damit seine gesellschaftliche Relevanz. Diese Vorstellung steht im Kontrast zu den grundlegenden Mechanismen des Kapitalismus, der sich durch das ständige Streben nach Wachstum und Gewinn definiert. Doch genau dieses Streben nach Akkumulation enthält den Keim seiner eigenen Auflösung, da es nicht nur die sozialen und ökologischen Grundlagen der Produktion untergräbt, sondern auch die

symbolische Bedeutung des Geldes als Maßstab für Wert und Macht destabilisiert. Die Kapitalkonzentration ist sowohl ein Ausdruck als auch eine Ursache der wachsenden Ungleichheit in kapitalistischen Gesellschaften. Während sie wenigen Akteuren nahezu unbegrenzte wirtschaftliche Macht verleiht, führt sie gleichzeitig dazu, dass Geld für diese Akteure an Bedeutung verliert, da es seinen Wert nur durch Knappheit erhält. Wenn alles gekauft werden kann, wird das Symbolische des Geldes ausgehöhlt, und seine Rolle als Träger sozialer Macht wird obsolet. Gleichzeitig zwingt die zunehmende Konzentration von Ressourcen die Mehrheit der Bevölkerung in einen Zustand wirtschaftlicher Unsicherheit, der soziale Spannungen und politische Instabilität verstärkt. Philosophisch betrachtet verweist diese Dynamik auf die paradoxe Struktur des Kapitalismus: Er erzeugt durch seine Logik der Akkumulation Ungleichheit, die ihn zugleich antreibt und gefährdet. Die Idee, dass diese Logik durch extreme Konzentration überwunden werden könnte, ähnelt einer metaphysischen Grenztheorie, die das System an seine äußerste Belastungsgrenze bringt. Hier wird deutlich, dass die Lösung für die durch Kapitalismus erzeugten Probleme nicht innerhalb des Systems selbst liegen kann. Die Vorstellung, dass Kapitalkonzentration Gleichheit schafft, verdeutlicht vielmehr die Notwendigkeit eines transformativen Bruchs, der sowohl die symbolische als auch die materielle Grundlage des Kapitalismus infrage stellt. Dieser Gedanke bleibt jedoch letztlich utopisch, da die Bedingungen für eine solche Konzentration nicht erreicht werden können, ohne dass das System selbst zusammenbricht. Gleichzeitig verdeutlicht er, dass Gleichheit in kapitalistischen Gesellschaften nur dann erreicht werden kann, wenn die grundlegenden Strukturen, die Ungleichheit hervorbringen, aufgelöst werden. Die Kapitalkonzentration zeigt so eine tragische Ironie: Sie illustriert die destruktiven Folgen des Kapitalismus und verweist gleichzeitig auf die Unmöglichkeit, diese innerhalb der Logik des Systems zu lösen.

Vgl. Marx (1867), Harvey (2005), Polanyi (1944), Latouche (2009) und Piketty (2013).

91 Anstatt die strukturellen Ursachen für Ungleichheit und soziale Fragmentierung anzugehen, wird der Fokus auf individuelle Anpassung und Konsum gerichtet. Der Konsument wird zur zentralen Figur dieses Systems, nicht als Akteur, sondern als Objekt eines allumfassenden Marketings, das seine Wünsche und Sehnsüchte prägt und manipuliert. Diese Individualisierung der Verantwortung verschleiert die systemische Natur der Probleme und verlagert die Schuld für ökologische und soziale Krisen auf das Verhalten des Einzelnen. Der Mensch wird so in ein doppeltes Paradoxon verstrickt: Einerseits soll er sich als autonom und frei empfinden, während er in Wirklichkeit den Zwängen des Marktes unterworfen ist. Andererseits wird von ihm erwartet, dass er durch seine Konsumentscheidungen die Welt rettet, obwohl diese Entscheidungen kaum Einfluss auf die zugrunde liegenden Machtstrukturen haben. Diese Dynamik führt nicht zu einer Lösung, sondern perpetuiert die bestehenden Ungleichheiten und Abhängigkeiten. Die illusionäre Vielfalt des Konsums ist in Wahrheit eine Monokultur des Denkens, in der Alternativen zum Kapitalismus nicht nur unerwünscht, sondern undenkbar erscheinen. Die Resignation liegt in der Annahme, dass dieses System alternativlos ist – dass jede Form von Wohlstand und Fortschritt zwangsläufig mit Wachstum, Wettbewerb und Ausbeutung verbunden sein muss. Dabei wird übersehen, dass der Kapitalismus in seiner gegenwärtigen Form nicht nur soziale und ökologische Grenzen sprengt, sondern auch seine eigene Legitimität untergräbt. Das Versprechen des Wohlstands für alle wird durch die Realität der Vermögenskonzentration und der wachsenden Ungleichheit widerlegt. Wissenschaftliche Analysen zeigen, dass dieser Zustand nicht nachhaltig ist. Die planetaren Grenzen sind längst überschritten, und die sozialen Spannungen nehmen weltweit zu. Doch anstatt einen systemischen Wandel zu fördern, investiert der postmoderne

Kapitalismus seine Energie in die Perfektionierung der Illusion, dass Wohlstand und Glück durch Konsum erreichbar sind. Diese Strategie mag kurzfristig stabilisierend wirken, doch sie verschärft die langfristigen Krisen. Die Resignation, die sich darin zeigt, ist keine passive Akzeptanz, sondern eine aktive Verleugnung der Notwendigkeit eines radikalen Umdenkens. Es ist nicht die Lösung, sondern eine Vertiefung des Problems.

Vgl. Latouche (2009), Bauman (2007) und Debord (1994).

Wir sind das Anthropozän

Durch unseren Rohstoffverbrauch und Konsum formen wir Menschen im Anthropozän die Erdgeschichte. Christoph Antweiler zeigt fundiert, warum das Anthropozän eine neue, geerdete Politik erfordert und weshalb gängige Nachhaltigkeitskonzepte zu kurz greifen.

C. Antweiler

Menschen machen Erdgeschichte
Unsere Welt im Anthropozän
786 Seiten, Broschur, 48 Euro
ISBN 978-3-98726-140-4
Auch als E-Book erhältlich

Progressive Praxis trifft transformative Wissenschaft

Viele Organisationen müssen sich rasch und gründlich wandeln. Der Marsch durch die Institutionen endet oft an versperrten Türen – ein Ausweg: Hacking! In 23 Gesprächen mit Organisationshacker*innen aus Wirtschaft, Politik und Gesellschaft erkunden Lars Hochmann und Sebastian Möller Einfallstore in eine nachhaltige Arbeitswelt.

L. Hochmann, S. Möller (Hrsg.)

Organisationen hacken
Einfallstore in eine nachhaltige Arbeitswelt
424 Seiten, Broschur, mit Illustrationen, 34 Euro
ISBN 978-3-98726-085-8
Auch als E-Book erhältlich

Bestellbar im Buchhandel und unter www.oekom.de

/III oekom
Die guten Seiten der Zukunft

Offener Klimadiskurs

Ein Biologe, ein Ethiker und ein Vertreter der Wirtschaft regen im Gespräch über die Klimakatastrophe zum Nachdenken an: Welche Hürden sind zu überwinden, und welche Auswege aus der Krise können wir gemeinsam finden, wenn wir starre Positionen aufgeben?

C. Wilhelm, M. Vogt, N. Weißmann
Stolpersteine im Klimadialog
Ein Gespräch zwischen Sozialethik, Biologie und Wirtschaft
222 Seiten, Broschur, vierfarbig, 19 Euro
ISBN 978-3-98726-134-3
Auch als E-Book erhältlich

Zusammenhänge verstehen

Die Gefahren des Klimawandels sind bereits seit den 1960er-Jahren bekannt – doch es passiert viel zu wenig. Warum? Auch weil mächtige Lobbys, Politik und Rechtspopulisten notwendige Transformationen verhindern.

S. Tornier
Das fehlende Narrativ
Wie mächtige Lobbys, Politik und Medien die Klimakrise verschleppen und was wir für eine nachhaltige Zukunft brauchen.
Mit einem Gastbeitrag von Wilhelm Möller und einem Vorwort von Dirk Steffens
228 Seiten, Broschur, vierfarbig mit zahlreichen Grafiken, 22 Euro
ISBN 978-3-98726-130-5
Auch als E-Book erhältlich

Bestellbar im Buchhandel und unter www.oekom.de

/lll oekom
Die guten Seiten der Zukunft

Den Zusammenbruch verhindern

Die Frage nach sozialer Gerechtigkeit bleibt auch in modernen Gesellschaften hochaktuell – und sie ist sehr eng verbunden mit ökologischen Fragen. 40 Autor:innen untersuchen Möglichkeiten, einen sozialökologischen Kollaps zu verhindern, z. B. durch die Vergesellschaftung lebenswichtiger Bereiche und großer Konzerne.

T. Pfaff (Hrsg.)

Vergesellschaftung und die sozialökologische Frage
Wie wir unsere Gesellschaft gerechter,
zukunftsfähiger und resilienter machen können
512 Seiten, Broschur, 36 Euro
ISBN 978-3-98726-062-9
Auch als E-Book erhältlich

Demokratie am Arbeitsplatz

Erfüllung und Kommunikation auf Augenhöhe bei der Arbeit werden immer wichtiger. Rupay Dahm, Berater für Kollektivbetriebe, zeigt in diesem Handbuch, wie demokratisch selbstorganisierte Unternehmen funktionieren und eine zukunftsfähige Wirtschaft entstehen kann.

R. Dahm

Selbstbestimmt arbeiten, Betriebe demokratisieren
Ein Praxisleitfaden für selbstorganisierte Unternehmen
568 Seiten, Broschur, 42 Euro
ISBN 978-3-98726-127-5
Auch als E-Book erhältlich

Bestellbar im Buchhandel und unter www.oekom.de

Mehr als bloße Fakten

Ein wichtiger Baustein für die Klimawende ist gute Klimakommunikation. Sie hilft dabei, Strukturen zu verändern, wirksame Klimaschutzmaßnahmen zu entwickeln und Gespräche zu führen, die berühren und motivieren. Dieses praktische Übungsbuch zeigt, wie's geht.

C. Gutsche
Klimakommunikation mit Wirkung
Gespräche und Maßnahmen motivierend gestalten.
Mit praktischen Übungsaufgaben
168 Seiten, Broschur, 24 Euro
ISBN 978-3-98726-143-5
Auch als E-Book erhältlich

Natur als Rechtssubjekt

Unsere Rechtsordnung behandelt die Natur wie eine Ansammlung von Gegenständen, aber sie ist ein lebendiges System. Dieses Buch öffnet den Blick auf eine Gemeinschaft mit der Natur, die die Natur nicht nur als Ressource, sondern als Rechtssubjekt betrachtet.

B. Söhnlein
Die Natur im Recht
Vision einer ökologischen Rechtsordnung
200 Seiten, Broschur, 26 Euro
ISBN 978-3-98726-122-0
Auch als E-Book erhältlich

Bestellbar im Buchhandel und unter www.oekom.de